मंज़ूर एहतेशाम

जन्म : 3 अप्रैल, 1948 को भोपाल में।

शिक्षा : स्नातक। इंजीनियरिंग की अधूरी शिक्षा के बाद दवाएँ बेचीं। कई वर्षों से फ़र्नीचर और इंटीरियर डेकोर का अपना व्यवसाय।

प्रकाशित कृतियाँ : पहली कहानी *रमज़ान में मौत* 1973 में और पहला उपन्यास *कुछ दिन और* 1976 में प्रकाशित। उपन्यास–*कुछ दिन और, सूखा बरगद, दास्तान-ए-लापता, पहर ढलते, बशारत मंज़िल*; कहानी-संग्रह–*तसबीह, तमाशा तथा अन्य कहानियाँ*; नाटक–*एक था बादशाह* (सह-लेखक सत्येन कुमार)।

सम्मान : *सूखा बरगद* (उपन्यास) पर 'श्रीकान्त वर्मा स्मृति सम्मान' और भारतीय भाषा परिषद, कलकत्ता का पुरस्कार; *दास्तान-ए-लापता* (उपन्यास) पर 'वीरसिंह जूदेव पुरस्कार'; *तसबीह* (कहानी-संग्रह) पर 'वागीश्वरी पुरस्कार'; समग्र लेखन के लिए 'पहल सम्मान', 'राष्ट्रीय मैथिलीशरण गुप्त सम्मान'। 'पद्मश्री' से अलंकृत। निराला सृजनपीठ, भोपाल के अध्यक्ष भी रहे।

निधन : 26 अप्रैल, 2021

बशारत मंज़िल

मंज़ूर एहतेशाम

राजकमल पेपरबैक्स

पहला पुस्तकालय संस्करण
राजकमल प्रकाशन प्राइवेट लिमिटेड द्वारा
2004 में प्रकाशित

राजकमल पेपरबैक्स में
पहला संस्करण : 2012
तीसरी आवृत्ति : 2023

राजकमल पेपरबैक्स : उत्कृष्ट साहित्य के जनसुलभ संस्करण

राजकमल प्रकाशन प्रा.लि.
1-बी, नेताजी सुभाष मार्ग, दरियागंज
नई दिल्ली-110 002
द्वारा प्रकाशित

शाखाएँ : अशोक राजपथ, साइंस कॉलेज के सामने, पटना-800 006
पहली मंजिल, दरबारी बिल्डिंग, महात्मा गांधी मार्ग, प्रयागराज-211 001
वेबसाइट : www.rajkamalprakashan.com
ई-मेल : info@rajkamalprakashan.com

बी.के. ऑफसेट
नवीन शाहदरा, दिल्ली-110 032
द्वारा मुद्रित

मूल्य : ₹ 299

BASHARAT MANZIL
Novel by Manzoor Ahtesham

ISBN : 978-81-267-2332-4

दिनेश जुगरान के लिए

शाहिद लूँ मीर किसको अहले मुहल्ले से मैं,
महज़र पे ख़ूँ के मेरे सब की गवाहियाँ हैं।

—मीर तक़ी मीर

एक

सब तरफ़ देश की स्वतंत्रता की पचासवीं वर्षगाँठ मनाने की तैयारियाँ थीं। 15 अगस्त, 1997 इस अर्थ में नया महत्त्व ग्रहण कर चुका था कि उससे ठीक पचास साल पहले, यानी 15 अगस्त, 1947 को हिन्दुस्तान ने अंग्रेज़ों की गुलामी से छुटकारा पाया था। आज़ादी की प्रक्रिया से गुज़रते हुए देश को बँटवारे का सदमा भी सहना पड़ा था। वह सदमा, बहरहाल, देश की आज़ादी की खुशी के सामने बौना था, और पचास साल बाद तो उसे अपनी आँखों से देखनेवालों और उसका प्रभाव अपने जीवन पर सीधा-सीधा महसूस करनेवालों की भी बड़ी संख्या खत्म हो चुकी थी।

—तुम नहीं लिख रहे कुछ, दोस्त ने उस शाम मुझसे सवाल किया था—देश की आज़ादी की पचासवीं सालगिरह को लेकर?

उसकी बात में कितना व्यंग्य था और कितना सचमुच मुझसे इस विषय पर लिखने का आग्रह, मेरे लिए अन्दाज़ा लगाना मुश्किल नहीं था। उस समय हम उसके एयरकंडीशंड कमरे में बैठे थे। वह 'औद्योगिक भूगोल' नामी किसी किताब का कवर कम्प्यूटर पर डिजाइन कर रहा था और मैं शहर दिल्ली के उस नक़्शे को ग़ौर से देखकर समझना चाह रहा था जो मैंने उससे माँगा था। कमरे में बड़ी राहत का एहसास था क्योंकि तारीख़ बीत जाने के बाद भी बरसात न शुरू होने से शहर में सख़्त उमस और गर्मी थी।

—अब यही रह गया है करने को, मेरा लहजा भी व्यंग्यात्मक ही था—और तो बाक़ी-सब लिखा जा चुका, अब क़सीदे और मरसिए ही कहने को रह गए हैं।

—भैया, हर चीज़ का मौक़ा और महल होता है, उसका व्यंग्य और धारदार हो गया था—और शायर थे तो क़सीदे भी लिखे, अब वह ग़ालिब हों या मीर। मियाँ, आपकी-हमारी औक़ात क्या है, इस मौक़े के इन्तज़ार में तो लोग कई-कई साल पहले से लगे हैं। कोई पहलू नहीं छोड़ रहे भाई लोग, बुजुर्ग हों या नौजवान। जिसने कभी भूले से भी क़लम उठाई है, आज उससे पूछकर देखो कि क्या हो रहा है। चेहरा बिल्कुल देश के नक़्शे की तरह लटक जाता है, आँखें सूनी, श्मशान हो जाती हैं। बहुत गम्भीर लहजे में जवाब मिलता है—आज़ादी के पचास साल को लेकर बड़े प्रोजेक्ट पर काम कर रहा हूँ! बताने की ज़रूरत नहीं कि इस नाम से कहाँ-कहाँ से कितना पैसा कबाड़ चुके हैं और किस-किस के चूना लगा चुके हैं। देखते जाइए, आगे एवार्ड भी कबाड़ेंगे!

—फिर तुम भी क्यों नहीं शुरू हो जाते? मैंने बनावटी संजीदगी से पूछा था।

—माफ़ करना यार, उसने कम्प्यूटर के माउस को एक तरफ़ रखकर, स्विच ऑफ़ करते हुए कहा था—मैं लिखता हूँ अपनी खुशी के लिए। न देश-दोहन में मेरी कोई दिलचस्पी न इस तरह की समाज-सेवा में।

—तो फिर मुझसे क्यों लिखने को कह रहे हो? मेरे स्वर में शिकायत थी।

—क्योंकि आप लिखते हैं उस तरह का, और दिल से लिखते हैं, व्यंग्य के तेज़ाब के साथ इस बार लहजे में थोड़ा-सा मरहम भी था—आम आदमी, आम आदमी की समस्या, समाज, बहुसंख्यिकी-अल्पसंख्यिकी मसले-मसाइल, दूसरी स्वतंत्रता, ग़रीबी, बेरोज़गारी—यह सारे-के-सारे आपके लेखन के विषय हैं। कुछ शायद इसलिए कि आप बने ही ऐसे हैं, सोच ही ऐसा सकते हैं। और कुछ शायद इसलिए भी ऐसा होता गया है कि आपको वाहवाही ऐसा करने में ही मिली है।

—मेरा कभी किसी राजनीतिक पार्टी या साहित्यिक ख़ेमे से सम्बन्ध नहीं रहा, मैंने शिकायती स्वर में उसे याद दिलाया था।

—यह मैंने कब कहा, वह हँसने लगा था।

—और सिर्फ़ लिखनेवालों को ही तुम क्यों निशाना बनाते हो, हुकूमत ने जाने कितने-कितने करोड़ तो सुपुर्द कर दिए हैं हर-हर विभाग को इस आज़ादी की पचासवीं सालगिरह के नाम पर। आकाशवाणी है, दूरदर्शन है, अख़बार हैं, फ़िल्म बनानेवाले हैं, नाचने-गाने, तमाशा दिखानेवाले, खेलकूदवाले—कौन नहीं नवाज़ा गया है इस पचासवीं सालगिरह के नाम पर।

—वही तो मैं कह रहा था यार, इस बार लबो-लहजा दोस्ताना था—कि इस मौक़े के बहाने तुम्हारी भी कोई अच्छी किताब आ जाए। हालाँकि मैं यह मानता हूँ कि कोई भी अच्छी रचना वक़्त की क़ैदो-बन्द से पूरी तरह आज़ाद होती है, मगर फिर दूसरी तरफ़, किसी अच्छे राग का मज़ा तो उसे उसके वक़्त या मौसम पर सुनने में ही है।

—मैं इस तरह पाबन्द होकर नहीं लिख सकता, मैंने एक ऐसी बात दोहराई थी जिसे वह खुद पहले से खूब जानता था—न कभी ऐसा किया न आइन्दा कभी करूँगा। वैसे भी मेरा लिखना क्या और न लिखना क्या।

उसने फिर कम्प्यूटर ऑन कर दिया था और कवर डिज़ाइन की रूपरेखा को तरतीब देने में लग गया था।

—फिर यह क्या लिखना चाह रहे हो, उसने बिना मेरी ओर देखे पूछा था—जिसके लिए तुम्हें दिल्ली के नक्शे की ज़रूरत पड़ गई?

—लिखना तो चाह रहा हूँ, मैंने नक़्शे की बारीक लिखावट पर नज़रें गड़ाते हुए कहा था—एक उपन्यास जो लगभग दिल्ली ही के बारे में है : पुरानी यानी सन् 47 से पहले की दिल्ली। एक ज़माने में वह इलाक़ा ख़ासा देखा-भाला भी था लेकिन पिछले 10-15 साल में जब भी दिल्ली गए, नई दिल्ली में उतरे, वहीं घूमे-फिरे और

वापस आ गए। इस बीच कभी एक बार जामा मस्जिद तक जाना नहीं हुआ और दिमाग़ में पुरानी दिल्ली के मुहल्ले और गली-कूचे, सब गडमड होकर रह गए। वही सब दिमाग़ में बिठा रहा था—चाँदनी चौक, लाल कुआँ, हौज़ काज़ी, कूचा बहराम ख़ान, चावड़ी बाज़ार, चितली क़बर वग़ैरह-वग़ैरह—यानी पुरानी दिल्ली और उसके कूचे-कटरों की सिम्त किसी एक नुक़्ते पर खड़े होकर दिमाग़ में तय करने को।

—तुम तो आज़ाद मुल्क में पैदा हुए हो ना?

—हाँ।

—और खुद, बक़ौल आप ही के, बरू-काट भोपाली हो?

—यह भी सही है। कुछ ऐसा ही बुज़ुर्गों की ज़बानी सुनते यहाँ बड़ा हुआ हूँ।

—फिर तुम्हें दिल्ली, वह भी सन् 47 से पहले की दिल्ली से क्या लेना-देना? कोई फ़र्ज़ी कहानी गढ़ना चाहते हो?

—बिल्कुल नहीं। बल्कि यही बड़ी दिक़्क़त है कि मैं जो लिखना चाहता हूँ उसमें कुछ भी फ़र्ज़ी नहीं। एक सच्ची घटना है जिसके हवाले पिछले दो साल से तारीख़ की किताबों में खोजने के प्रयास करता रहा हूँ।

—और सन् 47? और दिल्ली?

—सन् 47 ही नहीं, मैंने उससे पहले की बात कही है। यूँ तो देखा जाए तो सारे मामले की शुरुआत उससे बहुत पहले, 1857 में उस वक़्त हुई थी जब, ग़दर कहो या आज़ादी की पहली लड़ाई में, दिल्ली का एक ख़ानदान जान बचाकर भोपाल में आ बसा था। बस उसी से सम्बन्धित कुछ लोगों की ज़िन्दगी है जिसे मैं लिखना चाहता हूँ। मेरे रिश्तेदार होते हैं वह लोग।

मैंने दोस्त के सामने कुछ ऐसे नाम लिए थे जिन्हें वह मेरे रिश्तेदारों की हैसियत से जानता था और नापसन्द करता था।

—इन लोगों का कोई सम्बन्ध दिल्ली से रहा है? उसे आश्चर्य था। शायद यूँ कि वह खुद दिल्ली में पला-बढ़ा था और उस शहर पर अपना अधिकार समझता था—मैं तो इन्हें यहीं की पौध समझता था।

—ख़ास शाहजहाँबाद, शाहजहाँ की बसाई दिल्ली के बाशिन्दों की औलाद हैं वह, मैंने कहा था—वक़्त के साथ भोपाल के रंग में रँग गए।

—तो मेरी समझ में तुम्हारी दिक़्क़त नहीं आ रही, दोस्त कम्प्यूटर के स्क्रीन पर बनते-मिटते नक़्श देखने में व्यस्त था—अगर इतने क़रीबी लोगों की कहानी है तो कुछ पूछताछ लो, कुछ अपने दिमाग़ से जोड़-घटा लो। कहानियाँ और कैसे बनाई और लिखी जाती हैं।

—मुझे उसकी ज़रूरत नहीं है, लहजा मेरा बुरा मान जाने का-सा था।

—तो फिर? वह टोह लेने की अदाएँ छोड़कर एकदम हमदर्दी की हँसी हँस पड़ा था—तुमने पिछले दो साल से अच्छा तमाशा बना रखा है। लिखना-लिखाना

छोड़कर कभी उर्दू की किताबें पढ़ने लगते हो कभी हिस्ट्री की। गांधी साहित्य पढ़ा जा रहा है! चलो, गांधीजी के भी सवा-सौ साल का जश्न मनाना था, तो मना लिया, अब क्या आश्रम में जाकर चरखा कातने या कपड़ा बुनने का इरादा है? या यहाँ रहकर लोगों को उर्दू शायदी सिखाना चाहते हो!

—यह सब भी हो चुका है, मैंने लाचारी से हँसकर कहा था—और मेरी इसी कहानी में हुआ है। मेरा नायक, पता नहीं उसे नायक कहा जा सकता है या नहीं, क्योंकि कहानी उस अकेले की नहीं, बहरहाल, शायर भी था और गांधी-भक्त भी। वह शेर कहता था, मुशायरों में उसकी धूम थी और आश्रम में गांधीजी के साथ रहकर उसने चरख़ा चलाना सीखा था। रदीफ़-क़ाफ़िया एक तरफ़, तुनाई-धुनाई-बुनाई एक तरफ़। गांधीजी के मार्गदर्शन में उसने देशभक्ति का सबक़ सीखा था और शायरी में उसके उस्ताद थे दाग़ देहलवी। दाग़ ने भी उसकी नौउम्री की ग़ज़लें देखकर ही उनमें किसी इस्लाह की ज़रूरत से क़तई इंकार कर दिया था। इक़बाल, हसरत मूहानी, अकबर इलाहाबादी, असगर गोंडवी—यह तमाम शायर उसके समकालीन थे और जोश, जिगर, फ़िराक़, मजाज़, फैज़ की नस्लें उसको तारीफ़ की नज़र से देखतीं और उसके शेरी रवैए की तक़लीद की कोशिश करती थीं। तवायफ़ों में दाग़ के बाद अगर कोई शायर गाया गया तो वही था और सियासत में हकीम अजमल ख़ान और डॉक्टर अंसारी के बाद मुसलमानों में कोई गांधीजी का विश्वासपात्र था तो वही। एक ईमानदार और अपनी तरह का आदर्शवादी जो रोज़ सुबह निकलने से पहले जागकर एक घण्टा चरख़ा चलाता और सूत कातता था और अहिंसा की ख़ातिर जो अपनी जान तक देने को तैयार था। इसके साथ ही शाम की नशिस्तों में वह ख़ास दोस्तों के साथ शराब भी पीता था। उर्दू का आशिक़ होने के साथ-साथ वह हिन्दी और देवनागरी का भी चाहनेवाला था : तहज़ीब को वह एक ज़िन्दा शै मानता था और दो क़ौमी नज़रिए का कट्टर विरोधी था।

—कौन था यार? दोस्त ने बेचैनी से पूछा था। वह कम्प्यूटर को उसके हाल पर छोड़कर मेरी बात बहुत ग़ौर से सुन रहा था।

—कहीं मिलता है हिस्ट्री की किताबों में किसी ऐसे शख़्स का नामो-निशान?

—मुझे तो नहीं मिलता, उसने लाचारी से कहा था।

—मुझे भी, मैंने समझाया था—दो साल बीत गए किताबों के पन्ने पलटते, उसका कोई नामो-निशान नहीं मिलता। न सियासत की दास्तानों में न शायरी और अदीबों के तज़क्रहों में। ऐसा लगता है वह बशर अपने नक़्शे-क़दम भी साथ ही ले गया।

—तुम्हें जो मालूम हुआ, दोस्त की आवाज़ में शको-शुबह फिर दस्तक दे रहा था—वह सब कहाँ से?

—कुछ पुराने काग़ज़ात और डायरियों से, कुछ बचपन में सुनी लोगों की बातों

से, कुछ जागते, कुछ ख़्वाब में देखे से, कुछ तलाश करते रहने और न पाने से, और कुछ बिना खोजे पा लेने से!

—यानी कुछ हक़ीक़त, कुछ फ़साने से! यूँ कहो कि यह तुम्हारा अपना एक अन्दाज़ है आज़ादी के पचास साल पर अपनी किताब लिखने का! बहुत बदमाश हो! एक तो कला चोरी की उस पर सुहागा, सेल्समैनशिप की अदा! आप जैसों के रहते ही मुल्क ने नाम कमाया है, अब वह जैसा और जितना भी है, सबके सामने है।

हँस चुकने के बाद दोस्त कम्प्यूटर की ओर वापस मुड़ने लगा था।

—आपके सारे अन्दाज़े सही हों यह ज़रूरी तो नहीं, मैंने संजीदगी से कहा था—एक चीज़ मुझे सालों से उलझाए हुए है और आप उसे मेरे मौक़े से फ़ायदा उठाने की अदा कहकर छुटकारा पाना चाहते हैं। यह ग़लतफ़हमी दूर करने को मैं इतना ज़रूर बताना चाहूँगा कि मेरी कहानी 15 अगस्त, 1947 तक घिसटती नहीं जाती, उससे पहले ही ख़त्म हो जाती है। हाँ, यक़ीनन, जो कुछ भी उसमें होना होता है वह इस तारीख़ से पहले ही हो-हुवा चुकता है।

—किस तरह? दोस्त की मेरी बात में दिलचस्पी बड़ी हद तक ख़त्म हो चुकी थी। उसके लहजे में बुझे अलाव की मिटती-भर गर्मी रह गई थी।

—किस तरह क्या, ज़िन्दगी तो हवा में बँधी गिरह है। साँस चलती रहती है, लोग जीते रहते हैं। लेकिन उसका कोई मक़सद नहीं रहता। वह ख़त्म हो जाता है जो जीवन को सार्थक बनाता था तो लोग अपनी ही परछाइयों में खो जाते हैं।

—मुझे यक़ीन है, दोस्त ने आजिज़ आए स्वर में कहा था—कुछ दिन में तुम भी ग़ज़ल के रदीफ़-क़ाफ़िए बिठाते नज़र आओगे! गद्य आगे नहीं लिखना चाहते?

—महज़ वही लिखना चाहता हूँ, मैंने आश्वस्त करते हुए कहा था—और यही एक सच्ची कहानी लिखना चाहता हूँ, बिना या कम-से-कम कलाकारी के साथ। एक व्यक्ति और उसके परिवार की कहानी जो एक ज़माने में हर जगह था। शायरी से लेकर सियासत यानी तुम्हारे शब्दों में हक़ीक़त से लेकर फ़साने तक, हर जगह! लेकिन आज जिसका उल्लेख न तो साहित्य में है न इतिहास में। संजीदा सोज़ और बशारत मंज़िल की कहानी। बिल्लो और बिब्बो की कहानी। ग़ज़ल की कहानी। इन तीनों बहनों की माँ, अमीना बेगम की कहानी। सोज़ की दूसरी पत्नी, जो पहले तवायफ़ थी और उसके बेटे की कहानी। सारी कहानियों की जो एक कहानी होती है, वह कहानी। मेरी और तुम्हारी कहानी भी उससे बहुत हटकर या अलग नहीं हो सकती। न है।

—यह बशारत मंज़िल कहाँ है? दोस्त की दिलचस्पी कुछ-कुछ दोबारा लौटी थी। उसने कम्प्यूटर फिर ऑफ़ कर दिया था।

—यह तुम रह-रहकर कम्प्यूटर ऑफ़ क्यों कर रहे हो? मैंने पूछा था।

वह हँसने लगा था।

—जो काम मैं कर रहा हूँ उसके लिए कम्प्यूटर की मेमोरी कम पड़ रही है। रह-रहकर साला सिर पकड़कर बैठ रहा है! असल में जब लिया था तो सोचा भी नहीं था कि इससे क्या-क्या कर गुज़रेंगे। सब कुछ ज़रूरत से ज़्यादा था। लेकिन अब इधर जो मैंने जमकर काम किया है तो बेचारे की यह हालत हो गई है।

—मेरे दिमाग़ की भी पिछले दिनों में लगभग यही हालत हो गई है! और इसे तो समय-समय पर ऑफ़ करने की कला भी मुझे नहीं आती! ऐसा करो, तुम मुझे भी कम्प्यूटर ऑपरेट करना सिखा दो, कुछ मदद इससे मिल जाया करेगी।

—तुम्हें तो कम्प्यूटर से नफ़रत है!

—नफ़रत नहीं यार, नफ़रत तो बड़ी काम की चीज़ साबित हो सकती है। हो या नहीं, बहरहाल वह किसी जानदार चीज़ से ही जा सकती है। बिल्कुल जैसे कि मुहब्बत। बल्कि कभी-कभी तो यह तमीज़ कर पाना भी मुमकिन नहीं रहता कि हम किसी के साथ जो कुछ करते हैं वह उससे मुहब्बत की वजह से या उससे नफ़रत के कारण। बड़ा पेचीदा मामला है मुहब्बत और नफ़रत का! मैं लम्बी साँस लेकर चुप हुआ था—कम्प्यूटर ग़रीब में ऐसा क्या धरा है जो मुझे उससे नफ़रत हो! बिल-आख़िर है तो बेजान मशीन ही। इससे मुझे ज़्यादा-से-ज़्यादा कुछ हो सकता है तो बेज़ारी, जो मुझे है। और न मैं इसे चाहूँ तो भी ऑपरेट करना सीख सकता।

—तुम्हें लगता है ऐसा, दोस्त ने हमेशा की तरह मुझे समझाना चाहा था—वरना है चन्द दिन की मेहनत का काम। और मैं कब चाहता हूँ कि आप इससे और कुछ कीजिए, बस टाइपिंग की हद तक सीख लीजिए। अब तुम देख तो चुके हो कि उससे मसौदे में तब्दीलियाँ करना कितना आसान हो जाता है।

—यार, मुक़द्दर में ही नहीं। मैंने हँसकर कहा था—अब तो अगले जनम में ही सीख सकें तो सीखें। दुनिया के बदलाव का साथ देना हर ऐसे-वैसे के बस की बात थोड़ी है। अब तो दिल को दिलासा भी दे चुके कि भाई, तुम पिछड़े हो, पिछड़ते जाओगे। यूँ ही रहना है। हाँ, मगर तुम बशारत मंज़िल के बारे में पूछ रहे थे?

—हाँ, कहाँ है वह?

—ऐसा करो, याद्दाश्त से पुरानी दिल्ली का एक रफ़ स्केच अपने कम्प्यूटर के स्क्रीन पर बनाओ, तुम्हारी तो ड्राइंग और याद्दाश्त दोनों ही बहुत अच्छी हैं। ऐसा करो, जामा मस्जिद से शुरू करो।

—क्यों?

—मेरे साथ बचपन से यह हुआ कि अपना शहर भोपाल, जामा मस्जिद के रिफ्रेंस से याद हुआ। जिस तरफ़ मुँह करके नमाज़ पढ़ते हैं वह पश्चिम, तो उस ओर बसा भोपाल पश्चिम भोपाल। उसी हिसाब से बाक़ी दिशाएँ—पूरब, उत्तर, दक्षिण। यही आदत दूसरे शहरों पर लागू होती गई और यक़ीन करना, जिन शहरों की मैं जामा मस्जिद नहीं देख पाया, उनकी दिशाएँ कभी दिमाग़ में साफ़ न हो सकीं!

स्क्रीन पर एक गोलाकार खिंच चुका था जिसके बीचोबीच जामा मस्जिद थी। लाइनें खिंचती गई थीं—लाहौरी गेट, अजमेरी गेट, दिल्ली गेट, लालक़िला, जमुना...

—चावड़ी बाज़ार? मैंने कहना शुरू किया था—चलो, यहाँ से अन्दाज़न उल्टे हाथ को मुड़कर क़ाज़ी के हौज़ से होते हुए सिरकीवालों से गुज़रकर लाल कुएँ तक पहुँचो। उसके आगे बड़ियों का कटरा हुआ करता था। वहाँ से आगे चलकर नया बाँस आता था। वह सीधा रास्ता खारी बावली को निकल गया था। नुक्कड़ से ज़रा इधर ही दाएँ हाथ को एक गली मुड़ती थी। वह बताशोंवाली गली थी। एक ज़माने में वहाँ बताशे बनते आँखों से देखे जा सकते थे। बाद में वहाँ अचार-चटनीवालों का बड़ा मार्कीट बन गया था। मार्कीट के बीच से एक गली सीधे हाथ को मुड़ती थी। थोड़ी दूर जाकर बाईं तरफ़ एक पतली-सी गली उसमें से कट गई थी। इस गली में दूसरा मकान बशारत मंज़िल था : पुरानी तर्ज़ की लेकिन नई-जैसी एक छोटी हवेलीनुमा इमारत। एक ज़माने में वह मकान अपने-आप में एक पता हुआ करता था मगर फिर वीरान होता गया। कुछ लोग उसे आसेबज़दा समझने लगे, दूसरे मनहूस। आज तो यक़ीन के साथ यह भी नहीं कह सकते कि वह अपनी जगह मौजूद है या नहीं!

मैंने आँखें खोली थीं : दोस्त आश्चर्य से मुझे तकता बैठा था। कम्प्यूटर-स्क्रीन पर अधूरे नक़्शे की लाइनें खिंची थीं...

बशारत मंज़िल को संजीदा अली ने अपनी माँ और नानी के साथ पहली बार सन् 1905 में देखा था। उस वक़्त उनकी उम्र पन्द्रह साल थी।

संजीदा का जन्म अगस्त, 1890 में रियासत भोपाल में हुआ था जहाँ उनके नाना 1857 के ग़दर के बाद दिल्ली से जान बचाकर पनाह लेने में कामयाब हो पाए थे, अपनी बीवी और एक दो-वर्षीय बेटी के साथ। उनके तीनों बेटे ग़दर में अंग्रेज़ों के हाथों मारे गए थे। एक, सबसे बड़ा 20 वर्षीय जलाल—इसलिए कि उन्होंने नाना को बारहा दोहराते सुना था—कि वह उन बदमाश तिलंगों के साथ मिल गया था जो मुल्क को आज़ाद कराने के नाम पर लूटमार और खुद का फ़ायदा चाहते थे। और बाक़ी दो—18 वर्षीय अफ़ज़ाल और 16 वर्षीय बिलाल—इसलिए कि एक के गुनाह की सज़ा कभी-कभी कई बेक़सूरों को भुगतनी पड़ती है।

मिर्ज़ा जमाल बेग के ख़्याल अपने ज़माने के उन पढ़े-लिखे मुसलमानों जैसे ही थे जिन्होंने दिल्ली की बरबादी और मुसलमानों की बड़ी तादाद में हलाकत को खुद अपनी आँखों से देखा था।

—बदमाश थे वह तिलंगे, सब-के-सब! एक नवाबी रियासत में वह बिना किसी ख़ौफ़ के कह सकते थे तो कहते थे—उन्हें बादशाह से हमदर्दी थोड़ी थी, शहर लूटना मक़सद था। अपनी आँखों से क्या-क्या देखा है, मत कहलवाओ। उन

बदमाशों ने दिल्ली को लूटा और खुक कर दिया। दुर्रानी और अबदाली तो बाहर से आए थे मगर यह थी निरी स्वदेशी लुटेरों की पहली क़िस्म! वह बाद में स्वदेशी तहरीक पर तंज करते हुए कहते—लगता यह है कि अब इन लुटेरों की ही बन आई है। चोला बदलकर यह एक बार फिर मुल्क के साथ वही सलूक दोहराना चाहते हैं।

जब वह यह कहते थे तो लुटरों से उनकी मुराद वह तमाम लोग होते थे जो हिन्दुस्तान की आज़ादी के बारे में किसी भी तरह कुछ सोच या कर रहे थे। उनकी नज़रों में धीरे-धीरे हुकूमत करने के लायक़ या तो अंग्रेज़ रह गया था या वह राजे-महाराजे जो अपनी रियासतों के हाकिम थे। यह यूँ ही नहीं था कि वह देश में सर सैयद जो भी मुसलमानों के लिए करना चाहते थे उसके सबसे बड़े समर्थक और वकील बन गए थे। रियासत भोपाल ने उन जैसे असाधारण व्यक्तित्व—हकीम, शायर, अदीब, आलिम, गणितज्ञ इत्यादि की क़द्रदानी करना खुद अपनी इज़्ज़त का बहाना समझा था और उन्हें हर-हर तरह से रहने-बसने की सहूलियतें दी थीं। न केवल रियासत की शासक बेगमों ने उन्हें अपना निजी हकीम मुक़र्रर किया था बल्कि हर तरह की सुविधाएँ भी उपलब्ध कराई थीं। शहर में उनकी एक खूबसूरत हवेली थी और रियासत में लम्बी-चौड़ी जागीर।

संजीदा अली के पिता, ज़ीशान अली का सम्बन्ध कानपुर शहर से था। वह खुद अपनी जगह एक इकलौती तर्ज़ के आदमी थे। उन्हें दो चीज़ों का दीवानगी की हद तक शौक़ था : कीमियागिरी और शिकार। शादी के बाद वह मिर्ज़ा जमाल बेग के घर-दामाद बन रहे थे और मिर्ज़ा साहब की बेटी, जहाँआरा बेगम से उनकी दो औलादें थीं : दोनों बेटे। संजीदा के बड़े भाई का नाम बन्दा अली ख़ान था और वह उनसे पूरे उन्नीस साल बड़े थे। दोनों भाइयों के बीच ज़ीशान और जहाँआरा की अन्य कई औलादें जीवित न रह पाई थीं। जहाँआरा बेगम और ज़ीशान अली ख़ान की शादी, सन् 1870 की सर्दियों की, भोपाल रियासत की एक यादगार घटना थी और बन्दा अली ख़ान का जन्म जुलाई 1871 में हुआ था।

संजीदा ने बड़ों के नाम पर घर में मर्दों में किसी को देखा था तो अपने नाना या बड़े भाई को, क्योंकि उनके जन्म से पहले ही ज़ीशान अली ख़ान को अंग्रेज़ हुकूमत के ख़िलाफ़ साज़िश के इल्ज़ाम में गिरफ़्तार कर लिया गया था। जब ज़ीशान अली की गतिविधियों की ख़बर मिर्ज़ा जमाल बेग को हुई तो जुर्म की सूरत ऐसी थी कि उनकी पैरवी करने की हिम्मत वह खुद भी नहीं कर पाए। साफ़ था कि ऐसा करना अपनी और बाक़ी परिवार की ज़िन्दगी भी ख़तरे में डालने के बराबर था।

अफ़सोस तो मिर्ज़ा जमाल बेग को दामाद के अंजाम का बहुत हुआ था लेकिन उससे भी अधिक इस बात का कि दामाद ने उन्हें धोखे में रखा और उनके साथ रहते हुए भी तमाम ऐसे काम करते रहे जिनकी वजह से खुद उन्हें अपना शहर और आधी दुनिया आँखों के सामने उजड़ते देखने पड़े थे और तर्के-वतन करके एक अजनबी

रियासत में पनाह ढूँढ़नी पड़ी थी। वह तो सिर्फ़ उनकी वफ़ादारी थी जिसे सबूत के तौर पर काफ़ी समझते हुए बन्दा अली के साथ भी कोई बुरा सलूक नहीं किया गया था और साज़िश की तफ़सील को दबा दिया गया था। मिर्ज़ा जमाल बेग की उम्र उस समय लगभग 75 साल थी और बन्दा अली 18 वर्ष पूरे कर चुके थे। मिर्ज़ा जमाल बेग के सम्बन्धी, जिनमें सर सैयद और वह सब लोग जो अलीगढ़ कॉलेज से जुड़े थे, शामिल थे, उनके दुख से पीड़ित हुए थे और बेगिनती ख़त उन्हें हमदर्दी और दुख बाँटने के आश्वासन के मिले थे। ख़तों का जवाब देने का ज़िम्मा उन्होंने बन्दा अली ख़ान को सौंपा था जो वैसे भी ज़ीशान की अपनी व्यस्तताओं के कारण नाना-नानी और माँ की देखरेख में परवरिश पाकर बड़े हुए थे।

—कुछ समझ में नहीं आता, बेटी जहाँआरा के सामने उन्होंने अपने दुख का इज़हार किया था—हम अपने खून की इस गर्मी का क्या करें! पहले तीन बेटों को खोया और अब दामाद। हमें यक़ीन है ज़ीशान अली का इसमें बहुत क़सूर नहीं। यह बग़ावत का जज़्बा उनमें भड़का तो हमारे नज़दीक रहने से। हम कितना भी इससे इंकार करें, अपने वजूद से खुरच-खुरचकर फेंकने की कोशिश करें, है तो हमारी रगों में तैमूरी और चंगेज़ी खून ही। लेकिन ज़माना बदल चुका है और जंगें जीतने के लिए अब खून की गर्मी काफ़ी नहीं। हमें लोगों से वह सब सीखकर उनसे आगे बढ़ना होगा जिसने उनको हम पर हुकूमत करने की सलाहियत दी है।

उस वक़्त संजीदा जहाँआरा बेगम के पेट में थे।

—अपना ख़्याल रखो, जमाल बेग ने बेटी को तम्बीह की थी—इस वक़्त तुम अकेली नहीं, तुम्हारे साथ एक और जान का भला-बुरा भी जुड़ा है।

फिर उन्होंने कुछ हिसाब लगाने के बाद अकेले में पत्नी अमतुल कबीर, उम्र 65 वर्ष, से कहा था—जहाँआरा एक और बेटे की माँ बनेगी। सारे आसार यह हैं कि वह बच्चा ग़ैर-मामूली सलाहियतों का मालिक होगा। हमें ख़याल रखना होगा कि तीन बेटों और दामाद की तरह वह और बन्दा अली भी अपनी सलाहियतों को ग़लत कामों में बरबाद न करें। उसका नाम हम रखेंगे संजीदा, क्योंकि नामों की तासीर होती है। संजीदगी उसे भटकाव के रास्ते पर जाने से रोकेगी।

चार महीने बाद संजीदा अली का जन्म हुआ था।

जिस वक़्त ज़ीशान अली ख़ान की साज़िशी गतिविधियों का भण्डाफोड़ हुआ और उन्हें अपने किए की सज़ा मिली, बन्दा अली अलीगढ़ में एंट्रेंस की परीक्षा की तैयारी कर रहे थे जिसे छोड़कर उन्हें भोपाल वापस आना पड़ा था। यूँ कुछ साल अलीगढ़ में रहकर उन्होंने अंग्रेज़ी तर्ज़ की शिक्षा प्राप्त की थी। आगे नाना का बुढ़ापा और ख़ानदान की जिम्मेदारी समझते हुए उन्होंने वापस अलीगढ़ जाना मुनासिब नहीं

समझा, न मिर्ज़ा जमाल बेग ने उनसे ऐसा करने को कहा। वह हाफ़िज़ तो थे ही, अरबी-फ़ारसी की शिक्षा रियासत के बड़े आलिमों से पाई थी, अब अंग्रेज़ी भी सीख गए थे और नई तालीम क्या होती है, यह सर सैयद का सान्निध्य पाकर अच्छी तरह समझ गए थे। सर सैयद ने मिर्ज़ा जमाल बेगम को, जिन्होंने कॉलेज की स्थापना में बढ़-चढ़कर उनकी मदद की थी, एक से अधिक ख़त इस ख़्वाहिश के लिखे थे कि क्या ही अच्छा होता जो बन्दा अली अलीगढ़ में रहकर डिग्री कर लेते। मिर्ज़ा जमाल बेग ने, बहरहाल, अब उनके लिए कुछ और ही सोचा था। वह चाहते थे कि ज्ञान और गुन की बातें वह खुद जितनी जानते थे, जल्द-से-जल्द बन्दा अली को सिखाकर अपनी ज़िम्मेदारी से सुबुकदोश हों और बक़ौल उनके—'मैं चैन की मौत मर सकूँ।'

वैसे तो मिर्ज़ा जमाल बेग के सम्बन्ध रियासत में सबसे ही अच्छे थे मगर उनके ख़ास दोस्त थे लाला शोहरत राय। राय साहब उम्र में मिर्ज़ा से ज़रूर छोटे थे लेकिन दोनों के बीच दोस्ती का रिश्ता बराबरी का था।

लाला शोहरत राय रियासत के ऊँचे ओहदेदार थे और उनका सम्बन्ध जयपुर से था। गेहुँआ रंग, चौड़ा माथा, बड़े-बड़े कान जिन पर उगे हुए बालों के गुच्छे उनके ख़ानदान की आनेवाली पीढ़ियों की भी शिनाख़्त रहे थे, घुँघराले बाल, खड़ी नाक जो रोग़नी होने के कारण चमकती थी और बड़ी-बड़ी ग़लाफ़ी आँखें जिनमें एक जादू और लम्बी उम्र की नींद बैठे लगते थे। उम्र के आख़री कुछ सालों में उन्हें कम दिखाई देने लगा था और कमर भी झुक गई थी जिसके कारण वह चाँदी की शाम की मोटी छड़ी टेककर चलने पर मजबूर हो गए थे।

यह एक इत्तिफ़ाक़ था कि मिर्ज़ा जमाल बेग ने जहाँआरा की शादी ज़ीशान से करने का अपना फ़ैसला सबसे पहले लाला शोहरत राय को सुनाया था और उनकी राय जाननी चाही थी। हैरत उन्हें तब हुई थी जब राय साहब ने उनके फ़ैसले का विरोध किया था। शादी के बाद, बहरहाल, उन्होंने कभी ज़ीशान अली को परायापन महसूस नहीं होने दिया था, हालाँकि मिर्ज़ा साहब यह भी जानते थे कि राय साहब ने ज़ीशान अली की समय के साथ तरक़्क़ी को हमेशा शक की नज़र से देखा था। उनका यह शक जब सही साबित हुआ और मिर्ज़ा को अपना ग़म ग़लत करने को उनके साथ की ज़रूरत हुई तो लाला शोहरत राय इस दुनिया में नहीं थे : डेढ़ साल पहले, 70 वर्ष की आयु में उनका देहान्त हो गया था। उन्होंने आख़री साँस ली तो उनके दोनों बेटों, दौलत और धनपत के अलावा मिर्ज़ा जमाल बेग भी उनके पास मौजूद थे। दौलत ने इंग्लैण्ड से डॉक्टरी की थी और कलकत्ते में बस गया था जबकि धनपत को इलाहाबाद से बी.ए. करने के बाद रियासत भोपाल में ही नौकरी मिल गई थी।

लाला शोहरत राय के न रहने और फिर ज़ीशान अली की दुर्घटना के बाद मिर्ज़ा जमाल बेग अकेले रह गए थे और उस अकेलेपन को उन्होंने सरमाए की तरह बन्दा अली ख़ान की तरबियत पर ख़र्च किया था। उनका पुराना नौकर जीवनलाल जो

दिल्ली से उनके साथ भोपाल आया था, हवेली के ही एक हिस्से में अपने परिवार के साथ रहता था। उसकी शादी भोपाल में ही हुई थी और उसका इकलौता बेटा प्रेमलाल, जो आगे प्रेमलाल देहलवी के नाम से बन्दा अली ख़ान का दायाँ हाथ बना, ज़ीशान अली की मृत्यु के समय पाँच साल का था।

बन्दा अली ख़ान एक फ़रमाबरदार और योग्य शागिर्द सिद्ध हुए थे और वह हिकमत से लेकर गणित तक, जो-जो भी नाना ने सिखाया था, सब सीखते गए थे। एक अच्छे हकीम की तरह शहर भोपाल के पुराने बाशिन्दे बन्दा अली ख़ान का नाम आज भी याद करते हैं, और बन्दा अली की मस्जिद जो उन्होंने बनवाई थी, उनके मज़हबी और इबादतगुज़ार होने का सबूत तो है ही, अपने-आप में एक बड़ी और खूबसूरत मस्जिद भी है।

बाक़ी सब कुछ तो बन्दा अली ख़ान ने नाना से न सिर्फ़ सीखा, बल्कि उसे उनके सिखाए से आगे भी ले गए, मगर एक चीज़ ऐसी थी जो वह लाख कोशिश के बाद भी सीख ही नहीं पाए : शायरी का वज़न। नतीजा यह था कि एक ऐसे दौर में जब, जैसे शमअ् बुझने से पहले भड़कती है, हर साहिबे-हैसियत और उर्दू पढ़ा-लिखा इंसान शायरी करना अपनी ख़ासियत समझ रहा था, बन्दा अली ख़ान न तो शेर कह सकते थे न ही उन्हें दूसरों के अशआर याद रहते थे। इस कमी को वह शायरों की ख़ातिर-तवाज़ो करके पूरी करते थे : उनके लिए क़ीमती ख़मीरे और दवाएँ खुद अपने दवाख़ाने में बनवाकर। इसी सिलसिले में मिर्ज़ा जमाल बेग ने उनकी भेंट अमीर मीनाई से, जब वह भोपाल आए थे, कराई थी और हैदराबाद में उन्हें दाग़ देहलवी के साथ रहने का भी मौक़ा मिला था जहाँ दाग़ साहब अपनी ज़िन्दगी के आख़री दिन गुज़ार रहे थे। उस मौक़े पर संजीदा भी बन्दा अली के साथ थे और तब संजीदा को अलीगढ़ में पढ़ते तीन साल होने को आ रहे थे।

जब बन्दा अली ने संजीदा का परिचय दाग़ साहब से कराया था तो यह भी बताया था कि संजीदा अली भी शेर कहते हैं। दाग़ साहब ने, जो उन दिनों बीमार थे, लापरवाही के साथ संजीदा अली की तरफ़ देखा था। दाग़ साहब की बदशक्ली की शोहरत संजीदा ने सुन रखी थी इसलिए उन्हें बहुत आश्चर्य हुआ था : उन्हें दाग़ साहब अपनी तरह के खूबसूरत इंसान लगे थे।

—कोई पसन्दीदा शेर सुनाइए? दाग़ साहब ने फ़रमाइश की थी।

बन्दा अली ने संजीदा की ओर हौसलाअफ़ज़ा नज़रों से देखा था। संजीदा ने गला खखारा था, शेर पढ़ा था—

न बदले आदमी जन्नत से भी बैतुल-हज़न अपना
कि अपना घर है अपना और है अपना वतन अपना।

दाग़ साहब हँसने लगे थे।

—मियाँ साहबज़ादे, उन्होंने कहा था—अपना कोई शेर सुनाइए, हमारा नहीं! क्या तख़ल्लुस करते हैं?

—जी, सोज़, संजीदा ने शर्माते हुए कहा था।

—संजीदा-अली-ख़ान-सोज़, दाग़ साहब ने नाम और तख़ल्लुस ज़बान पर तौलते हुए कहा था—सुब्हानअल्लाह!

गोया वह नाम नहीं कोई शेर हो जिस पर दाग़ साहब दाद देना चाहते हों।

फिर दाग़ देहलवी संजीदा सोज़ की शायरी घण्टों सुनते और दाद देते रहे थे। उन्हें अपनी शागिर्दी में लेने की दरख़्वास्त दाग़ साहब ने बहुत ख़ुश होकर क़बूल कर ली थी। तीन दिन उन्होंने संजीदा सोज़ का कलाम अकेले में सुना था और फिर शहर के ख़ास लोगों से परिचय कराने और सोज़ की शायरी सुनवाने को एक ख़ास नशिस्त का एहतमाम अपनी कोठी पर किया था। सब 14 वर्षीय संजीदा अली ख़ान सोज़ का कलाम सुनकर चकित रह गए थे : ऐसा लगता था जैसे उस्ताद दाग़ की-सी परिपक्वता और दुनिया-जहान देखे व्यक्ति के शेर हों। वही दुख, कहीं तह में करवट लेता, वही मिज़ाज की शोख़ी और छेड़छाड़ का अन्दाज़, वही बड़ी-से-बड़ी बात निहायत सादगी से कहने की अदा।

शायरी सुनने के बाद दाग़ साहब ने महफ़िल से मुख़ातिब होते हुए कहा था—मुझे ख़ुशी है कि संजीदा अली ख़ान सोज़ ने, जिनके ख़ानदान और बुज़ुर्गों से शहर दिल्ली की निस्बत मेरा ताल्लुक़ रहा है, मेरी शागिर्दी क़बूल करने की ख़्वाहिश ज़ाहिर की है। दिल्ली अब एक शहर नहीं, वह तमाम लोग हैं जो कहीं भी रहें-बसें, दिल्ली उनकी साँसों में साँस लेती है, दिल की धड़कन बनकर बोलती है और लबो-लहजे में अपनी मौजूदगी का सबूत देती है। दरअसल दिल्ली ही का दूसरा नाम शायरी है और शायरी का ही एक हम-मायने लफ़्ज़ उर्दू है।

रुककर दाग़ साहब ने शेर पढ़ा था :

दाग़ दिल्ली से निकलकर रहे सब के दिल में
इस ग़रीबुल-वतनी में भी वतन लाखों हैं।

लोगों ने दाद दी थी।

—संजीदा सोज़ के नाना, दाग़ साहब ने आगे कहा था—मिर्ज़ा जमाल बेग मेरे मोहतरिम बुज़ुर्ग और इनके एक मरहूम मामू मेरी नौजवानी के अज़ीज़ दोस्त थे। इस ख़ानदान ने मुल्को-क़ौम की जो ख़िदमत की है वह अपनी मिसाल आप है। मुझे यक़ीन है जब तक इन जैसे ज़ी-इल्म और बासलाहियत लोग मौजूद हैं, मुल्को-क़ौम और उसकी तहज़ीब को कोई ख़तरा नहीं हो सकता। ना ही उर्दू ज़बान को।

वह रुके थे, फिर शेर पढ़ा था—

नहीं खेल ऐ दाग़, यारों से कह दो।
कि आती है उर्दू, ज़बाँ आते-आते।

लोगों ने फिर दाद दी थी।

—उर्दू का रस्मुल-ख़त बदलने की साज़िशें नाकाम रहेंगी, दाग़ साहब ने बात का सिलसिला जारी रखा था—उर्दू हमला करके कहीं बाहर से नहीं आई, हिन्दुस्तान में ही पैदा होकर पली-बढ़ी है। फ़ारसी नहीं, उसे तो खत्म करके हाकिमों ने अपनी ज़बान दफ़्तरों में शुरू कर दी और उसकी वाहवाही करनेवाले भी मिल गए। आज क़ौम के नौजवान अंग्रेज़ी तालीम हासिल करने के लिए बेताब हैं। हम नहीं कह सकते वह सही हैं या ग़लत। किसी मायने में सही होंगे और किसी में ग़लत। हम सबको उनकी मर्ज़ी करने से रोक भी नहीं सकते। हमारा सवाल उर्दू की बाबत है कि सियासत की बिसात पर एक ज़िन्दा ज़बान से खिलवाड़ कैसी?

उन्होंने एक ठण्डी साँस ली थी और शेर पढ़ा था—

जब यहीं ऐ दाग़ वहशत है तो आसाइश कहाँ?
जाइए हिन्दोस्ताँ से कौन-सी अक़्लीम को!

दाग साहब की ठण्डी साँस शेर सुननेवालों की वाहवाही में खो गई थी।

संजीदा अली को आश्चर्य हुआ था। इतना समय दाग़ के साथ अकेले शायरी सुनाते उन्हें पलभर को भी यह एहसास नहीं हुआ था कि किसी जगह उनके नाना, मिर्ज़ा जमाल बेग और दाग़ साहब में इतनी गहरी समानता थी। गुस्सा, कड़वाहट, शक। हिन्दू पर। अंग्रेज पर, कांग्रेस पर। स्वराज पर, स्वदेशी पर। 'बिके हुए' मुसलमान नेताओं पर। बदरुद्दीन तैयब जी पर। बालगंगाधर तिलक और शिवाजी महाराज की जय-जयकार और गणपति के त्यौहारों पर। इस पर कि दिल्ली और अवध में लूटपाट किसी ने की और सज़ा 'बेगुनाह' मुसलमानों को भुगतनी पड़ी। मुसलमानों की खुद्दारी का क़सीदा एक तरफ़, अपने मज़हब में यक़ीन और ईसाइयों से बरतर होने का यक़ीन दूसरी ओर, और हिन्दू की समझौता-परस्ती और अंग्रेज़ी शिक्षा की ओर झुकाव का मरसिया दूसरी ओर। संजीदा सोज़ को आश्चर्य हुआ था कि शायरी का भ्रम पालनेवाले लोग जो इंसानियत का दावा और सबका एक मालिक होने की बात करते हैं, इतने तंग मकानों में रहते हैं जिनमें न तो बिना सिर झुकाए दाख़िल हुआ जा सकता और न जहाँ हवा और सूरज की रोशनी का गुज़र सम्भव था।

—बहरहाल, दाग़ साहब ने आगे कहा था—आज इस कम-उम्र लेकिन बेपनाह सलाहियतमन्द शायर को अपने हल्क़ए-तलम्मुज़ (शागिर्दी) में शामिल करते हुए मुझे बहुत खुशी है। यह तालिबे-इल्म कोई मामूली ग़ज़लगो नहीं। इसके कलाम में इस्लाह की गुंजाइश नहीं के बराबर है।

यह तब की बात है जब दाग़ साहब के डाक की व्यवस्था हो जाने से सैकड़ों-हज़ारों शागिर्द थे जो ख़तो-किताबत के ज़रिए दूर से ही उनसे शागिर्दी की निस्बत पैदा करते थे। डाक से ग़ज़लें उनके पास आती थीं और वह उनमें इस्लाह (सुधार) करके वापस भेजते थे। जब तक डाक नहीं थी या फिर बाद में, उसके होते हुए भी इतने शागिर्द किसी दूसरे शायर के नहीं रहे जितने दाग़ देहलवी के थे। उन्हें इस काम को करने के लिए पूरा एक दफ़्तर और उसमें काम करनेवाले रखने पड़ते थे। वह महज़ इत्तिफ़ाक़ नहीं कि दाग़ के शागिर्दों में संजीदा सोज़ के एक समकालीन शेख़ मुहम्मद इक़बाल भी थे। इसके अलावा अहसन मारहरवी, नूह नारवी, जालिब देहलवी, सीमाब अकबराबादी, लम्भूराम जोश मलसियानी, नातिक़ गुलावठी, मौलाना मुहम्मद अली जौहर, जिगर मुरादाबादी इत्यादि-इत्यादि भी इस रिश्ते से उनके समकालीन होते थे।

हैदराबाद से भोपाल आकर बन्दा अली ख़ान ने नाना को दाग़ साहब का अहवाल और संजीदा अली ख़ान की इज़्ज़तअफ़ज़ाई का आँखों-देखा हाल सुनाया था। मिर्ज़ा जमाल बेग की खुशी का कोई ठिकाना नहीं था और उससे भी ज़्यादा कोई खुश हुआ था तो संजीदा अली की माँ, जहाँआरा बेगम। संजीदा वैसे भी माँ को बहुत प्यारे थे और उन्होंने उनकी तरबियत पर ख़ास निगाह रखी थी। दिमाग़ और जिस्म संजीदा ने पैदाइश से ही भरपूर पाया था और उसी तरह की उनकी सूरत-शक्ल थी। सुर्ख़ रंगत, खड़े नाक-नक़्श, स्याह बड़ी-बड़ी आँखें, क़द जो आगे चलकर छः फीट से ऊपर निकलना था। पहलवानी और सैरो-तफ़रीह का शौक़ था। शेर आठ साल की उम्र में मौजूँ करने लगे थे जिसे लेकर बन्दा अली ख़ान को उनसे ईर्ष्या होती थी। शिकार खेलने पर नाना और माँ ने बचपन से ही पाबन्दी लगा दी थी। अलीगढ़ में रहकर तालीम पा रहे थे लेकिन कुछ ऐसा था उनकी सोच और मिज़ाज में जो घर के बुज़ुर्गों या अलीगढ़ में साथ पढ़नेवालों की तबीयत से मेल नहीं खा पाता था।

—अम्मी जान, संजीदा ने जहाँआरा बेगम से सवाल किया था—क्या मुसलमान इस मुल्क में वह लिबास पहनकर आए थे या वह ज़बान बोलते हुए जिन्हें उन्होंने आज अपनी पहचान का पहला निशान बना लिया है? यह हिन्दू-मुसलमान की अलेहदगी क्यों है और मुसलमान को कांग्रेस से दूर रहने के मशवरे क्यों हैं?

यह बात उन्होंने अपनी हैदराबाद यात्रा से भी एक साल पहले, अलीगढ़ से गर्मियों की छुट्टियों में घर लौटकर पूछी थी : उस ज़माने में जब हकीम अजमल ख़ान, डॉक्टर अंसारी या मौलाना आज़ाद जैसे नाम कांग्रेस में नहीं थे, न महात्मा गांधी का भारत आगमन हुआ था। कांग्रेस में अगर कोई पढ़ा-लिखा मुसलमान शामिल भी होता था तो बाक़ी मुसलमानों की नज़र में उसकी हैसियत कम हो जाती थी, क्योंकि कांग्रेस की माँगें मुसलमानों की माँगों को अनदेखा करती थीं, यह सर सैयद का कहना रहा था और मुसलमानों की सहमति भी।

—सब आरज़ी होता है, जहाँआरा बेगम ने ऐसे गम्भीर लहजे में कहा था जैसे

संजीदा अली को कोई गहरे राज़ की बात समझा रही हों—कुछ दिन का। वह बोली हो या पहनावा। लेकिन इनको बहाना बनाकर बहुत कुछ ऐसा किया जाता रहा है जिसकी उम्र बहुत दराज़ साबित हुई है। दुनिया की तारीख़ ऐसी दास्तानों से भरी पड़ी है और देव-परियों के क़िस्स-कहानियों को भी खुराक वहीं से मिलती है।

—आप क्या सोचती हैं, संजीदा अली ने एहतियात से बात का रुख़ उस तरफ़ मोड़ा था जिस बारे में वह अरसे से अपनी माँ की राय जानना चाहते थे—सन् 1857 में जो हुआ वह नहीं होना चाहिए था? और मरहूम मामू ने अगर बाग़ियों का साथ दिया तो ग़लत किया?

—नाकाम इंक़िलाब बग़ावत और हारा हुआ इंक़िलाबी बाग़ी कहलाता है, जहाँआरा बेगम ने उसी गम्भीरता से कहा था—अन्दाज़ों की ग़ल्ती होती है, दुश्मन की ताक़त सही-सही नहीं मालूम हो पाती, जज़्बात असलियत को पूरी तरह देखने-समझने की सलाहियत छीन लेते हैं। साथियों के नाम पर वह लोग भी आसपास इकट्ठा हो जाते हैं जिनकी दिलचस्पी मुल्क, क़ौम या इंक़िलाब में नहीं महज़ ज़ाती फ़ायदे में होती है। लेकिन जब कुछ ईमानदार सरफिरे हुकूमत से टक्कर लेने को अपनी जान की बाज़ी लगाने का तय करते हैं तो अपने दिल में इंक़िलाब के यक़ीन के साथ करते हैं, बाग़ी कहलाने या नाकाम होने को नहीं।

जहाँआरा बेगम ने कम उम्र की वजह से 1857 की दिल्ली को तो भुला दिया था, न ही भाइयों की शक्लें उन्हें याद थीं, लेकिन शौहर ज़ीशान अली ख़ान की याद ने उन्हें बेचैन कर दिया था। हालाँकि ज़िन्दगी में उन्हें उनसे अक्सर शिकायतें रही थीं लेकिन वह एक ऐसे इंक़िलाबी के साथ रहती रही थीं जिसने और तो और खुद अपनी बीवी को अपनी खुफ़िया कार्यवाहियों की भनक नहीं लगने दी, इस बात से शौहर की इज़्ज़त उनकी नज़रों में काफ़ी बढ़ गई थी।

—इंसान बेहतरी के लिए बदलाव चाहता है, जहाँआरा बेगम ने ठण्डी साँस लेकर कहा था—कभी दो बेहतर चाहनेवाले भी दो अलग-अलग ऐसे रास्ते चुनते हैं कि खुद आपस में ही टकराव की सूरत पैदा हो जाती है। कांग्रेस तो अभी कुछ सालों से वजूद में आई है, समाज में पैदा हुई ख़राबियों का हल तलाश करनेवाले हर-हर ज़माने में हुए हैं। न 1857 फ़िरंगी के ख़िलाफ़ पहली जद्दोजहद थी, न आगे दुनिया का एक बेहतर तसव्वुर पैदा करनेवाले थक के बैठेंगे। आम लोगों के लिए बदलाव का साथ दे पाना हमेशा मुश्किल रहा है। अंग्रेज़ हाकिम है, उसने बेहतरी अपनी आसानी में देखी और दफ़्तरी ज़बान फ़ारसी से बदलकर इलाक़ाई कर दी, उसी तरह जैसे कभी कुछ लोगों ने अपनी आसानी के लिए फ़ारसी को यह दर्जा दिया होगा। हुकूमत करनेवालों के अपने अन्दाज़ और मजबूरियाँ होती हैं जिन्हें सियासत कहते हैं। इधर पिछले दिनों नागरी रस्मुलख़त की पैरवी मैकडॉनल्ड साहब उर्दू की दुश्मनी या हिन्दी की मुहब्बत में नहीं कर रहे, वह उस फ़ासले को बढ़ावा देना चाहते हैं

जो वैसे ही पिछली दहाइयों में हिन्दू और मुसलमान के बीच पैदा हो चुका है। याद रखो, न तो सारे मुसलमान सर सैयद और अलीगढ़ के साथ हुए और न कांग्रेस और हिन्दी मुसलमानों को नुक़सान पहुँचानेवाले, और न ही सारे हिन्दू या दूसरे मज़हबों से ताल्लुक़ रखनेवाले कांग्रेस के साथ हो सकते। सर सैयद की अपनी सोच और नज़रिया था, उसके तहत जो वह बेहतर समझते थे, किया और अपने पीछे इस काम को आगे बढ़ानेवालों की एक बड़ी जमात छोड़ गए। मुँह-ज़बानी उन्हें बुरा कहने और कुफ़्र के फ़तवे देने-दिलाने को तो निन्नानबे फ़ीसदी लोग उठ खड़े हुए थे लेकिन कुछ ऐसे लोग भी थे जिन्होंने अपने अलग सोच को सूरत-शक्ल देकर दिखाया। जब सर सैयद ने अंग्रेज़ी तालीम के लिए अलीगढ़ में स्कूल शुरू किया तो उससे पहले ही देवबन्द में दीनी तालीम का मदरसा शुरू किया जा चुका था। और उसको क़ायम करनेवाले थे मौलाना क़ासिम नानोतवी। दिलचस्प बात यह है कि बुनियादी तौर पर सर सैयद और मौलाना नानोतवी एक ही उस्ताद, मौलाना ममलूक अली के शागिर्द थे। तुमने शेख़ अहमद सिरहिन्दी या शाह वलीउल्लाह के बारे में पढ़ा या सुना होगा? शाह साहब ने आज से डेढ़ सौ साल पहले वहीउल्लाही तहरीक शुरू की थी। जिस वक़्त उन्होंने यह तहरीक शुरू की थी, बहुत कमज़ोर पड़ने के बाद भी दिल्ली पर हुकूमत बहरहाल मुग़लों ही की थी। फिर भी यह तारीख़ है कि शाह साहब ने उस कमज़ोरी को दूर करने के लिए अपने एक मुरीद के ज़रिए अहमद शाह अबदाली को हिन्दुस्तान पर हमला करने की दावत भेजी थी। कुछ जानते हो तुम वलीउल्लाही तहरीक के बारे में?

बुज़ुर्गों में बातें होती थीं। घर में किताबें-रिसाले आते थे। शाह वलीउल्लाह, शाह अब्दुल अज़ीज़ और सैयद अहमद बरेलवी के नाम कानों तक पहुँचते थे लेकिन संजीदा अली ख़ान को उनके बारे में विस्तार से जानकारी नहीं थी। छोटे शाह साहब, बड़े शाह साहब, वलीउल्लाही आन्दोलन और दावते इलाही। 1831 और बालाकोट की ट्रेजडी जिसमें सैयद अहमद बरेलवी सरहद के इलाक़े में ग़ैरमुल्की फ़िरंगियों से जेहाद करने और मुल्की हुकूमत क़ायम करने गए थे मगर रणजीत सिंह के सिख सिपाहियों के हाथों शहीद हुए थे। यह सारी बातें, वलीउल्लाही आन्दोलन की परिभाषा और इतिहास उस दिन संजीदा अली को अपनी माँ, जहाँआरा बेगम की ज़बानी सुनने को मिला था। और इसके आगे का बहुत कुछ—तहरीक शैखुल हिन्द और मौलाना महमूदउलहसन देवबन्दी, जो वलीउल्लाही तहरीक की आख़री कड़ी थे, और जिनके चाहनेवालों में डॉक्टर मुख़्तार अहमद अंसारी, मौलाना अबुल कलाम आज़ाद, मौलाना मुहम्मद अली, मौलाना शौकत अली (अली बन्धु), मौलाना उबैदुल्लाह सिन्धी जिनके नाम से रेशमी रूमाल की साज़िश को जुड़ना था, मौलाना बरकतुल्लाह भोपाली—उन्हें अपनी आँखों से खुद देखना था, हत्ताकि मौलाना महमूदउलहसन के जनाज़े में, जिनका इंतक़ाल दिल्ली में अपने चहेते, डॉक्टर अंसारी

की कोठी में, जहाँ बाद में गांधीजी भी ठहरते थे, हुआ था, और जिन्हें दफ़न करने के लिए देवबन्द ले जाया गया था, उन्हें शिरकत भी करनी थी।

मगर यह सब आगे की बातें हैं, काफ़ी आगे की। अभी पहला विश्वयुद्ध आँखों से ओझल है। महात्मा गांधी दक्षिण अफ्रीका में वकालत करते हुए इंसानों के अधिकार के लिए लड़ रहे हैं। कांग्रेस है मगर उसकी गतिविधियों में तेज़ी नहीं आई है। मुस्लिम लीग बनी नहीं है। मुम्मद अली जिन्नाह कांग्रेस के एक महत्त्वपूर्ण मुसलमान कार्यकर्ता हैं। मिर्ज़ा जमाल बेग ज्यों-ज्यों बूढ़े हो रहे हैं बीती ज़िन्दगी की ओर लौटते जा रहे हैं। वह अकेले बुदबुदाते हैं जिसे सिर्फ़ जीवनलाल सुन पाता है। शाम को उनके दोस्त शोहरत राय के बेटे, धनपत मिर्ज़ा के पास आ बैठते हैं और रूमी की मनसवी उन्हें तरन्नुम से पढ़कर सुनाते हैं, उनके साथ शतरंज खेलते हैं और बारहा सुनी बातों को नए सिरे से सुनने का अभिनय करते हैं। मिर्ज़ा के हीरो सर सैयद और मनपसन्द विषय सर सैयद की 1857 के बारे में पुस्तिका 'असबाब बग़ावते हिन्द' हो गई है। शायरों में उन्हें दाग़ के सारे दीवान ज़बानी याद हैं। अमतुल कबीर इबादत करती हैं और वज़ीफ़े पढ़ती हैं। उनकी बग़ल में हमेशा एक लकड़ी की चकोटी दबी रहती है और कहीं बैठना हो तो बिछाकर उसी चकोटी पर बैठती हैं। बन्दा अली एक कामयाब हकीम और सूझबूझवाले दुनियादार व्यक्ति के रूप में बड़े हुए हैं। एक कमज़ोरी उनमें ऐसी है कि वह अक्सर खुद पर काबू खो देते हैं और पछताते हैं। यह उनका गुस्सा है। घरवालों के शादी के तक़ाज़ों को अभी तक वह किसी तरह टालते रहे हैं। जब जहाँआरा बेगम संजीदा अली से बात कर रही हैं तो उनकी महलनुमा हवेली में सब शान्त है। सेहन में दो ऊँचे खजूर के दरख़्तों के बीच फ़व्वारा पानी उगल रहा है। हवेली के पिछले हिस्से में जहाँ पहले मिर्ज़ा जमाल बेग और अब बन्दा अली ख़ान के मरीज़ों की दवाएँ बनती हैं, कोई चीज़ कूटी जा रही है। घर में खूबसूरत महराबें, सुतून, दालान और कमरे हैं। नौकर अपने-अपने कामों में लगे हैं। मिर्ज़ा जमाल बेग और अमतुल कबीर अपने-अपने रिहाइश के हिस्से में दोपहर की नींद ले रहे हैं।

—तुम्हारे अब्बा भी, जहाँआरा बेगम ने संजीदा अली से और गम्भीर स्वर में कहा था—वलीउल्लाही तहरीक और जेहाद से ताल्लुक़ रखते थे। इसी जुर्म की सज़ा में उन्हें अपनी जान देनी पड़ी थी।

बाद में इतिहास के पन्नों पर क्या और कैसे दर्ज होना था, और इतिहास के अध्यापक-विद्यार्थी के बीच उन नुक़्तों पर क्या बातचीत होनी थी, इस ख़्याल से मुक्त और बेपरवाह, संजीदा अली ने अपनी माँ के कमरे में बैठकर उनकी ज़बानी जो कुछ उस दोपहर सुना था, वह उनकी सारी उम्र के ज़मीनो-आसमान पर फैलता गया था। किन्हीं अर्थों में उन्हें यह लगा था कि जहाँआरा बेगम का कमरा दुनिया का एक छोटा मॉडल था और उनकी बातचीत और उससे निकलती तकरार की सूरतें

उस सबकी एक धुँधली और स्पष्ट भविष्यवाणी जिसे भेस बदल-बदलकर आगे ज़िन्दगी में उनके सामने आना था।

ज़ीशान के पिता जुलफ़िक़ार अली ख़ान का सम्बन्ध कानपुर से था और वह सैयद अहमद बरेलवी के फ़िदाई साथियों में से थे। सरहद पर उनके साथ लड़ते हुए वह भी शहीद हुए थे। उस समय ज़ीशान की उम्र एक साल थी। उनकी माँ का सम्बन्ध भी उस समय के एक नामी-गिरामी पढ़े-लिखे ख़ानदान से था। ज़ीशान ने शुरू की तालीम अपने बड़े भाई से पाई थी और उसके बाद अन्य आलिमों से पढ़कर अपनी शिक्षा पूरी की थी। आगे वह अपने पिता की विचारधारा से जुड़कर वलीउल्लाही आन्दोलन का संचालन करनेवाले उलेमा के साथ हो गए थे। कानपुर से वह दिल्ली गए थे और 1857 में अंग्रेज़ों के हाथों मरते-मरते बचे थे। दिल्ली को अपनी आँखों से उजड़ते देखनेवालों में से एक वह भी थे। दिल्ली से भागकर उन्होंने रामपुर में पनाह ली थी और फिर कुछ समय बाद वहाँ से काकोरी चले गए थे। हालात सुधरने और मलिका विक्टोरिया के माफ़ीनामे के बाद वह कानपुर लौट गए थे और फिर अन्ततः 1865 में कुछ करने की तलाश में रियासत भोपाल का रुख़ किया था। यहाँ पहुँचकर वह एक मस्जिद के हुजरे में ठहरे थे और इत्तिफ़ाक़ से उनकी भेंट मिर्ज़ा जमाल बेग से हुई थी जो न सिर्फ़ उनकी व्यक्तिगत खूबियों से प्रभावित हुए थे बल्कि ज़ीशान अली के परिवार और बुज़ुर्गों को भी जानते थे। मिर्ज़ा जमाल बेग ने कोशिश की थी कि उनको रियासत में कोई ठिकाने की नौकरी मिल जाए मगर शुरू में इसमें उन्हें कामयाबी नहीं मिली थी। मिर्ज़ा को लगा था कि ज़ीशान की रगों में दौड़ता बुज़ुर्गों का गर्म खून सामान्य तापमान पर आ चुका है और इसका अन्दाज़ा उन्होंने ज़ीशान अली के मुँह से सर सैयद की तारीफ़ सुनकर भी लगाया था। उन्होंने उस सलाहियतमन्द आदमी की मदद करने का फ़ैसला कर लिया था और 1870 की सर्दियों में, बावजूद दोनों की उम्रों में बड़े फ़र्क़ के, ज़ीशान अली ख़ान की शादी जहाँआरा बेगम से कर दी गई थी। तब ज़ीशान की उम्र चालीस और जहाँआरा पन्द्रह साल की थीं। आगे जो हुआ वह इतिहास था और यह शादी ज़ीशान अली ख़ान के लिए बहुत मुबारक साबित हुई थी। मिर्ज़ा जमाल बेग के दामाद की हैसियत से रियासत में उन्हें जल्द ही अच्छी तनख़्वाह की नौकरी मिल गई थी।

आगे ज़ीशान अली ख़ान ने जिस तेज़ी से तरक़्क़ी के दर्जे तय किए उसे देखकर न सिर्फ़ मिर्ज़ा जमाल बेग और उनका परिवार बल्कि सारी रियासत ही हैरान रह गई। देखते-ही-देखते वह रियासत की शासक बूढ़ी बेगम के विश्वासपात्र और क़रीबी बन गए थे। बेगम विधवा थीं और रियासत की वारिस, उनकी इकलौती बेटी, अपने पति के साथ माँ से अलग रहती थीं। माँ-बेटी के सम्बन्धों में बिगाड़ था जो ज़ीशान के बीच

में आ जाने से और भी बढ़ता गया था। ज़ीशान अली को खुद तो सिर्फ़ अपना काम करने के लिए मौक़े की तलाश थी और जैसे-जैसे उनकी पकड़ शासन पर मज़बूत होती गई थी वह हुकूमत के ख़ास ओहदों से रियासत के पुराने नमकख़्वारों को अलग करके उनकी जगह अपने विश्वासपात्रों को बिठाते गए थे। बेगम बेटी की दुश्मनी में दिन-ब-दिन ज़ीशान पर आश्रित और पूरी तरह उनके ताबे होती गई थीं। ज़ीशान अली ख़ान के हुक्म और मर्ज़ी के बिना रियासत में पत्ता भी नहीं खड़क सकता था।

कहने को ज़ीशान अली ख़ान हुकूमत के काम कर रहे थे लेकिन दर-पर्दा तैयारियाँ हो रही थीं वलीउल्लाही आन्दोलन के तहत जेहाद की। साथ ही मिज़ाज की सख़्ती और अपने ख़ास गिरोह की सरपरस्ती की वजह से रियासत में ख़ामोशी के साथ उनके ख़िलाफ़ असन्तोष भी पैदा होता गया था, जिसमें निर्णायक भूमिका तख़्तो-ताज की वारिस बेगम साहिबा की बेटी ने अदा की थी और जिसका अन्दाज़ा, ख्शुद ज़ीशान अली ख़ान को या तो नहीं हो पाया था या हुआ था तो समय बीतने के बाद।

मिर्ज़ा जमाल बेग के लिए यह सूरतेहाल अजीब थी : व्यस्त होकर बेटी से दामाद के दूर हो जाने का दुख भी था और दामाद के रियासत में महत्त्व हासिल करने की खुशी भी थी। दामाद के कारण अब रियासत में खुद उनका भी रुतबा हर-हर तरह बढ़ गया था। इसके साथ ही यह भी बिल्कुल सच था कि ज़ीशान अली की इंक़िलाबी गतिविधियों की ख़बर उन्हें आख़िर तक नहीं हो पाई थी। न जहाँआरा बेगम को जिनके पास, बहरहाल, शौहर की हैसियत से ज़ीशान अली ख़ान का आना-जाना अन्त तक रहा था, न मिर्ज़ा जमाल बेग के घर में अन्य किसी को।

ज़ीशान अली ख़ान जेहाद की तबलीग़ और इंक़िलाब की तैयारियों में सब कुछ भूलकर इस तरह व्यस्त हो गए थे कि यह अन्दाज़ा लगाना भी ज़रूरी नहीं समझा कि अंग्रेज़ हुकूमत की ताक़त क्या है। वह अपने मंसूबे के लिए मुल्क में सही माहौल बनाना चाहते थे और उसके लिए जेहाद की तबलीग़ की खुद भी किताबें लिख रहे थे और साथी उलेमा की बड़ी जमात से भी लिखवा रहे थे। रियासत में जो महत्त्व उन्हें प्राप्त था उसके कारण साधनों की कोई कमी नहीं थी। दूसरे सार्वजनिक कामों को अनदेखा करके वह ज़्यादा-से-ज़्यादा पैसा और मेहनत अपनी योजना के कामों पर लगा रहे थे। छापेख़ाने क़ायम किए गए थे। दूर-दराज़ से बेहतरीन कातिबों को इकट्ठा किया गया था। बहुत खुफ़िया ढंग और होशियारी से उन्होंने लोगों में जेहाद की तबलीग़ शुरू कर रखी थी। ऐसा करते हुए यह भी हुआ कि वह रियासत और देश के बड़े जन-समुदाय से पूरी तरह कट गए।

आगे तरह-तरह की रिवायतें थीं। कुछ लोग कहते थे कि ज़ीशान अली ख़ान के साथियों में से ही किसी ने मुख़बिरी की और इनाम के लालच में उनकी योजना और कार्यक्रम की तफ़सील रियासत के अंग्रेज़ पॉलिटिकल एजेंट को पहुँचा दी। दूसरे कहते थे कि ऐसा रियासत की शासक बेगम और उनकी बेटी वलीअहद की आपसी रंजिश

के कारण हुआ और बेटी ने ज़ीशान अली का भण्डाफोड़ करा दिया। ऐसे भी थे जो यह मानकर चलते थे कि जो हुआ उसके पीछे मिर्ज़ा जमाल बेग और उनकी बेटी का सौतिया डाह था। असलियत शायद इतनी थी कि 1857 के बाद अंग्रेज़ बहुत चौकन्ना होकर हुकूमत कर रहा था और उसके जासूसों से कुछ छिपा न रह सका था : ज़ीशान अली ख़ान कीमियागिरी के पर्दे में कौन-सा सोना बना रहे थे, उनके क्रान्तिकारी साहित्य की ज़ब्ती के साथ सामने आ गया था। छापेखाने पकड़े गए थे, उलेमा की गिरफ़्तारियाँ हुई थीं और शासक बेगम को वार्निंग दी गई थी कि वह सरफिरे ज़ीशान अली की सरपरस्ती बन्द करें वरना खुद उनके ख़िलाफ़ कार्रवाई की जाएगी। खुद ज़ीशान अली को सिर पर खड़ी क़यामत का एहसास हो गया था और वह दोबारा जहाँआरा बेगम और मिर्ज़ा जमाल बेग की हवेली तक सीमित होकर रह गए थे। एक-एक करके उन तमाम लोगों को नौकरियों से बरख़ास्त किया गया था जिन्हें ज़ीशान अली ख़ान ने बाहर से बुलाया था। ज़्यादातर लोग उनसे दूर रहने लगे थे और जमाल बेग की हवेली पर जो पिछले सालों में जश्न का-सा समाँ बन गया था वह भी पलक झपकते उजड़ गया था। फिर एक दिन ज़ीशान अली ख़ान जो घर से निकले तो किसी ने उन्हें वापस लौटते नहीं देखा।

—उस वक़्त, जहाँआरा बेगम ने संजीदा अली से कहा था—तुम हमारे पेट में थे। उसके चार महीने बाद तुम पैदा हुए।

संजीदा अली सोज़ सोच के भँवर की आँख बने बैठे थे। जहाँआरा बेगम ने उन्हें जो विस्तार से बताया उसे वह बहुत छोटे-छोटे टुकड़ों में जानने का एहसास रखते थे। जैसे कोई ऐसा ख़्वाब जिसमें घटनाओं की तरतीब नहीं बन पाती। कोई भी चीज़ कहीं से भी शुरू होकर किसी दूसरी बेमेल चीज़ से जुड़ जाती है।

तब उन्हें लगा था उनके अब्बा, ज़ीशान अली ख़ान को भी आख़री क्षणों में पूरी ज़िन्दगी को याद करने की कोशिश में ऐसा ही लगा होगा।

—और यह वलीउल्लाही तहरीक? तबलीग? जेहाद? संजीदा ने एक लम्बे सकते के बाद अपनी माँ से पूछा था।

जहाँआरा बेगम गहरे सोच में डूबी कुछ देर ख़ामोश रही थीं।

—वक़्त और ज़माना बदलता है, आख़िरकार उन्होंने कहना शुरू किया था—और उसके साथ इंसान के सोचने का ढंग भी। दुनिया को एक बेहतर जगह बनाने की कोशिश करनेवालों में न तो आज राजा राम मोहनराय ज़िन्दा हैं, न सर सैयद, न स्वामी रामकृष्ण। उनका काम और नाम मौजूद है। इसी तरह शाह वलीउल्लाह और उनकी वलीउल्लाही तहरीक है जो इस्लाम के उसूलों की पाबन्द है और दुनिया की सारी मुश्किलों का हल वह उसी की रोशनी में खोजना चाहती है। तबलीग़ या जेहाद से आज तुम्हें नाइत्तिफ़ाक़ी हो सकती है क्योंकि तुम मज़हब के बारे में अपने ढंग से सोचना चाहते हो : एक बदली हुई दुनिया ने यह आसानी तुम्हें खुद दे दी है। समाज

बदला है। हुकूमत करने के अन्दाज़ बदले हैं। सबके बावजूद हम आज भी गुलाम हैं। यह गुलामी से छुटकारा पाने की जद्दोजहद ही थी जिसने शाह वलीउल्लाह और उनके अक़ीदतमन्दों को इस ज़िम्मेदारी की दस्तार सौंपी कि मुल्क की आज़ादी के लिए लड़ो। शाह वलीउल्लाह औरंगज़ेब के दौरे-हुकूमत में पैदा हुए थे और अपनी आँखों के सामने मुसलमान हाकिमों को ख़्वार होते देखा था। उन्होंने शाहजहाँ के तख़्ते-ताऊस पर अपनी ज़िन्दगी में दस बादशाहों को चढ़ते-उतरते देखा। दस में से सिर्फ़ चार थे जो अपनी मौत से मरे वरना कोई सूली पर चढ़ाया गया, किसी को जेलख़ाने में बन्द किया गया और किसी की आँख में सलाई फेरकर अन्धा कर दिया गया। बहादुर शाह अव्वल, मअज़उद्दीन, जहाँदार शाह, फर्रुख़सियर, रफ़ीउद्दर्जात, रफ़ीद्दौला, मुहम्मद शाह रंगीले, अहमद शाह, आलमगीर सानी, शाह आलम सानी : इनमें कितने नाम हैं जो आज लिए जाते हैं? फ़र्रुख़सियर का बेदर्दाना क़त्ल, नादिर शाह की ख़ूँरेज़ी और क़त्लेआम, अहमद शाह अबदाली के हमले, जाटों की लूटमार, मराठों का दिल्ली पर क़ब्ज़ा और फिर फिरंगी साम्राज्य की जीत—यह सब शाह साहब ने अपनी आँखों से देखे थे। हिन्दू या मुसलमान, उन्हें जो कुछ भी हो रहा था उसमें कमज़ोर लोग और लालची हुकूमत करनेवाले नज़र आ रहे थे। शाह साहब जैयद मुसलमान आलिम थे और वह अपने मज़हब के वसीले से ही सुधार की तजवीज़ें सोच सकते थे। यूरोप में जो हो रहा था वह सिर्फ़ आराम और मालो-असबाब की फ़िक्र थी और उन्हें हासिल करने के लिए कोई भी तरीक़ा जाइज़ था। यह हमारे मुल्क के बाशिन्दों की तबीयत और मिज़ाज के ख़िलाफ़ था। लोग थे लेकिन न कोई क़ाइद था, न बदलाव का कोई प्रोग्राम। उन हालात में शाह वलीउल्लाह का पैग़ाम और तहरीक एक बहुत बड़ी बात थी।

जहाँआरा बेगम ने जो कुछ बताया था उसे संजीदा अली ख़ान ने बाद में तफ़सील से पढ़ा भी था : वाक़ई अपने ज़माने के हिसाब से वलीउल्लाही तहरीक में कई खूबियाँ थीं। उनके हिसाब से दुनिया में इस्लाम क्रान्ति के ज़रिए लाया जाना चाहिए था और उसे दो चीज़ों के ज़रिए लाया जा सकता था : (1) कुरान में दी गई शिक्षा का पालन करके, (2) दुनिया में आर्थिक सन्तुलन और इंसान-इंसान के बीच बराबरी क़ायम करके। आर्थिक सन्तुलन की बात संजीदा अली को अच्छी लगी थी क्योंकि सहकारिता और बराबरी की बात शाह वलीउल्लाह फ्रांस की क्रान्ति और कार्ल मार्क्स से बहुत पहले सोच रहे थे। सोच ही नहीं विस्तार से परिभाषित भी कर चुके थे। उनके अनुसार आर्थिक सूरतेहाल ही बुनियादी तौर पर समाज की शक्ल बनाती या बिगाड़ती है। अगर लोग तंगी और मुफ़लिसी का जीवन जीने पर मजबूर हों तो उनका सोच भी भ्रष्ट हो जाता है। जाइज़ और नाजाइज़ का फ़र्क़ भुला दिया जाता है। जब सोच भ्रष्ट होता है तो खुदा का ख़ौफ़ भी ख़त्म हो जाता है। आत्मा में कीड़ा लग जाता है, वह रोगी हो जाती है। इस रोग के इलाज के लिए है दीन,

यानी शाह साहब के अनुसार इस्लाम, कुरान और उसमें दी गई शिक्षा। मज़हब शाह साहब के लिए कुछ रस्में अदा करने का ढंग नहीं बल्कि आत्मा को एक ख़ास रंग में रँगने का नाम था। व्यक्ति को बिना अति किए एक सन्तुलित जीवन व्यतीत करने की कोशिश करनी चाहिए। जो नियम बड़ी दुनिया-भूमण्डल (शाह साहब के शब्दों में 'आलमे कबीर') पर लागू हैं, वही-के-वही एक व्यक्ति (अर्थात् 'आलमे सग़ीर') पर लागू होते हैं। इस्लाम मनुष्य के स्वभाव को समझते हुए माल, दौलत और सम्पत्ति में उसके मालिकाना अधिकार स्वीकार करता है लेकिन कुछ नियमों के पालन के साथ-साथ। सूद लेना हराम है क्योंकि यह बिना मेहनत हासिल की गई दौलत है जो ग़रीबों को और ग़रीब करके मुट्ठी-भर लोगों की सम्पत्ति बनाने में सहायक होती है। जमाखोरी करके मुनाफ़ा कमाने की मनाही है। इसी तरह पूँजीवाद को बढ़ावा देनेवाली बातों पर सख़्त पाबन्दी है। पुरखों से मिलनेवाली सम्पत्ति पर शर्तें लागू होती हैं। ज़कात, सदक़ा, ख़ैरात की हिदायत है कि सरमाया एक जगह इकट्ठा न होने पाए। ऐसी सार्वजनिक संस्थाओं की स्थापना, जो समाज को सही सोच और दिशा देनेवाले लोग दे सकें, खुदा तक पहुँचने का रास्ता है। समाज के सही संचालन के लिए ऐसी संस्थाएँ आवश्यक हैं। सारे धर्मों के बुनियादी उसूल की असल चार तथ्यों पर मोटे-मोटे तौर पर आधारित है : (1) ईश्वर-भक्ति, (2) न्याय, (3) स्वास्थ्य-ज्ञान, (4) आत्म-संयम। हर धर्म की कोशिश होती है कि मालिक तक पहुँचने के रास्ते माननेवालों को बताए। जिस समाज में आर्थिक सन्तुलन न हो, वहाँ न्याय भी नहीं हो सकता। शाह साहब के निकट कुरान की क्रान्तिकारी तालीम तब तक पूरी नहीं हो सकती जब तक कि व्यक्ति पैग़म्बर मुहम्मद साहब और मुहाजिरों की ज़िन्दगी और उनके जीवन-काल के आर्थिक और सामाजिक हालात को अपने जीवन के लिए उदाहरण न बनाए। फिर शाह साहब के आर्थिक सिद्धान्तों, राजनीतिक और प्रशासनिक सिद्धान्तों, व्यक्ति के मूल और धार्मिक अधिकारों की विस्तृत व्याख्या थी जिसके पीछे काम करनेवाले एक बड़े व्यक्ति के सोच को बहुत स्पष्टता से देखा जा सकता था। वह व्यक्ति अपने दौर के अन्य उलेमा से सोच में अलग और आगे था, यह संजीदा अली ख़ान ने अन्दाज़ा लगाया था। फिर बाद में उन्होंने यह भी सोचा था कि इसी अन्दाज़ के सोच ने पुनरुत्थानवादिता को जन्म दिया जिसके कारण हिन्दुओं में भी ऐसे चिन्तक और समाज-सुधारक पैदा हुए थे जिनके कारण हिन्दू-मुस्लिम के बीच की दूरी को भी बढ़ावा मिला।

—शाह साहब ने, जहाँआरा बेगम से कहा था—अपनी तालीम की बुनियाद वहदत-उल-वजूद के उसूल पर रखी थी। खुदा ही है जो सब में है और सबसे बुलन्द है। वह इंसान की समझ से परे है। इंसान कमतर है चाहे वह कितनी ही बुलन्दी पर क्यों न पहुँच जाए। और क्योंकि शाह साहब की सोच उनके ज़माने से बहुत आगे थी इसलिए उन्हें तरह-तरह के ख़तरों का सामना करना पड़ा। उन पर हमला करके

दिल्ली की फ़तहपुरी मस्जिद के बाहर उनके हाथों को क़लम कर दिया गया। फिर उन्के बाद उनकी तालीम को अवाम तक पहुँचाने का काम उनके इमाम शाह अब्दुल अज़ीज़ ने किया और वलीउल्लाही तहरीक को और आगे बढ़ाया। वह पहले ऐसे इंक़िलाबी आलिम थे जिन्होंने हिन्दुस्तान के दार-उल-हरब होने का फ़तवा जारी किया, क्योंकि तब तक मुग़ल सल्तनत के बारे में एक कहावत बन गई थी—'सल्तनते शाह आलम, अज़ दिल्ली ता पालम!' मुग़ल बादशाह पहले मराठों का और फिर कम्पनी का वज़ीफ़ाख़्वार बन गया था और तय हो गया था कि "ख़ल्फ़ ख़ुदा की, मुल्क बादशाह का, हुक्म कम्पनी बहादुर का।" आगे सैयद अहमद बरेलवी और दूसरे लोगों ने तहरीक को आगे बढ़ाया। शाह अब्दुल अज़ीज़ शाह वलीउल्लाह के बेटे थे। उन्हें भी फ़िरंगी की मुख़ालिफ़त करने पर बहुत बड़ी सज़ाएँ दी गईं क्योंकि उन्होंने खुलकर जंग करने और आज़ादी हासिल करने का ऐलान कर दिया था।

—जंग या जेहाद? संजीदा अली ख़ान ने पूछा था।

—बात एक ही है।

संजीदा अली ख़ान गहरे सोच में डूब गए थे।

—क्या सोचने लगे? जहाँआरा बेगम ने फ़िक्रमन्द होकर पूछा था।

—अम्मी जान, संजीदा अली का स्वर बहुत गम्भीर था—मुझे नहीं लगता कि मैं ख़ुदा को नहीं मानता। शायद अपनी तरह से मानता ही हूँ। लेकिन, माफ़ कीजिएगा मेरा यह कहना है, मैं किसी ऐसे ख़ुदा को नहीं मान सकता जो किसी की जान लेने की तालीम या इजाज़त देता हो, चाहे हासिल किया जानेवाला मक़सद कितना ही अज़ीम या बड़ा क्यों न हो।

जहाँआरा बेगम ग़ौर से संजीदा अली सोज़ को तकती, बैठी रह गई थीं।

—हम दुआ करेंगे, आख़िरकार उन्होंने लम्बी ख़ामोशी को तोड़ा था—कि अल्लाह तुम्हें अपने अज़्म और इरादे में साबित क़दम रह सकने की ताक़त और तौफ़ीक़ अता फ़रमाए।

बातों-बातों में यहाँ तक पहुँचने के बाद लगता है कुछ महत्त्वपूर्ण बातें अनकही रह गईं। कुछ तफ़सील संजीदा अली के बचपन, तालीम-तरबियत और बड़े होने की, उनके अलीगढ़ जाने से पहले, और बचपन के साथी, नौबत राय और दूधशरीक, बिरजू की भी बयान करते चलना ज़रूरी लगता है। इसके अलावा वह घटना जिसके कारण संजीदा के दिल में बड़े भाई, बन्दा अली के लिए एक न ख़त्म होनेवाली दूरी ने जन्म लिया। और उससे भी महत्त्वपूर्ण संजीदा के पहले उस्ताद, मौलवी क़िफायतुल्ला के बारे में जिन्होंने कम-उम्री में ही संजीदा के सोच को बहुत भीतर तक प्रभावित किया था।

बिरजू मिर्ज़ा जमाल बेगम के घर काम करनेवाली मेहतरानी चन्दो और मेहतर दया का बेटा था जिसका जन्म संजीदा के कुछ दिन बाद हुआ था। बेटे की पैदाइश के बाद चन्दो गम्भीर रूप से बीमार पड़ गई थी और उस बीच एक महीने जहाँआरा बेगम ने संजीदा के साथ-साथ बिरजू को भी अपना दूध पिलाया था। जहाँआरा बेगम ने यह काम एक इंसानी फ़रीज़ा समझकर किया था मगर उनके ऐसा करने से चन्दो, दया और बिरजू को जीवनभर के लिए प्रेम के रिश्ते में बाँध दिया था। जहाँआरा ने अपने माँ-बाप और बड़े बेटे के ख़ामोश विरोध के बावजूद ऐसा किया था जिनकी नज़रों में शायद बिरजू का अछूत होना ही बड़ा एतराज़ था। बाद में जब बिरजू एक खूबसूरत लड़के की शक्ल में बड़ा होना शुरू हुआ था तो लोग उसे ताना देते थे कि ऐसा जहाँआरा बेगम के दूध की तासीर के कारण था। बन्दा अली तो उसी समय, आधे मज़ाक़-आधी संजीदगी में, दया को मशवरा देने लगे थे कि वह अपने ख़ानदान के साथ मुसलमान हो जाए, लेकिन किसी और ने इस ओर ध्यान नहीं दिया, वरना अजब नहीं कि ऐसा हो भी जाता।

बचपन से संजीदा की शिक्षा दो विभागों में बँटी थी। पहली दीनी, जिसका सम्बन्ध कुरान, ईमान और मज़हब से था और भाषा अरबी, और दूसरी दुनियावी जिसमें वह सारे विषय थे जिनकी ऐसी दुनिया में ज़रूरत होती है जहाँ धार्मिक तर्क-विश्लेषणों से काम नहीं चल पाता। पहली शिक्षा का ज़िम्मा मिर्ज़ा जमाल बेग ने मौलवी किफ़ायतुल्लाह को सौंपा था और दूसरी वह लाला धनपत राय के बेटे, नौबत के साथ जो उनका हमउम्र था, मास्टर कैलाश नारायण से प्राप्त कर रहे थे।

धनपत राय की कोठी जहाँ मास्टर कैलाश नारायण सबक़ देते थे, मिर्ज़ा जमाल बेगम की हवेली से दूर नहीं थी और उसकी छत पर से भी दूर तक फैला तालाब साफ़ नज़र आता था। उस घर का वातावरण उस प्रकार की सख़्ती और पाबन्दियों से मुक्त था जो जमाल बेगम की हवेली पर लागू थीं, हालाँकि एक तरह का काना पर्दा वहाँ भी किया जाता था। नौबत की माँ, सरोज देवी जिन्हें संजीदा बड़ी माँ कहते थे और और तीन बहनें—अलका, सुकन्या और गीता उन्हें परिवार के सदस्य की तरह समझती थीं। वह तीनों सुर की अच्छी समझ रखती थीं और किसी उस्ताद से पक्के गाने की शिक्षा लेती थीं। यह शौक़ और योग्यता उन्हें दादा और पिता से विरसे में मिली थी जो दोनों शास्त्रीय संगीत के अच्छे जानकार थे। सरोज देवी उर्दू के साथ-साथ फ़ारसी भी जानती थीं, 'शबनम' तख़ल्लुस करती थीं और अच्छे-ख़ासे शेर मौजूँ कर लिया करती थीं। शेर कहने में संजीदा सोज़ की पहली हौसलाअफ़ज़ाई करनेवाली सरोज देवी ही थीं और कुछ समय तक वही सबसे पहले उनके शेर सुननेवाली रही थीं।

आज उस भोपाल की कल्पना मुश्किल है जब यहाँ बसनेवालों की तादाद कुछ हज़ारों में थी और वह सुरक्षा के लिए फ़सीलों में बन्द होकर जिया करते थे। पहाड़ियाँ थीं, तालाब थे और थीं बेगिनती मस्जिदें। शहर की सँकरी सड़कों

पर, कहा जाता था, इंसानों से ज़्यादा आसेब चलते थे और ज़्यादातर मस्जिदों में जिन्नात रहा करते थे। कुछ महल थे, कुछ मैदान, कुछ मक़बरे और बाक़ी मामूली मकानात जिनमें रियासत के मध्यवर्ग के लोग रहा करते थे। उन सबमें कहीं मौलवी किफ़ायतुल्लाह का मकान एक ऐसी अँधेरी गली के आख़िरी सिरे पर था जिसके सामने से आम तौर पर लोग दिन के उजाले में भी गुज़रने से कतराते थे। अलंगों और मिट्टी की कच्ची चुनाईवाले उस घर के अन्दरूनी दरवाज़े तक जाने के लिए एक लम्बी, अँधेरी, सीलनभरी डेवढ़ी से गुज़रना पड़ता था जो दो जगह बिना किसी संकेत के एकदम दाएँ मुड़ जाती थी। अँधेरे में बसी चमगादड़ों की बीट की बू थी जो खुद भी अँधेरे को और गहरा करते हुए डेवढ़ी में एक कोने से दूसरे कोने और एक मियाल से दूसरी मियाल तक उड़ती रहती थीं। फ़र्श कहीं ऊँचा, कहीं नीचा, और डेवढ़ी के बीचोबीच एक खुली नाली बहती थी। जब उसका मुँह बन्द हो जाता तो गन्दा पानी मनमाने ढंग से पूरी डेवढ़ी में फैल जाता था और तब अँधेरे में पत्थर के उन अलंगों पर अन्दाज़न क़दम जमाते हुए बढ़ना पड़ता था जो शायद जमाए ही इन काम के लिए गए थे। अन्दरूनी दरवाज़े तक पहुँचकर साँकल पीटनी पड़ती थी जिसे सुनकर मौलवी साहब का नौकर जिसकी देख सकने की क्षमता लगभग ख़त्म हो चुकी थी, आकर खटखटानेवाले का नाम पूछता था और भीतर जाकर मौलवी साहब को उससे अवगत कराता था। अन्दर छोटा-सा सेहन था जिसमें एक मरा-तुजा जामुन का दरख़्त और उसके सामने एक ऊँचा आम का पेड़ था जिसमें मुद्दतों से न तो बौर आया था न फल। दाईं तरफ़, बड़ी पानी की कनाली के बाज़ू में पीली पुती हुई एक मेहराब, ऐसी जगह थी जिसमें जुड़वाँ चूल्हे बने हुए थे और जो बावर्चीख़ाने की हैसियत से इस्तेमाल होती थी। दो-तिहाई कच्चे आँगन के बाद एक सीढ़ी ऊपर पत्थर की फ़र्शी थी और उसके बाद तीन मेहराबों का दालान जिस पर हर मौसम में मोटे टाट के पर्दे पड़े रहते थे। एकदम बाईं ओर वह ज़ीना था जिसे चढ़कर निचले दालान के ऊपर बने मौलवी साहब के कमरे में जाया जा सकता था जिसकी छत खपरैल की थी। हालाँकि वह कमरा उतना ही बड़ा रहा होगा जिस अनुपात में उस उजाड़ घर की दीगर चीज़ें थीं लेकिन सीढ़ियाँ दाहिनी ओर कमरे में प्रवेश करते ही लगता था जैसे कोई किसी बहुत कुशादा और खुली जगह में आ गया हो। यह खुलापन मौलवी साहब की उपस्थिति में ख़ास तौर पर बढ़ जाता था। उनकी लम्बी सफ़ेद दाढ़ी, बड़ा सफ़ेद अमामा, सफ़ेद पाजामा और सुरमा लगी आँखें। शहर में लोग कहते थे कि मौलवी किफ़ायतुल्लाह दरअसल इंसान नहीं जिन हैं जो उस वीरान मस्जिद से जहाँ वह नमाज़ पढ़ते और बच्चों को कुरान का सबक़ देते थे, उस उजाड़ गली के क़बरनुमा मकान तक, जहाँ कहा जाता था कि वह रहते हैं, दरअसल भटकते फिरते थे।

मौलवी साहब की ज़िन्दगी अपने-आप में एक अलग दास्तान है जिसके विस्तार

में जा पाना यहाँ सम्भव न होगा। मिर्ज़ा जमाल बेग ने उसे सन् 1858 के बाद काफ़ी हद तक अपनी आँखों के सामने बीतते देखा था और इस नतीजे पर पहुँचे थे कि मौलवी साहब के लिए आनेवाली तमाम दुनियाओं के जहन्नुम पूर्णतः हराम हो चुके थे, क्योंकि उन्होंने जो जहन्नुम-रूपी ज़िन्दगी बिना शिकवा जी थी, उसके आगे सब हैच था। मौलवी साहब ने अपने उस्ताद के निवेदन पर उसकी उस इकलौती बेटी से विवाह किया था जिसकी माँ बचपन में मर गई थी और जो शादी से पहले तक पिता को तरह-तरह की यातनाएँ देती रही थी। यह अनुरोध उस्ताद ने किफ़ायतुल्लाह से अपनी मौत के बिस्तर पर किया था और किफ़ायतुल्लाह ने उनसे ऐसा करने का वादा किया था। उनकी मौत के बाद उन्होंने अपना कहा पूरा किया था लेकिन शादी के बाद की ज़िन्दगी पहले पत्नी और फिर औलाद के हाथों एक लम्बी आज़माइश बन गई थी। पत्नी जाहिल थी, औलादों में से भी कोई नहीं पढ़ा था और बड़े होकर चारों बेटे ऐसे मुजरिम बने थे कि एक को मौत की सज़ा हुई थी, दूसरा आपसी गुण्डागर्दी में मारा गया था और तीसरे को ऐसा रोग हुआ था कि वह सारी अय्याशी भूलकर सिसक-सिसककर मरा था। इनके अलावा एक ऐसा भी था जिसका वर्षों से कोई अता-पता नहीं था। इसके साथ ही इन औलादों ने जो सलूक शहर के चौराहों पर अपने बाप के साथ किया उसे याद करके लोग पसीना-पसीना हो जाते थे।

मौलवी किफ़ायतुल्लाह मिर्ज़ा जमाल बेग के हमउम्र ही थे और उन्होंने भोपाल और हिन्दुस्तान के अलावा भी अपने मज़हब को सही तरह समझ सकने के लिए एक दुनिया घूम-फिरकर देखी थी। वह अपने ज़माने के बड़े अरबी-फ़ारसी के आलिमों में शुमार किए जाते थे और इस्लाम से सम्बन्धित विभिन्न विषयों का उन्होंने गहरा अध्ययन किया था और किताबें लिखी थीं। काफ़ी समय मक्के में रहकर उन्होंने वहाँ के एक बड़े आलिम से हदीस की शिक्षा प्राप्त की थी; तुर्की गए थे और वहाँ उस समय के ख़लीफ़ा सुल्तान अब्दुल हमीद को अपनी एक हस्तलिखित पुस्तक भेंट की थी। बहुत समय उन्होंने सल्तनते अब्बसिया के महत्त्वपूर्ण संग्रहालयों-पुस्तकालयों में बिताकर उन किताबों को विस्तार से पढ़ा था जो अन्य किसी जगह उपलब्ध नहीं थीं। हेजाज़ की पहली बग़ावत जो पूरे एक साल रही थी और उस्मान पाशा के हाथों मक्के के शरीफ़ की गिरफ़्तारी के समय वह वहीं थे और अपनी आँखों से कुस्तुनतुनिया, समरना, कूनिया, बरोसा और मक्के में गुलामों की उन बड़ी मण्डियों को देखा था जिनमें चरकसी, अलबानी, सूडानी, बरबरी, हब्शी लौंडियाँ और गुलाम बिका करते थे। इराक़ में भी उन्होंने काफ़ी समय बिताया था और मुसलमानों के विभिन्न गिरोहों को आपस में लड़ते देखा था। उस समय वहाँ वलीउल्लाही आन्दोलन से सम्बन्धित उलेमा को भी वहाबियों में गिना जाता था और इंक़िलाबी समझकर गिरफ़्तार कर लिया जाता था और या तो काले पानी भेज दिया जाता था या दूसरी तरह-तरह की कड़ी सज़ाएँ दी जाती थीं। छोटे-छोटे आपसी मतभेदों के कारण मुसलमान एक-दूसरे

के जानी दुश्मन बने हुए थे, एक-दूसरे के विरोध में किताबें लिख रहे थे, भाषण दे रहे थे—यह प्रमाणित करने के लिए कि सही और असली मुसलमान वह खुद थे और अन्य सब काफ़िर। मिस्र के जामा-ए-अज़हर को भी उन्होंने देखा था और वहाँ दी जानेवाली शिक्षा और उसके तरीक़े ने उन्हें और भी मायूसी में डाल दिया था। मज़हब, उन्होंने सब कुछ देखने के बाद नतीजा निकाला था, एक साथ सलामती से रहने के बजाए दूसरों को ख़त्म करने के बहानों का नाम हो गया था। लोग बुनियाद और असलियत को पूरी तरह भूलकर किताबों की काट में किताबें लिख रहे थे, बात के जवाब में बात कह रहे थे। उस हंगामे में खुद उन्हें ख़ामोश रहना ही बेहतर लगा था। वह भारी दिल के साथ वापस हिन्दुस्तान लौट आए थे और यहाँ आकर एकान्त में अपने लिखने और पढ़ने का काम शुरू कर दिया था।

रियासत में मौलवी किफ़ायतुल्लाह के इल्म की क़दर थी और जब वह लौटकर आए थे तो ज़ीशान अली के मुक़द्दर का सितारा अपने उरुज पर था। मौलवी साहब ज़ीशान की मंशा और उनकी जेहाद की योजना को भाँप गए थे लेकिन इस कारण उनसे कोई हमदर्दी होने के बजाए उनके दिल में तटस्थता और दूरी ही पैदा हुई थी। उन्होंने अपने मान-सम्मान और रियासत के मुफ़्ती के ऊँचे धार्मिक पद को स्वीकार करने से इंकार करते हुए मस्जिद में बच्चों को कुरान का सबक़ देने और एकान्त में अपने लिखने-पढ़ने के काम को चुना था। उनका तर्क था कि वास्तव में वह खुद कुरान को अरबी में ठीक-ठीक पढ़ने से अधिक नहीं समझ पाए थे और बच्चों को उतना ही सिखाने से अधिक उनका आत्म-विश्वास उन्हें आज्ञा नहीं देता था। उनके दुनिया के तजुरबे ने, वह अपने गिनती के आत्मीयों के बीच कभी-कभी अपनी मृदुल मुस्कान के साथ कहते थे, कम-से-कम उन्हें यह तो बता दिया कि वह खुद कितना कम जानते थे। साथ ही जिनको जानने का दावा था वह कैसे-कैसे भ्रम में मुब्तिला थे। एक खुदा, एक रसूल, एक किताब और एक काबे के बावजूद कैसी-कैसी जान और ईमान की दुश्मनियों में खुद को उजाड़ रहे थे और उसका इल्ज़ाम दूसरों के सिर धर रहे थे।

—यह आलमे वजूद, वह अपने अन्तिम दिनों में संजीदा के सामने दिल की बात कह सकने के लिए सही-सही उपमाएँ खोजने की कोशिश करते थे—अर्श पर खिलनेवाले फूलदार दरख़्त की बिखरती हुई पंखुड़ियाँ हैं जो हर पल बदलते रहने के बाद, कभी बाल-बराबर भी तब्दील नहीं होता। क्योंकि अगर कुछ बाक़ी है तो सिर्फ़ वह जिसका यह आलमे वजूद महज़ एक अक्स है। वही है, बाक़ी न आलमे वजूद है, न अर्श है, न फूल, न दरख़्त और न ही पत्तियाँ। हर एक अपने काम पर मुक़र्रर है, हर चीज़ हैरतनाक है, हर चीज़ अपना आख़िर भी है, शुरुआत भी और सिलसिला भी। हर चीज़ हमेशा से है, हमेशा रहेगी, बस ज़मानों के हिसाब से उसकी शक्लें बदलती रही हैं और बदलती रहेंगी। अच्छाई की भी और बुराई की भी, नेकी

की भी और बदी की भी अलग-अलग ज़मानों में शक्लें बदलती हैं। जैसे ख़ुदा की और शैतान की। एक ज़माने का ख़ुदा एक दूसरे ज़माने का शैतान होता है क्योंकि दरअसल हैं वह दोनों एक उसी लाफ़ानी और अबदी की शक्लें। वक़्त के साथ-साथ पैग़म्बर ख़ुदा बन जाते हैं और फिर वह भी जो उन्हें तोड़ फेंकने के ताज़ा हुक्म के साथ जन्म लेते हैं। किताबें पूजी जाने लगती हैं पढ़ी जाने के बजाए। मज़हब वसीले बन जाते हैं दूसरी मुनाफ़ाबख़्श चीज़ें हासिल करने के। जब तक किसी नतीजे पर न पहुँचो, तलाशो-जुस्तजू जारी रहनी चाहिए। मेरा, तुम्हारा, सारे आलम का ख़ुदा एक होते हुए भी महज़ इसलिए एक नहीं कि तुम अपने तलाश के रास्ते से उस तक पहुँचोगे और रास्ते की तमाम तफ़सील भी उसके साथ शामिल कर दोगे। मैं अपना रास्ता उस तक इकलौती मुमकिन पहुँच समझूँगा और यह रास्तों का फ़र्क़ एक असलियत को दो मज़हबों में बाँट देगा। फिर तुम ताक़तवर हो तो मुझे अपने रास्ते पर चलने को मजबूर करोगे। जुस्तजू और तलाश ख़त्म, मैं तुम्हारी अन्धी तक़लीद पर मजबूर होऊँगा, अपने अन्दर की दुनिया को जो बाहर की दुनिया से अपने ईमान और यक़ीन के एतबार से एक अलग रिश्ता रखना चाहती थी, अनदेखा कर : उस फ़ैसलाकुन घड़ी तक जब ज़माने का उतार-चढ़ाव मुझे तुमसे ज़्यादा ताक़तवर बना देगा। और फिर मैं तुम्हारे साथ वही सब करूँगा जो इतने अरसे तक तुम मेरे साथ करते रहे। इस खेल में ज़ाहिर है, ज्योग्राफ़िया, तारीख़, ज़बान, तहज़ीब और दीगर अनगिनत चीज़ें शामिल न होकर इसे और दिलचस्प, दुश्वार और उलझा हुआ बनाती जाएँगी। तुम्हारे अन्दर और बाहर बिखरी दो कायनातें हैं और ज़िन्दगी इन कायनातों के सही-सही आपसी मिलाप का नाम है। यह इसी तरह रहा है और इसी तरह रहेगा, मेरे लबो-लहजे और अल्फ़ाज़ के सरसरीपन पर मत जाओ। तहज़ीब और मज़हब को मत गड़बड़ाओ। तहज़ीब एक आनी-जानी चीज़ है, कितनी बार बन और मिट चुकी है और बन और मिट रही है। छोटी-छोटी चीज़ें लम्बे ज़माने तक चलनेवाली तहज़ीब का बहाना बनती हैं और उससे भी मामूली, उसके ख़ात्मे की वजह। तहज़ीब असलियत नहीं मुखौटा है। यह भी इंसानों को बाँटती है मगर दूसरी चीज़ों के साथ बहाना बनकर। चाहो तो एक ही जगह तक पहुँचने के अलग-अलग रास्तों को तहज़ीब का नाम दे दो, जो कि वह बड़ी हद तक है भी। लेकिन सिर्फ़ उतना ही नहीं...

यह तब की बात थी जब मौलवी साहब बीमार होकर घर तक सीमित हो गए थे और उनका मस्जिद जाना बन्द हो गया था। उनका इलाज मिर्ज़ा जमाल बेग के मशवरे से बन्दा अली ख़ान कर रहे थे जो रोज़ मौलवी साहब का हाल मालूम करने उनके घर जाते थे। उनके लिए परहेज़ का खाना दिन में दोनों वक़्त जहाँआरा बेगम, जीवनलाल के बेटे प्रेम के हाथ पहुँचाती थीं और साथ ही संजीदा अली को उनकी ख़ैरियत पूछने और उनकी छोटी-मोटी ख़िदमत या तीमारदारी करने के लिए।

संजीदा को तब तक मौलवी साहब से सबक़ लेते हुए लगभग दो साल हो चुके

थे। उन दो सालों में मौलवी साहब से उनका इतना आत्मीय रिश्ता हो गया था कि बाद में याद करने पर लगता था जैसे उनका साथ संजीदा की उम्र के बड़े हिस्से पर फैला हो। उस कमउम्र में ही मौलवी साहब उनसे ऐसी गम्भीर बातें करते थे जैसे संजीदा वयस्क और पूरी तरह समझदार हो। किताबों से अधिक वह उन्हें अपने अनुभव की बातें बताते थे। संजीदा खुद मौलवी साहब की लिखाई उस उम्र में रवानी से पढ़ तक नहीं सकते थे इसलिए उन्होंने अपनी ज़िन्दगी के सरमाए, उस ख़ास किताब का एक हिस्सा खुद पढ़कर संजीदा को सुनाया था : वह किताब जो न तो कभी छप सकी और न जिसकी पाण्डुलिपि का कोई पता-ठिकाना किसी को मिल सका।

—असल इम्तिहान, वह कहते थे—सिर्फ़ भीतरी दुनिया को तरतीब देना नहीं है, क्योंकि अगर इतना होता तो दुश्वारी ज़्यादा न होती। मुश्किल काम है बाहर की दुनिया को समझते हुए उससे ज़िन्दा रिश्ता और निस्बत क़ायम कर पाना और बदलाव से तालमेल बिठा पाना। बाहरी दुनिया हमेशा वक़्त के साथ नज़र आनेवाले बदलाव का गवाह बनाए रखती है जो सहमाता है और रिश्ता क़ायम रख पाना दुश्वार बना देता है। जिस पल भीतरी और बाहरी दुनिया के बीच सही निस्बत और तालमेल बन जाएगा तो आगे का सफ़र आसान हो जाएगा, क्योंकि इंसान के दिल की धड़कन कभी न थमनेवाली धड़कन के साथ एक हो जाएगी। भीतरी और बाहरी एक हो जाएँगे। अपने भीतर वह ढूँढ़ो जो बाहर अक्स की तरह मौजूद है और समझ को चकमा देता है। वही एक सच है।

यह सब बातें सुनने पर कुछ तो संजीदा की समझ में आती थीं, कुछ कोशिश के बाद भी नहीं आ पाती थीं। वह हवेली की ऊँची छत से आँखें फाड़े रात में आसमान पर फैले तारों के जाल को तकते, मौसमों के साथ बदलते पेड़ों के पत्तों और फूलों को देखते ख़ामोशी की तह में पैठ लगाकर उस गहराई तक तैर जाना चाहते जहाँ लगता कुछ ऐसा था जो उन्हें चाहिए था और जिसे वह अभी तक नहीं जान पाए थे। वह एक परम सुख जो मौलवी साहब के कहे से छलकता था।

वह घटना भी जिसके कारण संजीदा के दिल में बन्दा अली के लिए दूरी की बुनियाद पड़ी, उन्हीं दिनों की थी जब मौलवी साहब बहुत बीमार थे। बन्दा अली कछारिया गाँव की कोठी को दोबारा नए नक़्शे पर बनवा रहे थे और वहाँ उनका मुसलसल आना-जाना रहता था। वह जुमे का दिन था और तफ़रीह की ग़रज़ से घोड़ागाड़ी में वह अपने साथ संजीदा को भी कछारिया ले गए थे। वहाँ किसी छोटी-सी बात पर बन्दा ने तैश में एक देहाती को इतना मारा था कि बाद की खुसर-पुसर से संजीदा को अन्दाज़ा हुआ, उस देहाती ने जान दे दी थी। जब बन्दा गुस्से की दीवानगी में नौकर को मार रहे थे तो संजीदा उन्हें रोकने के लिए उनकी टाँगों से लिपट गए थे। बन्दा अली ने उन्हें धकेलकर अलग कर दिया था—इस तरह कि वह दूर जा गिरे थे। उनके सिर में चोट आई थी और पेशानी से खून बह निकला था। संजीदा

ने पहली बार देखा था कि गुस्से में बड़े भाई किसी दरिन्दे में परिवर्तित हो जाते थे और उनकी इंसान को इंसान समझने की क्षमता ख़त्म हो जाती थी। बाद में बन्दा अली ख़ान ने अपनी ज़्यादती की क्षतिपूर्ति के लिए छोटे भाई के प्रति मुहब्बत का व्यवहार भी किया था लेकिन जो नुक़सान हो चुका था वह कम न किया जा सका था। संजीदा के मन में जन्मा संकोच, सन्देह और नापसन्दीदगी का भाव बन्दा अली के लिए न सिर्फ़ बना रहा था बल्कि भविष्य में उसे और पुख़्ता करने के अवसर भी खोजता रहा था। इसके लिए, बन्दा अली के स्वभाव को देखते हुए, संजीदा को अधिक मेहनत भी नहीं करनी पड़ी थी और उन्हें अवसर-पर-अवसर मिलते गए थे।

अभी तो इस घटना के फ़ौरन बाद जब संजीदा कछारिया से भोपाल पहुँचे थे तो उन्हें मालूम हुआ था मौलवी किफ़ायतुल्लाह नहीं रहे। यह एक ऐसी तब्दीली और कमी थी जिसे वह समझ तो नहीं पाए थे सिर्फ़ महसूस किया था। जैसे सब कुछ वैसा-का-वैसा रहने के बावजूद सब कुछ बदल गया हो।

उधर मास्टर कैलाश नारायण से पढ़ने के बाद उनका और नौबत राय का दाख़िला अलीगढ़ स्कूल में करा दिया गया था।

यह सन् 1901 की बात थी।

अलीगढ़ में पढ़ते उनकी सोच का प्रमाण हमें उनकी जहाँआरा बेगम से लम्बी बातचीत के रूप में मिल चुका है और उनकी दाग़ देहलवी से हैदराबाद में हुई भेंट का अहवाल भी।

अलीगढ़ में पढ़ते उन्हें तीन साल से ज़्यादा होने को आ रहे थे।

दरअसल मिर्ज़ा जमाल बेग का दिल तो दुनिया से तब ही उठ गया था जब ज़ीशान अली का मामला जगज़ाहिर हो चुका था। फिर जैसे-जैसे बन्दा अली ख़ानदान की ज़िम्मेदारियाँ सँभालते गए और संजीदा अपनी बुनियादी शिक्षा में व्यस्त होते गए, उन्हें राहत का एहसास होता गया और वह दुनिया के मामलों से खुद को काटते गए। उन्होंने अपने दिल्ली के रहन-सहन, रस्मो-रिवाज और अतीत की यादों को भुलावे में डाल रखा था मगर यकबयक वह तमाम चीज़ें उनकी ज़िन्दगी में वापस लौट आईं। रह-रहकर बीते ज़माने की बात वह इस तरह करने लगे जैसे किसी खूबसूरत कहानी की याद जिसे याद रखने की पीड़ा के बावजूद वह भुलाने में असमर्थ हों। उनके चौबीस घण्टे की ख़िदमत जीवनलाल के ज़िम्मे थी और उसे अपनी यादों का शरीक, दिल्ली का बाशिन्दा समझकर वह बहुत पुराने क़िस्से-कहानी सुनाया करते। या फिर कम आयु के संजीदा को अपने बचपन की स्मृतियाँ या जब धनपत राय उनसे मिलने आ निकलते तो सन् 1857 के ग़दर में किस तरह जान बची की तफ़सील : शतरंज की बिसात पर मोहरे चलते, अपना हुक़्क़ा गुड़गुड़ाते। शतरंज

में भी, जिसे वह लम्बे समय तक भूले रहे थे, उनकी दिलचस्पी दीवानगी की तरह लौट आई थी। कोई नहीं तो जीवनलाल को वह अपने सामने बिठा लेते, या वह भी नहीं होता तो खुद अकेले ही दोनों तरफ़ के मोहरे चलते रहते।

—हमारे दादा, जब तक संजीदा अलीगढ़ नहीं गए थे मिर्ज़ा जमाल बेग उन्हें सुनाते—शाह आलम के ज़माने में कई ख़िताब पाए हुए थे और ऊँचे ओहदों पर रहे थे। वह फ़ारसी में शेर कहते थे और उनका पूरा दीवान उनके हाथ का लिखा हुआ मेरे पास मौजूद था जो ग़दर के ज़माने में तल्फ़ हो गया।

—उस ज़माने में शुरफ़ा-ए-देहली तैराकी और तीरन्दाज़ी को एक जोहरे शराफ़त जानते थे। अब्बा साहब को इन दोनों फ़नून में कमाल हासिल था। जमुना पर अशराफ़ तैरनेवालों के बहुत दिलचस्प जलसे होते थे। मैंने अब्बा साहब से ही तैरना सीखा था...एक ज़माना था कि एक तरफ़ दिल्ली के मशहूर तैराक मौलवी अलीमुल्लाह का ग़ोल होता था जिसमें मिर्ज़ा मुग़ल और मिर्ज़ा तुग़ल बहुत मशहूर और नामी थे...और दूसरी तरफ़ अब्बा साहब के साथ सौ-सवा सौ शागिर्दों का गिरोह होता था—यह एक साथ दरिया में कूदते थे और मजनू के टीले से शेख़ मुहम्मद की बाईं तक यह सारा गिरोह तैरता जाता था...नवाब अकबर ख़ान और चन्द और रईसज़ादे भी तैरना सीखते थे...ज़ीनतुल मसाजिद के पास नवाब अहमद बख़्श ख़ान के बाग़ के नीचे जमुना

बहती थी...वहाँ से तैरना शुरू होता था...मग़रिब के वक़्त सब तैराक ज़ीनतुल मसाजिद में जमा हो जाते थे और मग़रिब की नमाज़ जमात से पढ़कर अपने-अपने घर चले जाते...

वह चुप होकर संजीदा अली को ऐसी नज़रों से देखते जैसे पूछना चाहते हों कि मेरी बात समझ भी रहे हो? समझ रहे हो तो उस पर यक़ीन भी कर रहे हो? संजीदा की दिलचस्पी और सुनने की एकाग्रता उनका हौसला बढ़ाती और वह फिर अपनी खोई हुई दुनिया की स्मृतियों में भटकने लगते।

संजीदा के बजाए जब लाला धनपत राय उनके पास आकर बैठते तो मिर्ज़ा जमाल बेग उनसे रूमी की मसनवी तरन्नुम से पढ़कर सुनाने की फ़रमाइश करते जिसे धनपत बहुत डूबकर पढ़ते थे और जो खुद मिर्ज़ा को एक दूसरी ही दुनिया में पहुँचा देती थी।

धनपत अपनी खनकदार भारी आवाज़ में पढ़ते—

हर कसे अज़ ज़नने खुद शुद यारे मन
(हर कोई अपने हिसाब से मेरा यार बना)
वज़दरूने मन न जुस्त असरारे मन।
(मेरे अन्दर को किसी ने न जानना चाहा),

सिर्रे मन अज़ नालः-ए-मन दूर नेस्त
(मेरा राज़ मेरे रोने से अलग नहीं है)
लेक चश्मो गोश रा ऑ नूर नेस्त।
(लेकिन उसे जानना किसी की खूबसूरती थोड़ी बढ़ाता है)

और मिर्ज़ा जमाल बेग की आँखों से ख़ामोश आँसुओं की झड़ी बहती रहती। अपने ख़्यालों में डूबे वह ऊँची आवाज़ में सुब्हानअल्लाह, वाह-वाह कहते हुए दाद देते रहते।

—हर एक, वह धनपत के ख़ामोश होते ही बेख़्याली में बोलना शुरू कर देते—अपनी बंसली से कटा, बाँसुरी की तरह जुदाई के ग़म में रो रहा है और उस आख़री मिलाप के दिन का इन्तज़ार कर रहा है। बाक़ी तमाम उसके रोने का मतलब अपनी-अपनी आसानी के तहत निकालते रहते हैं। इश्क़ के दर्द की शर्ह (व्याख्या) करने की अव्वल तो किसे लियाक़त है और किसी में अगर है तो इस दौर इस ज़माने में उसे सुनने की किसे फ़ुर्सत है। यह ज़िन्दगी का रोना महद (हिंडोलना) से लहद (क़ब्र) तक है और कहने को पैदाइश और मौत मगर बीच की मुद्दत किस क़दर कम है। दाग़ का शेर है—

सरगुज़िश्त अपनी फ़साना है ज़माने के लिए
गुम हुए थे हम जहाँ से याद आने के लिए।

इस बुढ़ापे के आलम में मैं आज इस अजनबी जगह बैठा वह वक़्त और ज़माना याद करता हूँ जो गुज़र गया...उन लोगों की यादों की महफ़िल सजाता हूँ जो नहीं रहे...

—दादा साहब, वह अपने में ही डूबकर कहते : कभी बन्दा अली ख़ान से, कभी संजीदा से, तो कभी जैसे घर के दरो-दीवार से ही—सुबह का खाना अन्दर ज़नाने में खाते थे। एक चौड़ा-चकला दस्तरख़्वान बिछता था। बेटे-बेटियाँ, पोते-पोतियाँ, नवासे-नवासियाँ और बेटों की बीवियाँ, सब उनके साथ खाना खाते थे। बच्चों के आगे ख़ाली रकाबियाँ होती थीं...दादा साहब हर एक से पूछते थे कि कौन-सी चीज़ खाओगे। जो कुछ वह बताता वही चीज़ चमचे से लेकर अपने हाथ से उसकी रकाबी में डाल देते...तमाम बच्चे बहुत अदब और सफ़ाई से उनके साथ खाना खाते थे। सबको ख़्याल रहता था कि कोई चीज़ गिरने न पाए। हाथ खाने में ज़्यादा न भरे और निवाला चबाने की आवाज़ मुँह से न निकले...रात का खाना वह बाहर दीवानख़ाने में खाते थे। ज़नाना हो जाता था...मेरी वालिदा और मेरी छोटी ख़ाला खाना खिलाने आती थीं...हम सब लड़के उनके सामने बैठते थे...हमको बड़ी मुश्किल पड़ती थी। किसी के पाँव का धब्बा सफ़ेद चाँदनी पर लग जाता था तो निहायत नाराज़ होते थे। रोशनाई वग़ैरह का धब्बा किसी के कपड़े पर होता था तो उससे भी नाखुश होते थे...शाम का चिराग़ जलने के बाद घर के तमाम बच्चे जो मकतब में पढ़ते थे और

जिनमें से एक मैं भी था, उनको सबक़ सुनाने जाते थे...जिसको सबक़ अच्छा याद होता उसको किसी क़िस्म की उम्दा मिठाई मिलती और जिसको याद न होता उसको कुछ न देते और धरग देते...

—उस ज़माने में ख़्वाजा सलीम, एक बुज़ुर्ग दिल्ली में थे। उनके घर पर बसन्त का जलसा होता था। शहर के ख़्वास वहाँ बुलाए जाते थे...नामी-नामी तवाइफ़ ज़र्द लिबास पहनकर वहाँ आती थीं...मकान में भी ज़र्द फ़र्श होता था...दालान के सामने एक चबूतरा था जिसमें हौज़ में ज़र्द ही पानी के फ़व्वारे छूटते थे। सेहन में जो चमन था उसमें टूटकर ज़र्द फूल खिले हुए होते थे और तवाइफ़ बारी-बारी बैठकर गाती थीं। मैं हमेशा वहाँ जाता था और उस जलसे में शरीक होता था...

—एक और जलसा राय प्राण किशन के मकान पर होता था जो एक इज़्ज़तदार रईस थे...जुन्ना नामी एक तवाइफ़, निहायत खुशआवाज़, धुरपद और ख़्याल गाने और बीन बजाने में मशहूर थी। वह अपना पेशा छोड़कर राय प्राण किशन के घर में पड़ गई थी। उसकी ख़ातिर से वह हर महीने की सत्रहवीं को एक जलसा किया करते थे। शहर के रईस जिनसे उनकी दोस्ती थी, बुलाए जाते थे...बड़े-बड़े गवैए—बहादुर ख़ान सितारन और मीर नासिर अहमद, सब जमा होते थे...मेरे मामू हमेशा उस जलसे में जाते थे...मैं भी बारहा उनके हमराह गया...

बातें थीं जिन्हें मिर्ज़ा जमाल बेग ऊँची आवाज़ में सामने बैठे लोगों को सुनाते या एकान्त में शतरंज की बिसात पर मोहरे चलते "शह बचिए!" की बुदबुदाहट के साथ सोचते रहते।

हकीम होने के नाते मिर्ज़ा साहब की कीमियागिरी में भी आस्था थी : अगर सही प्रक्रिया इस्तेमाल की जाए तो मामूली धातुओं को सोने में बदला जा सकता था। हालाँकि यह बात उनके सर सैयद के समर्थक होने और अंग्रेज़ी शिक्षा तथा वैज्ञानिक चिन्तन को अपनाने की वकालत करनेवाले की हैसियत से तर्कसंगत नहीं थी मगर उनके समय का एक ख़ास हिस्सा वहाँ बीतने लगा था जहाँ मरीज़ों के लिए दवाएँ बनाई जाती थीं। वह आए दिन नए-नए प्रयोग करते और इस नतीजे पर पहुँचते कि सोना बनाने का उद्देश्य बस कुछ ही दूर रह गया है। वह पुरानी, अजनबी इबारत की किताबों और नित-नए भेस और हुलिए के लोगों के बीच कीमिया-सम्बन्धी सलाह-मशवरा करते नज़र आते। कभी कोई पीर साहब उनकी बैठक से निकलते देखे जाते, कभी कोई फ़क़ीर। कीमिया के शौक़ में मिर्ज़ा जमाल बेग का ख़र्चा भी काफ़ी बढ़ गया था।

ऐसा लगता था जैसे हवेली के उस हिस्से को जिसमें खुद उनकी रिहाइश थी मिर्ज़ा जमाल बेग दिल्ली का एक टुकड़ा बनाना चाहते थे : शतरंज और हुक़्क़े से लेकर कबूतरों तक सब वैसा ही जैसा कभी था। हुक़्क़ा तो ख़ैर वह पूरे समय पीते हो रहे थे लेकिन कबूतर पालने का इन्तज़ाम बिल्कुल नए सिरे से किया गया था। दिल्ली के मुक़ाबले भोपाल में कबूतरबाज़ी नहीं के बराबर थी लेकिन फिर भी कुछ

शौक़ीन थे। काबुक बनवाए गए। कबूतरों के बैठने की बाँसों की छतरियाँ खड़ी की गईं। कबूतर हासिल किए गए। कबूतरों की बिल्ली से रक्षा के लिए इन्तज़ाम किए गए। गोला, लक़्क़ा, शीराज़ी और अन्य-अन्य कबूतर। कबूतरों के नहाने और पानी पीने के लिए छोटे-छोटे हौज़ और फ़व्वारे लगाए गए। यह सब करते हुए उनकी आँखों में सन् 1857 के पहले की दिल्ली का आसमान तैरता रहा। दिल्ली में अमीर-ग़रीब के फ़र्क़ को भूलकर घर-घर कबूतर पले होते थे जिन पर लोगों का ख़ासा वक़्त और पैसा ख़र्च होता था। जामा मस्जिद का शाही दरवाज़ा जो पूरब की तरफ़ था, उसके नीचे निख़ास था। वहाँ घोड़ा-टट्टू बिका करते थे। वहीं एक शेर पिंजरे में बन्द रहता था और उस जगह को शेर का पिंजरा कहते थे। शेर के पिंजरे के पास ही बज़ाज़ा था। उसी दरवाज़े की सीढ़ियों पर जिसके नीचे सरमद साहब दफ़न हैं, कबूतर बिकते थे। लोग वहाँ से कबूतर ख़रीदते थे। हर सुबह और शाम दिल्ली के बाशिन्दे अपने-अपने घरों की छतों पर चढ़े होते थे। हाथों में छीपी होती थी और आँखें आसमान पर जमी होती थीं। सीटियाँ और "आओ-आओ" की आवाज़ें चौतरफ़ सुनाई देती थीं और कबूतरों की फड़फड़ाती डारें होती थीं। कबूतरबाज़ों में शर्तें लगती थीं। कबूतरों के क्या-क्या लाड़ किए जाते थे। अपने हाथों से लोग काबुकें साफ़ करते थे। कबूतरों की तन्दुरुस्ती का ख़्याल रखा जाता था। बीमारी के माहिरों से उनके स्वास्थ्य-सम्बन्धी मशवरे किए जाते थे। कबूतरों की खुराक का ख़्याल रखा जाता था। जब कबूतरों की डारें उड़ती थीं तो दिल्ली के आसमान का स्वरूप बदल जाता था।

दिल्ली का आसमान तो भोपाल में नहीं था मगर मिर्ज़ा जमाल बेग को लगता था वह दिन-ब-दिन अपनी खोई हुई दुनिया और दिल्ली के क़रीब पहुँचते जा रहे हैं...

—26 मई, 1857 को जब दिल्ली में ईद हुई, वह बार-बार दोहराते—ऐसी ईद खुदा दोबारा न लाए...सब मैले-कुचैले थे। धोबी घरों में क़ैद थे। हर दूकानदार को अपनी जान के लाले पड़ रहे थे। जूतेवाले, बज़ाज़ घरों में बैठे रो रहे थे। मज़हबी फ़रीज़ा समझकर अपने-अपने मुहल्ले की मस्जिदों में दुगाना कर लिया...जामा मस्जिद में भी ईद की नमाज़ हुई मगर ली-दी-सी क्योंकि अंग्रेज़ी मोर्चे का गोला-अन्दाज़ ऐसा उस्ताद था कि ईदवाले दिन जो गोला मारता था जामा मस्जिद के हौज़ पर आकर गिरता था।

...ईद से बदतर बक़रीद और बक़रीद से बदतर मुहर्रम ग़दर में आया, यहाँ तक कि 24 सितम्बर को अंग्रेज़ों ने दिल्ली फ़तह कर ली...

—जब दिल्ली में फ़ौज फैलना शुरू हुई और कश्मीरी दरवाज़ा फ़तह हो चुका तो शहर के सब ज़नो-मर्द शहर छोड़-छोड़कर चल दिए और हमारा कुनबा भी...मेरे बेटे जलाल, अफ़ज़ाल और बिलाल सिपाहियों के हाथों मारे गए। बादशाह निज़ामुद्दीन चला गया। मगर हम दिल्ली में ही रहे। बशारत मंज़िल नहीं, हम अपनी ख़ानदानी

हवेली में थे और जब वह सारी लुट गई तो हवेली छोड़कर डेवढ़ी की एक कोठरी में जहाँ सलामत-नामी एक लावारिस बुढ़िया रहती थी, चले गए और आठ दिन उस कोठरी में बसर किए...तीन दिन से खाने को कुछ न था। घोड़े का दाना मिल गया था, उसे ही खाते रहे...दो दिन से पानी भी ख़त्म हो चुका था...प्यास! जब सैयद अहमद, मेरे दोस्त ने जो मेरठ में मुंसिफ़ के ओहदे पर थे और ग़दर में अंग्रेज़ों की जान बचाई थी, दिल्ली पहुँचकर कोठरी का दरवाज़ा खटखटाया और आवाज़ दी। मैंने किवाड़ खोले और कहा—तुम चले जाओ, यहाँ मारे जाओगे! हम पर जो गुज़रेगी गुज़र जाएगी। उन्होंने ख़ातिर-जमा रखने को कहा, बताया उनके पास हाकिमों की चिट्ठियाँ थीं और वह क़िले के अंग्रेज़ों और दिल्ली के गवर्नर से मिलकर आए थे। जब उन्हें मालूम हुआ कि पानी नहीं पिया तो पानी की तलाश में निकले। कुओं पर कोई ऐसी चीज़ न मिल सकी जिससे पानी निकाला जा सकता और चारों तरफ़ सन्नाटे का आलम था। वह सीधे क़िले में गए और वहाँ से एक सुराही पानी लेकर चले। घर के पास पहुँचे तो देखा सलामत बुढ़िया सड़क पर बैठी है और उसके हाथ में मिट्टी की सुराही और आबख़ोरा है...सैयद अहमद ने उसके आबख़ोरे में पानी दिया और कहा कि पी ले...उसने कँपकँपाते हाथों से आबख़ोरे का पानी अपनी सुराही में डाला, कुछ गिरा दिया और घर की तरफ़ इशारा करके कुछ कहा। मतलब यह था कि वहाँ लोग प्यासे हैं, उनके लिए पानी ले जाऊँगी। सैयद अहमद ने कहा मेरे पास पानी बहुत है, तू पानी पी ले। फिर आबख़ोरे में पानी दिया और वह पानी पीकर लेट गई। वह दौड़े हुए घर की तरफ़ आए और हमको पानी पीने को दिया...हमने खुदा का शुक्र अदा किया। वह घर से बाहर निकले कि सवारी का बन्दोबस्त करें और हम लोगों को अपने साथ मेरठ ले जाएँ। बाहर आकर क्या देखते हैं कि सलामत मरी पड़ी है...फिर सारे शहर में बावजूद यह कि हुक्काम ने अहकाम भी जारी किए, कहीं सवारी नहीं मिली। आख़िर क़िले के हुक्काम ने इजाज़त दी कि शिकरम जो सरकारी डाक मेरठ को ले जाती है, वह सैयद अहमद को मिल

गए जाए। वह शिकरम लेकर घर पर आए और हम लोगों को उसमें बिठाकर मेरठ ले गए...मेरठ में मुंशी करामत हुसैन, सरिश्तादार कमिश्नरी ने, जो उनके पुराने दोस्त थे, हमारे रहने को एक मकान खाली कर दिया। जहाँआरा की वालिदा को भूख और प्यास की तकलीफ़ से सफ़रा का बहुत ग़ल्बा हो गया था...कोई चीज़ पचती नहीं थी, न दवा न ग़िज़ा...बदिक़्क़त उनकी तबीयत में कुछ सुधार हुआ। जहाँआरा बहुत छोटी थीं, उनकी देखरेख में जीवनलाल ने दिन-रात एक कर दिया... हालात जब कुछ मामूल पर आए तो मेरठ से भोपाल का लम्बा सफ़र...उसका सारा इन्तिज़ाम भी सैयद अहमद ने ही किया...13 अप्रैल, 1853 को हम यहाँ पहुँचे...

एक तरफ़ जहाँ मिर्ज़ा जमाल बेग गुज़रे ज़माने की यादों में डूबे शतरंज खेल रहे थे, कबूतर पाल रहे थे और सोना बनाने की कोशिशें में लगे थे, वहीं अमतुल कबीर का ज़्यादा वक़्त नमाज़-रोज़े, नज़र-नियाज़, वज़ीफ़े पढ़ने और लोगों को गण्डे-तावीज़ देने में बीत रहा था। उनकी लकड़ी की चकोटी हर समय बग़ल में दबी रहती थी और उसी पर एक या दोनों टाँगों से खड़े होकर वह दिन और रात के विभिन्न हिस्सों, ख़ासकर बेचाँद की रातों में लम्बे वज़ीफ़े पढ़ती थीं। सफ़ेद क़मीज़, सफ़ेद शलवार, लम्बी सफ़ेद ओढ़नी—वह बहुत कम किसी से बोलती थीं। आश्चर्य यह कि न तो उनका कोई बाल सफ़ेद हुआ था और न दाँत हिला था। आँख में काजल भी वह उसी पाबन्दी से लगाती थीं जिससे रोज़ा-नमाज़ करती थीं। अपनी बात वह लोगों को इशारों से समझाती थीं। लोग उनके पास आते थे, जिन्नात और भूत-प्रेत के लिए तावीज़ और दम का पानी लेने के लिए। उन्हीं लोगों में रहमत बी नाम की वह बुढ़िया भी थी जिसे जब संजीदा अली ने पहली बार देखा था तो वह सिहर गए थे। वह इतनी मोटी थी कि चलने में दिक़्क़त होती थी। मोटापा ऐसा जैसे शरीर पर बहुत वरम चढ़ा हो। चेहरा भी इस तरह फूला हुआ कि दोनों आँखें बहुत अन्दर धँस गई थीं। उसके सारे बदन से पानी चूता था और कपड़े गीले रहते थे। वह जैसे ही आती, अमतुल कबीर के आदेश पर एक बड़ा ताँबे का तसला लाकर रख दिया जाता जिसमें रहमत बी को बैठना पड़ता। कुछ फ़ासले पर अमतुल कबीर अपनी चकोटी बिछाकर बैठ जातीं और उसका अहवाल सुनतीं। उस बुढ़िया ने किसी पीर या हकीम के हवाले से बताया था कि कभी अनजाने वह पानी में सँपोला पी गई थी जो धीरे-धीरे पेट के अन्दर बड़ा हो गया था : कोई ज़हरीला साँप। जर्राह उसका पेट इसलिए नहीं काट सकते थे कि अन्दर फनफनाते साँप के डसने का ख़तरा था। अमतुल कबीर उसका इलाज कर रही थीं, दम करके और दम का पानी पिलाके। और भी जाने कितने विचित्र चेहरे अमतुल कबीर को असिर और मग़रिब की नमाज़ के बीच, जो उनका मरीज़ों से मिलने का समय था, आ घेरते। वह लोगों के ख़्वाब सुनतीं और इशारों में उनकी ताबीरें बतातीं। शादी-ब्याह से सम्बन्धित मामलों में लोगों को मशवरे देतीं। अच्छा-बुरा समझातीं।

बन्दा अली घर की ज़िम्मेदारियाँ सँभाल चुके थे। एक हकीम की हैसियत से वह कामयाब थे और खेतीबाड़ी की भी उन्हें अच्छी समझ थी। कोठी कछारिया वह बनवा चुके थे और शिकार का उन्हें जुनून की हद तक शौक़ था। दुनिया में ऊपर की तरफ़ कौन-सी सीढ़ी जाती है, इसकी उन्हें समझ थी। अपने दवाख़ाने को भी उन्होंने व्यावसायिक विस्तार दिया था और उसका नाम 'दवाख़ाना-ए-ज़िन्दा तिलिस्मात' रखा था। उनकी दवाओं की माँग अन्य शहरों में भी हो गई थी और यह एक अच्छे कारोबार की तरह बढ़ रहा था। उनका दायाँ हाथ, जीवनलाल का इकलौता बेटा प्रेमलाल था, जिसकी शिक्षा और तरबियत में पहले मिर्ज़ा जमाल बेग और बाद में

बन्दा अली ने मेहनत की थी। वह न सिर्फ़ उर्दू और फ़ारसी लिख-पढ़ सकता था, दवाएँ बनाने और खेती दोनों से सम्बन्धित महत्त्वपूर्ण काम भी उसके ज़िम्मे थे। शुरू में बन्दा अली उसे मज़ाक़ में प्रेमलाल देहलवी बुलाते थे जो समय के साथ-साथ उसका पूरा नाम ही पड़ गया था।

मज़हब के दृष्टिकोण से बन्दा अली में काफ़ी कुछ पिता, ज़ीशान अली से मिलता-जुलता था और वह पीरी-फ़कीरी और नज़र-नियाज़ तथा मज़ारों के कट्टर विरोधी थे। अपनी नानी और माँ की भी इस सम्बन्ध में वह नुक्ताचीनी से खुद को नहीं रोक पाते थे। वह इन तमाम चीज़ों को इस्लाम की शिक्षा के विरुद्ध मानते थे। वह खुद न सिर्फ़ नमाज़-रोज़े के पाबन्द थे, अलीगढ़ से भी उनका सम्बन्ध बना रहा था। बुलाए जाने पर ही नहीं, वैसे भी उनको जब अवसर मिलता, वह वहाँ का चक्कर ज़रूर लगाते रहते। अलीगढ़ आन्दोलन से सम्बन्धित मिर्ज़ा जमाल बेग के पुराने दोस्तों से, वह नवाब मोहासिन-उल-मुल्क हों, नवाब वक़ार-उल-मुल्क हों, हाली हों, मौलवी जक़ाउल्लाह हों, शिबली हों, जो तब तक लखनऊ में नदवातुल-उलेमा से सम्बद्ध हो चुके थे, उन्होंने अपने सम्बन्ध उसी प्रकार रखे थे। दिल्ली में हकीम अजमल ख़ान से वह पाबन्दी से सम्पर्क रखते थे और उनकी यूनानी तिब की शिक्षा की योजनाओं में सक्रिय सहयोग देते थे। इसी प्रकार मौलवी नज़ीर अहमद से जो दिल्ली में जमाल बेग के बताशों-वाली गलीवाले मकान, बशारत मंज़िल के पड़ोस में रहते थे, और जिनके कारण सन् 1857 के बाद उस मकान पर उनका मालिकाना अधिकार रह सका था, और जो अब बूढ़े और बुज़ुर्ग हो चुके थे, उन्होंने पुराने ख़ानदानी मरासिम बरक़रार रखे थे। इन सबके अलावा बन्दा अली ख़ान की ख़तो-किताबत मुहम्मद हुसैन आज़ाद ("हम अपनी दिल्ली छोड़ दक्कन को न जाएँगे/गर याँ बहुत न खाएँगे, थोड़ी ही खाएँगे।"), अल्लामा इक़बाल, पण्डित बृज नारायण चकबस्त, अकबर इलाहाबादी ("सर में शौक़ का सौदा देखा/दिल्ली को हमने भी जा देखा/जो कुछ देखा अच्छा देखा/क्या बतलाएँ क्या-क्या देखा।") ख़्वाजा हसन निज़ामी और उस समय के कई जाने-माने अदीब और शायरों से थी। इनके साथ-ही-साथ वह मुसलमान अमीरज़ादे और मुस्लिम रियासतों से सम्बन्धित नवाबों की आल-औलाद थी जिनसे उनका परिचय अलीगढ़ में पढ़ने के दौरान हुआ था। शिकार के अलावा उन्हें नई इमारतें बनवाने का शौक़ था और उनकी बनवाई शानदार कोठी कछारिया पर आए दिन मेहमानों का आना-जाना रहता था और दावतें होती थीं। उस कोठी की सज्जा जानवरों के सींगों से की गई थी जिसमें बारहसिंघे, साँभर, चीतल, चिकारे—सबके सींग इस्तेमाल किए गए थे। पलंग और सोफ़े तक उन्हीं सींगों के बनवाए गए थे और जहाँ-तहाँ जानवरों की खालों का भी उपयोग किया गया था। कछारिया का बाग़ भी बहुत खूबसूरती से लगाया गया था और उसमें दुर्लभ फूल और फलों के दरख़्त थे।

हालाँकि बन्दा अली की उम्र तीस के ऊपर हो चुकी थी लेकिन नाना, नानी और माँ के ज़ोर देने पर भी वह अपनी ज़िम्मेदारियों को बहाना बनाकर शादी की बात टालते रहे थे। कभी-कभी तो मिर्ज़ा जमाल बेग झुँझला उठते और कहते—हम 85 का सिन पार कर चुके हैं, इतने जी लिए कि कभी सोचा भी न था। हमें नहीं लगता कि बन्दा अली के सेहरे के फूल अपनी आँखों से देख पाएँ। जाने क्या सोच रखा है उन्होंने!

फिर वह बन्दा अली की व्यस्तता को देखते और सोचते कि हर काम की एक घड़ी तय है। न बन्दा अली से उन्हें और कोई शिकायत थी। घर की ज़िम्मेदारी जिस तरह उन्होंने सँभाली थी उससे मिर्ज़ा जमाल बेग को पूरा इत्मीनान था।

समय एक नपी-तुली रफ़्तार में बँधा बीत रहा था। बन्दा अली को किसी से ईर्ष्या थी तो शायरी से और इसका तोड़ उन्होंने यह निकाला कि आए दिन हवेली पर शायरी की महफ़िलें सजाई जाएँ और उनमें छोटे-बड़े शायरों को बुलाकर उनकी इज़्ज़तअफ़ज़ाई की जाए। वह शायरों के संरक्षक की हैसियत से जाने जाना चाहते थे।

दूसरी ओर संजीदा सोज़ अलीगढ़ में शिक्षा पाते हुए जो शायरी कर रहे थे वह देश के महत्त्वपूर्ण अख़बारों और पत्रिकाओं में प्रकाशित होकर सराही जा रही थी। कम-उम्री में ही उन्हें बड़े मुशायरे पढ़ने बुलाया जाने लगा था।

जमाल बेग की क़िस्मत में, बहरहाल बन्दा अली की शादी अपनी आँखों से देखना लिखा था, इसलिए उन्होंने जहाँआरा बेगम के इस बार कहने पर शादी के लिए अपनी रज़ामन्दी ज़ाहिर कर दी। लड़की जहाँआरा बेगम ने देख ही रखी थी, इसलिए इधर मँगनी का ऐलान हुआ, उधर शादी की तारीख़ भी तय हो गई। फिर भी किन्हीं अर्थों में शायद देर ही हो गई थी और मिर्ज़ा जमान बेग ऐसे बीमार पड़े कि उन्हें दिन-रात अधहोशी रहने लगी। पत्नी अमतुल कबीर और बेटी जहाँआरा को उन्होंने पहले से अपनी ख़िदमत करने से मना कर रखा था। वैसे भी उनकी ख़्वाहिश थी कि देर से सही मगर बन्दा अली की शादी इस शानो-शौकत से हो कि रियासत में लोगों को याद रह जाए। मेहमानों की लिस्ट बनाने और क़रीब-दूर सबको न्यौते भेजने को एक दफ़्तर क़ायम करने की उन्होंने बन्दा अली को ताकीद की थी और धनपत राय से इसमें उनकी मदद करने को कहा था। खुद उनकी देखभाल का ज़िम्मा अब पूरी तरह जीवनलाल का हो गया था।

मिर्ज़ा साहब नींद में डूबे बुदबुदाते—शह बचिए! फ़ील प्यादे की ज़द में है! यह रहा अस्प का ढाई घर! शह बचिए! ज़ीक़ न होने दीजिए...सँभालिए, वज़ीर सँभालिए! शह बचिए, मिर्ज़ा साहब! ऐसा लगता था वह अपनी बीती ज़िन्दगी की स्मृतियों और बच रही साँसों के बीच एक शतरंज खेल रहे हों। उनका शरीर सूखकर काँटा होता गया था। बन्दा अली बार-बार आकर उन्हें देखते, नब्ज़ लेते, हाथ से दवाएँ खिलाते

और अपनी व्यस्तताओं की ओर लौट जाते। अकेला जीवनलाल होता या किन्हीं शामों को लाला धनपत राय जो गहरी ग़नूदगी में डूबे मिर्ज़ा साहब की सिसकियों-सी उभरती-डूबती "शह बचिए!" की तकरार सुनते या बेसरो-पैर, आपस में असम्बद्ध जुम्ले। कभी वह दिल्ली में होते, कभी भोपाल में, कभी बेहोशी में, कभी सौ फ़ीसदी होशो-हवास में। उस आवाज़ में दिन-ब-दिन एक डर सिमटता गया था। फिर संजीदा अली घर पहुँच गए थे और नाना की देखरेख में हाथ बँटाने लगे थे। जमाल बेग की तबीयत ने सँभाला लिया था और वह संजीदा से बात करके अलीगढ़ की ज़िन्दगी के बारे में सब जानना चाहने लगे थे : मार्निंग स्कूल, नाइट स्कूल, बोर्डिंग हाउस, प्रॉक्टर, डाइनिंग हॉल, खेल-कूद, नमाज़-रोज़ा, समय की पाबन्दी। संजीदा उन्हें विस्तार से बताते रहते और वह खुशी से आँखें फाड़े उनकी बातें सुनते रहते। फ़ील्ड और प्रोवोस्ट या कैप्टिन, यूनियन क्लब और प्रेज़ीडेंट, जिमनास्टिक और ड्रिल मास्टर, घोड़े की सवारी और राइडिंग मास्टर और पढ़ानेवाले ज़िम्मेदार अंग्रेज़, यह सब एक ख़्वाब था जो मिर्ज़ा साहब ने सर सैयद के साथ देखा था जिसकी ताबीर उन्हें अब सुनने को मिल रही थी।

बन्दा अली ख़ान की शादी हुई थी और उसी शानो-शौकत से हुई थी जिसकी मिर्ज़ा जमाल बेग को तमन्ना थी। वह खुद तो बारात में जा नहीं सके थे और लाला धनपत राय ने ख़ानदान के बुज़ुर्ग की हैसियत से नुमाइन्दगी की थी। मिर्ज़ा साहब ने बन्दा अली के सिर पर हाथ रखकर, उन्हें दुआएँ देकर बारात को रवाना किया था। उनके जाने के बाद वह थककर बिस्तर में लेट गए थे और गहरी नींद से शतरंज खेलते हुए मिर्ज़ा साहब को शह बचने के मशवरे देने लगे थे। रुख़्सत के बाद बन्दा अली ख़ान की नाज़ुक, खूबसूरत, शर्मीली दुल्हन, माहरू ज़मानी ने उन्हें ससुराल में दाख़िल होते ही आकर सलाम किया था और उन्होंने दुआओं के साथ उसे कानों के लिए याकूती बुन्दे और एक क़ीमती जवाहर का सेट सलामी में दिया था। उस समय वह स्वस्थ और चौकन्ने, सबसे हँस-बोल रहे थे। अगले दिन वलीमे की बड़ी दावत थी और उसके बाद दावतों का सिलसिला शुरू हो गया था। दूर-दूर से आए मेहमानों की ख़ातिर-तवाज़ो की जा रही थी। सारे हंगामे से अगर कोई अलग था तो अपनी चकोटी पर वज़ीफ़े पढ़ती अमतुल कबीर या नींद से एक ख़त्म न होती बाज़ी खेलते मिर्ज़ा जमाल बेग।

संजीदा को नाना की तबीयत की वजह से रुकना पड़ा था, हालाँकि वह समय पढ़ाई का था और उन्हें अलीगढ़ वापस लौटना था। उस दौरान उनका जाना-आना, भावज, माहरू ज़मानी के परिवार में भी हुआ था। माहरू के पिता क़ाज़ी कमालउद्दीन दरअसल बन्दा और संजीदा के मरहूम बाप, ज़ीशान अली ख़ान के बड़े भक्त थे, जिनकी आस्था उस समय और जब तक वह जीवित रहे, जेहाद, हिजरत, इमामत इत्यादि में थी। वह वलीउल्लाही आन्दोलन के बड़े समर्थक थे और उन्हीं के पास

पहली बार संजीदा को अपने पिता की लिखी किताबें देखने को मिली थीं। क़ाज़ी साहब ने उन्हें बहुत सँभालकर एहतियात से रखा था। सारी किताबें अरबी और फ़ारसी में थीं। क़ाज़ी कमाल की ज़ीशान अली से अक़ीदत का यह आलम था कि वह उन्हें शहीद कहकर कई आदाब और अलक़ाब लगाने के बाद उनका नाम अपनी ज़बान पर लाते थे। वह ख़ुदा से डरनेवाले स्वभाव से थोड़े कट्टर लेकिन दिल के भले आदमी थे जिसके लिए दुनिया की सारी अच्छाइयाँ अपने मज़हब और अपने घर में ही थीं। घर उनका बहुत ख़ूबसूरत और कुशादा था और बाहर बाग़ में फूल ही नहीं फलों के दरख़्त भी थे।

एक दिन जब संजीदा मर्दाने में बैठे क़ाज़ी साहब की बातें सुन रहे थे, उन्हें किसी के तकलीफ़ से चीख़ने-कराहने और फिर कुछ भागते हुए क़रीब आते क़दमों की आवाज़ें सुनाई दी थीं। क़ाज़ी साहब को यह नागवार गुज़रा था और उन्होंने अपनी रौबीली आवाज़ में शोर मचानेवाले को डाँटकर उसका कारण पूछा था। दो डरे-सहमे ख़ादिम दाख़िल हुए थे और रोते हुए क़ाज़ी साहब को उनके बेटे, आरिफ़ के फ़ाँसी लगाकर आत्महत्या करने की इत्तिला दी थी। क़ाज़ी साहब सकते के आलम में बैठे रह गए थे और कुछ क्षण बाद खोखली आवाज में पढ़ा था—इन्ना लिल्लाहे व इनना इलैहे राजिअ्न! संजीदा अली ख़बर सुनकर खड़े हो गए थे मगर क़ाज़ी साहब ने बड़ी हद तक ख़ुद पर क़ाबू पाते हुए उन्हें बैठे रहने को कहा था। फिर उन्होंने कुछ लोगों के नाम लेकर नौकरों से उन्हें ख़बर करने को कहा था। संजीदा अली को उन्होंने आरिफ़ के दीवाने होने के बारे में बताया था और यह भी कि उसकी दीवानगी किसी इलाज से बाहर हो चुकी थी। हकीम और डॉक्टरों को भी अन्देशा था कि उसके दिमाग़ की कोई रग कभी भी फट सकती थी।

आरिफ़ माहरू ज़मानी से चार साल बड़ा था और आत्महत्या के समय उसकी उम्र 22 साल थी।

बन्दा अली ख़ान आ गए थे और आत्महत्या को लेकर बहस-मुबाहिसे के बाद दफ़न का इन्तज़ाम शुरू हो गया था। रात में लालटेनों, मशालों और अलाव की रोशनी में आरिफ़ को क़ब्र में उतारा गया था। सन्नाटे और सर्दी में खड़े संजीदा अली ख़ान लम्बे-चौड़े क़ब्रस्तान में फैलती-सिमटती परछाइयों के नाच को अपने चारों ओर देखते रहे थे और आरिफ़ के बारे में वह सब सोचते रहे थे जो उस बीच उन्हें पता चला था : आरिफ़ में ड्राइंग बनाने और पेंटिंग करने की ख़ुदादाद सलाहियत थी और बहुत कम-उम्री से वह अच्छी स्केचिंग करने और रंग भरने लगा था। क़ाज़ी साहब की ख़्वाहिश थी कि वह सबसे पहले क़ुरान हिफ़्ज़ करे और फिर फिर धार्मिक शिक्षा हासिल करे। उसने दोनों काम करने चाहे और पूरा क़ुरान हिफ़्ज़ करने के बाद दर्से-निज़ामी की शिक्षा भी पूरी करनी चाही जो बहरहाल उसके पहले शौक़, ड्राइंग और पेंटिंग के कारण अधूरी छूट गई। ड्राइंग में लैण्डस्केप बनाने तक तो सब

ठीक रहा लेकिन जब उसने इंसानों के आकार बनाने और पेंट करना चाहे तो क़ाज़ी कमालउद्दीन ने एतराज़ किया। मुसलमानों के लिए मूर्तिपूजा ही नहीं, मूर्ति बनाना भी हराम था, और इंसानों के आकार काग़ज़-कैन्वस पर बनाना या उनमें रंग भरना भी। क़ाज़ी साहब अपनी औलाद को ऐसा करने की इजाज़त नहीं दे सकते थे। ख़त्ताती और खुशनवीसी सीखने का उन्होंने बेटे को मशवरा दिया था और बेटे को मजबूर होकर हथियार डालने पड़े थे। लेकिन वह ख़त्ताती सीखने और उसे कला की उन ऊँचाइयों पर पहुँचाने जहाँ उसका कोई अपना महत्त्व हो सके, के जुनून में पड़ गया था। दिन-रात चौबीस घण्टे वह इसी दीवानगी में रहता : कुरान की आयतों को अलग-अलग ढंग से विभिन्न आकारों में लिखते धीरे-धीरे उसका हाथ सिद्ध होता गया था और दिमाग़ असन्तुलित। न वह किसी से मिलना पसन्द करता था न बातचीत करना। दिनों कुछ खाता नहीं था, नहाता नहीं था, कपड़े नहीं बदलता था और हफ़्तों कमरे से बाहर नहीं निकलता था। घर से बाहर निकलना तो वह वर्षों पूर्व बन्द ही कर चुका था। इतना कम खाने और सोने के बावजूद उसमें किसी प्रकार की शारीरिक दुर्बलता नज़र नहीं आती थी। कोई दूसरा न तो उसके कमरे में जा सकता था न वहाँ बिखरे काठ-कबाड़, तुग़रे और वसलियों को हाथ लगा सकता था। अरबी में अल्लाह के निन्नानबे नाम कहे जाते हैं : उनमें से हर नाम को वह निन्नानबे अलग-अलग ढंग से लिख सकता था। इस तरह कि लिपि केवल लिपि ही न हो, उससे दृश्य भी बनता हो। और दृश्य उस विशेषता या खूबी का जो उस नाम का अर्थ हो। उसकी ख़त्ताती के नमूने देखकर लोग आश्चर्यचकित रह जाते थे।

आरिफ़ के तेज़ी से गड़बड़ाते मानसिक सन्तुलन का इलाज काज़ी साहब और घरवालों ने पूरी तवज्जोह से कराया था। शहर के सारे हकीम-डॉक्टर समय-समय पर अपनी-सी कोशिशें करते रहे थे और उसके आगे भूत-प्रेत या पीर-फ़क़ीर पर क़ाज़ी साहब की आस्था नहीं थी। इन चीज़ों को वह इस्लाम की शिक्षा के विरुद्ध मानते थे। आरिफ़ और माहरू ज़मानी की सगी माँ क़ाज़ी साहब की पहली पत्नी थीं, जिनका माहरू के जन्म के कुछ समय बाद ही देहान्त हो गया था। क़ाज़ी साहब ने दूसरी शादी अपनी साली से की थी जो आरिफ़ और माहरू की ख़ाला तो थीं ही मगर जिनसे उनकी कई और औलादें भी थीं। सौतेली माँ और भाई-बहन से आरिफ़ चिढ़ता था और उसकी परिवार में किसी से अपनाईयत थी तो सगी बहन माहरू या पिता क़ाज़ी कमालउद्दीन से। माहरू की शादी के बाद वह घर में अकेला हो गया था और दीवानगी में नौकरों के साथ मार-पीट इतनी बढ़ी थी कि उसे ताले में बन्द किया जाने लगा था।

वह कमरा जहाँ आरिफ़ ने आत्महत्या की थी बाद में संजीदा अली ने खुद अपनी आँखों से देखा था और उसे देखते हुए ऐसा लगा था जैसे ज़मीन ने उनके पैर पकड़ लिए हों। कुरान की वह आयतें जिनमें दुनिया कब और कैसे बनी, नेकी क्या

है और नेक लोग कैसे होते हैं, दुनिया में क्या-क्या अच्छा और क्या बुरा है, और आख़िरकार क़यामत आएगी तो दुनिया किस तरह ख़त्म होगी, का बयान है, कमरे की छत, दर और दीवारों पर लिखी हुई थीं। हर आयत, ग़ौर से देखने पर एक दृश्य थी जिसमें चाँद भी था, सूरज भी, उड़ते परिन्दे और घिरते बादल भी, इंसान भी, और कोई ऐसी अबूझी ताक़त भी, जिसे देखा नहीं, सिर्फ़ महसूस किया जा सकता था। उनमें एक खुशखबरी, एक भविष्यवाणी, एक चेतावनी और एक धमकी थी। खुद संजीदा ने न तो दुनिया को उस नज़र से देखा था और न उसके बारे में उस तरह सोचा था। ऐसे सपने की तरह जिसकी ताबीर न समझी जा सके वह सब संजीदा के दिमाग़ पर एक अमिट छाप छोड़ गया था।

जल्द ही वह कमरा ऐसी जगह बन गया था जिसे देखने दूर-दूर से लोग आते थे : श्रद्धालु, आर्टिस्ट, अख़बार के रिपोर्टर। लेकिन एक रात जब सारा घर सो रहा था, ज़ोर का धमाका हुआ था। लोगों ने जागकर देखा था—कमरे की छत और दीवारें ढह गई थीं : दानेदार काँच की तरह रेज़ा-रेज़ा होकर।

उधर तमाम फ़ोटोग्राफ़र्स हैरान थे क्योंकि उनकी रीलें कोरी निकली थीं। किसी के पास कमरे की तस्वीर नहीं थी और न उसके कभी होने का सबूत बचा था।

मिर्ज़ा जमाल बेग के स्वास्थ्य में सुधार हुआ था और वह ज़ोर देकर संजीदा से अलीगढ़ लौट जाने को कहने लगे थे। संजीदा उस पर कुछ राज़ी भी हो गए थे।

उस दोपहर हवा बन्द थी। बाक़ी सब अपने कामों में व्यस्त थे और सिर्फ़ संजीदा अली और लाला धनपत राय मिर्ज़ा जमाल बेग के पास बैठे थे।

—मिर्ज़ा साहब, धनपत ने जमाल बेग से पूछा था—वह आप क्या फ़रमाते हैं कि जब क़िले में हवा न चल रही होती और गर्मी होती तो?

—जब गर्मी और घुटन बहुत होती, मिर्ज़ा साहब ने अपनी कमज़ोर आवाज़ साधने की कोशिश करते हुए कहा—और हवा न चलती, तो बादशाहज़ादों और बादशाहज़ादियों का मानना था कि अगर बारह परिन्दों के नाम एक साँस में लिए जाएँ, बशर्ते कि उन बारह के नाम 'बे' से शुरू होते हों, तो हवा ज़रूर चलने लगती है। और इस तरह के बारह परिन्दों के नाम तलाश करके निकाल भी लिए थे। जैसे बगुला, बुलबुल...

बाज़...बटेर..., और मिर्ज़ा जमाल बेग थककर चुप हो गए थे—और याद नहीं आ रहे, उन्होंने दिमाग़ पर ज़ोर देने के बाद लाचारी से कहा था।

—मैं बोलता हूँ, धनपत राय ने उन्हें दिलासा दी थी—बगुला, बुलबुल, बाज़, बटेर, बाशा, बहरी, बज़ा, भड़, बया, भनबेरी, भुन्गा, बता! आपकी ज़बानी सुनकर मुझे भी सब याद हो गए हैं।

—मगर एक साँस में! मिर्ज़ा के स्वर में थकावट और बढ़ गई थी—एक साँस

में बारह के नाम मुश्किल से लिए जा पाते थे। लेनेवाले की साँस टूट जाती थी और मज़ाक़ बन जाता था। और अगर किसी ने एक साँस में बारह नाम ले लिए तो कहा जाता—वह देखो! दरख़्त की फुनंग हवा से हिल रही है। हवा खूब चलेगी।

कहते-कहते मिर्ज़ा की साँस किसी क्षण उनका शरीर छोड़ गई थी।

यह सन् 1905 की बात थी।

परीक्षा देकर जब संजीदा अलीगढ़ से वापस लौटे थे तो अमतुल कबीर इद्दत पूरी करने के बाद बाक़ी ज़िन्दगी दिल्ली में गुज़ारने का फ़ैसला कर चुकी थीं। उनकी तमन्ना थी कि मरने के बाद उसी ज़मीन में दफ़न हों जिसमें उनका नला गड़ा था और बुज़ुर्गों की हड्डियाँ थीं। इस बीच बन्दा अली ख़ान ने दिल्ली जाकर अपनी निगरानी में उस घर को ठीक करा दिया था जो सन् 1857 के बाद से उजाड़ पड़ा था।

अलीगढ़ जाते-आते या वैसे भी कई बार संजीदा अली दिल्ली गए और घूमे थे। उसकी गलियों की कशिश को उन्होंने भी महसूस किया था। चाँदनी चौक, घण्टाघर, बल्लीमारान, कूचा पण्डित, खारी बावली, चावड़ी बाज़ार, हौज़ क़ाज़ी, अजमेरी गेट, लाल दरवाज़ा, जामा मस्जिद, हरे-भरे शाह और शेख़ सरमद का मज़ार, एडवर्ड पार्क, फ़तहपुरी, चितली क़बर, मोरी गेट, हज़रत निज़ामुद्दीन और अमीर खुसरो का मज़ार, पुराना क़िला, हुमायूँ का मक़बरा, कुतुब मीनार, हज़रत बख़्तियार काकी का मज़ार—उन्होंने सारी दिल्ली घूमकर देखी थी मगर अपने बुज़ुर्गों का घर देखने का उन्हें ख़्याल नहीं आया था। न वह यह जानते थे कि सन् 1857 से पहले की दिल्ली क्या थी और उसके बारे में सिर्फ़ बुज़ुर्गों की ज़बानी क़िस्से-कहानी ही सुनते रहे थे : कैसे जामा मस्जिद को एक फ़ौजी अस्तबल में तब्दील कर दिया गया था, और उसके गिर्द इमारतें ढाकर, चौ-तरफ़, सत्तर-सत्तर गज़ का मैदान निकाल दिया गया था; चाँदनी चौक की नहरें, फ़व्वारे और सायादार दरख़्त जो अब नहीं थे। किस तरह, जब रेल का स्टेशन बना और कलकत्ते से दिल्ली तक रेलवे लाइन डाली गई तो बहुत सारी चीज़ें हमेशा के लिए मिट गईं। अलीगढ़ में संजीदा के साथ दिल्ली से सम्बद्ध दो लड़के पढ़ते थे और जब भी वह दिल्ली में होते तो आम तौर पर उन्हीं दोनों का साथ होता।

मिर्ज़ा जमाल बेग की बड़ी ख़ानदानी हवेली भी उन इमारतों में से थी जिन्हें दिल्ली पर क़ब्ज़ा करने के बाद अंग्रेज़ों ने ढा दिया था।

अमतुल कबीर की उम्र 80 साल थी लेकिन वह हर तरह से सेहतमन्द थीं। तय हुआ था संजीदा अली छुट्टियों में अलीगढ़ से नानी के पास आते-जाते रहेंगे। ख़ादिम-ख़ादिमाओं की व्यवस्था की गई थी जो दिल्ली में अमतुल कबीर की ख़िदमत में रह सकें और जीवनलाल ने पत्नी सहित उनके साथ दिल्ली वापस लौट जाने का

तय किया था। प्रेमलाल का परिवार बन्दा अली ख़ान के साथ भोपाल में ही रुक गया था। फिर जहाँआरा बेगम अपनी माँ और छोटे बेटे के साथ खुद उन्हें दिल्ली तक पहुँचाने आई थीं।

तब पहली बार संजीदा अली ख़ान ने बताशेवाली गली और बशारत मंज़िल को देखा था। गर्मी के दिन थे और दिल्ली की सारे मुल्क में बदनाम लू चलना शुरू हो चुकी थी। घर मिर्ज़ा जमाल बेग की भोपाल की हवेली से तो छोटा था लेकिन अपने-आप में उसमें सब कुछ था। कुशादा सेहन, क्यारियाँ, अमरूद और आम के पेड़, और बाक़ी मकानियत ऐसी थी कि बाहर आग बरसे या पाला पड़े घर में आराम का एहसास रहता था। दो-मंज़िला इमारत जिसमें मर्दाना और मेहमानख़ाना डेवढ़ी में प्रवेश करने के बाद दाहिने मुड़कर था और उसका अपना आँगन और ऊपरी मंज़िल पर जाने का ज़ीना था। डेवढ़ी में ही एक चौड़ा ज़ीना सामने था जो बाकी मकान की ऊपरी मंज़िल पर जाने का बाहरी ज़ीना था जिसके अलावा निचली और ऊपरी मंज़िलों को जोड़ता वह अन्दरूनी ज़ीना था जो घर के अन्दर के चौड़े दालान को ऊपर की मंज़िल से जोड़ता था। घर की ताज़ा मरम्मत और पुताई-सफ़ाई के निशानों को साफ़ देखा जा सकता था। घर में दाख़िल होते हुए संजीदा अली ख़ान ने ज़िन्दगी में पहली बार अमतुल कबीर की आँखों में आँसू देखे थे। उस समय भी लकड़ी की चकोटी उनकी बग़ल में दबी हुई थी। जहाँआरा बेगम ने खुद भी होश सँभालने के बाद पहली बार बशारत मंज़िल और दिल्ली को अपनी आँखों से देखा था।

फिर धीरे-धीरे ऐसा हुआ कि आनेवाले कुछ ही दिनों में अमतुल कबीर की चकोटी महज़ एक दिखावा बनकर रह गई। कारण, अब उन्हें अकेले रहने या वज़ीफ़ा पढ़ने की मोहलत ही नहीं मिलती थी। जाने कहाँ से रिश्तेदारों और जान-पहचानवालों की एक भीड़ उन्हें घेरे हर समय मौजूद रहती। संजीदा अली ने कभी कल्पना भी नहीं की थी कि उनके परिवार के वाक़िफ़कार इतने लोग दिल्ली में मौजूद थे। अमतुल कबीर ने उन्हें आदेश दिया था कि पड़ोस में रहनेवाले, मौलवी नज़ीर अहमद की ख़िदमत में हाज़िरी देकर सलाम कर आएँ। जहाँआरा बेगम भी इसी मक़सद से उनके साथ गई थीं क्योंकि नज़ीर अहमद न सिर्फ़ जमाल बेग को प्रिय थे बल्कि उनके दिल्ली छोड़ने के बाद बशारत मंज़िल की हिफ़ाज़त भी उन्होंने ही की थी। जायदाद जमाल बेग और भी दिल्ली में छोड़कर गए थे लेकिन उनकी अनुपस्थिति में जहाँ जिससे बना लोगों ने क़ब्ज़ा कर लिया था। संजीदा अली को मौलवी साहब से मिलने की खुद भी उत्सुकता थी क्योंकि उन्होंने उनकी लिखी किताबें पढ़ी थीं। वह सर सैयद के समर्थक और कठमुल्लों के विरोधी थे और अपने लेखन को समाज-सुधार के लिए इस्तेमाल करते थे।

मौलवी साहब जहाँआरा और संजीदा अली से मिलकर भावुक हो उठे थे : बीते ज़माने और मिर्ज़ा जमाल बेग की यादों ने उन्हें आ घेरा था। जहाँआरा बेगम को दुआएँ देते हुए उन्होंने संजीदा अली को गले लगा लिया था। बन्दा अली पहले

हो उनके अलीगढ़ में पढ़ने की बाबत मौलवी साहब को बता चुके थे।

मौलवी साहब संजीदा अली के अन्दाज़े के ख़िलाफ़ ख़ासे बदशक्ल और बेहंगम निकले थे। उनकी बड़ी-सी तौंद थी और सिर गंजा था। आँखें उनकी बेशक बहुत आकर्षक थीं और स्वभाव हँसने-हँसाने का पाया था। आवाज़ में गरज थी और चेहरे पर छिदरी दाढ़ी। संजीदा अली की शिक्षा के बारे में जानकर उन्होंने कहा था—यह बहुत खुशी की बात है बेटा, कि तुम साइंस पढ़ना चाहते हो। आम तौर पर तो लोग अलीगढ़ में रहकर भी अरबी और फ़ारसी ही पढ़ना चाहते हैं! मस्जिदें हैं, मदरसे हैं, मौलाना और मौलवी हैं—भई पढ़ तो रहे हो सदियों से अरबी और फ़ारसी! दुनिया कभी किसी ज़बान की गुलाम नहीं रही क्योंकि ज़बान महज़ बात कहने का वसीला है और ज़्यादा अहम वह है जो कहा जाना है। साइंस अरबी, फ़ारसी या अंग्रेज़ी की गुलाम नहीं क्योंकि उसकी अपनी, इन ज़बानों से जुदा एक ज़बान है। साइंस ज़माने का तक़ाज़ा और नए सोच का हासिल है। क्या करो, लोग नहीं समझते कि मुसलमान दरअसल कितने पिछड़े हुए हैं और उन्हें साइंस की तालीम की कितनी ज़रूरत है।

—और भई, सोज! उन्होंने पलभर की चुप्पी के बाद कहा था—तुम्हारी शायरी तो रिसालों में नज़र से गुज़रती रहती है, नामवर हो। लेकिन भाई माफ़ करना, तुम्हारा रंग हमें पसन्द नहीं। समझो दाग़, अमीर मीनाई वग़ैरह के ज़माने लद गए। आज के ज़माने को एक दूसरे मिज़ाज की शायरी की ज़रूरत है। जो हाली कर रहे हैं, मुहम्मद इक़बाल कर रहे हैं। किसी हद तक इस्माइल मेरठी भी। इश्क़ो-आशिक़ी कब तलक! इसी हरजाईनामे ने मुसलमानों को ख़्वार किया है। किसी की नज़र सामने की तरफ़ देखती ही नहीं, सब गुज़रे ज़मानों को याद करते हुए अपनी-अपनी तरह के मरसिए लिखने में जुटे हैं। तुम तो बेटे, इतने खूबसूरत, इतने तन्दुरुस्त हो, कौन-सी बदनसीब महबूबा तुम्हारे साथ वफ़ा नहीं करेगी!

संजीदा अपनी फ़रमाबरदारी के साथ सिर झुकाए, "जी", "जी" कहते मौलवी साहब की नसीहत सुनते रहे थे।

—कुछ लोग सोचते हैं, मौलवी साहब ने आगे कहा था—कि लिखने-पढ़ने और शेरो-शायरी के ज़रिए वअज़ो-नसीहत करना ग़लत है। मुझे उनके ऐसा सोचने से ही इत्तिफ़ाक़ नहीं। आप ख़्याल का इज़हार कितने पुरअसर ढंग से करते हैं, शायरी की खूबी यह होती है, लेकिन दुनिया हमेशा नज़र में रहनी चाहिए। ग़ालिब से ज़्यादा रूमानी इंसान और बड़ा ग़ज़लगो क्या होगा, लेकिन दुनिया हमेशा उनके सामने रहती थी। सैयद अहमद ख़ान ने जब आईन-ए-अकबरी को सही करके छपवाने का इरादा किया तो ग़ालिब से अपनी राय उसमें शामिल करने को लिखकर देने की फ़रमाइश की। यह फ़रमाइश तो उन्होंने पूरी कर दी लेकिन सैयद अहमद की मेहनत को बेमतलब कहा था। उन्होंने कहा था—'एक दीद-ए-बीना ने कुद्दगी (पुरानेपन) को नया लिबास पहनाया है। आँखें खोलो

और देखो कि इस दैर-ए-कुहन (पुरानी दुनिया) में साहिबाने इंग्लिस्तान ने कैसे-कैसे आईन (क़ानून) वज़अ किए (बनाए) हैं। उन्होंने पानी पर न जाने क्या जादू कर दिया कि धुआँ कश्ती को खींचता है। यह लोग साज़ से मिज़राब की धुन निकाल लेते हैं। हवा को इस तरह आग दिखाते हैं कि हवा अंगारे की तरह दहकती है। इन आईन के आगे दूसरे आईन पुरानी जंत्री की हैसियत रखते हैं। ऐ मेरे बेदार मग़ज़ आक़िल, अगर किसी को मोतियों का ख़ज़ाना दिखाई दे तो वह खलियान में से एक बाली क्यों चुने?' हम भी मिर्ज़ा की ही बात दोहराते हैं कि भई, क्यों चुनें? खुशी होती है जब किसी नौजवान को वक़्त की नब्ज़ समझते देखते हैं।

मौलवी साहब को मुसलमानों के शिक्षा, नौकरी और धन्धे—हर चीज़ में पिछड़ने का एहसास और ग़म था। वह खुद सख़्त मेहनत के बाद ज़िन्दगी में कुछ बन पाए थे इसलिए मेहनती लोगों की दिल से क़द्र करते थे और जिस प्रकार हो सके, उनकी सहायता करने की कोशिश भी करते थे। इसमें उन्होंने लम्बे आर्थिक नुक़सान भी उठाए थे तो भी कुछ कर सकनेवालों की सहायता करने का उनका उत्साह ठण्डा नहीं हुआ था। उनकी याद्दाश्त बहुत अच्छी थी और मुद्दतों पहले पढ़ी किताबें उन्हें सफ़हा—दर-सफ़हा ज़बानी याद थीं। मज़हब को समझने और उसकी व्याख्या करने का उनका अपना एक दृष्टिकोण था और बहुत सारी ऐसी चीज़ों को जो एक साधारण मुसलमान की नज़र में हराम थीं, मौलवी साहब जाइज़ समझते थे। सूद लेना वह एक बदले संसार में सही समझते थे। एक से अधिक शादी को भी वह मुनासिब नहीं समझते थे और अपनों में बैठकर उसकी बुराइयाँ गिनाते थे। उन्होंने बहुत मेहनत से कुरान का अनुवाद अरबी से उर्दू में किया था। वह एक दिलेर व्यक्ति थे, यह अन्दाज़ा संजीदा अली को समय बीतने के साथ हुआ था। जीवन के विवादास्पद मुद्दों का वह खुलकर सामना करने की हिम्मत रखते थे और अपने आसपास की दुनिया से दो-दो हाथ करते रहने में विश्वास रखते थे। मुसलमानों का सुधार उनके दिल के बेहद क़रीब था और मज़हब और साइंस को एक ही सिक्के के दो रुख़ साबित करने में वह उसी प्रकार की ज़्यादतियाँ भी करते थे जो उनके समय के अन्य तथाकथित प्रगतिशील धार्मिक लोग कर रहे थे। जब तक मौलवी साहब जीवित रहे संजीदा अली का उनके घर आना-जाना नियमित रूप से रहा था।

एक महीना बशारत मंज़िल में अमतुल कबीर के साथ गुज़ारकर जहाँआरा बेगम वापस भोपाल लौट गई थीं।

अखिलेश माथुर और असलम चुग़ताई दिल्ली से सम्बद्ध संजीदा अली के वह दोस्त थे जो अलीगढ़ में उनके हमजमात थे। जब भी वह छुट्टियों में दिल्ली आते तो इन्हीं के साथ उनका समय बीतता। इसके अलावा नौबत राय भी जब अलीगढ़ आते-जाते या

वैसे ही दिल्ली में होते तो बशारत मंज़िल में ही ठहरते। कुछ शायर और कुछ शायरी के शौक़ीन शाम को बशारत मंज़िल पर आ धमकते और वहाँ आए दिन शेरो-शायरी की नशिस्तें जमतीं और मेहमानों की खातिरदारी की जाती। हालाँकि संजीदा अली अभी छोटे थे और डिग्री उन्हें आगे चलकर करनी थी मगर वह अपनी बातचीत, रखरखाव और हुलिए से अपनी उम्र से कहीं बड़े लगते थे। न तो उन्हें गुस्सा आता था, न ही किसी से बेजा हँसी-मज़ाक़ करते थे। वह जिस तरह अभी तक बड़े हुए थे उसमें उन्होंने अपने दिल में पैदा हुए तमाम शको-शुबहों का जवाब मज़हब के अनुशासन में रहते हुए ही खोजने की कोशिश की थी, अब वह इसमें जितने भी सफल हुए हों। एक ओर जहाँ उनकी शायरी की दाद देने को ज़माना तत्पर था, यह दावा कोई नहीं कर सकता था कि वह संजीदा को पूरी तरह समझता है। कभी-कभी तो उनके बचपन के दोस्त और साथी, नौबत राय तक को ऐसा महसूस होता कि उम्र के साथ-साथ समझ में आने के बजाए संजीदा अली उनके लिए अजनबी होते जा रहे हैं, और उनसे उम्र में वर्षों बड़े हैं।

एकान्तप्रिय ज़रूर संजीदा अली सोज़ को, जिनकी ज़िन्दगी एक अरसा पहले बीत चुकी, कहकर याद किया जा सकता है, लेकिन लोगों को उनसे मिलकर ऐसा नहीं लगता था कि वह उनसे मिलना नहीं चाहते। इसके उलटे, कोई भी उनसे मिलकर उनके व्यक्तित्व के आकर्षण में बँध जाता था। वह तहत में शायरी पढ़ते थे, एक ऐसे ज़माने में जब शायर का तरन्नुम उसकी ख़ास खूबी समझा जाता था। यह इसके बावजूद कि खुद उनकी आवाज़ बहुत आकर्षक थी और सुर तथा गायकी की बारीकियों के वह अच्छे वाक़िफ़कार थे।

देश में राजनीतिक गतिविधियाँ गतिशील होती गई थीं। वायसराय कर्ज़न ने बंगाल का बँटवारा कर दिया था। ऐसा मुख्यतः इसलिए किया गया था कि कांग्रेस पार्टी अंग्रेज़ों और गिनती के पढ़े-लिखे हिन्दुस्तानियों के बीच एक पुल से तब्दील होकर एक राष्ट्रवादी पार्टी बन गई थी। अंग्रेज़ शासकों के पास हिन्दू और मुसलमान के बीच एकता न बनने देने का एक उपाय था कि वह प्रचारित और प्रमाणित करें कि कांग्रेस एक हिन्दूवादी पार्टी है और उसे मुसलमानों के भले से कुछ लेना-देना नहीं। मुसलमानों का भला चाहनेवाले दरअसल अंग्रेज थे, यह साबित करने के लिए कर्ज़न ने उनके साथ 'इंसाफ़' करते हुए बंगाल का विभाजन कर दिया था। इस विभाजन के विरोध में आन्दोलन शुरू हो गए थे, जो शुरू में बंगाल तक ही सीमित रहे थे और उनकी उथल-पुथल का अन्दाज़ा पूरी तरह दिल्ली या अलीगढ़ जैसी जगहों पर नहीं लगाया जा सका था। सन् 1857 के बाद अंग्रेज़ों ने कलकत्ते को राजधानी ज़रूर बनाया था लेकिन दिल्ली की केन्द्रीयता को अनदेखा नहीं कर सके थे और अभी तक दो शाही दरबार दिल्ली में लग चुके थे और एक निकट भविष्य में लगनेवाला था। इसके बावजूद आम तौर पर दिल्लीवासी राजनीति से कटे हुए थे। ख़ासकर

मुसलमान जो अभी भी सन् 1857 की याद से सहमे हुए थे जब आज़ादी की लड़ाई या ग़दर की क़ीमत उन्हें अपनी जान और माल से अदा करनी पड़ी थी। अलीगढ़ में इस एहसास के बावजूद कि हिन्दुस्तान में मुसलमानों से दोस्ती के नाटक के साथ अंग्रेज़ दुनिया में हर जगह उनसे दुश्मनी का सलूक कर रहे हैं, ज़्यादातर मुसलमान विद्यार्थी बंगाल के बँटवारे से खुश थे। वह नहीं समझ पा रहे थे कि बंगाल के कुछ मुसलमान इस बँटवारे के ख़िलाफ़ क्यों थे। उनका भी यही ख़्याल था कि सन् 1857 के बाद अंग्रेज़ों ने पहली बार मुसलमानों के साथ इंसाफ़ किया था।

फिर यह विभाजन-विरोधी आन्दोलन देशभर में फैल गया था। स्वदेशी और स्वराज आन्दोलन शुरू किए गए थे, देशभर में शोक-दिवस मनाया गया था, लोगों ने एक दिन का अनशन किया था, उपवास रखा था। बंगाल की सड़कों पर खुलेआम 'वन्दे मातरम्' गाया गया था, रवीन्द्रनाथ टैगोर ने गीत 'अमार शुनार बांगला' लिखा था जिसे सन् 1971 की बदली दुनिया और भिन्न परिस्थितियों में एक नए राष्ट्र, 'बँगलादेश' का राष्ट्रीय गीत बनना था। बंगाल में जगह-जगह चौराहों पर विदेशी कपड़ों की होली जलाई गई थी और 'आत्मशक्ति' अर्जित करने को स्वदेशी स्टोर्स जो देश में बनी वस्तुएँ बेचते थे, की स्थापना की गई थी। ऐसा करने में अपने समय के महत्वपूर्ण विद्वान, लेखक और कवि आगे थे। 15 अगस्त, 1906 को एक राष्ट्रीय शिक्षा परिषद (नेशनल काउंसिल ऑफ एजूकेशन) की स्थापना की गई थी और राष्ट्रीय कॉलेज (नेशनल कॉलेज) शुरू किया गया था। उधर मुसलमान नवाबों, रईसज़ादों, ज़मींदारों और उच्च वर्ग से सम्बन्धित लोगों ने अपनी अलग जमात, मुस्लिम लीग की स्थापना की थी जिसका उद्देश्य मुसलमानों के 'जाइज़' अधिकारों के लिए लड़ना था। मुस्लिम लीग का जनाधार बहुत सीमित था क्योंकि मुसलमानों में शिक्षित मध्यवर्ग बराए नाम था। गिनती के ऐसे लोग थे जिनके पास सब कुछ था और बड़ी संख्या अनपढ़, ग़रीब और ऐसे लोगों की थी जो भावनात्मक स्तर पर खुद को अपने खुशहाल भाइयों पर आश्रित समझते थे।

देश की राजनीति पर उस समय दो नेताओं की पकड़ थी : बाल गंगाधर तिलक और गोपालकृष्ण गोखले। दोनों कांग्रेस पार्टी में थे, दोनों का सम्बन्ध महाराष्ट्र से था और दोनों चितपावन ब्राह्मण थे। इसके आगे दोनों में समानता नहीं थी। ऐसा नहीं कि तिलक को भारत के मुसलमानों से नफ़रत रही हो, अगर होती तो हसरत मूहानी जैसे मुसलमान उनका समर्थन क्यों करते और उनकी मौत पर क्यों कहते—

मातम हो न क्यों भारत में बपा, दुनिया से सिधारे आज तिलक,
बलवन्त तिलक, महाराज तिलक, आज़ादी के सरताज तिलक।

असलियत यह थी कि अलीउल्लाही मुसलमानों की तरह वह एक धर्मावलम्बी हिन्दू समाज को धर्म के रास्ते राजनीति में लाना चाहते थे। उनकी आस्था भारतवर्ष के प्राचीन, सुनहरे अतीत में थी जिसमें मुसलमानों और मध्यकाल के शासकों के लिए जगह नहीं

थी, वह अकबर हो या तुग़लक़। उनके नायक शिवाजी थे और महत्वाकांक्षा शिवाजी के स्वराज की स्थापना। गोखले की सोच अतीत को भूलकर वर्तमान को वर्तमान की शर्तों पर स्वीकार करने या उसका विरोध करने की थी। एक लोगों को भावनात्मक स्तर पर जगाना चाहता था और दूसरा सोच और संयम से काम लेने की सलाह देता था। एक ने भीड़ को मथने का काम किया था और दूसरा उस मंथन से पैदा हुई ऊर्जा को सही दिशा दिखाना चाहता था। सीधे टकराव के सारे आसार थे, वह अन्ततः हुआ भी, लेकिन शुरू में तिलक का पलड़ा भारी नज़र आता था।

—साहबज़ादा संजीदा अली को, अलीगढ़ में बहस करते लोगों में उस दिन किसी ने कहा था—जेहाद के नाम से एतराज़ था! अब कोई पूछे बंगाल में हिन्दू क्या कर रहा है? सीधी-सीधी सियासत को उसने धर्मयुद्ध में तब्दील कर दिया है।

—जी हाँ, अन्य कोई बोला था—जब सर सैयद ने दलील दी थी कि मुल्क में मुसलमानों की तादाद हिन्दुओं की एक-चौथाई है, इसलिए चुनाव के ज़रिए बनाई गई हुकूमत में न तो उनको सही नुमाइन्दगी मिल सकती है न उनके साथ इंसाफ़ किया जा सकता, तो सारे मुल्क में बड़ी ले-दे मची थी। सर सैयद को टाइमसर्वर से लेकर मुल्क-दुश्मन तक सब कुछ कहा गया था। आज बंगाल में उसी तादाद के खेल को मुल्क भर के लिए मसला बना दिया गया है। सर सैयद गलत थे या कांग्रेस को अब होश आया है?

—वहाँ मसला, संजीदा अली ने कहना चाहा था—बंगाली और नॉन-बंगाली का है। पूरब और पश्चिम के बंगाली साथ रहना चाहते हैं...

—कैसे कह सकते हैं आप? किसी ने उनकी बात काटते हुए कहा था—पूरबी बंगाल के मुसलमान तो बँटवारे से बहुत खुश हैं।

—कौन कहता है?

—अख़बार उठाकर देखिए! सिर्फ़ आग़ा ख़ान और नवाब ढाका ही नहीं, तमाम मुसलमान बँटवारे के हिमायती हैं।

—लेकिन बँटवारे के ज़रिए मसले हल करने का तसव्वुर, संजीदा अली ने कहा था—तो सर सैयद ने भी कभी पेश नहीं किया।

—जनाब, ज़माने के साथ मसलों की सूरत-शक्ल बदलती है और नए हल भी तलाश करने पड़ते हैं।

—खुशी की बात होगी, संजीदा अली ने कहा था—अगर सब नहीं तो मुसलमानों की कुछ तादाद ही इस तरह सोचने लगे। कहाँ सोचते हैं? खुद सर सैयद के काम में सबसे ज़्यादा अड़चनें मुसलमानों ने ही डालीं। उनके बारे में कुफ्र के कितने और कहाँ-कहाँ से फ़तवे दिए गए, वह तफ़सील भूल गए? मौलवी इमदाद अली के

कारनामों को भूल गए? कौन-सा काम करने में मुसलमानों ने उनकी हौसलाअफ़ज़ाई की? ग़ाज़ीपुर में मदरसा खोलने की मुख़ालिफ़त! उनके अंग्रेज़ों के साथ खाना खाने की मुख़ालिफ़त! लन्दन जाने पर एतराज़! रिसाला तहज़ीबुल अख़लाक़ निकालने की मुख़ालिफ़त! मौलवी अली बख़्श तो अरब तक गए थे सिर्फ़ सर सैयद के ख़िलाफ़ कुफ्र का फ़तवा लिखवाकर लाने के लिए।

—अगर वह लोग यह न भी करते, एक और साथी ने कहा था—तो आप जैसे बिना दाढ़ी के मौलाना मिल जाते जिन्हें सर सैयद के किए से इत्तिफ़ाक़ नहीं।

—अगर सर सैयद के बड़प्पन से कोई इंकार करता है, संजीदा अली ने गम्भीरतापूर्वक कहा था—तो मुझे उसकी समझ और ईमानदारी पर शक होगा। मेरी हैसियत क्या कि जो कुछ उन्होंने किया उससे इंकार कर सकूँ। तालीम, तरबियत, सोच, उर्दू की मौजूदा सूरत-शक्ल, वह शायरी हो या नस्र, जहाँ-जहाँ नज़र जाती है उस पर सर सैयद की छाप और ज़माने के साथ चलने का तक़ाज़ा याद आता है। मज़हब को भी उन्होंने ज़िन्दगी में इस तरह शामिल करना चाहा कि वह अड़चन बनने के बजाए उसका मददगार बन सके। साथ ही उनकी जो बातें मेरी समझ में नहीं आतीं उन्हें भी मैं खुलकर कहता हूँ, यह सोचकर कि उन्हें सुधारना अब हमारी ज़िम्मेदारी है। सर सैयद खुद आज हमारे बीच होते तो शायद हमें यह ज़ेहमत भी न करना पड़ती और वह खुद ही उन चीज़ों का सुधार करने लगते।

—उनकी क्या चीज़ आपकी समझ में नहीं आती? पूछनेवाले का स्वर कड़वा था।

—कई चीज़ें, संजीदा अली ने सन्तुलित स्वर में कहा था—सबसे पहली उनकी अलेहदगीपसन्दी और यह कहना कि हिन्दू और मुसलमानों के सियासी मक़सद अलग-अलग हैं और कांग्रेस हिन्दू पार्टी है जिसका साथ मुसलमानों को नहीं देना चाहिए। और भी कई चीज़ें हैं जैसे उनका औरतों को मशवरा देना कि मर्दों को पढ़ने दो और तुम अपनी दादी-नानी की तरह घर में ही महदूद होकर बैठो। फिर उनकी नज़र में पैदाइश से भी आदमी छोटा-बड़ा था और जाहिल रईस और साहिबे हैसियत लोग मामूली ज़ात के पढ़े-लिखे और क़ाबिल लोगों से ऊँचे थे, और उन्हें कमज़ात के लोगों का हुक्म मानने पर मजबूर नहीं किया जा सकता था। यह बात दुनिया को सुधारनेवाले सर सैयद की नहीं, जागीरदारों और ज़मींदारों से चन्दा वसूल करनेवाली ज़ेहनियत की लगती है। इस पर आज पढ़े-लिखे लोग हैरान होकर हँसते हैं और पूछते हैं कि क्या इस्लामी डेमोक्रेसी का यही मतलब होता है! मुझे यक़ीन है, सर सैयद एक पीढ़ी और जिए होते तो अपनी सोच को ज़रूर तब्दील किया होता।

—सर सैयद की ऐसी सोच की वजूहात आपको नज़र नहीं आतीं?

—सर सैयद जैसे इंसान के दिमाग़ से तो नहीं। जो इंसान लोगों को हर तरह के वसवसों और अन्देशों से छुटकारा पाने की तालीम देता हो, चाहे वह मज़हब जैसे

नाजुक मसले की गुत्थियाँ ही क्यों न हों, उन्हें इंसानी समझ के दायरे में लाना चाहता है, उसका उर्दू के रस्मुलख़त बदलने की कुछ हिन्दुओं की कोशिश से इतना तवाजुन खो देना कि अलग-अलग क़ौमों और तहज़ीबों की बात शुरू कर दे, कम-से-कम मेरी समझ में तो नहीं आता।

—उसके असबाब अब भी आपको इर्द-गिर्द नज़र नहीं आते? किसी ने व्यंग्यात्मक स्वर में कहा था—बंगाल का बँटवारा अगर हिन्दू-मुस्लिम नहीं, महज़ बंगाली और ग़ैर-बंगाली का मामला है तो उसकी मुख़ालिफ़त करनेवाले गंगा में स्नान करके या काली के सामने तिलक करके उसे धर्मयुद्ध की शक्ल क्यों दे रहे हैं? शिवाजी और प्रताप की जय-जयकार हो रही है और औरंगज़ेब-अकबर विदेशी लुटेरे करार दिए जा चुके हैं! भारत-माता की जय बोली जा रही है, और जो बोल रहे हैं वही उसकी जाइज़ सन्तान हैं! हम लोग सब नाजाइज़ औलादें हैं।

—सब अख़बारों की सुर्खियाँ सही नहीं होतीं, इसलिए एक से ज़्यादा अख़बार पढ़ना चाहिए, संजीदा अली ने कहा था—उससे पूरी और सही तस्वीर बनने में मदद मिलती है। मैं तो कुछ दिन पहले ही कलकत्ते मुशायरा पढ़कर आया हूँ और हालात को अपनी आँखों से देखकर, दूसरों की बातें सुनकर जाना है। कुछ एक्स्ट्रीमिस्ट तंज़ीमें ज़रूर मामले को मज़हबी रंग देने की कोशिश कर रही हैं, तो मैं कहाँ उनकी हिमायत कर रहा हूँ। बहुत बुरा कर रही हैं, यक़ीनन वह गंगा और काली को सियासत में घसीटकर। बदनसीबी से यह एक रवैया हो गया है, हिन्दुओं का भी और मुसलमानों का भी। यह उसी अलेहदगीपसन्दी के बीज से पैदा हुआ है जिसे और लोगों के अलावा खुद सर सैयद ने भी बोया और अब उसमें पानी दे रहे हैं मुल्क के हाकिम। और यह वही सर सैयद थे जिन्होंने कहा था कि किस क़दर ज़ुल्म, बेरहमियाँ, क़त्ल और ख़ूँरेज़ियाँ दुनिया में सिर्फ़ मज़हब के सबब हुई हैं, वह एक तरफ़ और जो जुर्म शैतान ने कराए हैं, वह एक तरफ़ रखे जाएँ, तो मज़हबी जुर्म और बुराइयाँ कहीं ज़्यादा होंगी। इस्लाम का, मुसलमान, अक्सर जम्हूरियत के बराबर होने का दावा करते हैं, जबकि असलियत यह है कि मुसलमानों के आपस में बराबर होने का सबूत एक साथ नमाज़ पढ़ने या एक दस्तरख़्वान पर खाना खाने के सिवा कहीं नहीं मिलता। तमाम मामलात में मुसलमान हिन्दू से ज़्यादा हिन्दू हो गया है, और बात करता है अलग तहज़ीब और शनाख़्त की! मुझे इस पर एतराज़ है।

—तो क्या सर सैयद हिन्दुओं के दुश्मन थे?

—यह मैंने कहा?

—मतलब तो यही निकलता है!

—मेरा हरगिज़ यह मतलब नहीं, संजीदा अली ने संयत स्वर में कहा था—मुझे शिकायत सिर्फ़ यह है कि एक तो अव्वल ही मुसलमानों में पढ़ा-लिखा मिडिल क्लास हिन्दुओं की निस्बत न होने के बराबर है, तो भी इस वक़्त वह लोग ख़ामोश

या अलग रहकर ग़लत कर रहे हैं। उन्हें बँटवारे के ख़िलाफ़ एजिटेशन में बाक़ी लोगों के शाना-बशाना होना चाहिए। भारत-माता में क्या एतराज़ है? आपके यहाँ पूजा मना है, इज़्ज़त करने से तो नहीं रोका गया। यहाँ तक कहा गया है कि इंसान की जन्नत माँ के पैरों के नीचे है। खोदने पर क्या वहाँ जन्नत मिलेगी? यह समझने-समझाने का एक अन्दाज़ है, जैसे कि भारत-माता का तसव्वुर। इस तसव्वुर का ताल्लुक़ मज़हब से नहीं, सिर्फ़ अक़ीदत के इज़हार से है।

—सोज़ साहब, एक साथी ने कहा था—आप शायर हैं। मुनासिब होगा कि अपना अमल-दख़ल तसव्वुर की दुनिया और शायरी तक महदूद रखें। सियासत और मज़हब अलग ज़ेहन और समझ का तक़ाज़ा चाहते हैं, उनमें नाहक़ खुद को हल्कान न करें।

संजीदा अली ने बड़े भाई को ख़त लिखकर आगे की शिक्षा दिल्ली में ही लेने की अनुमति इस हवाले से माँगी थी कि उस तरह वह नानी के निकट रहकर उनकी बेहतर देख-रेख कर पाएँगे। बन्दा अली ने उन्हें अलीगढ़ छोड़ने का ख़्याल भी दिल में लाने से ख़बरदार किया था—"हमारे बुज़ुर्गों ने जिस मदरसे को क़ायम करने का ख़्वाब ताबीर किया", उन्होंने लिखा था—"उसके लिए हमें भी अपनी ज़िम्मेदारी महसूस करनी चाहिए। अलीगढ़ की दर्सगाह महज़ एक कॉलेज ही नहीं क़ौमो-मिल्लत को सौंपी गई वह अमानत है जो आइन्दा नस्लों की शक्लो-सूरत और फ़्यूचर तरतीब करेगी।"

खुदा बन्दा अली ख़ान की व्यस्तताएँ इस बीच बढ़ गई थीं। वह मुस्लिम लीग के दिली समर्थक थे और सक्रिय रूप से उसके लिए ज़िम्मेदारी से काम करते थे। एक हकीम की हैसियत से भी उनकी पहचान महत्त्वपूर्ण हुई थी और उनका 'दवाखाना-ए-ज़िन्दा तिलिस्मात' खूब तरक़्क़ी कर रहा था। वह हकीम अजमल ख़ान के साथ तिब-सम्बन्धी योजनाओं में शामिल थे और दिल्ली तथा अन्य शहरों में जाते-आते रहते थे। रियासत भोपाल के वह अफ़सरूल-अतिब्बा थे और रियासत के शासकों से उनके घनिष्ट सम्बन्ध थे। हकीम अजमल ख़ान जब कभी भोपाल आते तो बन्दा अली ख़ान के साथ मिर्ज़ा जमाल बेग की हवेली पर ही ठहरते। भोपाल में तिब्बिया कॉलेज की स्थापना में भी हकीम बन्दा अली ख़ान का बड़ा हाथ था।

संजीदा अली का भी भोपाल आना-जाना था मगर रियासत की खामोशी डराती थी। उनका अधिकांश समय अलीगढ़ और दिल्ली में बीतता था या फिर उन शहरों में जहाँ उन्हें मुशायरे पढ़ने के लिए बुलाया जाता था।

कांग्रेस का विभाजन, सूरज अधिवेशन, मिंटो-मॉर्ले सुधार, सन् 1911 का दिल्ली का ऐतिहासिक शाही दरबार जिसमें बादशाह जॉर्ज पंचम और मलिका मेरी ने अध्यक्षता की, और जिसमें बंगाल के विभाजन को निरस्त करने और अंग्रेज़ी शासन की राजधानी कलकत्ते से दिल्ली बदलने की घोषणा की गई, त्रिपोली की लड़ाई और बालकन युद्ध, तुर्की ख़िलाफ़त का धारावाहिक विघटन और मुसलमान देशों में राष्ट्रीयता का

बड़े स्तर पर उदय, डॉक्टर अंसारी और उनका मेडिकल मिशन 'हिलाले अहमर' (रेड क्रीसेंट), जो सारे हिन्दुस्तान में जमा किए गए चन्दे के साथ तुर्की की मदद को गया और जिसका स्वागत देश के विभिन्न शहरों में किया गया, वायसराय हार्डिंग को जान से मारने के लिए दिल्ली में बम से किया गया हमला और पहला विश्वयुद्ध : आए दिन नई घटनाएँ हो रही थीं और समीकरण बन और बिगड़ रहे थे। खुद संजीदा अली के लिए यह ज़माना भटकाव की शुरुआत का ज़माना था। वह चाहते थे कहीं आस्था बने लेकिन ऐसा हो नहीं पा रहा था। उन्होंने यह सोचकर तसल्ली करनी चाही थी कि वह राजनीतिज्ञ नहीं शायर हैं, इसलिए उनकी ज़िम्मेदारी शेर कहने के साथ समाप्त हो जाती है। उन्होंने साइंस पढ़ने का ख़्याल दिल से निकाल दिया था और बी.ए. करने का तय किया था। मुशायरों के साथ वह मुजरों में भी जाने लगे थे, शराब और सिगरेट पीना भी शुरू कर दिया था। यह सब उसी आहिस्तगी से हुआ था जैसे दरो-दीवार पर बरसाती फफूँद उग आती है। उनके लिए देश की राजनीति, हिन्दू, मुसलमान, अंग्रेज़, कांग्रेस, स्वतंत्रता आन्दोलन, स्वदेशी और स्वराज्य—सब अख़बारों में पढ़ने और कुछ पढ़े-लिखे लोगों के बीच औपचारिक टिप्पणी करने के विषय बनते गए थे। शेर कहना और सुनना हो, नाच देखना और मुजरा सुनना हो, कभी-कभी नमाज़ पढ़ना या पुराने मन्दिरों के दर्शन करना हो, वह सब एक ही बे-मन की स्थिति से करते थे। आश्चर्य यह कि अपनी सोच कुन्द हो जाने का खुद उन्हें एहसास तक नहीं था। जीवन, उन्हें लगने लगा था, ख़ासकर खुद उनका जीवन एक लम्बी उबासी की तरह था जिसके बाद सब कुछ ख़त्म हो जाना था। लेकिन यूँ सरसरी नहीं। संजीदा अली की ज़िन्दगी में दिन-प्रतिदिन जो घटता रहा था, हमारे लिए उसका थोड़ा विस्तारपूर्वक मूल्यांकन भी ज़रूरी होगा।

शादी के तीन साल बाद माहरू ज़मानी और बन्दा अली ख़ान एक बेटे के माँ-बाप बन गए थे जिसके अक़ीक़े और ख़त्ना की रस्म बहुत धूमधाम से की गई थी। संजीदा अली उसमें शरीक होने के लिए भोपाल गए थे। आग्रहपूर्वक उसमें शिरकत के लिए अपने साथ अमतुल कबीर को भी ले जाने के लिए खुद बन्दा अली दिल्ली आए थे लेकिन उन्होंने दिल्ली छोड़ने से साफ़ इंकार कर दिया था—यहाँ का क्या होगा? उन्होंने ऐसे स्वर में कहा था जैसे दिल्ली के सारे काम-काज उनके चलाए से ही चल रहे हों—और इस उम्र में मुझसे नहीं होगी, यह भाग-दौड़।

उस समय उनकी आयु 82 वर्ष के लगभग थी लेकिन वह हर प्रकार से स्वस्थ और सक्रिय थीं। उनकी नज़र इतनी साफ़ थी कि बारीक-से-बारीक सूई के नाके में बिना किसी दिक़्क़त के धागा पिरो सकती थीं। चेहरे पर रेखाएँ बनी थीं लेकिन अच्छे स्वास्थ्य के कारण त्वचा मसली या मली-दली नहीं लगती थी। दिल्ली पहुँचकर

उनमें क्रान्तिकारी परिवर्तन यह हुआ था कि रिश्तेदारों या जान-पहचान की औरतों में घिरकर नमाज़ और वज़ीफ़े पढ़ना छूटता गया था। हर उम्र, सूरत-शक्ल और हैसियत की औरतें—बिरजीस ज़मानी, अरजुमन्द बानो, मेहर अफ़रोज़, खुरशीद जमाल, मरियम ज़मानी, गैती आरा, खुर्शीद लक़ा, आलिया बेगम, नौशाबा ख़ानम, नवाब दुल्हन, नसरत जहाँ, शराफ़तुन्निसा, बदर जहाँ, सुल्ताना ख़ातून, फ़तिमा सुग़रा, ज़ैनब बेगम—फटेहाल हुलिए इन शाहाना नामों को झुठलाते, हर समय उन्हें घेरे रहतीं, और पुरानी बातों के अन्तहीन दौर चलते रहते!

—नोज़! कोई कहता—ऐसा भी किसी का खून हल्का न हो।

—मूई को थुथकारी के हवाले नहीं किया! अन्य कोई बोलता।

—नज़र थी कि बला! तीसरी आवाज़ आती—जिसको खाते देख लिया, बस ज़मीन देखनी पड़ी। काला मुँह! ऐसी शक्ल-सूरत को कोई लेकर क्या चाटे!

—चण्डालिनी की आँख है कि बिस की गाँठ! सिलसिला आगे बढ़ता।

—कोई आधी रात आई होगी कि अमरियों में कुछ खटका-सा हुआ। किसी ने कहा चोटीवाला है, कोई दाढ़ीवाला समझी। निगोड़ियों के कोरे पिण्डे थे, बे-आपे हो के भागीं। दहशत के मारे बुरा हाल था! कोई अन्य आवाज़ कहती।

—मेरी हुसैनी को आप जानती हैं, एक और आवाज़ आती—उनकी सहलज, माशाअल्लाह, कैसी जहाँदीदा औरत हैं। सुनती हूँ कि उनके सिर पर कोई बुज़ुर्ग, मीरा जी या शेख़ सद्दो भी आते हैं।

—बड़ी-बूढ़ियों की हर बात आज़मूदा होती है, उन्होंने अपने चूँडे धूप में थोड़ी सफ़ेद किए हैं। सदक़े, दोने, सेहनकें, तावीज़, गण्डे जैसे-जैसे कम होते जाते हैं वैसे ही बच्चे हींग हग रहे हैं। नज़रे-बद से खुदा बचाए, गोली का मारा बच जाता है मगर नज़र का मारा नहीं बचता। इससे पहाड़ खील-खील हो जाता है। हमारे यहाँ आटा पीसने एक चमारी आया करती थी। एक दिन वह जो आई और मलमे की कोठरी में गई तो चक्की के गिरण्ड में कहीं साँप बैठा था। पहले तो वह रस्सी कहकर ज़रा झिझकी फिर आगे बढ़कर उसे घूरकर देखा और यह कहती हुई बाहर निकल आई—बड़ी बेगम, ज़रा देखना कैसी मलूक नागिन सो रही है। मैं कच्चे दिल की औरत, साँपिन का नाम सुनते ही सन्दली पर चढ़ गई और आँखें बन्द करके जल-तू-जलाल-तू, आई बला को टाल तू पढ़ने लगी। इतने में वह चमारी हँसती हुई फिर कोठरी में गई। क्या देखती हूँ कि एक काले चिमटे से साँप की दुम पकड़े उठाए लिए चली आती है। सेहन में चबूतरे के नीचे डालकर कहने लगी—सरकार, मेरी आँख-से-आँख मिलाते ही मर गई। मुझको बड़ा अचम्भा हुआ, मैंने पूछा—अरे पगली, आँख-से-आँख मिलाने से कैसे मर गई?—बेगम साहिबा, मेरी आँखों में काली देवी बसती है, मैंने तो घने साँप मार गीरे। जिसको देखा, पट से मर गया। अब मैं समझी कि या तो यह कोई भुतनी है या इसकी नज़र बुरी है! बस बीबी, वह

दिन और आज का दिन, मैंने उसे घर में नहीं घुसने दिया।

फिर क़िले से सम्बन्धित बीते ज़माने और वहाँ के जीवन के आँखों देखे या औरों से सुने क़िस्से-कहानी बयान किए जाते।

—बड़ी बेगम कहतीं—छोटे मिर्ज़ा, कहो तो सही—"सीढ़ी को सिल पर सौंफ़ सूखने को रखी है, सरककर खड़े हो तो साया न पड़े।" छोटे मिर्ज़ा बात को दोहराते तो उनकी ज़बान लड़खड़ाती और कुछ-का-कुछ कह जाते तो बड़ी हँसी होती और छोटे मिर्ज़ा शरमा जाते।

—बरसात के मौसम में जब बीरबहूटियाँ निकलतीं तो बादशाहज़ादों को उनका लाल मख़मलीपन बहुत पसन्द आता। एक-एक बीरबहूटी एक-एक अशरफ़ी के मोल ली जाती और बच्चों को बाँटी जाती। एक बादशाहज़ादी जिसकी उम्र पाँच बरस की होती—बीरबहूटी को अपनी हथेली पर रख लेती। वह हाथ के हिलने-डुलने से अपने पंजे समेट लेती और गोल-गोल होकर मुर्दा बन जाती तो बादशाहज़ादी कहतीं—बीरबहूटी पंजा खोल, तेरा मामू आया! बीरबहूटी पंजा खोल, तेरा मामू आया! आखिर हथेली की हरकत थम जाती तो बीरबहूटी फिर अपनी उँगलियाँ खोलती और चलने लगती। इस पर वह खुशी मनाई जाती कि अल्लाह-अल्लाह। शाम के वक़्त सोने की डिबिया में बीरबहूटी बन्द की जाती, दारोग़ा के सुपुर्द होती।

—बेगमों का एतक़ाद था कि टिटहरी जो परिन्दा है और तालाबों के किनारे रहता है और उसके हलक़ में छेद है, जब यह पानी पीता है तो बाहर निकल जाता है और ग़रीब चिड़िया प्यासी रह जाती है और सारी उम्र कहे जाती है—टिटहरी हूँ—प्यासी हूँ, टिटहरी हूँ—प्यासी हूँ! एक बूँद भी उसके हलक़ से नीचे नहीं उतरती और वह प्यासी ही मर जाती है।

—बाईसवें रजब को खीर पकाकर मिट्टी के कूण्डों में जमाई जाती थी। वह खीर सिर्फ़ दूध-चावलों की न होती थी बल्कि पिस्ता-बादाम की खीर, क़लाक़न्द की खीर और रंगारंग फ़ीरनियाँ होती थीं, खुशबू में बसी हुई, सोने-रूपे के वरक़ों और वरक़ियों से आरास्ता। दस्तरख़्वान पर बैठकर खानेवाले पेट भरकर खा लेते थे तो चलते वक़्त एक-एक कूण्डा खीर का अछूता और हर कूण्डे के साथ नक़दी की एक पुड़िया भी दी जाती थी। क़िले के बाहर उर्दू बाज़ार में शौक़ीन लोग क़िले से वापस होनेवालों के इन्तज़ार में खड़े रहते थे और उनसे पाँच-पाँच आने का एक-एक कूण्डा खीर का मोल ले जाते थे और अपने बाल-बच्चों को खिलाते थे। हर कूण्डे में कम-से-कम बारह सेर खीर होती थी।

—क़िला उजड़ गया, अब न बाग़ हयात बख़्श रहा, न मेहताब बाग़, न दीवाने ख़ास, न दीवाने आम।

विषय बदलते रहते और बातचीत लगातार चलती रहती। खुद अमतुल कबीर कम चुप रहने लगी थीं और लगता था अतीत में वह जो कम बोली थीं अब उसका

हिसाब बराबर करना चाहती थीं। सबसे आश्चर्य की बात संजीदा अली को यह लगती थी कि उन्होंने कभी भी अमतुल कबीर के मुँह से भोपाल, भोपाल के लोग और वहाँ जो उम्र का लम्बा हिस्सा गुज़रा था, उसका ज़िक्र नहीं सुना था। गोया भोपाल कोई ऐसी अदना-सी जगह हो जिसकी बात करना भी दिल्ली में नामुनासिब हो और वहाँ जो जीवन उन्होंने शानो-शौकत से गुज़ारा वह दिल्ली में रहकर फ़ाक़े करनेवाले के जीवन से भी कमतर हो। उनकी वह लकड़ी की चकोटी जो हमेशा बग़ल में दबी रहती थी और जिसके कारण भोपाल में लोग उन्हें चकोटीवाली बेगम बुलाने लगे थे, बशारत मंज़िल में पहले तो धूल खाती रही थी और फिर कहीं ग़ायब ही हो गई थी। हाँ, एक चीज़ ज़रूर ऐसी थी जो किसी बीमारी की तरह लगी भोपाल से उनके साथ-साथ दिल्ली पहुँच गई थी। भोपाल में कारचोबी बटवे बनाए जाते थे जो उन्हें अच्छे लगते थे। उन्हें बनाने की कला उन्होंने भोपाल में रहते हुए सिद्ध कर ली थी। अब दिल्ली में उन्होंने बिना भोपाल का नाम लिए अपने परिचितों को बटवे बनाने की कला सिखाना शुरू कर दिया था। यह बटवे दिल्ली में तो इतने लोकप्रिय या मशहूर नहीं हुए लेकिन अमतुल कबीर की मेहनत बिल्कुल व्यर्थ भी नहीं गई थी। आनेवाले ज़माने में उनकी एक शिष्या की शिष्या के परिवार ने इस बटवे बनाने के काम को व्यवसाय के रूप में अपना लिया था। मज़े की स्थिति बन गई थी : भोपाली बटवे दिल्ली में बनकर भोपाल आते थे और भोपाल की दुकानों से लोग उन्हें उपहारस्वरूप ख़रीदकर अपने साथ ले जाते थे। वह परिवार अभी भी दिल्ली में है और खूब खुशहाल है। भोपाल भेजने को बटवा बनाने के अलावा भी उसने अपने काम को विस्तार दिया है और कुछ जाने-माने विदेशी नामों के सहयोग से देश के महत्त्वपूर्ण ड़िजाइनर्स-कास्ट्यूम बनानेवालों में से एक है और करोड़ों का वार्षिक धन्धा करता है।

एक और ख़ानदान जिसकी औरतों का पाबन्दी से बशारत मंज़िल में अमतुल कबीर के पास आना-जाना था, 'सात बेवाओं का ख़ानदान' के नाम से जाना जाता था। कारण—सन् 1857 के ग़दर में सात भाइयों को एक ही दरख़्त की विभिन्न शाख़ों से लटकाकर फाँसी दी गई थी। घर में उनकी विधवाएँ रह गई थीं या छोटी औलादें। सात में से कई विधवाएँ अभी तक मर भी चुकी थीं और उनकी औलादें भी अधेड़ उम्र की हो चुकी थीं, लेकिन वह परिवार जाना अभी भी सात बेवाओं का ख़ानदान के नाम से जाता था। उन औरतों में तीन लगभग अमतुल कबीर की आयु की थीं। वह जब इकट्ठी होतीं तो पुरानी दिल्ली, बादशाहों, दरबार, सूफ़ी, पीर-फ़क़ीरों की विचित्र दास्तानें सुनातीं और उनसे कम उम्र की औरतें आँखें फाड़े उनकी बातें सुनती रहतीं। उनका मत था कि बहादुर शाह ज़फ़र न तो रंगून ले जाए गए, न फ़िरंगी उन्हें हाथ लगा सका। वह अपने कमाल से अदृश्य हो गए थे, दुनिया से पर्दा कर लिया था। सही अवसर पर वह प्रकट होंगे, बहुत बड़ी फ़ौज़ के साथ और फ़िरंगी

की छुट्टी करके, फिर से दिल्ली के तख़्त पर बैठ जाएँगे। दोबारा मुग़ल सल्तनत की बुनियाद रखेंगे। बातें होती थीं, गीत गाए जाते थे और सब मिलकर खाना खाते थे। लम्बा-चौड़ा दस्तरख़्वान बिछता था, तरह-तरह के सालन घर में भी पकते थे, बाज़ार से भी मँगवाए जाते थे। पराँठेवाली गली के मशहूर पराँठे, सीख़ और गोले के कबाब, नहारी, घण्टेवाले का हलवा सोहन, हब्शी हलवा, नानख़ताई और बिरयानी और तरह-तरह की चटनी, मुरब्बे और अचार। लगता था अमतुल कबीर की ज़बान हर-हर चीज़ का ज़ायक़ा पूरी तरह चखना चाहती थी। वह मेज़बान होती थीं और उनके आसपास जमा भारी भीड़ उनकी मेहमान। ख़र्चे की तंगी का सवाल नहीं था क्योंकि जहाँआरा बेगम पाबन्दी से पैसे भिजवाती थीं और इतने कि चाहकर भी अमतुल कबीर पूरे ख़र्च नहीं कर पाती थीं।

ताबन्दा अली ख़ान मेरे पिता का नाम था। ताबन्दा अर्थात् चमकदार या रोशन। वह बन्दा अली ख़ान के सबसे बड़े बेटे थे। उनका जन्म 26 दिसम्बर, 1907 को भोपाल में एक ऐसे समय में हुआ था जब पूरी रियासत प्लेग की चपेट में थी जिसके कारण उनके अक़ीक़े और ख़त्ना की तक़रीब एक लम्बी मुद्दत तक टलती रही थी। उस अवसर पर संजीदा अली सोज़, जिन्हें खुद मैंने अपनी आँखों से नहीं देखा, न सिर्फ़ मौजूद थे बल्कि अब्बा का नाम भी उन्होंने ही रखा था।

—अमजी, मेरी बड़ी फफू फ़रीदा, संजीदा अली ख़ान को याद करते हुए कहती थीं—हमारे सारे ख़ानदान में इकलौते सूफ़ी-मिनश, बादशाह आदमी थे। उनसे ज़्यादा खूबसूरत आदमी हमने ज़िन्दगी में नहीं देखा। सारे जहान का दर्द उनके जिगर में था और खुदा झूठ न बुलवाए, वैसी ही उनकी बीवी अमीना चची थीं। उन दोनों की आपसी मुहब्बत अपने आप में एक मिसाल थी। यह इसके बावजूद कि संजीदा चचा ने माँ के कहने से मँगनी तो कर ली थी मगर शादी को दस साल तक टालते रहे थे। गुलबदन बाई नाम की एक तवाइफ़ ने उन पर ऐसा जादू किया था कि न तो वह किसी दूसरी औरत की तरफ़ देखते थे न उसके बारे में सोचना चाहते थे।

यह मेरे छुटपन की बात है—सन् 54 और उसके आसपास की। फफू की उम्र तो तब इतनी ज़्यादा नहीं थी, बाद में हिसाब लगाने पर अन्दाजा हुआ था कि वह तब बमुश्किल 45 वर्ष की रही होंगी। उस उम्र में इतनी बीमारियाँ उनकी देह में घर कर चुकी थीं कि सोचकर आश्चर्य होता है। उनके सिर के बाल पूरी तरह सफ़ेद थे और गठिया के कारण चलना-फिरना मुहाल हो चुका था। इसी के साथ टी.बी. की वजह से वह आए दिन खून थूकती रहती थीं, इलाज चलता रहता था और वह महँगी गोलियाँ खाने और दूसरी दवाएँ पीने पर मजबूर थीं। बाद में उन्हें दमा भी हो गया था। कुछ दवाएँ इलाज के साथ उम्र बढ़ानेवाली और दूसरी उसी स्तर पर उम्र

घटानेवाली : लगता है फ़रीदा फफू का अन्त दवाओं के आपसी टकराव के कारण ही हुआ। लेकिन बीमारी की तकलीफ़ का उनकी दिनचर्या पर साया तक नहीं था और मैं और मेरी उम्र के बच्चों के लिए फ़रीदा फफू साक्षात ज़िन्दगी थीं। हँसना-बोलना, कहानियाँ सुनाना, बड़े-से-बड़े झमेले का हिम्मत से सामना करने का मशवरा और तरकीबें : फ़रीदा फफू के पास कोई भी मुश्किल में भरोसा करके जा सकता था। उनके मुँह से मैंने किसी नाम की तकरार सुनी थी तो उनके अमजी यानी संजीदा अली ख़ान सोज़ और उनकी पत्नी अमीना बेगम की। या उन दोनों की सबसे छोटी बेटी ग़ज़ल की, जिसे प्यार से कुछ लोग बन्नो बुलाते थे और कुछ खद्दर।

—हमारे अब्बा, फफू निस्संकोच सबके बीच कहती थीं—जनाब बन्दा अली ख़ान और अमजी की हैसियत यूँ समझो जैसे पारसियों के लिए अहरमन और यज़दान का तसव्वुर : एक बदी का खुदा और दूसरा नेकी का परवरदिगार! एक ने कुर्बानी को अपना तरीक़ा बनाया, दूसरे ने हर-हर क़ीमत पर महज़ अपना फ़ायदा सोचा। एक ने ख़ानदान को मुल्को-क़ौम से अलग करके सोचा ही नहीं, दूसरे ने खुदग़र्ज़ी में घरवालों ही की हक़-तलफ़ी नहीं की, मुल्क के बँटवारे में भी बढ़-चढ़कर हिस्सा लिया। हिस्सा तो लिया लेकिन जब जाने की बारी आई तो यहाँ का माल-असबाब भी नहीं छोड़ते बना और सारी औलादों को तहस-नहस कर डाला। एक ने जोरू का मसरफ़ सिर्फ़ औलादें जनवाना समझा और अठ्ठारह पैदा करने के बाद उसे मार ही डाला और छुद्दा रखने को दूसरी शादी करने से इंकार कर दिया। दूसरे ने बीवी के ज़ोर देने पर तवाइफ़ को बीवी का रुतबा देने में भी हिचकिचाहट नहीं की और उसके साथ घर बसाकर दिखाया। अरे भाई, हैं जनाब बन्दा अली साहब हमारे बाप लेकिन इससे कैसे इंकार करें कि जायदाद में उन्होंने धोखा देकर छोटे भाई का हक़ दबाया और सारी दुनिया में छोटे भाई की बुराई करनेवालों की सरबराही की! ऐसे ज़ालिमों की अगर बख़्शिश नाम की कोई चीज़ होती हो तो भी बख़्शिश थोड़ी है! अरे, बन्दा अली को अपने छोटे भाई से सबसे बड़ी जलन कोई सोच सकता है क्या थी? कि मैं जिसके पास सब कुछ है एक शेर मौजूँ नहीं कर सकता जबकि सोज़ की शायरी की दुनिया में धूम है! ऐसे हैं हमारे बाप जनाब बन्दा अली ख़ान साहब!

फफू के स्वर में तेज़ाब होता था, दिल में अपने पिता के लिए जो उस समय जिन्दा थे, रत्ती बराबर भी रहम के बिना। यह कह पाना मुश्किल है कि फफू गुस्से में जो कहती थीं वह कितना सिर्फ़ उसकी प्रतिक्रिया में था जो बीते वक़्त में बन्दा अली ख़ान और उनके बीच हुआ था और कितना वास्तव में सच। खुद मुझे बन्दा अली साहब एक बूढ़े मगर सतर्क व्यक्ति के रूप में याद हैं जो घर और बाहर की दुनिया से सम्बन्ध सुधारकर रखने का भरसक प्रयत्न करते थे। लोग डरते उनसे तब भी थे मगर वह डर एक पुरानी

आदत जैसा था और पीठ मुड़ते ही उनकी शिकायतों का सिलसिला शुरू हो जाता था। वह कम सुनने लगे थे। इस पर भी लोगों को विश्वास नहीं था और कहा जाता था कि यह उनका दुनिया को अनसुना करने का नया अन्दाज़ था।

यह सही है कि बन्दा अली ख़ान ने अपने पीछे अठ्ठारह में से बारह सन्तानें जीवित और उनकी आल-औलाद को गिना जाए तो सौ से ऊपर सदस्यों का परिवार, भारत और पाकिस्तान में विभाजित छोड़ा था जो अब और भी टुकड़ियों में बँटकर ज़्यादा बड़ा हो चुका है। इनमें सबसे बड़े मेरे पिता, ताबन्दा अली ख़ान और उनसे छोटी फ़रीदा फफू थीं। फ़रीदा फफू ने अपनी ज़िन्दगी के अन्तिम वर्ष हमारे साथ बिताए थे क्योंकि अब्बा ने बाक़ी ख़ानदान, सम्पत्ति और आपसी झगड़ों से हटकर अपना मकान मिर्ज़ा जमाल बेग की हवेली से अलग बनवाया था। शायद इसलिए भी कि डॉक्टर होने के नाते वह ही फफू का बेहतर ख़्याल रख सकते थे।

सन् 1907 के दिसम्बर महीने में ताबन्दा अली ख़ान, तब तक जिनका कोई नाम नहीं रखा गया था, के जन्म के लगभग दस महीने बाद, अक्टूबर, 1908 में संजीदा अली ख़ान और नौबत राय उनके अक़ीक़े और खत्ना के अवसर पर भोपाल आए थे। भोपाल के ताल, फ़सीलें, दरवाज़े, पहाड़ सब उसी बेसुधी में थे। अभी शहर की ख़ास सड़कों पर भी बिजली की रोशनी नहीं पहुँची थी। मोटरें नहीं थीं। ट्राम को तो न होना था न हुई। नवाब सुल्तान जहाँ रियासत की शासक बेगम थीं और उन्हें तख़्तनशीन हुए सात साल होने को आए थे। वह विधवा हो चुकी थीं और अपने पति के नाम पर एक नया शाही मुहल्ला अहमदाबाद बसा रही थीं। पुराना शाही मुहल्ला और ताजमहल धीरे-धीरे अपना महत्व खो रहे थे, सदर मंज़िल और उसके आसपास के महल शासन की गतिविधियों के केन्द्र बन चुके थे। शिमला डेवढ़ी और ईदगाह डेवढ़ी जहाँ बेगम के दो बड़े बेटे रहते थे, अपनी-अपनी तरह आबाद थीं।

भोपाल आने पर संजीदा अली कर्त्तव्य समझकर राय परिवार से मिलने जाते थे। इस बीच धनपत राय और सरोज देवी अपने-अपने ढंग से बूढ़े हुए थे। तीनों बेटियों की शादियाँ हो चुकी थीं और छोटे दामाद सुबोध को उन्होंने अपने साथ ही रख लिया था। गीता और सुबोध की अभी कोई औलाद नहीं थी। सुबोध रियासत की नौकरी में था लेकिन वह उससे सन्तुष्ट नहीं था।

—सलाहियतमन्द के पैरों में हम ज़ंजीर थोड़ी बनेंगे, मिलने पर लाला धनपत राय ने बातों ही बातों में संजीदा अली के सामने कहा था—बरखुरदार सुबोध जो चाहेंगे वही होगा। गीता भी उसी में खुश होगी।

उस समय सरोज देवी भी मौजूद थीं।

—वह विलायत जाना चाहते हैं, उन्होंने कहा था—लेकिन अभी हालात इसकी इजाज़त नहीं देते। जब वक़्त आएगा तो ज़रूर जाएँगे। दुनिया तेज़ी से बदल रही है, उसके साथ क़दम मिलाकर तो चलना ही होगा।

—बदलाव भी तरह-तरह के हैं, धनपत राय ने गम्भीरता से कहा था—पढ़े-लिखे लोग बदलाव के नाम पर बना भी रहे हैं, बिगाड़ भी रहे हैं। हम तो मियाँ अब महज़ तमाशबीन होकर रह गए हैं, ज़्यादा-से-ज़्यादा यही कहने की हिम्मत कर पाते हैं कि भई, जो अच्छा है उसकी सूरत-शक्ल तो मत खराब करो। तालीम का मतलब होता है जो कुछ तुम तक बुज़ुर्गों से पहुँच रहा है उसकी हिफ़ाज़त करना। लेकिन आज के नौजवान किस तरह सोचते हैं, यह मुझसे बेहतर आप जानते हैं।

—बड़ी माँ ठीक फ़रमाती हैं, संजीदा अली ने सरोज देवी की ताईद करते हुए कहा था—बदलाव का साथ देना तो ज़िन्दगी की पहली शर्त है। जो ऐसा नहीं कर पाते वह तारीख़ के हवालों में मौजूद तो रहते हैं मगर इबारत की तरह।

—यह देखो! धनपत राय ने एक अख़बार की कटिंग फ़ाइल से निकालकर संजीदा को दिखाई थी—यह इलाहाबाद से निकलनेवाले एक वीकली की कटिंग है जिसे कोई शान्ति नारायण भटनागर और नारायण दास निकालते हैं। एक इश्तिहार की शक्ल में लिखते हैं—'' 'स्वराज' के लिए एडीटर की ज़रूरत। तनख़्वाह—बाजरा की एक रोटी, एक गिलास पानी : जेल का खाना मिलेगा।''

—इन लोगों को सज़ा हो गई, संजीदा ने भारी स्वर में कहा था—बग़ावत पर उकसानेवाली अख़बारनवीसी के ज़ुर्म में। अलीगढ़ में हसरत मूहानी के साथ भी यही हुआ है और भी सैकड़ों लोग हैं।

—लेकिन स्वराज्य ऐसी कौन-सी बहशत है जिसके लिए यह लोग दीवाने हुए जा रहे हैं? राय साहब के स्वर में व्यंग्य और कड़वाहट थी—अजीब-अजीब नाम और क़िस्से सुनाई दे रहे हैं और यह किसी के लिए अच्छा शगुन नहीं है।

—आप तो इस तरह कह रहे हैं जैसे यह सब दुनिया में पहली बार हो रहा हो, सरोज देवी ने हँसकर चुटकी ली थी।

—जब-जब ऐसा हुआ है, राय साहब ने थके स्वर में कहा था—खून-ख़राबा हाथ लगा है।

—हमारे एक टीचर, संजीदा ने कहा था—अक्सर कहते हैं कि ''हिस्ट्री इज़ अ क्रॉनिकल ऑफ़ क्राईमस, फ़ॉलीज़ एण्ड मिसफ़ॉर्चयूनस!'' कहने के बाद उर्दू में तर्जुमा में भी करते हैं कि ''तारीख़ जराइम, हिमाक़तों और बदक़िस्मती की फ़ेहरिस्त का दूसरा नाम है।'' उन्हें शेक्सपियर...सफ़हा-दर-सफ़हा ज़बानी याद है।

बात का रुख़ शायरी की तरफ पलट गया था और रात खाना खाने के बाद संजीदा देर से घर लौटे थे।

अक़ीक़े से पहले एक शाम जहाँआरा बेगम ने उन्हें तलब किया था।

—हम चाहते हैं, उन्होंने सीधे कहा था—क्योंकि बार-बार तो तुम भोपाल आते नहीं, कि तुम्हारी मँगनी कर दें। लड़की हमारी नज़र में है। घरवालों से हम बात कर चुके हैं। नाम उसका अमीना है।

संजीदा इसके लिए तैयार नहीं थे। माँ की बात का गम्भीर स्वर समझकर वह स्न्नाटे में आ गए।

—अम्मी जान! उन्होंने प्रतिवाद किया था—अभी न तो मेरी तालीम मुकम्मल हुई है न खुद अपने पैरों पर खड़ा होने लायक़ हुआ हूँ। आख़िर इतनी जल्दी क्या है?

जहाँआरा बेगम ने लम्बी ठण्डी साँस ली थी।

—अपनी उम्र का तजुर्बा, उन्होंने कहा था—हम अल्फ़ाज़ में थोड़ी समझा सकते हैं। बस यह समझो कि हमारा दिल हमसे कहता है। दिल की बात रखने की ख़ातिर। हम अभी शादी नहीं मँगनी की रस्म के लिए कह रहे हैं। बेशक, पहले अपनी तालीम नुकम्मल करो, जो बनना चाहते हो बनो, उसके बाद शादी का सोचना।

गहरी दुविधा की स्थिति थी। संजीदा अली जानते थे कि माँ के सामने हाँ कहने के बाद वह कभी मुकर नहीं सकते। लेकिन इस तरह बिना लड़की के बारे में जाने-बूझे उससे मँगनी या शादी करने का फ़ैसला भी उन्हें क़बूल नहीं था। वह दो अजनबियों के मजबूरी में साथ रहने को शादी कहने पर तैयार नहीं थे।

—आप जानती हैं, उन्होंने आज़िजी से कहा था—आपके हुक्म की तामील को मैं अपना पहला फ़र्ज़ समझता हूँ, फिर आप मुझे आज़माइश में क्यों डाल रही हैं? आज मँगनी के बाद मैं कल शादी से इंकार कर दूँ तो क्या अच्छा लगेगा।

—तुम इंकार करना चाहते हो?

—मैं आँख बन्द करके शादी नहीं करना चाहता। शादी से पहले लड़की को देखना और उससे बात करना चाहता हूँ ताकि एक-दूसरे के बारे में दोनों को ग़लतफ़हमी न रहे।

एक लम्बा सकता पड़ गया था।

—तुम्हारी दलील में वज़न है, जहाँआरा बेगम ने अपने ही बोझ में चटखती आवाज़ में कहा था—मगर यह भी जानते हो कि कुछ चीज़ें उस समाज में मुमकिन नहीं जिसमें हम जीते हैं...। ख़ैर, जैसी तुम्हारी मर्ज़ी। मेरा कहा भूल जाओ।

संजीदा अली को लगा था कि वह जहाँआरा बेगम के साथ घोर अन्याय और बड़ा पाप कर रहे हैं। एक पल के धक्के में उन्हें लगा था माँ की खुशी के लिए अपना जीवन भी कुर्बान कर देना कौन-सी बड़ी बात है। चोर दरवाज़े से बेईमानी ने भी दिल पर दस्तक दी थी कि मँगनी का ही तो सवाल है, आगे इंकार किया जा सकता है। माँ हैं तो हमेशा-हमेशा तो रहेंगी नहीं।

अपने दिल में जागे इस बेईमानी के ख़्याल से उन्होंने शादी के बाद अमीना बेगम को भी आगाह कर दिया था। दस साल बाद तब, जब न तो जहाँआरा बेगम इस दुनिया में थीं न कोई दूसरा ऐसा जो अमीना से शादी के लिए उन्हें मजबूर करना चाहता हो।

बहरहाल उस शाम जहाँआरा बेगम के सामने हथियार डालते हुए संजीदा अली ख़ान ने मँगनी के लिए हाँ कर दी थी।

भावज माहरू ज़मानी से संजीदा के सम्बन्धों में घनिष्टता यूँ भी बढ़ गई थी कि आरिफ़ की मौत के बाद माहरू को संजीदा में अपने भाई की झलक नज़र आती थी और वह उनसे उसी प्रकार का व्यवहार करती थीं। ताबन्दा का नाम संजीदा अली ने माहरू ज़मानी के इसरार पर ही रखा था।

उसी बीच फुर्सत की एक शाम बन्दा अली ख़ान का संजीदा अली और नौबत राय के साथ बैठना और तफ़सील से बात करना हुआ था।

—अजीब इत्तिफ़ाक़ है, बन्दा अली ख़ान ने संजीदा और नौबत के साथ पसरकर बैठते हुए कहा था—ताबन्दा अली ठीक उसी दिन पैदा हुआ जिस दिन कांग्रेस में बँटवारा हुआ! उम्मीद तो नहीं मगर हो सकता है अब कांग्रेसी सियासत में कुछ तब्दीली आए।

—कितनी ही तब्दीली आए, संजीदा ने हिचकिचाते हुए बड़े भाई के सामने कहने की हिम्मत की थी—हिन्दू और मुसलमान की पॉलिसी तो एक होने से रही।

—रोशनख़्याल हिन्दू और रोशनख़्याल मुसलमान, दोनों की पॉलिसी एक है, बन्दा अली ख़ान ने समझाने के स्वर में कहा था—मुस्लिम लीग मुसलमानों के जाइज़ हक़ों की लड़ाई के लिए बनी है, यह बात खुले दिमाग़ के कांग्रेसियों की समझ में आ रही है। गोखले की सरबराही से यह साबित हो रहा है।

—लेकिन मुस्लिम लीग को मुसलमानों में भी नवाबज़ादों, अमीरज़ादों, ज़मींदारों, और पढ़े-लिखों के अलावा, जिनकी तादाद बहुत ही कम है, कौन जानता है? यह उन लोगों की जमात है जिनके पास सब कुछ वैसे ही है और ग़रीब मुसलमानों के नाम पर वह हुकूमत से और आसानियाँ चाहते हैं। ग़रीबी खुद अपने-आप में मुल्क की सबसे बड़ी तादाद हिन्दू और मुसलमान का मज़हब है मगर उसका नामलेवा तो कोई नज़र नहीं आता। न कांग्रेस में न मुस्लिम लीग में। सब अपने-अपने फ़ायदे के लिए दुकानें खोले बैठे हैं।

बन्दा अली ख़ान ने एक ऊँचा खनकदार क़हकहा लगाया था।

—मैं यह तो भूला ही जा रहा था, उन्होंने चटख़ारा लेते हुए नौबत राय से कहा था—कि संजीदा सोज़ बुनियादी तौर पर शायर हैं, सियासतदान नहीं! अरे मियाँ, दुकानें कहाँ नहीं खुलीं? ग़ौर करेंगे तो शेरो-शायरी में भी दुकानदारी नज़र आएगी। आप अपनी दुकान देखें, दूसरों को उनका काम करने दें।

—काम कौन-सा हो रहा है? संजीदा ने सूखे मुँह पूछा था—अंग्रेज़ हुक्म दे रहा है, हम उसके इशारों पर खेल रहे हैं। बंगाल बाँटा, मुट्ठी भर लोगों की खुशी को बहाना बनाकर, लेकिन असल में इसलिए कि वह एक गढ़ था जहाँ से आज़ादी की तहरीकात चल रही थीं, वह ख़त्म हो जाएँ! जो एकजुट होकर अपने हक़ों की माँग कर रहे थे वह आपस में बँट जाएँ और बँटवारे के ख़िलाफ़ और हिमायत में तहरीकें चलाने में मसरूफ़ हो जाएँ। वही हुआ! बँटवारे के बाद मुस्लिम लीग बन गई और

अब कांग्रेस का बँटवारा हो गया। अंग्रेज़ फिर जीत गया।

—जनाब नौबत राय इस बारे में क्या सोचते हैं? उन्होंने मज़े लेने के अन्दाज़ में नौबत से पूछा था—क्या आप भी संजीदा अली के हम-ख़्याल हैं?

नौबत राय जवाब देने से पेशतर कुछ देर सोचते रहे थे।

—आप हमसे बेहतर समझते हैं, उन्होंने बन्दा अली के बड़प्पन को वज़न देते हुए कहा था—मुझे लगता है कि हुकूमत करनेवाला सिर्फ़ मुहब्बत या नफ़रत की वज्ह से लोगों के साथ सलूक नहीं कर सकता। वह जो भी करता है इसी मंशा से कि हुकूमत करना ज़्यादा आसान हो सके। शायद बंगाल के बँटवारे के पीछे भी यही रहा होगा।

—भई वाह! बन्दा अली ख़ान ने तारीफ़ी स्वर में कहा था—क्या बात कही है अपने। हाकिम वही क़दम उठाएगा जिससे हुकूमत करना ज़्यादा आसान हो सके। यह जो बरखुरदार संजीदा अली फ़रमा रहे हैं कि अंग्रेज़ जीत गया तो यूँ ही नहीं जीता वह। हिन्दुस्तानियों से, वह हिन्दू हों या मुसलमान, वह हर बात में बहुत आगे है। ख़्वाह वह सोचने का ढंग हो, लड़ने के हथियार हों या सियासत की बाज़ीगरी। हिन्दुस्तान ही नहीं अंग्रेज़ दुनिया में सबसे आगे है, बन्दा अली ने खासदान से पान की गिलोरी निकालकर मुँह में रखते हुए तम्बाकू फाँककर कहा था—हमें बहुत कुछ उससे सीखना है। उसे हराया जा सकता है तो उसी के खेल की बिसात पर। हमारी बिसात पर वह हमें कभी का मात दे चुका। सबक़ यह मिला कि जलसे करके, जुलूस निकालकर, नारे लगाकर, बायकॉट करके या ग़ैर-मुल्की कपड़े जलाकर या और दूसरे इन्तिहापसन्दी के तरीक़े अख़्तियार करके या स्वदेशी का नारा लगाकर हम न तो कुछ तब्दील कर सकते और न हासिल। मैं इंकार नहीं कर रहा, बहुत-से मुसलमान भी इन कामों में कांग्रेस और दीगर इन्तिहापसन्दों के साथ रहे हैं। मुसलमानों की जहालत का ज़िक्र आपने खुद अभी किया। कुछ पढ़े-लिखे मुसलमान भी ऐसे हैं। भाई, हम तो बात नतीजे की कर रहे हैं, मुस्लिम लीग लोगों को कांग्रेस का मेम्बर बनने से रोकती थोड़ी है। ''स्वराज्य मेरा पैदाइशी हक़ है और मैं इसे हासिल करके रहूँगा!'' यह तिलक साहब ने फ़रमाया और उनके साथ और सबसे आगे बिपिनचन्द्र पाल और लाला लाजपत राय थे। वह स्वराज्य क्या सिर्फ़ इस मुल्क के हिन्दू का होगा, यह सोचने पर मजबूर किया तिलक के मज़हबी कट्टरपन और मुसलमानों को परदेसी समझने के रवैए ने, और मुसलमानों को उकसाया अंग्रेज़ों के दिल में अपने लिए गुंजाइश का ख़ाना तलाश करने के लिए। तिलक का वह नारा हवा में ही घुलकर रह गया। आपके उस ग़रीब आदमी के कानों तक तो पहुँच भी नहीं पाया जिसकी बात आप कर रहे हैं।

—क्या इस तरह की अलेहदगीपसन्दी, संजीदा ने फिर कहने की हिम्मत की थी—हिन्दू-मुसलमान के बीच शुरू से नहीं रही? वलीउल्लाही तहरीक और जेहाद

में मुसलमानों ने हिन्दुओं को साथ लेकर चलने की कब कोशिश की? अगर वह जेहाद में कामयाब हो जाते तो अंग्रेज़ की जगह मुसलमान हिन्दुस्तान पर हुकूमत कर रहा होता और हिन्दू गुलाम होता?

—यह अगर-मगर छोड़िए! बन्दा अली ने संजीदा की दलील कड़े शब्दों में अस्वीकार करते हुए कहा था—यह आपका शायर बोल रहा है। वलीउल्लाही तहरीक जब बाक़ी मुल्क सो रहा था, मुसलमान मुजाहिदों की तहरीक थी और उन्होंने कभी दावा नहीं किया कि उनके साथ मुसलमानों के अलावा कोई और है। यह दावा तो कांग्रेस ने किया जो देखते-ही-देखते ग़लत भी साबित हो गया और तय हुआ कि कांग्रेस एक हिन्दू पार्टी है। आज उन वलीउल्लाही मुजाहिदों ही की तरह सामने न तो लाल हैं, न बाल और पाल। गोखले सही दिमाग़ से सोचनेवाले रहनुमा हैं, वह अंग्रेज़ की सलाहियत को जानते हैं और मज़हब और सियासत को गड्डमड्ड नहीं करना चाहते। मुस्लिम लीग भी अपने ढंग से यही चाहती है। आग़ा ख़ान और नवाब ढाका कोई मुल्क के दुश्मन तो हैं नहीं। वह महज़ हुकूमत के साथ दोस्ताना बरताव की ताकीद के साथ ग़लतफ़हमियों को दूर करना, सियासी हक़ूक़ को हासिल करना और मुसलमानों और दीगर मज़हबों के माननेवालों के बीच बढ़ती दूरी को ख़त्म करना चाहते हैं। आप तो खुद मुशायरों में बंगाल और दूसरी जगहें घूम-फिरकर देखते रहे हैं, कुछ उसके बारे में बताएँ।

—बंगाल मैं भी साथ गया था, नौबत ने उत्साहपूर्वक बीच में बोलते हुए कहा था—वहाँ कलकत्ते में रवीन्द्रनाथ टैगोर को देखने और सुनने का मौक़ा मिला। संजीदा अली को ख़ास तौर पर उन्होंने अपने पास बिठाकर तफ़सील से बात की।

—बात भी की? अन्दाज़ा लगाना मुश्किल था बन्दा अली ख़ान के स्वर में केवल उत्सुकता थी या ईर्ष्या भी—भई सोज़ साहब, आपका मरतबा तो बहुत तेजी से बढ़ रहा है! क्या बातें हुईं रवीन्द्रनाथ टैगोर से?

—मैं बंगाली नहीं जानता, उन्हें उर्दू नहीं आती, संजीदा ने संक्षेप में कहना चाहा था—सारी बात अंग्रेज़ों में हुई। वह पूछते रहे कि उर्दू में किस तरह की शायरी हो रही है। कौन-कौन लिख रहा है। मैं बताता क्या, उनकी शख़्सियत में वह जादू है कि उसी में बँधकर बैठा रहा। दाग़ साहब का शेर—''किस लिए कहते हो जादूगर उसे/देहलवी है दाग़ बंगाली नहीं'', पूरे वक़्त ज़ेहन में गूँजता रहा। चेहरा, माथा, आँखें, नाक, क़द—लगता है किसी दूसरी दुनिया का आदमी सामने हो। तहत या तरन्नुम से जो भी पढ़ते हैं, ज़बान समझे बग़ैर दिल में उतरता लगता है। अपनी एक नज़्म पहले बंगाली में तरन्नुम से पढ़कर सुनाई फिर उसका अंग्रेज़ी तर्जुमा तहत में पढ़ा। ऐसा लगता है अभी थोड़ी देर पहले की बात हो।

—बहुत खुशी की बात है, बन्दा अली ने खोए-से स्वर में कहा था—आपने कुछ अपने अशआर नहीं सुनाए?

—कुछ मीर के, कुछ ग़ालिब के, संजीदा ने गर्दन हिलाकर कहा था—उन्हें भी पढ़ तो दिया मगर शेर का तर्जुमा करना उसका मज़ाक़ बनाना होता है! उन्होंने हाफ़िज़, रूमी, सादी जैसे शायरों को अंग्रेज़ी में पढ़ा हुआ था इसलिए मेरी मुश्किल समझ सकते थे।

—बंगाल में ही संजीदा अली ने यह फैसला किया है, नौबत ने फिर बेताबी के साथ कहा था—कि यह नागरी लिखना-पढ़ना भी सीखेंगे। मुल्क में एक ज़बान और तहरीर ऐसी होनी चाहिए जिसे सब जान सकें। ढाका में एक शायरा हैं, सुहासिनी घोष, जो संजीदा सोज़ की बड़ी मद्दाह भी हैं। उन्होंने इनसे यह वादा लिया है।

—ढाका भी जाना हुआ? बन्दा अली ने गम्भीर स्वर में संजीदा से पूछा था—वहाँ कैसा लगा?

—वही हरियाली, दरिया, नारियल, किश्तियाँ और ग़रीबी, संजीदा ने उदास लहजे में कहा था—कलकत्ते जितना कल्चर्ड और खूबसूरत तो नहीं, मगर है उसी का पिछड़ा रिश्तेदार।

—वह शायरा, बन्दा अली ने इशारे से पूछा था—कहाँ से ताल्लुक़ रखती हैं, कलकत्ता या ढाका?

—सुहासिनी घोष, कहते हुए संजीदा को अन्दाज़ा हो गया था कि बन्दा अली के सामने सुहासिनी का ज़िक्र निकलना ठीक नहीं हुआ—बुनियादी तौर पर कलकत्ते से हैं।

—वह खुद तो शायरी बंगाली में करती हैं, नौबत ने आगे कहा था—मगर बहुत अच्छी उर्दू बोल और लिख सकती हैं। उम्र कम है लेकिन हर एक कहता है कि उनमें एक बड़ी शायरा होने की सलाहियत है। उसे उर्दू शायरी की भी तफ़सीली मालूमात ही नहीं, असातिज़ा और नया कहनेवालों के बेगिनती अशआर याद हैं। फ़ारसी भी अच्छी तरह समझती है।

—देखने में कैसी है? बन्दा अली ख़ान ने नौबत की दिलचस्पी का मज़ा लेते हुए कहा था।

—हसीन तो उसे नहीं कहा जा सकता, नौबत ने राय दी थी—मगर कुछ वैसा ही है शायद उसमें जिसे संजीदा अभी बंगाल का जादू कह रहे थे। साँवला रंग, तीखे नक़्श, बड़ी-बड़ी आँखें और बहुत लम्बे बाल। संजीदा अली की भी कितनी हो ग़ज़लें उसे ज़बानी याद हैं।

संजीदा समझ चुके थे कि बड़े भाई के सामने सुहासिनी की जितनी बात की जा सकती थी उससे कहीं ज़्यादा हो गई थी। सिर्फ़ नौबत की थोड़ी-सी नासमझी से।

नौकर हुक़्क़ा ताज़ा करके रख गया था और बन्दा अली उसे गुड़गुड़ाने लगे थे।

—यह शायरा, आख़िरकार उन्होंने ख़ामोशी को तोड़ा था—जिनकी अभी तारीफ़ हो रही थी क्या शादीशुदा हैं?

—जी नहीं, नौबत ने फिर फ़ौरन ही जवाब दिया था—उसका ताल्लुक ढँके-छिपे

एक इंक़िलाबी तंज़ीम से है। कहती है उसकी शादी क्रान्ति से हो चुकी है।

—क्रान्ति? यह उसके शौहर का नाम है? बन्दा अली ख़ान उपहास कर रहे थे या सचमुच मासूमियत से पूछ रहे थे, अन्दाज़ा लगाना मुश्किल था।

—मुराद कि उसने खुद को मुल्क में इंक़िलाब लाने के लिए वक़्फ़ कर दिया है, नौबत ने भोलेपन से समझाया था।

—बहादुर लड़की है! इस बार बन्दा के स्वर में व्यंग्य साफ़ था—तबीयत शायराना, मिज़ाज इंक़िलाबी! सोज साहब, उन्होंने हँसते हुए संजीदा को सम्बोधित किया था—इन अल्फ़ाज़ को यूँ ही शायरी में बाँधो तो जानें! तबीयत शायराना, मिज़ाज इंक़िलाबी!

—भई! कुछ पल की भारी चुप्पी के बाद बन्दा ने गम्भीर स्वर में कहा था—अभी वक़्त है, किसलिए यहाँ मँगनी के झंझट में पड़ रहे हो! रिश्ता बुरा नहीं रहेगा। कभी आपने इस नज़रिए से सोचकर देखा?

—खुद के बारे में तो नहीं, संजीदा ने गला खखारकर कहा था—मगर ऐसा किसी के साथ हो भी जाए तो अजूबा क्या? पढ़े-लिखे लोगों में अपने मज़हब के बाहर शादी करना कोई अनहोनी तो रही नहीं। समाज-सुधार और क़ौमी एकता के काम करनेवाले इस ईमान के साथ काम करते हैं कि दुनिया का कोई इंसान, मज़हब, ज़ात या फ़िरक़ा अपने-आप में दुनिया से अलग-थलग जज़ीरा नहीं हो सकता। अपनी अलग शनाख़्तों के साथ भी हम बखूबी एक साथ ज़िन्दा रह सकते हैं।

लम्बी ख़ामोशी दरअसल इस बात का संकेत थी कि जो कुछ संजीदा ने कहा वह बन्दा अली को पसन्द नहीं आया था। बिल्कुल भी नहीं।

—मुझे उम्मीद है, जब वह बोले तो बन्दा अली का स्वर बदला हुआ था—देवनागरी सीखने का वादा करते हुए आपने फ़ारसी रस्मुलख़त और अपनी बुनियादी तालीम-तरबियत भुलाने का भी वादा नहीं किया होगा! अगर ऐसा हुआ तो बहुत अफ़सोसनाक होगा।

बन्दा अली ख़ान के स्वर में कुछ ऐसा था कि संजीदा की आँखों में उस नौकर का चेहरा घूम गया था जिसे बन्दा ने चाबुक से इतना मारा था कि वह मर गया था। या बक़रीद पर बचपन में गाय की गर्दन पर छुरी चलाने को उन्हें डाँटता, मजबूर करता चेहरा। गुस्से से तमतमाया, अपना आपा खोता। वह सारे क्षण उनकी आँखों में ज़िन्दा हो उठे थे जब उन्होंने अपने बड़े भाई को नाराज़ होते देखा था।

—जिन लोगों को, बन्दा अली ने गुस्से में तपी भारी आवाज़ में कहा था—इस तरह के सुधार की ज़रूरत है, वह बेशक सुधरें, लेकिन हम और हमारा ख़ानदान उनमें शामिल नहीं। हमें अपने बाप-दादा और अपने शजरे पर फ़ख्र है। हम किसी बुनियादी सुधार की ज़रूरत से ऊपर हैं। हमने हमेशा दूसरे लोगों को बेहतर ज़िन्दगी जीने का तरीक़ा बताया है। हमारा ताल्लुक़ उन लोगों से है जिन्हें दुनिया पर हुकूमत

करने के लिए पैदा किया गया है। हम अगर तालीम हासिल करने स्कूल या कॉलेज जाते हैं तो महज़ इसलिए कि हुकूमत करने के फ़न और पेशे में जो ज़माने के लिहाज़ से कमी और कमज़ोरी पैदा हो गई है, उसे दूर कर सकें। हम तिजारत या नौकरी के लिए तालीम हासिल नहीं करते, यह बात हरदम ज़ेहन में रखने की ज़रूरत है।

बन्दा अली का लबो-लहजा दोस्ताना से नसीहत करनेवाला होता गया था और संजीदा को लगा था वह अलीगढ़ में पढ़े सर सैयद के समर्थक और जाने-माने हकीम की बात नहीं सुन रहे बल्कि उनके सामने सात बेवाओं के परिवार की कोई त्रिधवा बोल रही थी जिसके नज़दीक बहादुर शाह ज़फ़र अंग्रेज़ के हाथ नहीं लगे थे बल्कि अपने कमाल से अदृश्य होकर फ़िरंगी को शिकस्त देने के लिए फ़ौजें जमा करने में लगे थे।

—आप जो फ़रमा रहे हैं, नौबत ने मौक़े की गम्भीरता का अन्दाजा लगाए बग़ैर कहा था—वह तो सर सैयद की मंशा के ख़िलाफ़ है। उन्होंने तो तालीम पर इसलिए ज़ोर दिया कि लोग पुराने ख़्यालों से छुटकारा पाकर जो कुछ हो रहा है उसका हिस्सा बन सकें। उनका ज़ोर तो तालीम के बाद सरकारी नौकरियाँ हासिल करने पर था।

—सर सैयद ने जो चाहा वह मुझे बताए जाने की ज़रूरत नहीं, बन्दा के स्वर में सख्ती थी—न उनकी या उनके साथियों की हर बात से इत्तिफ़ाक़ करना ज़रूरी है। उनके ज़रिए एक बड़ा काम, अलीगढ़ में कॉलेज का बनना था, वह हो गया। आगे चलकर वह कॉलेज यूनिवर्सिटी बनेगा और उसकी सूरत-शक्ल वह लोग तय करेंगे जो सर सैयद के बाद इस ज़िम्मेदारी को निभा रहे हैं। अब लोग तालीम पाकर नौकरियाँ करें या तिजारत, कोई उनको रोक थोड़ी रहा है। मैं तो वह कह रहा हूँ जो खुद के और अपने ख़ानदान के लिए सही समझता हूँ, बस।

ख़ामोशी में रह-रहकर बन्दा अली ख़ान के हुक़्क़े की गुड़गुड़ाहट डूबती-उभरती रही थी।

—हर इंसान दुनिया में अपने-अपने बूते के साथ पैदा होता है, बन्दा ने स्वर को थोड़ा मुलायम करते हुए बात फिर से शुरू की थी—अमीर ज़्यादा-से-ज़्यादा ग़रीब की मदद कर सकता है, उसकी ग़रीबी खुद नहीं झेल सकता। हाकिम अच्छी हुकूमत दे सकता है लेकिन जो क़ानून महकूम पर लागू हों, वही उस पर भी लागू नहीं किए जा सकते। एक शायर की खूबी उसका कहा हुआ शेर होता है, वह मौज़ू नहीं जिस पर शेर कहा जाए। यह न होता तो सोज़ साहब और शेख़ इक़बाल की शायरी एक ही ज़माने में क्योंकर मक़बूल होती? इक़बाल आलिमाना बातें कहते हैं और आप अपने उस्ताद के ही क़दमों पर चलते हुए महज़ ज़बान के शायर हैं। एक ज़िन्दगी की बड़ी सच्चाइयों से मुख़ातिब है जबकि आपको महबूब, उसके हरजाईपन, हद तो यह कि किसी हद तक उसके बाज़ारूपन की हरकतों से ही फ़ुर्सत नहीं! कभी-कभी दिमाग़ शिकवा करता है कि आख़िर ऐसा क्यों? लेकिन मैं यह भी जानता हूँ कि यह

शिकवा क़तई ग़लत है। आप अपनी पसन्द की ही शायरी कर सकते हैं। वैसे आप लोगों के शबो-रोज़ की ख़बर भी हमें रहती ही है कि माशाअल्लाह मुजरों में भी जाने लगे हैं, रोज़े-अब्रो-शबे-माहताब शौक़ भी फ़रमाने लगे हैं! मर्दों की, नौजवानों की, साहबज़ादों की एक दुनिया होती है और उस दुनिया के तक़ाज़े होते हैं। सब, किसी-न-किसी सूरत, उन्हीं रास्तों से ज़िन्दगी में दाख़िल होते हैं। शराब भी और रण्डी भी, इस्तेमाल की चीज़ है, अगर आपको इस्तेमाल का सलीक़ा है। जिनको यह सलीक़ा नहीं, उनकी ज़िन्दगी ही रण्डी और शराब की नज़र हो जाती है। अपना मक़सद ज़िन्दगी के हर पल ज़ेहन में रहना चाहिए। हमने बिला वजह कभी दख़लअन्दाज़ी नहीं की तो इसी यक़ीन से कि आप लोग दुनिया में अपना मन्सब पहचानते हैं।

संजीदा अली सन्नाटे में घिरे बैठे रह गए थे और उनके साथ नौबत राय भी। उन्हें नहीं मालूम था कि उनकी एक-एक हरकत पर इतनी दूर से भी, इतनी बारीकी से नज़र रखी जा रही है। संजीदा को अपने बड़े भाई की बाक़ी सारी दलीलों से पूरी तरह असहमति थी लेकिन शराब और मुजरा! वह किसी रँगे हाथों पकड़े गए चोर की तरह, नज़रें झुकाए ख़ामोश बैठे रहे थे।

—भई, दाग़-के-दाग़ तो समझ में आता है, बन्दा अली ने एकदम ठहाका लगाकर बात का विषय बदला था—लेकिन संजीदा-की-संजीदगी नहीं! क्यों मियाँ नौबत? मियाँ, हँसिए-बोलिए, आपकी मँगनी की तैयारियों का ज़ोर-शोर है। आम दावत तो शहर में ही होगी लेकिन ख़ास मेहमानों की मदारात के लिए कछारिया पर मुजरे का इन्तजाम भी किया जा रहा है। कानपुर की ज़ोहरा और मुशतरी को ख़ास तौर पर उसके लिए बुलवाया गया है। आपकी कोई ख़ास फ़रमाइश हो तो वह भी बेतकल्लुफ़ी से कहें। जो फ़ेहरिस्त आपने दोस्तों की दी थी, उन सबको दावतनामा भिजवाया जा चुका है। हाँ! उन्होंने चुटकी ली थी—भई उस फ़ेहरिस्त में उन बंगाली शायरा—क्या नाम बताया था आपने? सुहासिनी घोष! उन्हें तो आप भूल ही गए?

—मैं उनका पता नहीं जानता, संजीदा ने दिक़्क़त से स्वर के रूखेपन को छिपाते हुए कहा था—और मेरी मँगनी से कहीं ज़्यादा सुहासिनी को मातृभूमि की फ़िक्र है।

मँगनी हुई थी, खूब धूम-धड़ाके के साथ। बड़े-बड़े लोग उसमें शरीक हुए थे। नवाबज़ादे, शायर और कुछ संजीदा के दोस्त। ऐसे लोग जो पीने का शौक़ करते थे, उनको अलग कोठी कछारिया पर ही ठहराया गया था और उनके लिए आला और क़ीमती शराबों का इन्तज़ाम किया गया था। ज़ोहरा और मुशतरी का मुजरा हुआ था, जो बहुत सराहा गया था। मँगनी के दिन ही, एक मुद्दत के बाद, संजीदा ने बिरजू को देखा था जो रियासत के बाहर, एक अंग्रेज़ मिशनरी के साथ रह रहा था, जिसने उसकी शिक्षा पर ख़ास तवज्जोह दी थी। न सिर्फ़ यह कि वह लिख और पढ़ सकता था, उसके स्वभाव में एक विशेष प्रकार की पुख़्तगी और गम्भीरता भी रच-बस गई थी। वह मँगनी में शिरकत के लिए ख़ास तौर पर नासिक से भोपाल आया था।

सारी दावतों का इन्तज़ाम प्रेमलाल देहलवी के ज़िम्मे था जो हुलिए और बोलचाल से खुद कोई रईस नज़र आने लगा था। खुद संजीदा की दिलचस्पी उस सारे हंगामे में माँ जहाँआरा बेगम और भावज माहरू ज़मानी की खुशी तक जाकर ख़त्म हो गई थी। दावत में क्योंकि ताबन्दा का अक़ीक़ा भी शामिल था इसलिए उनका ज़्यादा समय ताबन्दा को गोदी में उठाए हुए ही गुज़रा था। वह उसकी शक्ल देखते, उसकी पैदाइश की तारीख़ पर कांग्रेस का विभाजन और बन्दा अली ख़ान की खुशी याद करते। महज़ इतना नहीं, संजीदा अली कहीं गहराई में साफ़-साफ़ महसूस कर सकते थे—खुद उनके और बन्दा अली ख़ान के बीच भी कोई एक विभाजन था जो अब मुकम्मल हो चुका था। अपने इर्द-गिर्द फैलती-सिमटती धूप-छाँव को वह सीने के भीतर आती-जाती साँस की तरह महसूस कर सकते थे। उनका सरोकार राजनीति से न सही लोगों के सोचने और जीने के तरीक़े से तो था। उनके बड़े भाई इसी मामले में उनके लिए पूरी तरह अजनबी हो चुके थे। वह बड़ा भाई जिससे संजीदा मुहब्बत करना चाहते थे, और बन्दा अली ख़ान जो अपने वास्तविक जीवन में थे, पूरी तरह से एक-दूसरे की ज़िद थे। चाह और असलियत के बीच का विभाजन संजीदा के सामने एकाएक एक दिन की रोशनी की तरह साफ़ हो गया था और उस विभाजन की प्रक्रिया भी उनकी समझ में आ गई थी। असल बन्दा अली, संजीदा निष्कर्ष पर पहुँचे थे, एक ऐसे अजनबी थे जिनकी अजनबियत स्वीकार करने से खुद संजीदा ने हमेशा इंकार किया था। यह, उन्होंने खुद को दोषी ठहराते हुए सोचा था, खुद उनकी अपनी कमज़ोरी थी। बड़े भाई को लेकर जो तमाम अन्देशे बहुत शुरू से उनके दिल में रहे थे, उन्हें उन्होंने स्वीकार नहीं किया था।

यह सोचते हुए भी संजीदा को एहसास नहीं था कि कांग्रेस तो विभाजित होकर दोबारा इकट्ठी हो जाएगी लेकिन उनकी बन्दा अली ख़ान से दूरी दिन-ब-दिन बढ़ती ही जाएगी। उन दोनों के फिर से इकट्ठे होने का सवाल ही नहीं उठेगा।

लेकिन भोपाल छोड़ते समय दोनों के बीच सम्बन्धों की सतह पर कोई हलचल नहीं थी। कोई इस बात का अन्दाज़ा नहीं लगा सकता था कि उस छोटी-सी मुद्दत में संजीदा अपने बड़े भाई से कितनी दूर जा चुके थे। न यह कि इस दूर जाने का बदला आनेवाले समय में उनके बड़े भाई उनसे किस तरह लेनेवाले थे।

यह भी कहा जा सकता है कि अगर बन्दा अली ख़ान ने इस दूरी का फ़ायदा उठाया तो कुछ नया तो नहीं किया : भाई भाई को छलेगा तो पहली बार तो नहीं। इतिहास की किताबें और धार्मिक ग्रन्थ ऐसे हवालों और किस्से-कहानियों से भरे पड़े हैं, जैसे कि हाबील और क़ाबील का क़िस्सा (अंग्रेज़ी में—ऐबिल और कैन)। ईर्ष्या ने कैन यानी क़ाबील को अपने सगे भाई, ऐबिल यानी हाबील की जान लेने पर मजबूर किया। ईर्ष्या संसार की महाठगिनी, देखते-ही-देखते दो भाइयों से लेकर क़ौमों और समाजों को ऐबिल और कैन बना देती है। आपस में एक-दूसरे के खून

के प्यासे। संजीदा से धोखाधड़ी पर ईर्ष्या ही बन्दा को उकसाएगी। बस इतना कि फौरन ही खून नहीं बहेगा, जान नहीं जाएगी। एकदम से खून नहीं बहता, जान नहीं जाती। जैसे ज़मीन पर फूल तोड़ने से फ़ौरन ही आसमान में तारा नहीं टूटता। इस बार दो भाइयों के बीच मामला मालो-ममलिकत तक ही सीमित रहेगा। संजीदा की सादा-दिली यह कि वह इस सारे बिगाड़ के लिए खुद को ही अकेला ज़िम्मेदार समझेंगे और अफ़सोस करेंगे।

दो

—बस यही है, मैंने काग़ज़ टेबिल पर रखते हुए पानी का गिलास उठा लिया था।

बाहर बारिश हो रही थी और ख़ामोशी में दरख़्तों के बीच हवा की सरसराहट साफ़ सुनाई दे रही थी। हम जिस कमरे में बैठे थे उसकी खिड़कियों से बाहर बरसात में भीगती हरियाली खूबसूरत दृश्य बना रही थी। मैं देर तक ऊँची आवाज़ में पढ़ते रहने से थक गया हूँ, यह अन्दाज़ा ख़ामोश होने पर हुआ था। साथ ही यह सन्देह भी कि मैं जो कुछ इतनी देर तक पढ़ता रहा उसका कुछ मतलब भी निकलता था या नहीं। पास बैठे मोटे काँच का चश्मा लगाए बिना बालों वाले गोल सिर के बुज़ुर्ग की चुप्पी मुझे आश्वस्त करने के बजाए डरा रही थी। अगले पल वह क्या कहनेवाले थे यह अन्दाज़ा लगाना मुश्किल था।

बुज़ुर्ग सोच में डूबे थे।

वह मुझसे पच्चीस-तीस साल बड़े थे लेकिन उम्र का असर उनकी याद्दाश्त पर नहीं पड़ा था। उनकी संघर्षपूर्ण ज़िन्दगी का अधिकांश हिस्सा पत्रकारिता में बीता था। मूलत: उर्दू पत्रकारिता। इसके अलावा शौक़िया उन्होंने कहानियाँ लिखी थीं और ढेर सारे रेडियो-ड्रामे। उनके लेखन का विषय मुख्यत: विभाजन और भारतीय मुसलमान रहा था और उनके सोच में अपनी तरह का खुलापन था। उर्दू के अलावा वह अंग्रेज़ी और काम-चलाऊ हिन्दी भी जानते थे। एक ज़माने में राजनीति में भी उनका दख़ल रहा था लेकिन फिर सिमट-सिमटकर लेखन तक ही सीमित हो गया था। विदेश के नाम पर पाकिस्तान के कुछ चक्कर लगाने के अलावा वह कहीं नहीं गए थे लेकिन सारा हिन्दुस्तान अच्छे से घूम-फिरकर देखा था। इतिहास उनका मनपसन्द विषय था।

—आपका भी जवाब नहीं। अपने पोपले मुँह में ज़र्दे का अमल रखते हुए आखिरकार उन्होंने कहा था—एक शायर की ज़िन्दगी आप एक ऐसे आदमी को सुना रहे हैं जिसका खुद शेरो-शायरी से दूर का भी वास्ता नहीं!

मैं सचमुच भूल गया था। बहरहाल।

—कितने पेज हो गए? उन्होंने पूछा था।

—लगता है आपको थकाने के लिए काफ़ी हैं।

वह हँस दिए थे।

—मुझसे ज़्यादा तो पढ़ते हुए आप थक गए। बहरहाल यह एक नेक काम के लिए मेहनत है।

—नीयत तो नेक काम की ही है, मैंने अपनी थकन पर हँसी का पर्दा डालते हुए कहा था—लेकिन सिर्फ़ नीयत से कब कुछ हुआ है। आप बताएँ घपला तो नहीं है?

—यह जानने की जल्दी न करें, उन्होंने बुज़ुर्गाना मशवरा दिया था—पूरा होने पर खुद समझ में आ जाएगा।

—मैं कोई जासूसी नॉवेल तो लिख नहीं रहा, मैंने खीज के साथ कहा था—जिसकी कामयाबी का दारोमदार उसके ख़ात्मे पर होता है! यह ऐसे लोगों और ज़माने की कहानी है जिन्हें आपने देखा और जाना है।

—अभी तक तो आपका लिखा मेरी पैदाइश से भी बहुत पहले का है! मैं पैदा हुआ हूँ कभी सन् 1922-23 में और आपकी कहानी बात कर रही है अभी सन् 1908 की। आपके अब्बा हुज़ूर से मेरी जान-पहचान थी लेकिन थे वह मेरे बुज़ुर्ग। आपके चचा अलबत्ता मेरे दोस्त थे, ख्वाह वह शहज़ादा अली हों, पाइन्दा अली या फिर तंज़ा, इम्तियाज़, सफ़दर और अहमद, आबिद और मंशा। मुझसे बड़े और छोटे, सब मेरे दोस्त थे, और जो ज़िन्दा हैं, वह आज भी दोस्त हैं। मुझे यह भी नहीं मालूम कि आपकी कहानी में उन सबका ज़िक्र है भी या नहीं, और अगर है तो किस हैसियत से है। लेकिन इतना ज़रूर कहूँगा कि यह बन्दा से ताबन्दा आप खूब लाए।

—लिखने में ऐसे कमाल तो अनजाने ही हो जाते हैं। यह माना कि अभी आपसे पहले के ज़माने की बात हो रही है, लेकिन उसमें सच्चाई की बू-बास है या नहीं इतना तो आप बता ही सकते हैं?

—दिलचस्प है, बुज़ुर्ग ने ज़ोर देकर कहा था—इतना मैं कह सकता हूँ। लेकिन अभी वह ज़माना नहीं आया जिसके बारे में लिखा आपकी परख होगा।

—जैसे?

—सन् 1906 में उसकी शुरुआत तो हो ही गई, बुज़ुर्ग ने गम्भीरतापूर्वक सोचते हुए कहा था—लेकिन आनेवाले ज़माने में जो रोल कांग्रेस और मुस्लिम लीग की लव-हेट रिलेशनशिप ने अदा किया, उसके बारे में तरफ़दारी करना या नारेबाज़ी के अन्दाज़ में जज़्बाती हो जाना तो आज बहुत आसान है, उसे ईमानदारी से मान लेना उतना ही मुश्किल है। आज तरफ़दारों का ज़माना है जो सच्चाई को अनदेखा करते हैं। जिस ज़माने तक आप अपने लिखे में पहुँचे हैं, मालूम ही है आपको, उस वक़्त तक क़ायदे आज़म, जिन्नाह कांग्रेस में थे, और उसके काफ़ी बाद तक वह मुस्लिम लीग के मेम्बर तक नहीं थे।

—"जब मैं पुल तक पहुँचूँगा", मैंने बुज़ुर्ग से कहा था—"तब उसे पार करने की सोचूँगा।" एक अंग्रेज़ी कहावत का सीधा तर्जुमा है। बाक़ी जो आपने फ़रमाया, वह हिस्ट्री की किताबों में दर्ज है। यह भी कि जिन्नाह ने अपना कांग्रेस से नाता सन् 1920 में तोड़ा।

—बारहा ज़िन्दगी में यह देखने को मिलता है, बुज़ुर्ग सोच रहे थे—कि इंसान

जिस चीज़ के ख़िलाफ़ अपनी लड़ाई शुरू करता है, आख़िरकार उसी का सबसे बड़ा हिमायती बन जाता है। जिन्नाह इसकी बड़ी मिसाल हैं।

—हम शायद, मैंने याद्‌दहानी की थी—अभी तक लिखे गए ज़माने से आगे की बात करने लगे।

—लेकिन है यह उसी का एक हिस्सा। ज़िन्दगी में संजीदा अलियों को देखकर मुझे हमेशा डर लगा है जबकि बन्दा अलियों से, जाने क्यों, एक उम्मीद पैदा हुई है। बहरहाल आज तो हम ज़िन्दा ही एक दूसरे युग में हैं। यह बात अलग, उनका लहजा तेज़ी से बदला था—जहाँ तक आपके अभी तक लिखे का ताल्लुक़ है, और जैसा कि आप जानते हैं, मैंने इसके अलावा आपका कुछ पढ़ा भी नहीं है, मुझे इसमें कुछ कमियाँ सालती हैं।

—जैसे? मेरे कान खड़े हुए थे।

—आप मामलों को उठाते तो हैं मगर न जाने क्यों, उनके साथ पूरा इंसाफ़ नहीं कर पाते। कहाँ से शुरू करूँ...!

उन्होंने उस पैड पर नज़र डाली थी जिस पर मेरे पढ़ने के दौरान वह ख़ामोशी से नोट्स लेते रहे थे।

—एक सवाल अलग से : सचमुच, क्या यह आपके ख़ानदान और रिश्तेदारों की असली कहानी ही है?

—इसको तो, मैंने गम्भीरता से कहा था—मैंने बार-बार ज़ोर देकर दोहराया है।

—यह दोहराना भी तो किसी कहानी का हिस्सा हो सकता है। बुज़ुर्ग किलकारी लगाकर हँसे थे—कहानी को ज़्यादा दिलचस्प बनाने का एक तरीक़ा।

—यह तो फिर हमारी बातचीत पर भी लागू हो सकता है, मैंने उनकी हँसी में शामिल होते हुए कहा था—अपनी बात कहने में अगर मुझे आसानी होती है तो क्यों नहीं? यह भी किया जा सकता है।

—यूँ तो आप जो भी चाहें कर सकते हैं, कहते हुए बुज़ुर्ग अपनी लाचारी व्यक्त कर रहे थे या लेखन की कला में क्रान्तिकारी विस्तार की प्रशंसा, अन्दाज़ा लगाना मुश्किल था—लेकिन आपने मेरे सवाल का जवाब टाल दिया।

—मैं कह तो रहा हूँ यह कहानी मेरे ख़ानदान और रिश्तेदारों की कहानी है और उसमें वह सब लोग शामिल हैं जिनके नाम आपने लिए। लेकिन महज़ इतना ही नहीं है। लिखने के लिए कोरी असलियत के साथ कुछ लिबर्टी और छेड़छाड़ की गुंजाइश की तलाश करनी ही पड़ती है।

—यह आपके अन्दर का बन्दा अली ख़ान बोल रहा है या संजीदा अली सोज़! बुज़ुर्ग ने चुटकी ली थी।

—यह मैं खुद बोल रहा हूँ, मैंने संजीदगी से कहा था—जो न तो बन्दा अली हो सकता न संजीदा सोच। हम एक दूसरे ज़माने में जी रहे हैं। मैं आज की नज़र से

बीते ज़माने को समझने की कोशिश कर रहा हूँ। इसमें इतिहास और बीते ज़माने के हवाले हैं लेकिन यह ऐतिहासिक लेखन हरगिज़ नहीं है।

—अच्छा है यह आपने खुद ही क़बूल कर लिया, बुज़ुर्ग ने पैड उठाकर देखते हुए कहा था—क्योंकि एक चीज़ जो मुझे सालती रही है वह यह है कि जिन ज़मानों की बात आप लिख रहे हैं, और जिन किरदारों की ज़िन्दगी पेश कर रहे हैं, उसमें वह बारीकी और तफ़सील नहीं है जो होनी चाहिए। कहीं-कहीं आपने उसी तफ़सील पर ग़ैरज़रूरी जोर भी दिया है।

—जैसे?

—जैसे यही पता नहीं चलता कि मिर्ज़ा जमाल बेग का क़द-काठी और पहनावा क्या था, चेहरे के नक़्श कैसे थे, दाढ़ी रखते थे या नहीं, सिर पर क्या पहनते थे। कुछ भी पता नहीं चलता।

—मिर्ज़ा जमाल बेग सन् 1857 में दिल्ली से जान बचाकर भोपाल आए थे, वह एक बड़े हकीम थे जो मरते दम तक दिल्ली को नहीं भुला पाए—शायद यह तो मैं कह पाया हूँ? और यह भी कि वह एक अच्छे इंसान होने के साथ-साथ सर सैयद के बड़े हिमायती थे?

—बेशक, बुज़ुर्ग ने कहा था—इतना ही नहीं, उनके बुढ़ापे और अकेलेपन की जो तस्वीर आपने पेश की है, वह कनविंसिंग है। पुरानी यादें बुढ़ापे में घेराबन्दी करती हैं तो क्या हालत होती है, उसे मैं बख़ूबी समझ सकता हूँ। कुछ और तफ़सील, जैसे कि जमुना में तैरना और जवानी की खुशगवार यादें भी जमाल बेग का किरदार खड़ा करने में मदद करती हैं।

—लेकिन उस तरह नहीं, मैंने सवाल किया था—कि दिमाग़ उनकी सूरत-शक्ल और हुलिए को भूल सके? या अपनी मर्ज़ी से सोच सके?

—आप चाहते हैं पढ़नेवाला ऐसा करे?

—क्या हर्ज है? जिस तफ़सील से बुनियादी कहानी में फ़र्क़ नहीं पड़ता उसे मैं पढ़नेवालों की सोच पर क्यों न छोड़ूँ? कोई ख़ास बात, कि किरदार लँगड़ा था या पागल था, या कोई ऐसी खूबी-खराबी जो आगे चलकर असरअन्दाज़ होगी, अगर मुझसे छूटती है, तो उसे मैं मानने को तैयार हूँ। वह तफ़सील जिसे या तो किसी सूरत हम जानते ही हैं, जैसे एक ज़माने के लोगों का पहनावा, रहन-सहन, घर, सड़कें या सवारियाँ, या जान सकते हैं, उनकी तफ़सील में मैं नहीं उलझना चाहता।

—मेरा दूसरा एतराज़ इन्हीं चीज़ों की कमी का था, बुज़ुर्ग ने मुँह चलाते हुए कहा था—यह क्या इसलिए कि वह तमाम तफ़सील बारीकी से आप खुद नहीं जानते?

—ऐसा अगर है तो, मैंने ईमानदारी से कहा था—खुद मैंने उसे इस तरह नहीं सोचा। मुझे लगा वह तफ़सील मेरे बयान के बहाव में अड़चन बनेगी। मुझे जो कुछ करना है, इस तरह वह पढ़नेवाले तक सीधा-साधा पहुँचेगा। हो सकता है, बदलते

ज़मानों की तस्वीरकशी के मामले में यह किताब रिसर्च-स्कॉलर्स की ज़्यादा मदद न कर पाए। सिर्फ़ ज़मानों का बदलाव और उसके साथ बदलता आदमी इस किताब की थीम है भी नहीं। हो सकता है, कुछ लोग यह जानकर मायूस हों—क्या किया जा सकता है! यह किताब किसी को खुश करने या तकलीफ़ पहुँचाने की मंशा से तो लिखी नहीं जा रही। या ऐसा है तो हर एक को थोड़ा खुश करने और थोड़ा-सा उसका दिल दुखाने को, शायद।

—इसके अलावा भी, बुज़ुर्ग ने ज़ोर देकर कहा था—मुझे जगह-जगह ऐसा दोहराव महसूस होता है जिसकी शायद ज़रूरत नहीं। एक बात शुरू होती है, और घूम-फिरकर जहाँ से शुरू हुई थी, वहीं पहुँच जाती है। यह भी क्या आपने जान-बूझकर किया है?

—कुछ चीज़ों पर ज़रूर, ज़ोर देने के लिए, मैंने ऐसा किया है। क्या वह नागवार लगता है?

—यह तो अभी नहीं कहा जा सकता, बुज़ुर्ग सोच रहे थे—मगर दोहराव महसूस ज़रूर होता है। फिर हिस्ट्री के बारे में तो मानकर ही चला जा सकता है कि आपने सारे फ़ैक्ट्स और तारीख़ें चैक किए होंगे?

बुज़ुर्ग कुछ पल ख़ामोश रहे थे।

—उस पेंटिंग के शौक़ीन लड़के ने, उन्होंने खोए स्वर में कहा था—मुझे पुरानी यादों में धकेल दिया। आपने जिस ज़माने के बारे में लिखा है, उससे तो बहुत बाद की बात है, लेकिन मेरी उम्र के हिसाब से ख़ासी पुरानी है। हम बीच शहर में उस जगह रहते थे जहाँ आज शहर का यूनानी शफ़ाख़ाना है। उस ज़माने की बात है जब मेरी शादी और आल-औलाद हो चुके थे। बहुत तेज़ी से शहर के घरों में चिराग़-बत्ती की जगह बिजली की रोशनी ले रही थी। देखते-ही-देखते बिजली उस तरह ज़िन्दगी का हिस्सा हो गई जैसे हमेशा से रही हो। बाज़ार, घर—कोई जगह ऐसी न बची जहाँ बिजली न हो, हमारे घर के सामने उस घर को छोड़कर, जिसमें सैयद साहब नाम के उन हज़रत का ख़ानदान रहता था। उनकी दो बेटियाँ थीं और एक बेटा। बीवी पहले कभी ख़त्म हो चुकी थीं। उन्हें बिजली हुई, नल हुआ—नए ज़माने की हर चीज़ से नफ़रत थी। किसी से मिलना या किसी का उनके घर आना-जाना भी, उन्हें पसन्द नहीं था। जाहिल नहीं, अपनी तरह से ख़ासे पढ़े-लिखे आदमी थे वह, और सितम यह कि उनकी दोनों बेटियाँ दीवानी थीं। उन्हें ज़ंजीरों से पलंग से बाँधकर रखना पड़ता था। खुद सैयद साहब, जब घर के बाहर निकलते थे, तो हाथ में लालटेन लेकर। बिजली से जगमगाते बाज़ार में मैंने उन्हें लालटेन लेकर घूमते देखा था, क्योंकि बिजली की रोशनी पर उनका ईमान नहीं था। फिर हमने तो वह मुहल्ला छोड़ दिया और सैयद साहब और उनकी दोनों बेटियाँ भी मर-खप गए। उनका बेटा ज़रूर कुछ साल नज़र आया, मगर उसकी शक्ल देखकर ही वहशत

होती थी। या तो अँधेरे में रह-रहकर या किसी और बीमारी की वजह से उसकी आँखें फूली हुई और लाल रहती थीं। वह किसी जगह नौकर हो गया था मगर ज़्यादा दिन नहीं जिया। हार्टफ़ेल होकर ख़त्म हो गया।

अपनी बात कह चुकने के बाद वह कुछ सोचने लगे थे।

—ऐसा ही, उन्होंने कहा था—उस पेंटिंग के शौक़ीन लड़के के बारे में सुनकर सैयद साहब की याद ताज़ा हो गई।

—आप मुझसे कहीं ज़्यादा लिख चुके हैं, मैंने कहा था—लिखने का मक़सद अपनी यादों का पढ़नेवाले की यादों से साझा करना भी तो होता है। कहनेवाला मैं सही, मगर कहानी के किरदार जाने-पहचाने न होंगे तो कोई उसे क्यों दिलचस्पी से पढ़ेगा?

—बिल्कुल ठीक कह रहे हैं, बुज़ुर्ग ने कहा था—हमारे दिमाग़ में, जाने कब-कब गूँगी-बहरी छापें इकट्ठी होती रहती हैं, इस इन्तज़ार में कि कोई उनको बोलने-सुनने की ताक़त दे सके।

—बेशक, मैंने तस्लीम किया था—लिखना उन गूँगी-बहरी छापों से डायलॉग करने की ही कोशिश है।

—पानी तो देखिए , बुज़ुर्ग का दिमाग़ भटक गया था—किस क़दर जमकर गिर रहा है। आनेवाले दिनों के लिए कुछ छोड़कर नहीं रखना चाहता! मुझे सीलन से बहुत उलझन होती है।

मैं बैठा, एक ऐसी उम्र की कल्पना कर रहा था जब बरसात की सीलन, गर्मियों की तेज़ धूप और जाड़ों की ज़्यादा सर्दी, कुछ अच्छा नहीं लग सकता।

—जिन शहरों और जगहों का ज़िक्र आपने किया है, बरसात को उसकी हालत पर छोड़कर बुज़ुर्ग मूल विषय पर आ गए थे—वह सब आपकी देखी-भाली हैं?

—भोपाल और किसी हद तक दिल्ली को तो तफ़सील से देखा है। दूसरी जगहें भी, उस तफ़सील से तो नहीं, मगर देखी ज़रूर हैं, सिवाए उनके जो बँटवारे के बाद पाकिस्तान या बँगलादेश हो गईं। हिन्दुस्तान के बाहर मेरा जाना नहीं हुआ।

मैं पलभर को चुप हुआ था।

—उससे फ़र्क़ इसलिए नहीं पड़ता कि मैं जो नॉवेल लिख रहा हूँ, उसे एक तरह का कोलाज कहा जा सकता है। इसमें जगह-जगह मैंने उन चीज़ों को इस्तेमाल किया है, जो लगा मेरी कहानी कहने में मदद करेंगी।

—जैसे?

—जैसे ग़दर के बाद दिल्ली में जमाल बेग के ख़ानदान की तफ़सील या उनके बचपन और जवानी की यादें। बशारत मंज़िल में इकट्ठा औरतें जो जुम्ले बोलती हैं, वह भी मैंने यहाँ-वहाँ से लिए हैं।

—क्यों?

—मुझे नहीं लगता कि उन बातों को मैं हाली, नासिर, नज़ीर, फ़िराक़ या

फ़रहतुल्लाह बेग से बेहतर मुहावरे में लिख सकता था।

—यह तो ठीक नहीं लगता!

—क्यों?

बुज़ुर्ग चुप रहे थे।

—फिर तो आप एतराज़ कर सकते हैं कि हिस्ट्री की तफ़सील भी मैं दूसरों की किताबों से न लूँ!

—वह एक अलग बात है।

—मुझे दोनों में फ़र्क़ नज़र नहीं आता। एक बात साफ़ कर दूँ : नॉवेल का हर किरदार, उन्हें छोड़कर भी जो हिस्ट्री में हैं, और एक-एक घटना, ओरिजनल है। उन्हें मैंने किसी दूसरी जगह से नहीं लिया। हिस्ट्री की मालूमात के लिए तो मैं टॉयनबी से लेकर नेहरू, मौलाना आजाद से लेकर वजदीउल्ल हुसैनी, और मीरा बहन से लेकर चार्ली एण्ड्रयूज़, जो भी मिल सकेगा, पढ़ूँगा। इसी तरह मैंने और भी जाने क्या-क्या पढ़ा और उसमें से अपने मतलब का जो लगा, वह निकाल लिया। छिपा थोड़ी रहा हूँ, साफ़-साफ़ बता रहा हूँ और उसी हिसाब से इस नॉवेल को कोलाज कह रहा हूँ।

बुज़ुर्ग चुप थे।

—आपको टी.एस. एलिएट और द वेस्टलैण्ड के बारे में पता है? हमारी सदी का सबसे बड़ा पोइट और उसका नोबल-प्राइज़ पानेवाला कलेक्शन? उसने अपनी पोइट्री में डन्न, वेबस्टर और बेगनर को, बग़ैर हवाला दिए, कोट किया है। उसने इंसान के मामूलीपन को खोलकर बयान करने के लिए ऐसा किया। मैं हो सकता हैं, उस कामयाबी से अपना काम न कर पाऊँ, लेकिन मंशा तो मेरी भी अपनी बात पूरी तरह कह सकने की ही है।

—आपकी नीयत नेक है, यही कहना चाहते हैं। बुज़ुर्ग खिलखिलाकर हँस पड़े थे।

—आप जो भी कहें, मैंने दोटूक कहा था—मुझे न सिर्फ़ यह कि इसमें कोई गलती नज़र नहीं आती बल्कि ऐसा किया जाना बहुत मुनासिब लगता है।

—पोइट्री और प्रोज़ में कुछ बुनियादी फ़र्क़ हैं, यह तो आप भी मानते हैं?

—उसके साथ-ही-साथ, जो किया जा चुका और जो अभी तक नहीं किया गया, में भी फ़र्क़ तो होगा। एक को दुनिया क़बूल करके वाह-वाह कर चुकी, जबकि दूसरे का क्या हश्र होगा, यह देखना अभी बाक़ी है। वैसे अगर मैं अपना फॉर्मेट बदल भी दूँ तो नॉवेल की थीम पर कोई फ़र्क़ नहीं पड़नेवाला। खुद आप तो हालाँकि इतना पढ़ते हैं, अन्दाज़ा ही नहीं लगा पाए।

—मगर मुझे हैरत ज़रूर थी कि आप इतनी बामुहावरा ज़बान कैसे लिखने लगे।

—लेकिन मेरे बताने से पहले यह आपके एतराज़ों में शामिल नहीं था।

बुज़ुर्ग पसोपेश में थे। उनकी परेशानी मैं समझ सकता था।

—आप तो इस बात को अनदेखा करते हुए बताएँ, मैंने उन्हें आश्वस्त करने

की ख़ातिर कहा था—कि कुछ बात बन रही है या नहीं। वह जुम्ले अगर सही नहीं लगे तो बाद में भी आसानी से बाहर निकाले जा सकते हैं।

—बाक़ी तो, बुज़ुर्ग ने किसी फ़ैसले पर पहुँचने की कोशिश में कहा था—शायद ठीक ही है। मगर इस कोलाज के बारे में मैं चाहूँगा आप संजीदगी से सोचें। फ़ैसला बहरहाल आप ही करेंगे।

बाहर पानी उसी सादतमन्दी से गिरे जा रहा था।

—मैं तो आगे का रास्ता खोजने आपके साथ बैठा था, मैंने सोचते हुए कहा था—आपने पिछले पर ही सवालिया निशान लगा दिया।

—ऐसा नहीं, बुज़ुर्ग ने हमदर्दी से कहा था—बावजूद इसके कि आपके नॉवेल के कई किरदारों से मेरी लम्बे ज़माने पर फैली क़रीबी दोस्ती रही है लेकिन मुझे नहीं मालूम, असल ज़िन्दगी के उन तमाम लोगों में से, आपने अपनी कहानी कहने के लिए, किसे चुना है और किसे छोड़ दिया है। कुछ बातें जिनकी तरफ़ आप साफ़-साफ़ इशारे करते चलते हैं, मुझे ठीक लगती हैं। वलीउल्लाही तहरीक का ज़िक्र हालाँकि बहुत तफ़सील से है लेकिन उसकी ज़रूरत समझ में आती है। आज का आम आदमी, वह हिन्दू हो या मुसलमान, उन बातों और नामों को जानता ही नहीं। बदली हुई सियासी सूरतेहाल में उन लोगों को कट्टरपन्थी कहकर पाकिस्तान के खाते में डाल दिया जाता है जहाँ उनकी वही हैसियत है जो यहाँ विवेकानन्द, तिलक, अरविन्दु और कुछ दूसरों की है। यह बड़ी अफ़सोसनाक बात है। असल रस्साकशी ताक़त—हुकूमत करने की ताक़त की रही है, और उसमें दोनों मज़हब के लोगों ने इन नामों का ग़लत इस्तेमाल किया है। मज़हब के नाम पर भीड़ इकट्ठा करना सबसे आसान है, आज भी हम लगातार देख तो रहे हैं। मज़हब और सियासत को अलग करनेवाली लाइन खींच पाना आसान कभी भी नहीं रहा, सो आज भी मुश्किल है। चीज़ें, लाख बदलती लगें, दरअसल एक ख़ास तरह वह खुद को दोहराती ही हैं।

मैं हँस पड़ा था।

—आप तो मौलवी किफ़ायतुल्लाह की तरह बात कर रहे हैं! मैंने कहा था।

—मुझे यक़ीन है, बुज़ुर्ग ने कहा था—मौलवी किफ़ायतुल्लाह कोई फ़र्ज़ी किरदार नहीं होंगे और आपके छोटे दादा, संजीदा सोज़, जिन्हें देखने का मुझे इत्तिफ़ाक़ हुआ है, उनकी सोहबत में रहे होंगे।

—मेरी मालूमात यही है। मुझे उनके खूबसूरत मक़बरे को भी दिखाया गया था, जिसे मिर्ज़ा जमाल बेग की हिदायत पर बन्दा अली ख़ान ने बनवाया था। उस पर मौलवी साहब के नाम का कतबा भी लगा था।

—किस जगह है वह मक़बरा? बुज़ुर्ग ने उत्सुकता से पूछा था।

—है नहीं, था। बाद में सड़क चौड़ी किए जाने में वह पुराना काले पत्थर का मक़बरा तो टूट गया मगर उसकी जगह नया मक़बरा बना दिया गया। यहाँ से पास ही तो है वह।

मोटे काँचों के पीछे बुज़ुर्ग की आँखें फैल गई थीं।

—आगे चलकर, कमला पार्क के नुक्कड़ पर जो मक़बरा है, उसकी बात कर रहे हैं? उस पर तो कोई कतबा नहीं लगा।

—जी, मैं उसी चमेलीवाले मज़ार की बात कर रहा हूँ।

—उसे आप कैसे, उसकी पुरानी शक्ल में, देख सकते हैं? बुज़ुर्ग के स्वर में एतराज़ था—वह तो आपकी पैदाइश से भी पहले, जब पुराने शहर की फ़सील ढाई जा रही थी, पहली बार लोगों की नज़र में आया था। किसी मज़दूर की कुदाली या फावड़ा लगने से क़ब्र का पटिया हट गया था और अन्दर से केवड़े की महक का झोंका आया था, मैंने तो खुद अपनी आँखों से देखा था! सारे शहर में ख़बर फैल गई थी कि क़ब्र के अन्दर एक बेदाग़ सफ़ेद कफ़न में लिपटी लाश है जिसमें से खुशबुओं की महक आती है। मज़दूर डरकर भाग गए थे और लोगों का मजमा लग गया था। सलाह-मशवरे हुए थे और फिर बहुत एहतराम के साथ क़ब्र के पटिए बराबर करके, उसे पुख़्ता कर दिया गया था। बाद में सड़क चौड़ी हुई और क़ब्र पर रंगीन टाइल्स लगाए गए। लेकिन उस पुरानी क़ब्र पर भी किसी के नाम का कतबा तो नहीं लगा था। लोग आज भी यक़ीन से नहीं जानते कि चमेलीवाले मज़ार में दरअसल कौन दफ़न है। आप कैसे कह सकते हैं कि वह मौलवी किफ़ायतुल्लाह का मज़ार है और आपने अपनी आँखों से अपने दादा का बनवाया, वह काले पत्थर का मक़बरा देखा था?

—हो सकता है दिमाग़ में यादें गड्डमड्ड हो गई हों और मौलवी किफ़ायतुल्लाह का मक़बरा मुझे कहीं और दिखाया गया हो, मैंने बुज़ुर्ग के सामने हथियार डालते हुए कहा था—असल में जहाँ भी भीड़-भाड़ के बीच लेकिन उससे पूरी तरह कटी हुई जगह मुझे नज़र आती है, जैसे यही चमेलीवाला मज़ार, मुझे लगता है वहाँ मौलवी किफ़ायतुल्लाह दफ़न होंगे : जो चाहे नज़र न आएँ, महसूस किए जा सकते हैं।

बुज़ुर्ग मुझे सन्देह की दृष्टि से देख रहे थे और बाहर गिरता पानी एकदम तेज़ हो गया था। आसमान में लहर-सी फैलकर ग़ायब होती बिजली की चमक थी और तड़ाक की आवाज़ के बाद रह-रहकर फैलती गरज। कहीं बिजली गिरी थी। गरज के साथ बिजली की रोशनी ग़ायब हो गई थी और हम अँधेरे में बैठे रह गए थे। अगले ही पल रोशनी आ गई थी।

—मुझे उम्मीद है आप कुछ उस ज़माने के बारे में भी लिखेंगे, बुज़ुर्ग ने फ़िक्रमन्दी के साथ कहा था—जिसमें हम आज ज़िन्दा हैं।

—मैंने जो कुछ भी लिखा है, मैंने अपनी बात पर ज़ोर देते हुए कहा था—या जो कुछ भी लिखूँगा, वह उसी ज़माने के बारे में है जिसमें हम आज ज़िन्दा हैं...

संजीदा अली की मँगनी जिस परिवार में हुई थी उसके बारे में वह खुद बहुत कम जानते थे। ख़ानदानी लोग जिन्हें बड़ा रईस तो नहीं कहा जा सकता था लेकिन जिनकी रियासत में इज़्ज़त थी। उनके होनेवाले ससुर रियासत की फ़ौज़ में ओहदेदार थे और कहा जाता था कि एक बार कर्नल नजीबुल्लाह, यानी अमीना बेगम के पिता और संजीदा अली के होनेवाले ससुर ने, शिकार में रियासत के वलीअहद की जान बचाई थी और उसमें अपनी एक टाँग गँवा बैठे थे। अंजामकार उन्हें बैसाखी के सहारे चलना पड़ता था और सक्रिय फ़ौज़ से अलग करके उन्हें अन्य प्रशासनिक मामलों का ज़िम्मेदार बना दिया गया था। बेटी की मँगनी के समय खुद उनकी उम्र पचास वर्ष के लगभग थी और उनकी पत्नी कौसर जहाँ की चालीस वर्ष। उनकी दो औलादें थीं—बड़ी बेटी अमीना, 15 वर्ष और छोटा बेटा सईदुल्लाह, 12 वर्ष। परिवार मज़हब का सख़्ती से पाबन्द था, और मज़हब और फ़ौज़ के नियमों को नजीबुल्लाह एक ही सिक्के के दो रुख़ मानकर चलते थे : एक शरीर और दूसरा आत्मा की चुस्ती-दुरुस्ती के लिए। न उन्होंने ज़्यादा पढ़ा था न पढ़ने में कोई दिलचस्पी थी। कौसर जहाँ ज़रूर पढ़ने-लिखने की शौक़ीन थीं लेकिन जिस ज़माने और वातावरण में वह पैदा होकर पली-बढ़ी थीं, उसमें इसकी अधिक गुंजाइश नहीं थी। तो भी, अपनी मेहनत से उन्होंने मज़हबी तालीम के अलावा भी जितना सम्भव हो सकता था, पढ़ने की कोशिश की थी और उर्दू और पश्तो के अलावा किसी हद तक फ़ारसी भी समझ लेती थीं। उनके पिता कम उम्र में अफ़ग़ानिस्तान से मज़हबी तालीम हासिल करने हिन्दुस्तान आए थे। कौसर जहाँ और उनसे छोटा एक बेटा दरअसल उनकी दूसरी पत्नी से थे, क्योंकि पहली पत्नी, शादी के दो साल बाद ही, औलाद को जन्म देने में बच्चे सहित ख़त्म हो गई थी।

देखने में कौसर जहाँ बहुत नाज़ुक और कमज़ोर होने का तास्सुर देती थीं : उनका क़द पाँच फ़ीट तीन इंच, वज़न साठ-पैंसठ पौण्ड और हड्डी इकहरी थी। इसी तरह की नज़ाकत उनके नाक-नक़्श में थी। उन्हें बिला-झिझक एक बहुत खूबसूरत औरत कहा जा सकता था। वह कमज़ोरी का तास्सुर असल में एक धोखा था जिसे नजीबुल्लाह ने उनके साथ रहते बार-बार जाना और माना था। खुद नजीबुल्लाह एक सीधे-सादे पठान मर्द थे जिनके अन्दर और बाहर की दुनिया में कोई अन्तर नहीं था। शिकार की दुर्घटना में दाईं आँख को भी चोट लगी थी और उससे वह देख नहीं सकते थे। तो भी इसका कोई असर उनके जीवट पर नहीं पड़ा था और वह बहुत खुलकर हँसते और क़हक़हे लगाते थे।

ऐसे एक दम्पति की पहली औलाद थी अमीना जिसके जन्म पर नजीबुल्लाह को महसूस हुआ था कि एक अहम फ़रीज़ा, बच्ची की परवरिश के बाद उसकी शादी का, उनके ज़िम्मे दर्ज हो गया था। यह सब उसी तरह किया जाना था जैसी उनकी पारिवारिक परम्परा थी। खुशियाँ मनाई गई थीं, लड्डू बँटे थे, लोगों ने अछवानी-

सुटीरे खाए थे। बाक़ी लोग तो व्यस्त हो गए थे लेकिन कौसर जहाँ को हर बीतते पल के साथ एक चिन्ता खाती रही थी : जब से उनकी बेटी ने जन्म लिया था उन्होंने उसकी आवाज़ नहीं सुनी थी। दाई की उसको रुलाने की तमाम कोशिशें असफल रही थीं और बेटी इस तरह ख़ामोश रही थी जैसे आसपास के जहान से उसे कुछ लेना-देना न हो। यह संकट समाप्त नहीं हुआ था और दिन हफ़्तों और हफ्ते महीनों में परिवर्तित होते गए थे। कौसर जहाँ के मन में जन्मा शक कि खुदा न करे बेटी कहीं गूँगी तो नहीं, यक़ीन में बदलता गया था। डॉक्टरों से मशवरे और बड़ों-बुज़ुर्गों के तावीज़-गण्डे सब किए गए थे लेकिन अमीना ने किसी के सामने मुँह खोलने या उसकी उपस्थिति को महत्व देने के जतन विफल कर दिए थे। माँ-बाप आख़िरकार सब्र कर चुप हो रहे थे। कौसर जहाँ और नबीजबुल्लाह की दूसरी औलाद, बेटे सईदउल्लाह का जन्म तीन वर्ष बाद, सामान्य-साधारण ढंग से, रोते-हँसते हुए था, और धीरे-धीरे वह भी बड़ा होने लगा था। अमीना ख़ामोश, गम्भीर आँखों से सब कुछ देखती बड़ी हो रही थी। उससे जो कहा जाता था वह समझती और मानती थी। कौसर जहाँ ने उसे अक्षर पहचानना सिखाया था। और वह लिखना भी सीखती गई थी। जागते-सोते दाएँ हाथ का अँगूठा उसके मुँह में दबा रहता था जिसे वह चूसती रहती थी। छोटे भाई की देखभाल का बड़ा ज़िम्मा भी बग़ैर किसी के कहे उसने अपने सिर ले लिया था।

सर्दियों की उस सुबह घर की नौकरानी, अमीना और सईद के साथ, हवेली की छत पर धूप सेंक रही थी। कौसर जहाँ और घर के अन्य सदस्य हवेली के विभिन्न हिस्सों में अपने काम-काज में व्यस्त थे। किसी के बुलावे पर नौकरानी बच्चों को छत पर अकेला छोड़कर नीचे चली गई थी और फिर कुछ पल बाद हवेली में जो जहाँ था, उसने एक लड़की की चेतावनी देती, अजनबी आवाज़ सुनी थी—सईद! पीछे मत खिसकना। नीचे गिर जाओगे!

यह, जैसा कि अन्ततः लोगों को पता चला, अमीना की आवाज़ थी, जो छोटे भाई को चिल्लाकर गिरने से ख़बरदार कर रही थी।

उस समय अमीना की उम्र सात वर्ष थी।

आगे अमीना का जीवन एक सामान्य लड़की की तरह बीतने लगा था। उसका अँगूठा चूसना बन्द हो गया था और व्यवहार में गम्भीरता के साथ मिलनसारी भी पैदा होती गई थी। ऐसा लगा ही नहीं था कि वह कभी इतने लम्बे समय तक चुप रही थी कि घरवाले गूँगा समझने पर मजबूर हो गए थे। न तो कभी किसी और ने इस विषय को छेड़ा था न ही खुद अमीना ने बताया था कि सात वर्ष की लम्बी चुप्पी के दौरान वह क्या सोचती रही थी।

अमीना का व्यक्तित्व माँ और बाप के स्वभाव का एक सुन्दर सम्मिश्रण था। बाप की पारदर्शिता, जीवन और ज़िन्दगी जीने का सलीक़ा और माँ की खूबसूरती

और दिमाग़ उसमें थे। धीरे-धीरे माँ-बाप का पूरा भरोसा उसे हासिल होता गया था और हो यह गया था कि वह लोग कोई भी व्यक्तिगत निर्णय लेने से पहले अमीना से ज़रूर मशवरा करते थे और उसकी राय को सबसे अधिक महत्व देते थे। यही हाल सईदउल्लाह का था और वह भी कुछ करने से पहले बड़ी बहन से सलाह-मशवरा ज़रूर करता था। यह खूबी असल में अमीना के व्यक्तित्व में थी कि उसके सामने अनजाने लोग भी अपने दिल की वह बातें कह जाते थे जो किसी और के सामने कहने की वह कल्पना नहीं कर सकते थे। ऐसा लोग इस विश्वास के कारण करते थे कि उनका अमीना से कहा-सुना मानो खुदा के आगे कहा है, जो उनकी बात किसी और के सामने नहीं दोहरा सकता। बल्कि इस तरह सोचें तो अमीना एक क़दम आगे ही थी क्योंकि खुदा किसी सवाल का सीधा जवाब नहीं देता, जबकि अमीना उनकी समस्याएँ सुनकर उन्हें सुलझाने के लिए सलाह-मशवरा भी देती थी।

ऐसी एक अमीना का आना-जाना माहरू ज़मानी की छोटी बहन के साथ मिर्ज़ा जमाल बेग की हवेली पर हुआ था और जहाँआरा बेगम की नज़र उस पर पड़ी थी। जहाँआरा बेगम की नज़र, दरअसल बीते कई दिन से किसी को तलाश कर रही थी, और अमीना को देखकर उन्हें लगा था उनकी तलाश पूरी हो गई।

वैसे इस 'नज़र किसी को ढूँढ़ रही है' अभियान को जहाँआरा बेगम के दिमाग़ में क्रियान्वित करने का श्रेय भी जाता सीधा-सीधा बन्दा अली ख़ान को ही था। समय-समय पर वह माँ को संजीदा अली के बारे में निराशाजनक ख़बरें सुनाते रहते थे। सार उन समाचारों का यह था कि संजीदा बरबादी और गुमराही के रास्ते पर चल रहे थे। कुछ शेर कहकर दुनिया की वाहवाही लूट लेना अपने-आप में काफ़ी नहीं था। शायरी से दुनिया नहीं बनती-बिगड़ती। अफ़सोस कि संजीदा का ध्यान अपनी शिक्षा पर उस तरह नहीं रहा था जिस तरह अपेक्षित था। पैसे वह जब जितने माँगते थे भेज दिए जाते थे लेकिन उनका मसरफ़ ग़लत हो रहा था। संजीदा के इर्द-गिर्द नापसन्दीदा लोगों की भीड़ जमा रहती थी और उसी तरह के उनके शौक़ हो गए थे। नाच-गाने में जाने का चस्का लग गया था। शायद किसी डेरेदारनी को भी रखना चाहते थे। अजब नहीं कि बन्दा अली ने, अपने दिल के अन्देशे का नाम देकर दबे अल्फ़ाज़ में पीने-पिलाने की बात भी माँ के सामने कह दी हो। संजीदा का घर बसाने के अपने फ़र्ज़ से सुबुकदोश होने का ख़्याल जहाँआरा बेगम को ताबन्दा के जन्म के बाद से ख़ास तौर पर घेर रहा था और संयोगवश उन्हीं दिनों उनकी नज़र अमीना पर पड़ी थी। हालाँकि उनकी उम्र अभी इतनी हरगिज़ नहीं थी कि मौत का ख़्याल ज़िन्दगी की परछाईं बनकर रहे, मगर वह चाहती थीं संजीदा के लिए जल्द-से-जल्द कुछ कर दिया जाए। इस सिलसिले में अमीना के बारे में उन्होंने बन्दा अली की बीवी, माहरू से भी मशवरा किया था और अमीना की राय जानने में उनकी मदद चाही थी। माहरू ने बातों में मालूम किया था कि अमीना संजीदा का नाम एक शायर

और माहरू के देवर की हैसियत से जानती थी। साथ ही यह भी कि उसका रिश्ता अभी किसी से तय नहीं हुआ था : पैग़ाम आ रहे थे लेकिन माँ-बाप ने किसी को ज़बान नहीं दी थी।

माहरू की ज़बानी ही जहाँआरा बेगम ने नजीबुल्लाह और कौसर जहाँ तक अमीना के लिए संजीदा अली के रिश्ते की तजवीज़ पहुँचाई थी और उनकी रज़ामन्दी जानकर उन्हें बहुत खुशी और इतमीनान हुआ था। इसके बाद संजीदा से बात करने और उनके पहले एतराज़ के बाद हामी भरने पर उन्हें यह अपना नैतिक दायित्व लगा था कि मँगनी की औपचारिक रस्म के पहले वह खुद अमीना से भी कुछ खुलकर बात करके देखें। ऐसा करने के लिए एक सवेरे वह बिना पहले से इत्तिला दिए नजीबुल्लाह के घर जा पहुँची थीं। वह लोग हैरान तो हुए थे मगर गर्मजोशी से उनका स्वागत किया था। जहाँआरा ने एकान्त में अमीना से बात करनी चाही थी जिस पर किसी को एतराज़ नहीं था। उनके कहे के अनुसार जहाँआरा को अमीना के कमरे में पहुँचा दिया गया था। पहला आश्चर्य जहाँआरा के लिए अमीना के कमरे की सादगी थी। फ़र्श पर क़ालीन था जिसे देखकर उन्हें सुखद अनुभव हुआ था लेकिन कमरे की दीवारों और ताक़ में कहीं कोई आईना नहीं था। न ही गद्देदार चमक-दमक वाला पलंग और कोई फ़र्नीचर। अमीना का बिस्तर फर्श पर ही कोने में तह किया हुआ था जिसके क़रीब ही एक खुरदुरे कपड़े की जानमाज़ लिपटी धरी थी। लम्बी दीवार के बीचोबीच खूबसूरत ख़त्ताती में एक बड़ा, आयतुल-कुर्सी का तुग़रा टँगा था। एक पल जहाँआरा को लगा शायद उन्हें कोई ग़लती से किसी और जगह ले आया था : किसी हुजरे या ख़ानक़ाह में। दिल डरा भी कि उस तरह पानी में रहकर दामन तर न होने देनेवाली लड़की क्या अपनी गृहस्थी कामयाबी से चला पाएगी। यह सब उनके अमीना से बातचीत शुरू करने से पहले तक था, और कुछ ही देर में, उन्होंने पाया था कि वह अमीना के सामने अपने दिल के वह तमाम अन्देशे खुलकर बयान कर रही हैं जिन्हें साफ़-साफ़ कहने की उन्होंने पहले से कल्पना भी नहीं की थी। संजीदा के बारे में वह तमाम नाउम्मीदी पैदा करनेवाली ख़बरें जो उन तक बन्दा अली के ज़रिए पहुँचती रही थीं, उन्होंने किसी बच्चे की सादगी और मासूमियत से अमीना के सामने बयान कर डाली थीं : कि संजीदा ज़िन्दगी से अधिक शायरी को महत्व देते थे, गाना सुनने का शौक़ पाल चुके थे और अजब नहीं कुछ और ऐसी नापसन्दीदा चीज़ें भी उनकी दिनचर्या में शामिल हो गई हों जो खुद जहाँआरा बेगम के कानों तक पहुँचने से रह गई हों। अमीना उनकी तमाम बातें शान्त भाव से सुनती रही थी—मुझे कोई हक़ नहीं, जहाँआरा बेगम ने ईमानदारी से कहा था—कि तुम्हें किसी तरह अँधेरे में रखूँ। मैं नहीं कहती कि जो कुछ मैंने कहा वह मेरा चश्मदीद है या उसकी सच्चाई पर खुद मुझे यक़ीन है, लेकिन मिस्ल है कि ज़बाने ख़ल्क़ को नक़्क़ारा-ए-खुदा समझो। अपने बेटे के बारे में एक ही बात मैं यक़ीन से कह सकती

हूँ : वह नेक-तबीयत और सच्चा है। किसी एक-अकेले मज़हबी नुक़्त:-ए-नज़र से नहीं बल्कि बुनियादी इंसानीनज़रिए से। वह किसी को धोखा नहीं दे सकता, नसीब में होगा तो खुद ज़रूर धोखा खाएगा। सही या ग़लत, कभी इल्ज़ामतराशी नहीं करेगा। यह बातें मेरे लिए उनसे ज़्यादा सच हैं जो मैंने तुम्हें, ख़बरदार करने को, पहले बताईं। दोनों पहलुओं को दिमाग़ में रखकर सोचने और किसी नतीजे तक पहुँचने की कोशिश करो, मैं तुमसे इतना ही चाहती हूँ।

—अभी मँगनी की रस्म नहीं हुई है, जहाँआरा ने अपनी बात पूरी करते हुए

कहा था—मैं कल शाम तक माहरू बिया को तुम्हारे पास भेजूँगी। मुझे शिकवा नहीं होगा, तुम तो बिल्कुल मेरी ही बेटी हो, अगर तुम मँगनी और शादी से इंकार कर दोगी। बेफ़िक्र रहो, वह सब किस तरह किया जाना होगा कि तुम पर उसकी परछाईं भी न पड़े, सब मेरे ज़ेहन में है। अपने फ़ैसले पर अमल करते देखकर, यक़ीन मानो मेरे दिल में तुम्हारे लिए प्यार और इज़्ज़त बढ़ेंगे कम नहीं होंगे। मेरी बात समझने की कोशिश करना बेटी, मेरे लिए दुनिया में कोई सबसे अज़ीज़ है तो संजीदा अली, लेकिन उसकी ख़ातिर भी मैं तुमको अँधेरे में नहीं रख सकती। माहरू बिया के ज़रिए मुझे तुम्हारे हल्के-से इशारे का इन्तज़ार रहेगा, यह तमाम बातें तो ज़ाहिर है, मैं उनसे भी नहीं कह सकती।

मन का बोझ हल्का करने के बाद दुआएँ देती जहाँआरा बेगम वापस लौट गई थीं और उनके जाने के बाद अपने घरवालों के सवाल-जवाब अमीना ने सहजता से टाल दिए थे।

अगली शाम माहरू ज़मानी के ज़रिए जहाँआरा बेगम को अमीना का कोई सन्देशा नहीं मिला था। जहाँआरा बेगम ने आबदीदा होकर ठण्डी साँस ली थी और अमीना के लिए दिल-ही-दिल में ढेर सारी दुआएँ माँगी थीं।

इस घटनाक्रम से बेख़बर, संजीदा अली, मँगनी के बाद बड़े भाई से दिल में पैदा हुई दूरी के तकलीफ़देह एहसास के साथ, वापस दिल्ली और अलीगढ़ लौट गए थे। उनका अनमने ढंग और बेज़ारी से दिन-रात गुज़ारने का सिलसिला जिस प्रकार चल रहा था उसी प्रकार आगे भी चलने लगा था। मँगनी को लेकर भी उन्हें लगा था कि आसपास बिखरी अनगिनत अर्थहीन चीज़ों और उद्देश्यों में एक का इज़ाफ़ा हो गया था। कम-से-कम इस बहाने माँ की एक ख़्वाहिश ही पूरी हुई थी। आगे, वह शादी किससे करते हैं, कब करते हैं, इससे दुनिया की सेहत पर क्या फ़र्क़ पड़ने जा रहा था। बन्दा अली ख़ान के प्रति अपने सोच में आए परिवर्तन से उन्हें ज़रूर दुख था, लेकिन उसके लिए बन्दा अली नहीं, वह खुद अपने-आपको ही पूर्णत: दोषी मानते थे। उनसे बन्दा अली ने कभी थोड़ी कहा था कि तुम मेरे बारे में इस-इस तरह

सोचो या मुझसे यह-यह उम्मीद क़ायम करो। न खुद बन्दा में कोई नया बदलाव आया था : जैसे थे और हो सकते थे, वैसे ही वह आज थे। खुद संजीदा अली ही थे जो बन्दा की तस्वीर के लिए सही फ्रेम नहीं बना सके थे। और अगर उन्हें बन्दा अली ख़ान से निराशा नहीं भी हुई होती तो दुनिया जीने के लिए कौन-सी बेहतर जगह साबित हो जाती! लोग, एक-दूसरे के सामने हथियारबन्द क़तारों में खड़े, मोर्चे सँभाले, दिलों में एक-दूसरे के लिए नफ़रत और बेगानगी की फ़सल सींचते। दुश्मनी के बहाने खोजते, अलेहदगी को आत्म-सम्मान और सुरक्षा का नाम देते। एक-दूसरे के खून के प्यासे, एक ऐसी जंग लड़ते और लड़ने की तैयारी करते जिसका उद्देश्य उन्हें नहीं मालूम था। एक ऐसी दौड़ जीतने को प्रयत्नशील जिसके ख़ात्मे पर पता नहीं उन्हें सज़ा मिलेगी या इनाम? बेहतर मौत मिलेगी या अपाहिज ज़िन्दगी? लोग, जो सामने चलते हुए उसमें खोए हुए थे जो पीछे छूट चुका था : जो भविष्य को उस अतीत में परिवर्तित करने का सपना देख रहे थे जिसके अवशेष उन्हें पत्थरों, उजाड़ इमारतों और कोई खाते मक़बरों में नज़र आते थे। जो ज़िन्दगी को, ज़मीन पर जी गई उम्र को, रिहर्सल मानते थे, एक ऐसे जीवन की जिसका कभी अन्त न होगा। जो बेईमानी से सच्चाई की रूपरेखा बदलते थे, एक भीड़ को अपने साथ लेने और दूसरी भीड़ पर हमला करके, उसे ख़त्म करने को। लोग जो हुकूमत भी इस तरह कर रहे थे जैसे अपने गुलामों की ख़िदमत कर रहे हों, जिसके लिए गुलामों को उनका शुक्रगुज़ार होना चाहिए। ज़िन्दगी का वह नमक, संजीदा अली सोचते थे, क्या हुआ, जिसके बिना कोई ज़ायक़ा नहीं रहता? वह लोग कहाँ थे जो इतिहास के पन्नों पर, ऐसे मौक़ों पर प्रकट होकर ज़िन्दगी को सही दिशा और गति देते रहे थे?

घटनाएँ हो रही थीं, कभी सुस्ता-सुस्ता कर, कभी एकदम रफ़्तार पकड़कर। उन घटनाओं में कहीं कोई तब्दीली, किसी निजात का आभास, संजीदा अली को नहीं हो रहा था, न किसी ऐसे व्यक्ति की मौजूदगी की हल्की-सी भी दस्तक जिसमें सर्वहारा या निजात दिलानेवाला हो सकने की लेश-मात्र भी सम्भावना हो। दुनिया भी, मज़हब थे। हुकूमत करनेवाले और गुलाम थे। अंग्रेज़ थे और हिन्दुस्तानी थे। हिन्दू, मुस्लिम, सिख, ईसाई सब आपस में भाई-भाई (!) थे, और एक अन्तहीन चूहा-बिल्ली का खेल था। देश गुलाम होता है, संजीदा को लगता था, खुद अपने आचरण, अपनी संवेदनशीलता, अपने स्वार्थ और दिशाहीनता का। कोई भी बाहरी ताक़त हमारी भीतरी कमज़ोरियों से कड़ी-दर-कड़ी मिलकर बनी वह ज़ंजीर होती है जिससे पिण्ड छुड़ाने, सामना न करने को कभी हम उसे फ़िरंगी का नाम दे देते हैं, कभी सुविधानुसार, किसी दूसरे हमलावर का। सारे हारे हुए हमलावर एकजुट होकर गुलाम बन जाते हैं।

—यह सब कुछ नया थोड़ी है, संजीदा अली गहरी बेज़ारी के साथ सोचते—जब से दुनिया बनी है, यही खेल खेलते आए हैं! मैं कोई मसीहा हूँ जो इस अस्तित्व में

रचे बिगाड़ के तत्वों की चिन्ता करूँ! न मैं कोई क्रान्तिकारी हूँ। मेरे बस में ज़्यादा-से-ज़्यादा इतना है कि अपनी ज़िन्दगी ईमानदारी से जीने की कोशिश करूँ। और महज़ इतना कर पाना भी कोई आसान काम नहीं है।

संजीदा को मुस्लिम उग्रवाद, ख़्वाह वह वहीउल्लाही तहरीक हो, या हिन्दू धार्मिक राष्ट्रवाद, वह तिलक हों, बिपिनचन्द्र हों या अरविन्दु, एक समान अमान्य थे। त्रिपोली की लड़ाई हो या बालकन का युद्ध, अपने देशवासियों की प्रतिक्रिया उन्हें हैरान करती थी। उन राजनीतिक मामलों को लेकर जिनका सम्बन्ध किसी प्रकार इस्लामी देशों से था, हिन्दुस्तानी मुसलमानों में अजीब जोश और दीवानगी थी। तुर्की ख़िलाफ़त के विघटन के इतिहास से वह अन्दाज़ा लगा सकते थे कि इस्लामी साम्राज्यवाद अपनी आख़री साँसें ले रहा था। जिस समय सन् 1912 में उन्होंने बी.ए. किया था, अलीगढ़ जैसी अंग्रेज़पसन्द जगह में भी, जहाँ पढ़नेवालों की एक ख़ास तादाद, शुरू से अंग्रेज़ों की रही थी, एक प्रकार का अंग्रेज़-विरोधी वातावरण बनने लगा था। लेकिन देश में ऐसा कुछ नहीं हो रहा था जिससे विभिन्न धार्मिक समुदायों में एकता की भावना को बल मिल सकता। उग्रवादी थे, राष्ट्रवादी थे, हिन्दू-मुसलमान इत्यादि थे, बस बुनियादी इन्सानियत में आस्था रखनेवाले नज़र से ओझल थे। लोग अपनी-अपनी जागरण अवस्था में थे, जिस प्रकार से बीते ज़माने में कभी यूरोप में क्रुसेडर्स थे। उस प्रकार जगाने की अवस्था की निस्बत संजीदा को अपने व्यक्तिगत स्तर पर ऊँघना या सोना अधिक पसन्द था। वह शायरी करते थे, अपने मिज़ाज की, और दाग़ का शेर गुनगुनाते थे : ''जी जाए मौत आए जो कमबख़्त दाग़ को/सच तो यह है कि तुमसे कोई झूठ कह गया!''

मँगनी के बाद भी दिल्ली और अलीगढ़ की दुनिया में संजीदा के ख़ास साथी अखिलेश माथुर और असलम चुग़ताई ही रहे थे। या इनके अलावा उनके बचपन के साथी नौबत राय। अखिलेश और असलम के साथ ही संजीदा ने शराब से संगत जोड़ी थी और जीवन में पहली बार, चावड़ी में, बाज़ार का मुजरा सुना था। फिर आगरा, लखनऊ, कानपुर, बनारस, जहाँ-जहाँ उनका जाना हुआ था, गाना सुनने का यह शौक़ उनके साथ गया था। लेकिन लौटकर जब भी वह दिल्ली आए थे, वहीदन बाई की आवाज़ को उन्होंने इकलौता पाया था। ढलती उम्र के कारण, जो उस समय चालीस के ऊपर रही होगी, वहीदन ने नाचना बन्द कर दिया था और ख़ास फ़रमाइश पर सिर्फ़ गाती थी। संजीदा को उसकी गायकी का कोई सानी नहीं लगता था। वह कोठे पर, देर रात तक, वहीदन का गाना सुनते, कभी साज़ों के साथ, कभी बिना किसी साज़ या संगत के। ख़ास तौर पर वहीदन का कलाम का चुनाव ऐसा अद्‌भुत और अन्य तवाइफ़ों से इतना भिन्न होता था कि हर बार चकित होकर संजीदा उसका नए सिरे से लुत्फ़ लेते थे। यह विश्वास करना मुश्किल होता कि जो शायरी वहीदन चुनती थी उसे इतनी खूबसूरती के साथ गाया जा सकता था।

राग-रागनियों की समझ और समय से तर्कसंगत राग के साथ शायरी का चुनाव, वहीदन के हुनर का ख़ास हिस्सा था और उसके साथ ही थी सुननेवाले के चेहरे से उसकी दिमाग़ी कैफ़ियत जान सकने की समझ।

दिल्ली में जब संजीदा होते तो दोस्तों के साथ या खुद अकेले, ज़्यादा-से-ज़्यादा बार, वहीदन का गाना सुनने की कोशिश करते। रात, चावड़ी की तंग सड़क से गुज़रते, जिस पर लोहे और पीतल के सामान की दुकानें लग गई थीं, ऊपर छज्जे-बालकनियों में सजी-बनी, ग्राहकों के इन्तज़ार में बैठी, चिराग़ या दिए की रोशनी में एक जादुई दृश्य पेश करती तवाइफ़ों को अनदेखा करते, वह एक पतली गली में मुड़कर उस ज़ीने तक पहुँचते थे जहाँ वहीदन और उसकी लड़कियों का मुजरा होता था। हवा में बहती साज़ों की आवाज़ उनके कानों से टकराती, गन्ध-खुशबू अथवा बदबू के भभके नथुनों में फड़फड़ाते, और उन्हें लगता आदिकाल से वह इन नाचने-गानेवालियों के मुहल्ले की पेचदार गलियों में चकराते फिर रहे हैं : सुर और ताल के बीच उस एक क्षण में जो जीवन को, संगीत को, आवाज़ को अर्थ देता भी है और उनसे अर्थ छीनता भी है। वह अकेले होते तो रात का ऐसा समय चुनते जव मुजरे की महफ़िल और नाच-गाना बर्ख़ास्त हो चुका होता और बाहर दालान या खुली छत पर बैठकर वहीदन को सुनते। कम-उम्री उनके आड़े नहीं आती थी क्योंकि सोज़ एक महत्वपूर्ण शायर का नाम था और उस नाम के साथ किसी तवाइफ़ का जुड़ना, तवाइफ़ की बड़ी इज़्ज़तअफ़ज़ाई थी। वहीदन या उसकी नोचियों की फ़रमाइश पर कभी-कभी वह उनको मुज़रे के लिए शेर भी लिखकर दे देते। इसके अलावा वहीदन का सबको कड़ा आदेश था कि वह सोज़ से कोई नज़राना न लें। वैसे भी संजीदा वहाँ जाते थे तो वहीदन की गायकी ही की ख़ातिर। उसकी ज़िन्दगी की दीगर तफ़सील में भी उन्हें कोई रुचि नहीं थी और अगर वह ऐसा कोई प्रसंग कभी छेड़ती तो संजीदा उसे खूबसूरती से अनसुना कर देते थे।

सो बन्दा अली ख़ान की इतनी बात कि नाच-मुजरा और शराब संजीदा के जीवन में शामिल हो चुके थे, किसी हद तक दुरुस्त थी। यह, कि वह किसी डेरेदारनी को रखते थे, या उनका ऐसा करने का इरादा था, खुद संजीदा को भी नहीं मालूम था।

अठ्ठारह साल की उम्र तक पहुँचते-पहुँचते संजीदा को लगने लगा था वह थक गए हैं : ज़िन्दगी में उनका कोई मसरफ़ नहीं है।

1908 से लेकर 1918—दस वर्ष बीत गए थे और संजीदा सोज, गहरे दलदल में फँसे पहिए की तरह, अपनी धुरी पर घूमते रहे थे, नीचे धँसते रहे थे। उनके दिलो-दिमाग़ के अँधेरे में, मौलवी किफ़ायुतल्लाह सहित, सारी खूबसूरतें यादें, बातें और ख्याल किसी लम्बे सूर्यास्त-से खो गए थे।

भोपाल से वापसी के कुछ महीने बाद अलीगढ़ में संजीदा अली को जहाँआरा बेगम का उनसे दी हुई तारीख़ों में दिल्ली में मिलने का ख़त मिला था। मिलने पर उन्होंने अपनी माँ को उस छोटे से अरसे में ही एक बदला हुआ व्यक्ति पाया था : थका, टूटा और अपनी उम्र से कहीं आगे नज़रें गड़ाए। वह हज पर जाने का फ़ैसला करने के बाद अमतुल कबीर को भी उस सफ़र में अपने साथ ले जाने की मंशा से दिल्ली आई थीं।

—तुम्हें मालूम है, जहाँआरा बेगम ने आँखों से आँसू पोंछते हुए संजीदा से कहा था—गुड्डू नहीं रहा।

संजीदा को विश्वास नहीं हुआ था।

—कैसे? उन्होंने आश्चर्य से पूछा था।

—तुम्हें ख़बर नहीं? माँ के सवाल में सन्देह था—तुम्हारे भोपाल से आने के एक हफ़्ते बाद की ही तो बात है। बन्दा अली उसे अपने साथ शिकार पर ले गए थे। वहीं हादसे में गुड्डू के गोली लगी और वहाँ से उसकी लाश घर लाई गई। तुम्हें किसी ने ख़त नहीं लिखा?

गुड्डू की मौत की ख़बर सुनकर संजीदा को आश्चर्य भी हुआ था और सदमा भी, लेकिन इस बारे में वह किसी के ख़त न लिखने या गुड्डू की मौत की इत्तिला न देने का शिकवा नहीं कर सकते थे। जो भी हो, गुड्डू बिल-आख़िर घर का एक नौकर ही था जो आठ साल की उम्र में, लावारिस, जमाल बेग की हवेली पर आया था, जिसे जहाँआरा बेगम ने अपनी व्यक्तिगत सेवा के लिए नौकर रख लिया था। वह उसका ख़ास ख़्याल करती थीं और समय-समय पर उसे तरह-तरह के इनाम-इकराम से नवाज़ती रहती थीं। वह उनका ऐसा मुँह-चढ़ा ख़ादिम था जिसकी बेगम से निकटता देखकर हवेली के बाक़ी नौकर ही जलते और हसद नहीं करते थे बल्कि समय के साथ-साथ, उसके लिए बन्दा अली ख़ान की नापसन्दीदगी भी बढ़ती गई थी। इस नापसन्दीदगी को वह माँ के सामने जिस तरह ज़ाहिर कर सकते थे, करते थे और इस बात को लेकर भी ज़ोर दे चुके थे कि गुड्डू अब बच्चा नहीं था और शरीयत के अनुसार जहाँआरा बेगम को उससे पर्दा करना चाहिए था। जहाँआरा बेगम ने न केवल उनके इशारों और मशवरों को अनदेखा-अनसुना कर दिया था बल्कि गुड्डू से भी उनकी आत्मीयता उसी प्रकार बरक़रार रही थी। असलियत जो भी इस सूरतेहाल की रही हो, मगर एक आम ख़्याल, जहाँआरा बेगम के आसपास रहनेवालों का, यह बनता गया था कि उस जवान छोकरे ने उन पर किसी प्रकार का जादू कर दिया था जो वह उसकी बड़ी बदतमीज़ियाँ भी माफ़ करके उसके सौ तरह के नख़रे उठाती रहती थीं। गुड्डू से उनकी आत्मीयता को जितने देखनेवाले थे, उतने ही उसके मायने बयान किए जाते थे। मालिकों के सामने तो किसी की हिम्मत हो नहीं सकती थी, मगर पीठ पीछे कभी चटख़ारे लेने को, कभी हवेली की इज़्ज़त को दरपेश ख़तरे पर चिन्तित होने को, तो कभी किसी अन्य पहलू को बहाना

बनाकर, इन सम्बन्धों पर रायज़नी की जाती थी। कोई गुड्डू को बिया का तीसरा बेटा बनाता था तो अन्य उसे उनका 'छोटा ख़ाविन्द' कहने से भी नहीं चूकते थे। हवेली में आठ वर्ष गुज़ारने के बाद गुड्डू एक सोलह वर्ष का बाँका, सेहतमन्द नौजवान निकला था जिसे पहनने को जहाँआरा बेगम, आए दिन, संजीदा की उतरन कहकर, पोशाकें दिया करती थीं। स्वभाव से सफ़ाई-पसन्द, रोज़ नहाने, कपड़े बदलने वाला गुड्डू जहाँआरा बेगम के सिखाए से उर्दू पढ़ने-लिखने लगा था। घुँघराले बाल, खड़े नाक-नक़्श, साँवला रंग, तबीयत से ज़िद्दी, वह बन्दा अली की आँखों में काँटे-सा खटकता था, और इस खटक को धार देती थी उसके बारे में प्रेमलाल देहलवी की उनसे लगाई-बुझाई। प्रेमलाल को बन्दा अली अपना दायाँ हाथ समझते और उसके शक को अपना विश्वास मानते थे।

जिस समय 16 वर्ष की आयु में गुड्डू की मौत हुई, जहाँआरा बेगम खुद 52-53 वर्ष की रही होंगी। वह 35 वर्ष की उम्र में विधवा हो गई थीं, यानी बेवगी के अठ्ठारह साल वह बिता चुकी थीं। जो असलियत थी, संजीदा को बड़ी हद तक उसका अन्दाज़ा था और उसे समझकर वह स्वीकार भी कर चुके थे। हुआ यही था कि अपने अकेलेपन के साझे के लिए जहाँआरा को छोटी उम्र का गुड्डू एक अच्छा साथी लगा था। वह उनका दोस्त था, उनका कहा करता था और कभी-कभी अपनी ज़िद पर भी अड़ जाता था। इन सम्बन्धों की आत्मीयता की अन्तिम सीमा क्या रही होगी, यह सोचा जा सकता है लेकिन यक़ीन के साथ कह सकने का कोई प्रमाण हमारे पास नहीं है। एक बूढ़ी औरत और जवान होते लड़के के बीच सम्बन्ध अनेक संकटों की शंका दिमाग़ में जगाते हैं, और इस स्थिति में अगर कुछ ऐसा हो जाए जो समाज को अमान्य हो तो अजब नहीं। ऐसा कुछ भी न हो लेकिन आसपास की दुनिया शक की दृष्टि से देखने लगे, यह तो शायद स्वाभाविक है ही। अगर उस आसपास की दुनिया में बन्दा अली ख़ान जैसा व्यक्ति भी शामिल हो, (सबसे अव्वल!) जिसके पास नेकी और बदी के ख़ानों में अपनी विचारधारा के अनुसार दुनिया बँटी हो और वह बाक़ी लोगों से भी अपने चुने हुए रास्ते पर चलने की उम्मीद करता हो, और ऐसा न हो तो—"उन्हीं के भले के लिए"—लोगों को वैसा करने पर मजबूर करने में विश्वास करता हो, तो कुछ-न-कुछ अनर्थ तो होगा ही। ऐसा ही कुछ हुआ भी था जिसकी तफ़सील संजीदा अली को वर्षों बाद माहरू ज़मानी द्वारा मिली थी : तब जब फ़रीदा को लेकर माहरू और बन्दा में बड़ा मतभेद हुआ था और वह संजीदा अली से मदद माँगने पहुँची थीं।

—जो आदमी, माहरू ने तैश में कहा था—अपनी माँ पर शक करते हुए किसी को जान से मार सकता है उससे बीवी या औलाद किस तरह की समझ या प्यार की उम्मीद कर सकती है! क़त्ल किया था गुड्डू को, आपके बड़े भाई ने जंगल में गोली मारकर! मुझे बताकर! मेरी ग़लती और गुनाह था कि उनके जुर्म की पर्दापोशी की।

उसी का नतीजा है कि आज खुद मेरी औलाद की जान को भी ख़तरा है! शादी ही तो करना चाहती है, फ़रीदा, उसको लेकर इतना बखेड़ा करने की ज़रूरत? लड़का ईसाई है तो क्या हुआ, है तो अहले किताब ही। लाख रियासत और नवाब हों, हैं तो सब इन्हीं ईसाई-फिरंगियों के रहमो-करम पर। कहते हैं दोनों को जान से मार दूँगा! हाथ न थरथरा जाएगा अंग्रेज़ पर बन्दूक़ तानते! बेटी का ही बिगाड़ लो जितना बिगाड़ सकते हो। मैं फ़रीदा से कहती हूँ तू ईसाई हो जा, फिर देखेंगे तेरा कोई कैसे और क्या बिगाड़ता है, मगर यह नहीं मानती! वही बाप-सी हठधर्मी! कहती है दोनों अपने-अपने मज़हब को मानेंगे। ऐसा कहीं देखा या सुना है?

जहाँआरा बेगम के गम् में शरीक, उस दोपहर संजीदा देर तक ख़ामोश बैठे रहे थे। क्या इंसान को दुखों से मुकम्मल निजात है? निजात हो सकती है? वह अपनी माँ की यातना और बड़े भाई का सोच, दोनों भले-से समझ सकते थे। एक का सम्बन्ध भीतरी दुनिया से बनाव-बिगाड़ से था और दूसरे का बाहर के रखरखाव से। व्यक्ति, एक बाड़, कँटीले तार की, के इधर-उधर जीता है : साँस लेता इस तरफ़ है, छोड़ता दूसरी ओर है। क्या किसी भी रोग का ऐसा इलाज सम्भव है जो हर व्यक्ति पर एक समान, हर ज़माने में लागू हो सके? वह क्या है जो हम ग्रहण करते हैं? वह क्या कुछ है जो हमारे भीतर तहस-नहस हो जाता है? क्या भीड़ में जीना, सिखाया हुआ करना, लिखा गया पढ़ना, बोला गया दोहराना—यही मक़सद है हमारे जीवन-मृत्यु का? एक बेतरतीब, क़ानून के नाम पर क़ानून तोड़ती, दुनिया के बेमतलब रंग को और गाढ़ा करना? माँ अपनी जगह प्रायश्चित की भावना से हज को चली जाएँगी, भाई इस सकून से जिएँगे कि उनके किए कुछ पाप कम हो सका, लेकिन गुड्डू? वह किसकी सज़ा और किसकी जज़ा था? उसके पैदा होने का मतलब क्या सिर्फ़ लोगों की सज़ा-जज़ा की सीढ़ी बनना था? न सवाल नए हैं, संजीदा अली उस समय भी सोच रहे थे, न लोगों के पास जवाबों की कोई कमी है। इसके बावजूद इंसान की तकलीफ़ हर बार ताज़ा और नई होती है। फिर यह भी, उन्हें लगा था, अवश्य ही पुरानी पड़ती जाती होगी।

अमतुल कबीर पर इस ख़बर का कोई ख़ास असर नहीं हुआ था : न वह चौंकी थीं न कम-उम्री की मौत को विषय बनाकर अपने ग़म का इज़हार किया था। जहाँआरा की हज पर जाने की तजवीज़ का उनके पास साफ़ जवाब था—अल्लाह तुम्हारा हज क़बूल फ़रमाए, उन्होंने कहा था—हम तुम्हें पेशगी मुबारकबाद देते हैं। हमारे नसीब में हुआ तो हम भी कर लेंगे। हर एक की अपनी क़ब्र होगी, अपना जवाब। अभी हम नहीं जा सकते, न हमें मसले-मसाइल समझने की ज़रूरत। नहीं जा सके तो हज्जे-बदल करवा लेंगे, किसी दूसरे को भेजकर। तुम्हारे साथ कौन जा रहा है, हज में महरम-नामहरम की भी तो शर्त होती है?

—बन्दा अली मेरे साथ जा रहे हैं, जहाँआरा ने बुझे स्वर में कहा था—और

कुछ दूसरे लोग भी हैं, उनकी ससुराल से।

—और बन्दा की दुल्हन? अमतुल कबीर ने पूछा था।

—वह कैसे जा सकती हैं, जहाँआरा ने खोए स्वर में कहा था—हज के दिनों में तो वह माँ बनने को होंगी। चार माह का हमल है।

दिल्ली से जहाँआरा को शुभकामनाओं के साथ विदा किया गया था और अमतुल कबीर की साथिनों ने उनसे बख़्शिश की दुआओं में याद रखने को कहा था। संजीदा माँ के साथ भोपाल और वहाँ से बाक़ी क़ाफ़िले के साथ बम्बई पहुँचे थे और सबको अलविदा कहा था। चलते-चलते बन्दा अली ने उन्हें कुछ ज़िम्मेदारियाँ सौंपनी चाही थीं।

—मैं, संजीदा ने साफ़ कहा था—इम्तिहान और पढ़ाई की वजह से भोपाल में नहीं ठहर पाऊँगा। वैसे भी सारे मामलात का न तो मुझे सिर-पैर मालूम, न चाहकर भी मैं ज़र और ज़मीन के झगड़ों में पड़ सकता। वैसे भी किसी-न-किसी को आप कामों की तफ़सील और ज़िम्मा सौंपकर जा रहे होंगे, फिर प्रेमलाल हैं।

हुआ यह था कि प्रेमलाल के अलावा, उन्हीं ज़िम्मेदारियों के कारण, आख़िर वक़्त में बन्दा के ससुर क़ाज़ी कमालउद्दीन को अपना हज का सफ़र मुल्तवी करना पड़ा था। चीज़ों का फैलाव देखते हुए प्रेमलाल ने ही क़ाज़ी साहब को ज़िम्मा सौंपने का मशवरा दिया था और उन्हें, अपनी मर्ज़ी के ख़िलाफ़, हज-यात्रा स्थगित करनी पड़ी थी।

—मैं यह नहीं कह रहा, बन्दा ने रूखेपन से संजीदा से कहा था—कि अलीगढ़ और दिल्ली छोड़ आप भोपाल जा रहिए। किसी के भरोसे या उम्मीद पर मैंने कोई काम छोड़ा भी नहीं है। मैं चाहता था कि वक़्त-वक़्त पर आप भोपाल के चक्कर लगाते रहते। लाख भरोसेमन्द लोग हों लेकिन घर का आदमी, घर का आदमी ही होता है। उसके आसपास होने से लोगों के दिल में डर रहता है। आगे आपकी मंशा और मर्ज़ी है, अल्लाह आपको ज़र और ज़मीन ही नहीं, ज़न के झगड़ों से भी बचाए!

बन्दा अली ने दुआ दी हो या तंज़ किया हो, संजीदा अली को तो कुछ समय बाद एक दोस्त के बड़े भाई की शादी में रामपुर जाना और वहाँ गुलबदन उर्फ़ गुल का मुजरा सुनकर उस पर इस तरह आशिक़ होना था जिस तरह वह कभी किसी औरत पर नहीं हुए थे। धीरे-धीरे गुलबदन की आवाज़ और देह के आगे हर चीज़ उनकी नज़रों में हैच होती जानी थी। उनकी ज़िन्दगी का वह दौर उनकी शायरी के स्वभाव के बहुत निकट था। वह जहाँ भी जाते, गुलबदन के मोह में बँधकर उस तक दोबारा लौटने के लिए। गुलबदन ही वह पहली औरत थी जिसके शरीर को संजीदा ने जीवन में पहली बार जाना। इसी प्रकार गुलबदन की ज़िन्दगी में भी संजीदा पहले मर्द थे। गुलबदन का सम्बन्ध भी दिल्ली से था और उसका कोठा, देखते-देखते संजीदा का स्थायी अड्डा बनता गया था। वह अकेले और दोस्तों के साथ वहाँ मुजरा सुनने

जाते और अपनी रातें उसके साथ बिताते थे। इन अधिकारों के लिए उन्होंने बड़ी रक़म ख़र्च की थी और लगातार करते रहते थे।

जहाँआरा बेगम हज के सफ़र से न लौट पाई थीं और बन्दा अली उनके बग़ैर ही वापस आए थे। कहा जाता है कि ख़ाना-ए-काबा को जो उन्होंने पहला सजदा किया, उसी से सिर को न उठा सकीं और आत्मा ने शरीर का साथ छोड़ दिया। बन्दा अली को माँ के न रहने का जो ग़म हुआ होगा, सो तो हुआ ही होगा, उन्हें इतमीनान इसका था कि यूँ मौत में शहादत का दर्जा पाने से जहाँआरा बेगम की बख़्शिश में कोई शको-शुबह नहीं रहा था। अगर जीते-जी उनसे कुछ भूल-ग़लतियाँ हुई भी होंगी तो इस मौत से धुल जाएँगी।

हज से वापसी पर बन्दा अली ने अपनी दूसरी औलाद, बेटी को देखा था, जिसका नाम, अक़ीक़े के बाद, उनकी अनुपस्थिति में ही ससुर क़ाज़ी कमालउद्दीन ने फ़रीदा रख दिया था। बन्दा को यह बात भली नहीं लगी थी। फ़ौरन तो उन्होंने कुछ नहीं कहा था लेकिन अपने मामलात में यह उन्हें ससुर की बेजा दख़लअन्दाज़ी लगी थी।

—अक़ीक़े के लिए, उन्होंने अकेले में माहरू ज़मानी से शिकायत की थी—क्या हमारी वापसी तक इन्तज़ार नहीं किया जा सकता था?

—अब्बा का ख़्याल था, माहरू ने कैफ़ियत देनी चाही थी—यह सुन्नत जितनी जल्दी अदा हो जाए उतना ही अफ़ज़ल होगा। अम्मी के इन्तक़ाल की ख़बर से हम सब वैसे ही इतने संजीदा थे कि किसी तरह के जश्न या खुशी का तो सोचा भी नहीं।

—दुनिया में आना और दुनिया से जाना, बन्दा अली ने एक बुनियादी सच कड़वे स्वर में दोहराया था—साथ-साथ चलता है। ग़म में होश खोना भी उतना ही ग़लत है जितना खुशी में दीवाना होना। अम्मी जान जैसी मौत नसीबवालों को मिलती है, उसका सोग मनाना कमअक़्ली की दलील है। बहरहाल, जो आप लोगों से बना वह कर गुज़रे लेकिन इस बच्ची को नाहक़ मुझसे दूर कर दिया। इसके लिए मैं अपने दिल में कभी अपनाईयत नहीं महसूस कर पाऊँगा। ख़ैर, अभी तो मुझे अपनी माँ के लिए कुछ करना है, बाक़ी जो, जब दरपेश होगा, देखा जाएगा।

फ़रीदा के सन्दर्भ में बन्दा अली की यह बात एक भविष्यवाणी साबित हुई थी। आगे मतभेद तो उनका अनेक औलादों से होना था लेकिन जिस प्रकार की चेतावनी उन्हें फ़रीदा से मिली वह अलग और इकलौती थी। उसे फ़िलहाल भूलकर वह अपनी माँ की याद में एक शानदार मस्जिद बनवाने की योजना में व्यस्त हो गए थे। घर के क़रीब ज़मीन पर एक बड़ा प्लॉट मस्जिद के लिए चुना गया था और उसको बनाने के लिए एक नौ-मुस्लिम अंग्रेज़ आर्किटेक्ट ढूँढ़ा गया था जिसने तुर्की में एक बड़ी और खूबसूरत मस्जिद डिज़ाइन की थी। उस नक़्शे को हिन्दुस्तान और भोपाल

के भूगोल और लैण्डस्केप की मुनासिबत से बदला और सुधारा गया था। रियासत के मुफ़्ती के हाथों मस्जिद की आधारशिला रखी गई थी और नामी-गिरामी आलिमों की मौजूदगी में निर्माण-कार्य की शुरुआत की गई थी। बन्दा अली के अलीगढ़-आन्दोलन से सम्बन्धित साथियों ने उनका ध्यानाकर्षण कराया था कि मुल्क और ख़ास तौर पर भोपाल में मस्जिदों की कमी नहीं थी। क्या ही बेहतर होता कि वह सर सैयद के नक़्शेक़दम पर चलते हुए कोई ऐसा स्कूल बनवाते जहाँ शिक्षा पाने के बाद इंसान को रोज़ी-रोटी हासिल करने में आसानी होती। बुनियादी ज़रूरत मुसलमानों में आर्थिक स्थिति सुधारने की थी। इबादत तो इंसान अकेला भी कर सकता है—जिसकी सम्भावना, बड़ी-से-बड़ी मजबूरी में भी, मस्जिदों और मुल्लाओं की बड़ी संख्या देखते हुए नहीं थी। नई तालीम घर बैठे नहीं हासिल की जा सकती। शिक्षा के स्तर पर मुसलमान मुल्क में बाक़ी लोगों से बहुत पिछड़े हुए थे। उनके तथाकथित मध्यवर्ग के भी बौद्धिक दीवालिएपन का इससे बढ़कर क्या उदाहरण हो सकता था कि सर सैयद के देहान्त से पहले एक आम धारणा थी कि उन्होंने अपना सिर दस हज़ार रुपए में अंग्रेज़ों को बेच दिया था जो मरने के बाद उसे काटकर लन्दन ले जाना और वहाँ म्यूज़ियम में रखना चाहते थे। बन्दा अली ख़ान जैसे साहिबे-हैसियत मुसलमान को, वक़्त और ज़माना समझते हुए, उसके आगे सोचना चाहिए जहाँ तक सैयद अहमद ख़ान पहुँचे थे।

बन्दा अली ने किसी की नहीं सुनी थी, हत्ताकि संजीदा ने मस्जिद की योजना से असहमति जताने को जब शिलान्यास के कार्यक्रम में शिरकत नहीं की थी तो उन्होंने उसे संजीदा की शायराना लापरवाही और चरित्र में गिरावट का कारण माना था।

—जिस इंसान को माँ के इन्तक़ाल के बाद घर आने, उन्होंने ऊँची आवाज़ में लोगों के बीच कहा था—या हज करके लौटे बड़े भाई से मिलने की तौफ़ीक़ नहीं उससे आगे क्या उम्मीद की जा सकती है!

मस्जिद बन रही थी और माहरू ज़मानी बन्दा अली ख़ान की औलादें पैदा कर रही थीं, जिनकी तादाद सन् 1918 तक नौ हो गई थी। देखते-देखते ही मिर्ज़ा जमाल बेग की हवेली में इन ऊपर-तले पैदा होते भाई-बहनों की रिहाइश के लिए, बोर्डिंगम—हाउस की तरह एक नए हिस्से का निर्माण किया गया था : पाँच लड़के और चार लड़कियाँ। सबसे बड़ा, ताबन्दा, उस समय ग्यारह वर्ष का, और सबसे छोटी बेटी, सईदा महज़ दो सप्ताह की थी। औलादों की इफ़रात से माहरू ज़मानी कभी भौंचक्की होतीं तो किसी क्षण बहुत गौरवान्वित अनुभव करतीं। हर बच्चे का अपना संसार था, जो हर नए दिन के साथ तब्दीलियाँ और अचम्भे पैदा करता था और माहरू को एक गहरे विस्मय में डूबा छोड़ जाता था। वह सारी सन्तानें खुद उनके भीतर वजूद में आकर इस दुनिया में आईं, यह एहसास उन्हें एक गहरी आत्म-सन्तुष्टि का अनुभव कराता था। दूसरी ओर, आम धारणा थी—कितनी सही, कितनी ग़लत,

कहा नहीं जा सकता—कि बन्दा अली ख़ान खुद, बला के रंगीन मिज़ाज, औरतों के शौक़ीन व्यक्ति थे। उनमें ढेरों खूबियाँ थीं और समाज में उनका महत्व ऐसा था कि इस एक कमज़ोरी को भी हँसने-हँसाने के स्तर पर लतीफ़ों के पैराये में ही बयान किया जाता था। एक मज़ाक़ मशहूर था कि हकीम बन्दा अली ताक़त की दवाओं के एक ऐसे हकीम थे जिनके पास हर तरह की नामर्दी का शर्तिया इलाज था। जब हिन्दुस्तान में अंग्रेज़ों की हुकूमत कमज़ोर पड़ने लगी थी तो हकीम बन्दा अली ने उसके इलाज की भी पेशकश की थी, मगर अंग्रेज़ों ने यह समझते हुए कि यही इलाज क्या वह पहले अपने देशवासियों का नहीं कर चुके होंगे, उनकी पेशकश ठुकरा दी थी। काश! अंग्रेज़ों का अन्देशा सही होता और बन्दा अली ने देशवासियों के लिए ऐसा कुछ किया होता। मज़ाक़ अपनी जगह, मगर उनका दवाख़ाना-ए-ज़िन्दा तिलिस्मात ताक़त की ऐसी क़ीमती दवाएँ बनाने में सानी नहीं रखता था जिनकी ज़माने में माँग और धूम थी, और जो हर तरह की नामर्दी का शर्तिया इलाज थीं। नई-नई दवाएँ बनाने के बाद उनका इस्तेमाल सबसे पहले वह खुद करते थे। सन् 1918 तक पत्नी माहरू ज़मानी से उनकी नौ तो जाइज़ सन्तानें थीं, कहा जाता था अपनी नाजाइज़ सन्तानों की गिनती उन्हें खुद भी नहीं मालूम थी—हकीम होने के नाते, वह खुद से कहा करते थे—नए-नए तजुर्बे करते रहना बहुत ज़रूरी है। दवा का अपना मिज़ाज होता है और इसे इस्तेमाल करनेवाले का अपना। दवा किस मरीज़ पर किस तरह असर करती है, इसी को बारीकी से समझना हिकमत का फ़न है।

यह भी कहा जाता था कि दरगाहों और ख़ानक़ाहों से मिन्नत-मनौती के बाद मायूस होकर जो औलाद की ख़्वाहिशमन्द औरत बन्दा अली ख़ान के पास पहुँचती थी, उसके उम्मीद के फूल खिलने में देर नहीं लगती थी। गोया कोई तिलिस्म था उनके पास कि कहा—हो जा! और हो गया।

यह सब बातें सुनी-सुनाई हैं और इनको प्रमाणित करने का कोई सबूत नहीं, सिवाए एक मुहावरे के बिना आग के धुआँ नहीं हो सकता। तो कभी-कभी जितना धुआँ होता है, उतनी आग नहीं होती। इस विषय को फ़रीदा फफू ने कई बार हँसी और व्यंग्य के अन्दाज़ में छेड़ा था, लेकिन हँसी और व्यंग्य भी अक्सर मुहावरों से कम मुबहम नहीं होते, जब रिश्ता वैसा हो जैसा फ़रीदा और बन्दा अली का हो गया था।

मस्जिद कुशादा और खूबसूरत बनकर तैयार हुई थी और उसमें पहली नमाज़ बन्दा अली ख़ान की इमामत में ही पढ़ी गई थी। मस्जिद बनने की शुरुआत जहाँआरा बेगम की यादगार क़ायम करने की मंशा से हुई थी लेकिन धीरे-धीरे बन्दा अली के दिमाग़ से यह बात निकलती गई थी। पूरी बन जाने पर उस पर जो पत्थर में खुदी नाम की तख़्ती लगाई गई थी उस पर लिखा था—'मस्जिद बन्दा अली ख़ान'!

इधर बन्दा अली ख़ान और माहरू के पिता, क़ाज़ी कमालउद्दीन के सम्बन्धों में बिगाड़ दिन-ब-दिन बढ़ता ही गया था।

शुरुआत इस बिगाड़ की फ़रीदा के अक़ीक़े और बन्दा अली की अनुपस्थिति में रुपए-पैसे के हिसाब में गड़बड़ के इल्ज़ाम को लेकर हुई थी, जिसमें बन्दा के कान भरने और दिल में बुराई पैदा करने में मुख्य भूमिका प्रेमलाल देहलवी की लगाई-बुझाई ने अदा की थी। बन्दा अली के अनुसार ससुर ने धोखाधड़ी करके उन्हें बड़ी रक़म से ठग लिया था, जबकि क़ाज़ी कमाल नाराज़ और शर्मिन्दा थे कि दामाद उन पर इतना बड़ा, झूठा बोहतान लगाने से भी बाज़ नहीं आ रहा। कुछ समय मामला ख़ामोशी और कड़वाहट के साथ पकता रहा था, फिर बुदबुदाहटों की जगह भद्दे आरोपों ने ले ली थी। बन्दा अली पहले तो माहरू के ही आगे, और फिर बेझिझक होकर हर जान-पहचानवाले के सामने उन इल्ज़ामों को दोहराने लगे थे और माहरू के अपने पिता और परिवारवालों से मिलने पर पाबन्दी लगा दी थी। जब मामला बर्दाश्त की सीमाओं से बाहर हो गया था तो एक रात क़ाज़ी कमालउद्दीन अपने कुछ अन्य हथियार-धारी साथियों के साथ घोड़ों पर सवार, कोठी कछारिया जा पहुँचे थे जहाँ बन्दा अली अपने कुछ दोस्तों के साथ तफ़रीह और शिकार की ग़र्ज़ से पहले से गए हुए थे। सर्दियों का मौसम था और इत्तिफ़ाक़ से उस रात मावठे की तेज़ बौछारें पड़ रही थीं जब क़ाज़ी कमाल ने कोठी के चौकीदारों को क़ब्ज़े में करके, बन्दा अली ख़ान को ललकारा था।

—अब दोहराओ, अपने इल्ज़ाम! क़ाज़ी कमाल पूरी ताक़त से दहाड़े थे—और अपने इन तमाम मेहमानों के सामने, कि मैंने तुम्हारे साथ बदमामलगी की! मैं तो, अल्लाह जानता है, हज पर जाने की पूरी तैयारी कर चुका था। तुम ही थे जिसने मुझे रुकने के लिए मजबूर किया। मेरे पास खुदा का दिया सब कुछ है, किसलिए मैं तुम्हारे साथ बेईमानी करूँगा?

—क़ाज़ी साहब, बन्दा ने बिना विचलित हुए गम्भीर स्वर में कहा था—आप मेरे बुज़ुर्ग हैं। मजबूर न कीजिए कि आपकी शान में मुझसे गुस्ताख़ी हो।

—गुस्ताख़ी! क़ाज़ी साहब गुस्से में काँपते हुए चीख़े थे—गुस्ताख़ी तो कब की हो चुकी! अब तो यह फ़ैसला होना बाक़ी है कि इज़्ज़त की मौत मरना है या ज़िल्लत की।

क़ाज़ी साहब के हाथ में लोड की हुई राइफ़ल थी—किसी बड़े बोर की, ज़्यादा ताक़तवर। बन्दा अली उनके सामने निहत्थे खड़े थे। कोठी के बाहर अँधेरे में डूबा जंगल मावठे की तेज़ बौछारों में ठाठें मार रहा था। आँधी में झूम रहा था। कोठी का दीवानख़ाना झाड़ो-फ़ानूस की रोशनियों में जगमगा रहा था। क़ाज़ी साहब थर-थर काँप रहे थे : गुस्से से, ख़ौफ़ से। बन्दा सकून से अपनी जगह खड़े थे। तमाशाई सकते में बुत बने आँखों के सामने के दृश्य को देख रहे थे। क़ाज़ी कमालउद्दीन ने राइफ़ल काँधे से लगाई थी, लबलबी खींच दी थी। ज़ोर का धमाका हुआ था : क़ाज़ी कमालउद्दीन राइफ़ल के धक्के से फिंककर दूर पीछे जा गिरे थे; बन्दा के

पीछे दीवानख़ाने की दीवार का बड़ा हिस्सा ढह गया था। बन्दा अली आसपास के बदले दृश्य को विस्मय से देखते खड़े रहे थे।

—आदमी को मारने के लिए, उन्होंने ज़हरीले स्वर में व्यंग्य किया था—हाथी का शिकार करने की राइफ़ल मुनासिब नहीं रहती!

दामाद और ससुर के बीच बोला गया यही अन्तिम वाक्य था।

बन्दा ने क़ाज़ी कमाल से न तो कुछ और कहा था न वह तूफ़ानी रात कछारिया पर गुज़ारने को रोका था। सर्दी और गिरते पानी में वह और उनके साथी वापस लौटे थे, एक-एक क़दम पर बन्दा से नफ़रत और दुश्मनी की हज़ार-हज़ार क़समें खाते। वह अधिक दिन नहीं जिए थे और सर्दी, थकन और सदमे के कारण निमोनिया में उनका देहान्त हो गया था। आगे होश और बेहोशी के बीच जितने भी दिन वह ज़िन्दा रहे, अपनी दुश्मनी निभाने की उसी लगन से क़समें खाते रहे और अपनी औलादों को भी इसकी वसीयत करके मरे।

क़ाज़ी साहब के न रहने के बाद दोनों परिवारों में चीज़ें ऊपरी तौर पर ज़रूर सामान्य हो गईं और बन्दा क़ाज़ी साहब के दफ़न में भी आगे-आगे रहे, लेकिन यह महज़ एक दिखावा था : रिश्ते में जो गाँठ पड़ चुकी थी उसे सुलझाना सम्भव न हुआ।

—अम्मा कहती थीं, फ़रीदा फफू माहरू ज़मानी को याद करते हुए कहतीं—बन्दा अली ख़ान की हर औलाद पैदा करते उन्हें वह इतमीनान होता था कि वह उनके दुश्मनों की तादाद में इज़ाफ़ा कर रही हैं और उनके बच्चे बड़े होकर क़ाज़ी कमालउद्दीन की बेइज़्ज़ती का बदला लेंगे!

औलादों के दुश्मन होने की बात भी, इस उम्र में, अन्य कई बातों की तरह मेरी समझ में नहीं आती थी।

समय बीतने के साथ कर्नल नजीबउल्लाह और कौसर जहाँ की अमीना की शादी की चिन्ता बढ़ती गई थी। उन्होंने अपनी उलझन पहले तो बन्दा अली ख़ान और माहरू ज़मानी के सामने रखी थी और जब उन्हें बात को टालने का अन्दाज़ा हुआ था तो खुद कोई आख़री फ़ैसला करने से पहले अमीना से मशवरा किया था।

ठीक, कि संजीदा सोज़ का नाम मुल्क के बड़े शायरों में शुमार किया जाता था, तस्लीम, कि लोग उनसे शायरी में इस्लाह लेना और अपना उस्ताद कहना बड़ी इज़्ज़त की बात समझते थे, यह भी माना कि दिल्ली में रहकर वह जो काम गम्भीरता से करना चाह रहे थे—एक हिन्दी-उर्दू, द्विभाषी साप्ताहिक का सम्पादन, वह एक विशेष वर्ग में स्वीकृति पा रहा था और देश का इकलौता ऐसा अख़बार था जो हिन्दी और उर्दू जाननेवालों को एक-दूसरे के निकट लाने का प्रयास कर रहा था, वह उसमें कितना सफल होता है, यह तो आनेवाला वक़्त ही बता सकता था : यह सब

ख़ूबियाँ अपनी जगह लेकिन माँ-बाप की हैसियत से वह लोग अमीना के प्रति अपनी ज़िम्मेदारियों से ग़ाफ़िल नहीं रह सकते थे। फिर यह तो संजीदा की ख़ूबियों की गिनती थी, समय-समय पर उनके बारे में जैसी निराशाजनक ख़बरें सुनने को मिलती थीं, उनको एकदम अनदेखा तो किया नहीं जा सकता था। मँगनी हुए एक मुद्दत हुई, उन्होंने न तो इस बीच भोपाल आना ज़रूरी समझा और न किसी और तरह अपनी होनेवाली ससुराल से ताल्लुक़ क़ायम किया। ठीक है कि अमीना का छोटा भाई, सईदउल्लाह दिल्ली गया तो उन्होंने उसके साथ सगे भाई जैसा सलूक किया—इतना कि सईद उनकी तारीफ़ करते नहीं थकता। सईद का परिचय उन्होंने अपनी नानी से भी यही कहकर कराया कि यह आपकी होनेवाली बहू के छोटे भाई यानी खुद मेरे छोटे भाई हैं, और नानी ने सईद के साथ अमीना के लिए तोहफ़ा भी भेजा। वह सईद को अपने साथ अदबी नशिस्तों, अख़बार के दफ़्तर और गाने की महफ़िलों में भी ले गए और हर एक से ससुराली रिश्ते के हवाले से ही उसका परिचय कराया। यह सब बातें सच और सही थीं, कौसर जहाँ ने समझाया था जबकि नजीबउल्लाह सिर झुकाए अपनी शिकार में काम आई टाँग को सहलाते बैठे रहे थे।

—हम लोग कभी ख़त्म न होनेवाली ज़िन्दगी तो लेकर आए नहीं हैं, कौसर जहाँ ने कहा था—तुम्हारे अब्बू और मैं, कम-से-कम अपने फ़र्ज़ के बोझ से तो ख़ुबुकदोश हो सकें। ऐसा तब ही मुमकिन होगा जब हम तुम्हारा घर बसा हुआ देखेंगे। मुझे नहीं लगता कि इस रिश्ते में तुम्हें कोई खुशी मिल सकेगी। मेरे दिल में अदीब-शायरों के लिए बहुत इज़्ज़त है, तो भी आज के ज़माने में शायर को मीर और ग़ालिब से हटकर जीने के हुनर की ज़रूरत है। बी.ए. करने के बाद भी संजीदा अली अपनी तालीम का सही मसरफ़ नहीं कर पाए वरना उनको कोई मुनासिब नौकरी मिलना मुश्किल नहीं था। ख़ानदान की भी उनके अजीब हालत है कि दो भाई हैं जिनमें बड़ा चीज़ों पर क़ब्ज़ा किए बैठा है और छोटे की हर जाने-अनजाने के सामने नुक्ताचीनी करता रहता है। बन्दा अली के ससुरालवाले खुलकर कुछ नहीं कहते मगर मरहूम क़ाज़ी साहब से उनके बरताव को लेकर दिल में बुराई रखते हैं। नानी दिल्ली में रहती हैं और इतनी बूढ़ी हो चुकी हैं कि उनसे इन मामलों में पड़ने की उम्मीद नहीं की जा सकती। सईद कुछ भी कहे, बहरहाल वह अभी छोटा है। मँगनी को इतने साल हुए और अगर शादी यहाँ हो भी जाती है तो तुम्हीं बताओ बेटी, कल को कोई ऊँच-नीच होती है तो किससे शिकवा करेंगे?

—क़ाज़ी साहब से उनकी बीमारी के दिनों में मेरी बात हुई थी, आख़िरकार गला खँखारकर नजीबउल्लाह शुरू हुए थे—उनके न रहने से चन्द रोज़ पहले। शरीफ़ आदमी थे, तफ़सील तो बताई नहीं मगर बहुत तकलीफ़ में थे बन्दा अली के रवैए से। उन्हें अक़ीदत थी बन्दा अली के अब्बा, ज़ीशान अली ख़ान से जो बड़े आलिम और इंक़िलाबी थे मगर बन्दा अली ने उन्हें मायूस किया और दिली सदमा

पहुँचाया। माहरू के अपने घरवालों से मिलने तक पर उन्होंने पाबन्दी लगा दी थी, तुम्हें खुद ख़बर है।

अमीना समय-समय पर माहरू से मिलती रही थी और माहरू उसके सामने अपने दिल की बातें खुलकर बयान करती रही थी।

कौसर जहाँ और नजीबउल्लाह की बातें सुनकर अमीना ख़ामोश रही थी।

—अभी देर नहीं हुई, नजीबउल्लाह ने आश्वस्त करती गम्भीर आवाज़ में कहा था—बेहतर-से-बेहतर रिश्ता तुम्हारे लिए आसानी से मिल सकता है। मिल सकना भी मैं ग़लत कह रहा हूँ—रिश्ते के ख़्वाहिशमन्द ख़ानदानों के नाम मैं तुम्हें बता सकता हूँ।

—हमारे ख़्याल में यही मुनासिब रहेगा, कौसर जहाँ ने ताईद की थी—जो कुछ हो चुका उसे भूलकर मामले की नई शुरुआत करनी चाहिए।

—बड़े लोगों के बड़े अन्दाज़ हैं। नजीबउल्लाह के स्वर में व्यंग्य था—बड़े भाई ने मस्जिद बनवाकर अपनी मग़फ़िरत का सामान तो कर ही लिया, अब माशाअल्लाह हर साल ख़ानदान में इज़ाफ़ा फ़रमा रहे हैं। किसी चीज़ की कमी नहीं, मुल्क के नामी-गिरामी हकीमों में उनका शुमार होता है। मुल्क की बड़ी-बड़ी हस्तियाँ उनकी आए दिन मेहमान होती हैं, और मुल्क और क़ौम के मामले तय किए जाते हैं। उधर छोटे भाई साहब ज़िन्दगी को एक ख़्वाब समझकर जी रहे हैं! वैसी ही ग़ज़लें कह रहे हैं और उसी तरह के जर्नलिज़्म के तजुरबे कर रहे हैं। एक अख़बार को दो रस्मुलख़तों में छापकर क्या कोई किसी इंक़िलाब की उम्मीद कर सकता है!

यह बताना ज़रूरी है कि यह बातचीत सन् 1915 में, यानी संजीदा और अमीना की मँगनी के सात साल बाद हो रही थी। यानी तब अमीना की उम्र 22 साल होने जा रही थी जो उस ज़माने में लड़की के लिए ज़्यादा और ऐब की बात समझी जाती थी। दूसरे, कर्नल नजीबउल्लाह, जिनके बचाए से रियासत के वलीअहद तो शिकार में बच गए थे, खुद उस दुर्घटना के नतीजे लम्बी उम्र पर फैलते प्रभावों से नहीं बच पाए थे। हालाँकि उम्र अभी उनकी साठ वर्ष भी नहीं थी, लेकिन किसी पल कमज़ोरी और बुढ़ापे का एहसास उन्हें यूँ घेरता कि आँखों के सामने मौत साक्षात् आकार ग्रहण करती लगती : अपने आसपास फैली वास्तविक दुनिया से धीरे-से कटकर वह एक गहरे, घने जंगल में पहुँच जाते। उन्हें आश्चर्य होता, जंगल को साँस लेता सुनकर। फिर जंगल अपनी बोली बोलता—एक भाषा, नजीबउल्लाह को लगता, जिसे वह सीखकर भूल गए हैं। फिर सब उलट-पुलट जाता। एक लम्बी छलाँग लगाते जंगल को वह हवा में दबोच लेते। फुरैरी के साथ ही तिलिस्म टूट जाता और वह बेक़ाबू होकर जो भी सामने पड़ता उसे डाँटने-फटकारने लगते। उन पर जो बीत रही थी उसे किसी हद तक कोई समझ सकता था तो पत्नी, कौसर जहाँ क्योंकि अब जंगल आए दिन नींद में भी नजीबउल्लाह पर हमलावर होने लगा था, और कौसर जहाँ, उनके मुँह से निकले, बातचीत के अधूरे टुकड़े जोड़कर उनका मतलब समझने लगी थीं।

साथ ही जागते में भी नजीबउल्लाह कई बार बच्चों-सी मासूमियत के साथ उनसे पूछ चुके थे कि क्या शिकार में वलीअहद की जान बचाकर उन्होंने कोई ग़लती की थी? अगर नहीं, तो जंगल क्यों रोज़-ब-रोज़ उनकी जान के पीछे पड़ता जा रहा था। उस शेर को तो उन्होंने अपनी एक टाँग और एक आँख गँवाकर भी राइफ़िल का निशाना बना दिया था, लेकिन पूरे जंगल से कोई किस तरह लड़ सकता है? यह सविलम्ब मानसिक असन्तुलन की स्थिति थी या चोट के कारण किसी अन्य प्रकार की शारीरिक-मानसिक क्षति, अन्दाज़ा लगा पाना मुश्किल था। हकीम-डॉक्टरों से नजीबउल्लाह को वैसे भी बैर था। उनकी निस्बत वह मामला जंगल से ही सीधा-सीधा तय करना बेहतर समझते थे। सिर्फ़ कौसर जहाँ थीं जिन्हें पति के दिन-ब-दिन जंगल में खोते जाने का एहसास और चिन्ता थी। अपने बूते-भर वह उन्हें खो जाने से बचाने के जतन करती रहती थीं। उनका बेटा, सईदउल्लाह, पिता के नक़्शे-कदम पर चलते रियासत की फ़ौज में था और जल्द ही उसे अच्छा ओहदा मिलने की उम्मीद थी। विडम्बना यह कि सईद, जिसे व्यक्तित्व में अधिकांश बातें—खड़ी नाक, आँखों का रंग और पढ़ने-लिखने में दिलचस्पी माँ की ओर से मिली थीं, यह सोचकर फ़ौज में गया था कि उससे पिता को खुशी होगी और उन्हें फ़ौज में कुछ कर गुज़रने के अपने सपने को साकार होते देखने का अवसर मिलेगा, लेकिन हुआ उसके बिल्कुल उल्टा था। यह कौसर जहाँ का धार्मिक संस्कारों में डूबा, सूफ़ी-सन्तों के क़िस्से बयान करता, शेरो-शायरी की बारीकियाँ समझाता सान्निध्य था या एक सीधे-सपाट पठान का दुनिया को स्याह या सफ़ेद में समझने का अन्दाज़, या केवल शारीरिक दुर्बलता और जीवन के अन्त का टुकड़े-टुकड़े में आभास, बहरहाल नजीबउल्लाह को अपने सिपहगिरी के पेशे से नफ़रत होती गई थी। पहले वह रोज़े-नमाज़ को मिलिट्री की ड्रिल की तरह अदा करते थे, बिना अरबी में बुदबुदाए जानेवाले वाक्यों का मतलब समझने की कोशिश किए : अब तर्जुमा पढ़कर वह जानना-समझना चाहते थे कि ज़िन्दगी-भर क्या दोहराते रहे। सईद को उन्होंने फ़ौज में जाने से रोका तो नहीं मगर महसूस यही किया था कि एक और इंसान ज़िन्दगी का मतलब समझे बग़ैर जीने को अभिशप्त हुआ।

इससे पहले भी इस शादी को लेकर नजीबउल्लाह अपनी चिन्ता और बन्दा तथा संजीदा के प्रति निराशा, कई बार व्यक्त कर चुके थे मगर हमेशा अमीना ने हँस-बोलकर उनके दिल का बोझ हल्का कर दिया था और एहसास दिलाया था कि वह इन्तज़ार के लिए तैयार थी। अच्छी और बुरी, दोनों ही तरह की ख़बरें उस तक अपने मंगेतर के बारे में, विभिन्न माध्यमों से पहुँचती रही थीं, मगर उनको उसने महत्व नहीं दिया था—हत्ताकि छोटे भाई की संजीदा की ढेर सारी तारीफ़ को भी।

—मैं आख़री बार समझकर, नजीबउल्लाह ने रूमाल से नाक पोंछते हुए कहा था—इस बात को इसलिए उठा रहा हूँ कि बन्दा अली ख़ान ने तो एक तरह से

जवाब ही दे दिया है। वह छोटे भाई को लेकर कोई भी ज़िम्मेदारी क़बूल करने से इंकार करते हैं। खुद उन्हें संजीदा अली से ढेरों शिकायतें हैं। पिछले सालों में जब कभी उनका दिल्ली जाना हुआ है, संजीदा अली से कभी मुलाक़ात तक नहीं हो पाई। बन्दा अली का ही ख़्याल है कि वह जान-बूझकर उनके सामने नहीं आना चाहते और बहाना बना देते हैं कि लखनऊ, पटना, लाहौर—कहीं भी बाहर मुशायरा पढ़ने गए हैं। घर कभी ख़त लिखते भी हैं तो सिर्फ़ पैसा मँगाने के मक़सद से, और अभी तक न जाने कितना पैसा इस तरह मँगवा चुके हैं। अच्छा-ख़ासा साइंस का मज़मून छोड़कर, बी.ए. किया है लेकिन उसका भी कुछ फ़ायदा नहीं। दोस्तों में दिन-रात घिरे रहते हैं। शौक़ रईसों के हैं, मगर आमदनी का कोई ज़रिया पैदा नहीं कर पाए हैं। मुशायरों से किसी का गुज़र-बसर हुआ है जो उम्मीद की जा सके। ऊपर से अख़बार एक और घाटे का सौदा बना हुआ है। नानी को घर का ख़र्चा बन्दा अली भेजते हैं और संजीदा अली के तक़ाज़ों को भी पूरा करते हैं। न करें तो एक दिन भी उनकी गाड़ी चलना मुश्किल हो जाए।

—संजीदा अली में बहुत-सी खूबियाँ हैं, नजीबउल्लाह के चुप होते ही कौसर जहाँ ने कहा था—उनके बारे में लोग अफ़वाहें तो तरह-तरह की सुनाते हैं मगर बन्दा अली ख़ान के अलावा बुराई कोई नहीं करता। शेर खूब कहते हैं। अख़बार वह जिस तरह निकाल रहे हैं वह भी एक कारनामा है। एक अख़बार एक साथ हिन्दी और उर्दू रस्मुलख़त में निकालने का यह पहला तजुर्बा है। इसकी हौसलाअफ़ज़ाई की जानी चाहिए। आज क़ौमों की जद्दोजहद में अख़बारों की बड़ी अहमियत है जैसा कि सर सैयद के 'तहज़ीब-उल-अख़लाक़', अबुल कलाम के 'अलहिलाल' और दूसरे अख़बारों को देखकर लगता है। यह अहमियत वक़्त के साथ बढ़ेगी। संजीदा अली के अख़बार का मिज़ाज अदबी है, सियासी नहीं : आगे शायद यह भी बदले। बहरहाल, है यह हिम्मत का काम। लेकिन बेटी, घर-गृहस्थी हिम्मत से नहीं, होशियारी से जोड़े जाते हैं, यह हमारा ख़्याल है। हो सकता है, तुम इससे हटकर सोचती हो। क्या पता, वही सही हो। हम उस उम्र में हैं जब तुम्हारे लिए देखे सपनों को सच होते देखना चाहते हैं। वक़्त और उम्र अब हमारे और कर्नल साहब के रक़ीब हैं। यही तुम्हारे रफ़ीक़ हैं। हमें तुम पर भरोसा है बेटी, तुम्हारी समझ पर भरोसा है। अपनी मर्ज़ी तुम पर थोपने की हम कभी कोशिश नहीं करेंगे। न तुम्हारी मंशा के ख़िलाफ़ क़दम उठाएँगे। तुम कहोगी तो किसी नए रिश्ते की बात करेंगे। तुम चाहोगी तो तुम्हारे साथ इन्तज़ार करेंगे।

यहाँ तक बात पहुँची थी कि जैसे किसी निर्देशक के इशारे पर, सईदउल्लाह ने मंच पर प्रवेश किया था : उसके हाव-भाव से खुशी छिपाए नहीं छिपती थी।

—यह ख़त अभी डाक से आया है, उसने खुला हुआ लिफ़ाफ़ा और ख़त कर्नल नजीबउल्लाह की ओर बढ़ाते हुए, उत्तेजित स्वर में अपने संवादों को अदा किया

था—सोज़ साहब की तरफ़ से। सब ख़ैरो-आफ़ियत है। आनेवाले चन्द दिनों में हम उन्हें अपने दरमियान देखने की उम्मीद कर सकते हैं। शहर में मुशायरा हो या न हो, सोज़ साहब तशरीफ़ लानेवाले हैं।

और बग़ैर अमीना के एक जुम्ला बोले भी बातचीत और विषय की गम्भीरता एकदम ख़त्म हो गई थी।

संजीदा सोज़ का अपनी ससुराल में किसी को भी लिखा गया वह पहला ख़त था जो ऐसी नाज़ुक घड़ी में वहाँ पहुँचा : उसी के कारण उनकी अमीना से मँगनी आनेवाले तीन साल और क़ायम रह सकी।

शादी तो उनकी, बिलआख़िर, सन् 1918 में ही सम्भव हुई थी।

संजीदा अली का ख़त उस ख़ास पल कर्नल नजीबउल्लाह को मिलना सोचने पर, किसी चमत्कार से कम नहीं लगता। शायद हर एक ही के जीवन में ऐसे अनेक चमत्कारपूर्ण क्षण आते हैं जिन्हें बाक़ी ज़िन्दगी के उबाऊ रुटीन में वह भुला देता है : भुलाता नहीं तो बेज़ारी से यह कहकर याद कर लेता है कि उससे फ़र्क़ क्या पड़ गया। फ़र्क़ शायद पड़ता भी है और नहीं भी। पड़ता इस कारण है कि ऐसे क्षण किसी भी जीवन के लिए बड़ा टेका साबित हो सकते हैं। नहीं पड़ता, इसलिए कि जीवन ऐसे चमत्कारपूर्ण क्षणों का निरन्तर सिलसिला नहीं है। टेका महत्वपूर्ण हो सकता हैं मगर महज़ टेकों पर ज़िन्दगी गुज़ार सकने की कल्पना मूर्खतापूर्ण और खुद को धोखा देनेवाली सिद्ध हो सकती है। बल्कि होती ही है। इसके बावजूद न तो सारे जानवरों को एक ही लाठी से हाँका जा सकता है और न तमाम ज़िन्दगियों को एक पैमाने से नापा जा सकता। किसी घटना को चमत्कार साबित करना या उसके चमत्कार न होने को लेकर बहस करना हमारी मंशा भी नहीं है। हम देख उतना ही सकते हैं जितना सतह के ऊपर नज़र आता है। सतह के नीचे के बारे में तो, वह सही हों या ग़लत, केवल अनुमान ही लगाए जा सकते हैं : ख़ास तौर पर बात जब इंसानी ज़िन्दगी की सतह की हो।

पहुँचा तो संजीदा का ख़त बिल्कुल सही मौक़े पर मगर कैसे? इस बारे में एक संक्षिप्त और सरसरी, मालूमाती जायज़ा तो लिया ही जा सकता है : इन बीते वर्षों में संजीदा क्या करते रहे, क्यों करते रहे, की थोड़ी तफ़सीली पड़ताल के साथ।

सतह पर एक बात, जो मोटी इबारत में लिखी देखी जा सकती थी, वह यह कि शायरी छोड़कर बाक़ी जिस तरह की ज़िन्दगी उस दौरान संजीदा जीते रहे थे, उसे किसी पल एकमुश्त याद करके वह खुश या सन्तुष्ट होने के बजाए शर्मिन्दा और उदास हो उठते थे। अपने बारे में खुद उनकी राय उससे अधिक भिन्न नहीं थी जो बन्दा अली ख़ान उन्हें बदनाम करने की दुनिया में प्रचारित करते रहते थे। बस, थोड़ा-सा

फ़र्क़ था : बन्दा अली समझते थे कि वह जो कुछ कह रहे थे, वह झूठ था; कि वह खुद संजीदा से जलते थे; उनकी शायरी से जलते थे। वह खुद शेर कह नहीं सकते थे, इस झुँझलाहट में उनकी छाती संजीदा के हसद में हरी थी। इसके बरख़िलाफ़ संजीदा की खुद अपने बारे में राय सौ फ़ीसदी ईमानदाराना थी। वह शराब पीते थे, खुद को अपराधी समझते थे। गुलबदन को वह अपनी तसकीन के लिए इस्तेमाल करते थे—गाना हुआ, नाच हुआ, उसके साथ हमबिस्तरी हुई, इसकी पशेमानी थी। वह बड़े-बड़े लोगों से मिलकर, उनकी बातें सुनकर भी अपने ज़ेहन में फैले कोहरे से निजात नहीं पा सके थे, इसका मलाल था। मौलवी किफ़ायतुल्लाह को वह इस तरह भूल चुके थे, जैसे जीवन में कभी जाना ही न हो। अपने खर्च तक के लिए वह खुद पैसा नहीं कमाते थे, वह शर्मिन्दगी थी। शादी से बचकर, एक लड़की के इन्तज़ार को अनेदखा कर, वह खुद एक अय्याश की ज़िन्दगी जी रहे थे, इसका पश्चाताप था। अठ्ठारह साल की उम्र में दुनिया से बेज़ारी के बाद लगता था आगे उस बेज़ारी को और पुख़्ता करने के सिवा उनके पास कोई चारा न था।

वैसे दीवानगी का वह लम्हा संजीदा के लिए यादगार था जब उन्होंने गुलबदन को पहली बार देखा था : देखा था, और देखते ही रह गए थे। यह अमीना से उनकी मँगनी के चन्द महीने बाद ही की बात थी...

हबीब रज़ा संजीदा का सहपाठी और दोस्त था। संजीदा अली, अखिलेश माथुर, असलम चुग़ताई और हबीब रज़ा की दोस्ती अलीगढ़ में मशहूर थी। वह चारों रहते अलग-अलग थे लेकिन कॉलेज और तफ़रीह में चारों का साथ रहता था। दिसम्बर के आख़री हफ़्ते में हबीब ने तीनों दोस्तों से अपने बड़े भाई की शादी में ज़ोर देकर रामपुर आने को कहा था। हबीब का सम्बन्ध रामपुर के एक दौलतमन्द ज़मींदार परिवार से था। शादी बहुत धूमधाम से हुई थी। वह सारी धूमधाम, हंगामे और भीड़भाड़ और शादी में शिरकत करनेवाले नामी-गिरामी लोग उस एक पल के झमाके में संजीदा के लिए फीके पड़ गए थे जब उनकी नज़र दो मुजरा करनेवालियों—चम्पा और चमेली—के बीच बैठी उस गुमसुम, साँस लेती आकृति पर पड़ी थी। मुजरे के बोल थे—

अभी हमारी मुहब्बत किसी को क्या मालूम
किसी के दिल की हक़ीक़त किसी को क्या मालूम।

मुजरा नहीं, एक तिलिस्म था! चम्पा और चमेली की आवाज़ों का आपसी अभिवादन, लय और लोच का पारस्परिक रचाव, सारंगी के सुर और तबले की थाप की एक-दूसरे में बुनावट : संजीदा अली सोज़ पूरी तरह अपने होश खो भी न पाए थे कि तिलिस्म दुबाला हो गया था। चम्पा और चमेली ने मुजरे का पहला शेर जैसे ही पूरा किया था, उनके बीच बैठी, गुमसुम, साँस लेती आकृति उठ खड़ी हुई थी। यह भूचाल आने से पहले की ख़बर थी। भूचाल के आलम में संजीदा सोज़ ने देखा वह आकृति शेर दोहरा रही थी—''अभी हमारी मुहब्बत किसी को क्या मालूम/

किर्स के दिल की हक़ीक़त किसी को क्या मालूम।'' और दोहराने के साथ-साथ वह (उर्दू के विख्यात व्यंग्यकार मुशताक़ अहमद यूसुफ़ी के शब्दों में) 'नाचते हुए महफ़िल के चक्कर लगा रही थी। उसके भरे-भरे बाज़ू कुछ ऐसे थे कि पोशाक पहने होने के बाद भी वह नंगी-नंगी-सी लगती थी। महफ़िल के चक्कर लगाने के बाद वह बीच में खड़ी होकर एक ही जगह फिरकी की तरह तेज़ी से घूमने लगी थी। ज़री के भारी काम का लशकारा मारती उसकी पिशवाज़ हर चक्कर के बाद ऊँची उठते-उठते कमर तक जा पहुँची थी। यूँ लगा था जैसे जुगनुओं का एक हाला रक़्स में हो। लौ और गर्दिश तेज़, और तेज़ होती गई थी। किरन-से-किरन में आग लगती चली गई थी। फिर नाचनेवाली नज़र आना बन्द हो गई थी, सिर्फ़ नाच नज़र आता रहा था। और जब वह (नाचती आकृति) यकायक रुकी थी तो पिशवाज़ सुडौल टाँगों पर अमरबेल की तरह तिरछी होकर लिपटती चली गई थी।' (यक़ीन कीजिए, इस दृश्य की कल्पना, जो कभी संजीदा सोज़ के सामने रहा होगा, मैं इन शब्दों के अलावा, जो दरअसल यूसुफ़ी साहब ने एक अन्य सन्दर्भ में लिखे हैं, कर ही नहीं पाता। प्रशंसक तो उनके लेखन का मैं हूँ ही, यहाँ विशेषकर उनके प्रति अपना आभार व्यक्त करना चाहता हूँ।)

दिसम्बर की उस सर्द रात संजीदा को अपने शरीर से पसीने के फव्वारे फूटते लगे थे। उन्हें लगा था इर्द-गिर्द बैठे तमाम लोग पसीना-पसीना होकर हाँफ रहे थे।

चम्पा और चमेली ने मुजरे का अगला शेर पढ़ा था और उसके बाद फिर, फिरकी-सी घूमती, शोले-सी लपकती, साँस लेती आकृति! साज़, आवाज़ और देह की मुद्रा-भंगिमाओं का संगम। संजीदा को लगा था कि वह एक ऐसे शून्य में साँस ले रहे थे जो आदि से था और अनन्त तक रहेगा। उस होते हुए न होने की कैफ़ियत में उन्हें माँ, जहाँआरा बेगम याद आई थीं जो कुछ ही पूर्व हज पर रवाना हुई थीं : खुद के और बनानेवाले के बीच हिसाब बेबाक़ करने की मंशा से। उनके चेहरे पर यकायक सिमट आई ज़िन्दगी से उकताहट और मायूसी याद आई थी। उन्हें गुड्डू याद आया था—ज़िन्दगी की हरारत से भरपूर नौजवान जो अपने बारे में सोचने से पहले ही ख़त्म हो गया था : ख़त्म कर दिया गया था। उन्हें अपने पिता ज़ीशान अली ख़ान याद आए थे, और उन्हीं के साथ तमाम वह लोग जिनके नाम आए दिन अख़बारों में छपते रहते थे : जो किसी चीज़ शायद किसी तरह की आज़ादी के लिए लड़ रहे थे, अपनी जानें दे रहे थे। ज़िन्दगी की बेसबाती को समझे-बिना समझे, जो मौत में अनश्वरता की आशा खोज रहे थे। उन्हें आरिफ़ याद आया था जिसके दफ़न में वह खुद शरीक थे। उसका वह कमरा याद आया था जिसकी दीवारों को उसने कुरान की आयतों से रँग रखा था : तहरीरें जो तस्वीरें बनाती थीं। उन्हें वहीदन और उसकी आवाज़ की दिन-ब-दिन ढहती मुँडेर याद आई थी और कुछ दिन पहले बिरजू के पूछे सवाल याद आए थे—क्या हमें मालूम था हम किस आज़ादी के लिए लड़ रहे

थे? एहसास था कि आक़ा और गुलाम का रिश्ता हिन्दुस्तानी और हिन्दुस्तानी के बीच भी शताब्दियों पुराना था? संजीदा को क़ौमें याद आई थीं, अधहोशी से बढ़कर, धीरे-धीरे, एक गहरी नींद में डूबती, और ज़मानों की नींद के बाद, ताज़ा-दम होकर जागतीं। उन्हें हज पर रवाना होने से पहले बन्दा अली की दुआ—अल्लाह तुम्हें ज़र और ज़मीन ही नहीं, ज़न के झगड़ों से भी बचाए, याद आई थी, और नानी अमतुल कबीर याद आई थीं जो हर पल बदलती दुनिया में किसी पुरानी यादगार की तरह चली जा रही थीं। उन्होंने उन तमाम पैग़म्बर-अवतारों को याद किया था जो समय के साथ पोशाक-से पुराने, निरर्थक और सन्दर्भहीन हो जाते हैं। वास्तव में वह संजीदा की पूर्ण पराजय और हथियार डालने की कैफ़ियत थी। उन्होंने आँख उठाकर देखा—नाचनेवाली नहीं सिर्फ़ नाच नज़र आ रहा था और कानों से मुजरे के बोल—अभी तो फ़ित्ने ही बरपा किए हैं आलम में/उठाएँगे वह क़यामत किसी को क्या मालूम, टकरा रहे थे।

उस साँस लेती गुमसुम आकृति का नाम बाद में संजीदा को गुलबदन मालूम हुआ था और यह भी कि चम्पा-चमेली और उसका सम्बन्ध कहीं और से नहीं, शहर दिल्ली से ही था। बहुत बेताबी से, चन्द ही दिन बाद, वह अपने दोस्तों के साथ चम्पा और चमेली के कोठे पर मुजरा सुनने पहुँच गए थे। मुजरे का ख़ास एहतमाम किया गया था और वहाँ सिर्फ़ संजीदा और उनके दोस्त थे। उसी महफ़िल में पहली बार संजीदा ने मुजरे को उसकी असली नज़ाकत और बारीकी के साथ जाना था। सोज़ की फ़रमाइश पर चम्पा-चमेली ने मुजरा शुरू ही गुलबदन से कराया था। वही एक पिघला देनेवाली आँच की तरह गले से निकलकर रात का तापमान कुछ बढ़ाती आवाज़। गुल ने शेर पढ़ा था—ज़मीं पर पाँव नख़वत से नहीं रखते परी-पैकर/यह गोया इस मकाँ की दूसरी मंज़िल में रहते हैं।

संजीदा के दोस्तों ने दाद दी थी। पान की गिलोरियाँ पेश की गई थीं। तबला दिल की धड़कन-सा धड़का था और सारंगी ने साँस खींचकर अँगड़ाई ली थी। गुलबदन की देह धनुष-सी कस गई थी। उसकी कासनी रंग की पोशाक झाड़ और फ़ानूस की रोशनियों में शरीर की जुम्बिश के साथ हर क़दम पर रंग बदलती महसूस हो रही थी। वह कम-उम्र थी और कम-तजुर्बा—यह उसके व्यवहार के कच्चेपन और मुजरे में जान झोंक देने के अन्दाज़ से समझा जा सकता था जिसमें लहराती पिशवाज़ का सीमा से ऊपर तक उठ जाना भी शामिल था। उसकी आवाज़ की विशेषता दर्द का एक ख़ास लहजा था जो संजीदा के दिल को छूता था। उसने ग़ज़ल शुरू की थी—उड़ाई ख़ाक तेरी जुस्तजू में हर कहीं बरसों/फिरी है, आसमाँ बनकर मेरे सिर पर ज़मीं बरसों। सबने दिल खोलकर दाद दी थी। वाहवाही के बीच गुलबदन ने ग़ज़ल पूरी करके मक़्ता पढ़ा था—खुदा की शान अब तुम दाग़ की सूरत से जलते हो/वही दिलसोज़ है जो रह चुका है दिलनशीं बरसों।

मुजरा आगे भी चला था। चम्पा और चमेली ने भी पढ़कर सुनाया था मगर संजीदा की नज़र पलभर को भी गुलबदन पर से नहीं हटी थी। वह बिना किसी की परवाह किए पूरे वक़्त, बहुत ढिठाई से अपनी नज़रें उसके जिस्म पर गाड़े रहे थे, जैसे भीतर ही नहीं उसके आर-पार देख लेना चाहते हों।

आनेवाले दिनों में गुलबदन को लेकर संजीदा की दीवानगी इस तरह बढ़ी थी कि वह तरह-तरह के बहाने करके अलीगढ़ से दिल्ली पहुँच जाते : महज़ गुल की आवाज़ सुनने, उसकी देह से अपनी आँखें सेंकने। गुलबदन की तरबियत और तालीम सलीक़े से हुई थी और चम्पा-चमेली उससे पेशा नहीं कराती थीं। शायद मुनासिब मोल या आदमी तब तक नहीं मिल सका हो। संजीदा सोज़ उन्हें कसौटी पर खरे उतरते नज़र आए थे और उन्होंने खुलकर उनके गुलबदन से रिश्ते को पनपने का मौक़ा और उसमें सहयोग दिया था। बात की पूरी गम्भीरता का उन्हें शायद तब भी अन्दाज़ा न होता अगर संजीदा अली का कोठे पर आना-जाना कुछ लम्बे ही समय के लिए बन्द न हो गया होता और उन्होंने गुलबदन को उनकी जुदाई के ग़म में घुलते न देखा होता। यह वही अन्तराल था जब जहाँआरा के इन्तक़ाल की ख़बर सुनकर संजीदा ने दुनिया में किसी से भी न मिलने का फ़ैसला किया था। वह अलीगढ़ से दिल्ली नहीं आए थे, और आए थे तो जीवनलाल के दुखद अन्त की ख़बर पर। जीवन के अन्त के बाद संजीदा को बशारत मंज़िल की भी कई ज़िम्मेदारियाँ सँभालनी पड़ी थीं। इस प्रकार कुछ समय के लिए वह अलीगढ़ और दिल्ली दोनों जगह परिचितों की दुनिया से दूर हो गए थे। कुछ समय यानी लगभग तीन महीने।

और गुलबदन? क्या सचमुच वह इतनी हसीन थी कि संजीदा के पास दिल खोने के सिवा चारा न रहता? कोई ऐसी खूबी जो संजीदा को उससे पहले किसी औरत में नज़र न आई हो?

इन सवालों पर फ़रीदा फफू दिल खोलकर हँसती थीं : कीट्स, शैली, शेक्सपीयर की पंक्तियाँ, जो उन्हें ज़बानी याद थीं, दोहरातीं और उनका मतलब समझाती थीं।

—खूबसूरती क्या होती है, वह कहतीं—यह तो देखनेवाली आँख ही जानती है। वैसे इसकी एक कसौटी आँख-नाक-कान और जिस्म के एतबार से तय भी है, और कुछ लोग उसे ही मानते हैं। अमजी ऐसी सरसरी बातें ख़ातिर में लानेवालों में से नहीं थे। इसका मतलब यह नहीं कि गुल चची कोई बदसूरत औरत थीं। हमने उस उम्र में तो उन्हें देखा नहीं जब अमजी उन पर आशिक़ हुए थे मगर बाद में भी उनमें एक कशिश ज़रूर थी। नमक की खदान, बिल्कुल! फफू हँसतीं—इतना नमक कि कोई उसका दीवाना भी हो सकता था, और कोई दूसरा उससे आजिज़ भी आ सकता था। मजनूँ को लैला में क्या नज़र आया, दुनिया के लिए एक पहेली थी, पहेली ही रहेगी। सोज़ को भी गुलबदन में ऐसा ही कुछ नज़र आया होगा। खुद हमने उन्हें, नाचना तो अलग, कभी गाते भी नहीं देखा : गुनगुनाते तक नहीं सुना। एक औसत औरत

जैसी भी हो सकती है, बस, वैसी ही थीं देखने में। गेहुँआ रंग, गहरी काली आँखें, लम्बे बाल मगर बाक़ी नक़्श मामूली। क़द, कोई साढ़े पाँच फ़ीट और खूब भरा-भरा जिस्म। उनका बेटा, बुनियाद दो साल का था जब मैं पहली बार अमीना चची के कहने पर बिल्लो को साथ लेकर उनसे मिले गई थी। वह तब दरीबा-वाले घर में रहती थीं जिसके बड़े सेहन में बेगिनती फूलों के गमले और दालानों में परिन्दों के पिंजरे फैले रहते थे। मैं तब सत्रह-अठ्ठारह साल की थी और बिल्लो चार-पाँच साल की। बिब्बो की उम्र उसी हिसाब से और भी कम रही होगी, और सबसे छोटी—फफू ठण्डी साँस लेतीं—खद्दर तो तब पैदा भी नहीं हुई थी। बुनियाद के लिए कपड़े, खिलौने और मिठाई, सब अमीना चची ने मेरे हाथ भेजे थे, यह कहकर कि यह तुम अपनी तरफ़ से देना। गुल चची के लिए लखनवी कुर्ते ज़रूर मेरे ख़रीदे हुए थे। क्रिसमस की छुट्टियों में हर साल की तरह मैं लखनऊ से भोपाल आने के बजाए दिल्ली चली गई थी। अब्बा और अमजी के ताल्लुक़ात तब तक न होने जितने बचे थे। एक गांधी और अहिंसा का आशिक़, दूसरा मुस्लिम लीग का पक्का हिमायती। ताबन्दा तब कलकत्ते में पढ़ रहे थे और उन पर डॉक्टर बनने का भूत सवार था। हिन्दू-मुसलमान एकता वक़्त के साथ ख़त्म होती गई थी और, दंगे तब तक आम हो गए थे : एक न समझी जा सकनेवाली थाप थी जो मद्धिम स्वर में अनजाने पड़ना शुरू हुई थी जिसे आनेवाले वक़्त में तेज़-से-तेज़ और ऊँचे-से-ऊँचा होते जाना था। तनाव और ख़ौफ़ खून के साथ मिलकर रगों में दौड़ना था, और नफ़रत को एक-एक करके सारे नक़ाब उतारते जाना था। मुहब्बत भी थी तो, मगर निहत्थी, ठुकराई हुई और लोगों के दिलों में जगह ढूँढ़ पाने की आम तौर पर नाकाम कोशिश करती हुई। मुझे याद है, कुछ ही वक़्त पहले किसी मुसलमान मज़हबी-जनूनी ने श्रद्धानन्द को क़त्ल कर दिया था और पूरे मुल्क में आपसी तनाव और बढ़ गया था।

फफू यादों में भटकती लगतीं फिर फ़ौरन ही सतर्क होकर मूल विषय की ओर लौट आतीं।

—तुम्हारे अब्बा भी, वह कहतीं—दिल्ली आ गए थे, और हमने मिलकर बशारत मंज़िल में नए साल का जश्न मनाया था। ऐसा ही होता था और हम दोनों हर बार छुट्टियों में हॉस्टिल से बशारत मंज़िल पहुँच जाते थे। उस घर की दुनिया ही अलग थी। तब तक अमजी के हुलिए में ख़ास बदलाव आ चुका था। वह अंग्रेज़ी कपड़े तज कर खद्दर का कुर्ता-पाजामा और वह टोपी पहनने लगे थे जो बाद की गांधी कैप की शुरुआत थी। रोज़ सुबह-सवेरे जागकर वह पाबन्दी से एक घण्टा चरखा चलाते थे, तकली पर कताई करते थे। शराब वह दोस्तों के साथ पीते थे, मगर हमने उन्हें कभी पीते हुए या नशे में नहीं देखा। बशारत मंज़िल आधी किराए पर उठाई जा चुकी थी, और अमजी की बैठक घर की पहली मंज़िल के उस हिस्से में आ गई थी जिसके नीचे ख़ानदान की रिहाइश थी। सरेशाम चचा के दोस्तों और शागिर्दों का

नजमा लगना शुरू हो जाता, और यह रौनक़ रात देर गए तक रहती। वह नाम जो उस ज़माने के अख़बारों की ज़ीनत हुआ करते थे, बशारत मंज़िल में हँसते-बोलते देखे जा सकते थे—अदबी भी और सियासी भी। शायर दोस्तों के अलावा वहाँ बड़ी तादाद अमजी के शागिर्दों की होती थी, जो कुछ सुनने और सीखने के लिए दो-ज़ानू बैठी रहती थी। ऐसे-ऐसे लोगों को वहाँ शेर पढ़ते देखने का मौक़ा मिला कि आज यक़ीन नहीं होता। इसी तरह एक बार इक़बाल को भी सुना। इक़बाल की सियासत से अमजी को इत्तिफ़ाक़ नहीं था, मगर शायर की हैसियत से वह उनकी इज़्ज़त करते थे। हमें खुद इक़बाल की शायरी पसन्द थी और उनकी नज़्म 'मस्जिदे क़ुर्तबा' बेशक, बहुत ही खूबसूरत नज़्म है। सुनोगे?

और फफू गुनगुनाने लगतीं : ऐसी पंक्तियाँ जो उस उम्र में तो बिल्कुल ही समझ में नहीं आती थीं :

जिसमें न हो इंक़िलाब, मौत है वह ज़िन्दगी,
रूहे उमस की हयात, कशमकशे इंक़िलाब!
सूरते शमशीर है, दस्ते क़ज़ा में वह क़ौम,
करती है जो हर ज़माँ अपने अमल का हिसाब!
नक़्श हैं सब नातमाम खूने जिगर के बग़ैर,
नग़मा है सौदा-ए-ख़ाम खूने जिगर के बग़ैर!

जिन तीन महीनों में गुलबदन का संजीदा से मिलना नहीं हुआ था उसे लगा था वह दुनिया में बिल्कुल अकेली हो गई है।

यह सच था कि संजीदा ने उससे कोई वादा नहीं किया था : उस तरह के किसी वादे की कि संजीदा उसे अपना लें, गुलबदन ने कल्पना भी नहीं की थी। दोनों के बीच बड़े फ़र्क़ को वह अच्छी तरह समझती थी। संजीदा सोज़ एक ख़ानदानी आदमी थे और वह खुद एक तवाइफ़ज़ादी। सोज़ क्योंकि शायर थे इसलिए उसकी ओर उनका झुकाव शौक़ और दिल्लगी से अधिक महत्व नहीं रख सकता था। बहुत हुआ तो उसकी हैसियत उनकी एक रखैल की हो सकती थी। न गुलबदन ने गृहस्थी बनाने का कभी सपना देखा था। उसकी आँख कोठे पर चम्पा और चमेली के बीच खुली थी और वहीं उसकी परवरिश, तालीम और तरबियत हुई थी। उसे तवाइफ़ के जीवन की जो सीमाएँ बताई गई थीं उनके अनुसार जीने में परेशानी नहीं थी। लोग तरह-तरह से जीते हैं सो एक जीने का तरीक़ा यह भी था, वह मानकर चलती थी। किसी दिन किसी मुनासिब ग्राहक के आने पर, मुजरे के अलावा पेशा भी करना पड़ेगा। फिर लोग ज़िन्दगी में आते रहेंगे, जाते रहेंगे : एक सिलसिला शुरू हो जाएगा। उसे कोशिश करनी होगी कि ज़्यादा-से-ज़्यादा दिन बाज़ार का आकर्षण बनी रहे। वह

किसी कहानी का चरित्र नहीं वास्तव में एक मुजरा करनेवाली तवाइफ़ थी जिसका समाज में अलग अपना महत्व और ज़रूरत होती है। लेकिन सोज़ के साथ समय बिताते गुलबदन का हिसाब गड़बड़ा गया था। उन जैसा मर्द उसने पहली बार देखा था, जो इतने पास होने पर भी इस क़दर दूर रहता था। दीवानावार भागकर अलीगढ़ से दिल्ली आता था, और अनुपस्थिति में गुलबदन को अपने जितने क़रीब महसूस होता था, नज़र के सामने आते ही एक फ़ासले पर जा खड़ा होता था। शराब पीता था, और पारदर्शी होता जाता था। मुजरा सुनते, जाने सोच के किस गहरे समुद्र में डूबा रहता था। एक पल गुलबदन को आँख से ओझल नहीं होने देता था, मगर देखता भी कहाँ था उसकी ओर! और खुद गुलबदन को क्या हो जाता था उसके सामने! नज़र पड़ते ही अपनी सीखी-सिखाई, रिझाने-ललचाने की अदाएँ भूल जाती थी। इस लापरवाही के लिए चम्पा ने भी टोका था उसे, चमेली ने भी समझाया था।

—यूँ बदहवासी, एक दिन चम्पा ने अकेले में कहा था—अच्छा शगुन नहीं। यहाँ जो आता है उसे एक तिलिस्म की तलाश लाती है : तिलिस्मे होशरूबा! उसे रंग चाहिए होता है, अदा की तलाश होती है। घर की एकरसता और सादगी से ऊबकर मर्द कोठे की सीढ़ियाँ चढ़ता है। उसे फ़रार चाहिए होता है रोज़मर्रा की ऊब से। वह कोठे की ज़िन्दगी को हक़ीक़त से काटकर रात के अँधेरे और खूबसूरत ख़्वाबों से जोड़कर देखना चाहता है, और इस मायाजाल और नज़र के फरेब के लिए, बड़ी-से-बड़ी क़ीमत अदा करता है। हम और कुछ नहीं, सिर्फ़ कुछ लोगों के ख़्वाबों की सच्चाई हैं। हम बहुत क़ीमती हैं : क़ीमत लेते हैं तो उसका हक़ भी अदा करते हैं। हमारे अपने जज़्बात कुछ नहीं, हम कुछ नहीं। ख़्वाबों के रंग हैं : दूसरों के ख़्वाबों के। और सोज़ तो शायर हैं—इश्क़ो-आशिक़ी के शायर। उनमें उस मर्दानगी का राज़ छिपा है जिसको समझे बग़ैर शायरी नहीं सिर्फ़ अय्याशी की जा सकती है। उस राज़ को समझो!

—आएगा, चमेली ने तीन महीनों की जुदाई में, बार-बार, दिलासा दी थी—तुम्हारा शायर ज़रूर लौटकर आएगा। लेकिन मानकर यह चलना चाहिए, कि नहीं आएगा। कोई किसी भी दिन आना शुरू कर सकता है, बन्द कर सकता है। किसी अजनबी से पहचान, सारे जाने-बूझे चेहरों को अनजाना बना सकती है। मुजरा बन्द नहीं होता, न होना चाहिए। ग़मी हो या खुशी मुजरा होता रहता है। एक रात यहाँ बन्द होगा तो बीसियों दूसरी महफ़िलें सजी हैं। एक नग़मा, एक लय, एक जानदार थिरकन : ज़िन्दगी मौत की माती नहीं, मौत खुद ज़िन्दगी में शामिल है। तुम्हारे पाँव के घुँघरू ब्याहता के सिन्दूर की तरह हैं। आएगा, ज़रूर आएगा, उसने आश्वासन दिया था—तुम्हारा शायर, संजीदा सोज़ ज़रूर लौटकर आएगा। अपनी तन्दुरुस्ती का ख़्याल रखो, अपने ज़िस्म और बनाव-सिंगार से लापरवाह न होओ। मुजरे को उसकी इबादत समझो। याद रखो, वह तुम्हारी सादगी और लापरवाही पर नहीं,

नाच-गाने और जिस्म की कशिश पर दीवाना हुआ है। पुजारी को वह मिलना चाहिए जो उसकी ख़्वाहिश हो। वह आए तो मायूस होकर न लौटे। पूजा का दीप जलता रहे आएगा। ज़रूर आएगा।

चम्पा-चमेली की बातों ने गुलबदन के वक़्त काटने में मदद की थी मगर एक हद तक। वह नाचती और मुजरा करती रही थी मगर अपने भीतर फैले सूनेपन में हर पल उसे किन्हीं क़दमों की आहट का इन्तज़ार रहा था। उसे लगता था संजीदा सोज़ कभी लौटकर नहीं आएँगे। ज़िन्दगी दोबारा वह कभी न हो पाएगी जो उनके नज़दीक रहकर उसने कुछ समय को महसूस की थी। सब इसी नीरसता से चलेगा, चलता रहेगा जब तक भी उसे चलना है। शायद यह उसके अनजाने व्यक्तित्व की सीमा थी कि वह लम्बे हिसाब-किताब के साथ योजना नहीं बना सकती थी। साथ ही, जैसा कि आनेवाली ज़िन्दगी में खुलकर सामने आना था, जो उसे मिल जाए उसे किसी क़ीमत पर छोड़ भी नहीं सकती थी। वह खुद तो अधिक कल्पनाशील नहीं थी मगर पढ़ाए गए सबक़ भूलती भी नहीं थी। एक तवाइफ़ की हैसियत से वह चाहे जितनी उदार रही हो, गृहस्थी के मामले में वह किसी सामान्य स्त्री जितनी ही तंगदिल साबित हुई थी। शायद होना तो यह चाहिए था कि आनेवाले वर्षों में, संजीदा सोज़ से अपनी शादी को लेकर, उसके दिल में अमीना के लिए शुक्रगुज़ारी और वफ़ादारी का जज़्बा पलता : ऐसा किसी हद तक हुआ भी, लेकिन फिर हर चीज़ में अपनी तुलना अमीना से करके अन्ततः वह हसद करने लगी। हो सकता है गुलबदन की जगह कोई दूसरी औरत होती तो उसका व्यवहार और होता, और वह अपनी सारी उम्र अमीना बेगम की ख़िदमत करते गुज़ार देती। या कोई ऐसी औरत भी हो सकती थी जो गुलबदन की तरह ख़ामोशी से जलने-कुढ़ने के बजाए, रोज़ लड़ने-झगड़ने को चुनती और इस रिश्ते के त्रिकोण का अंजाम ही कुछ और होता। इसी तरह संजीदा और अमीना की जगह कोई अन्य दो व्यक्ति होते तो क्या होता, यह कल्पना कर पाना असम्भव ही नहीं फ़ज़ूल भी है। और यह—जो यूँ होता तो क्या होता—अपनी जगह, अभी तो गुलबदन सोज़ के ग़म में घुल रही थी, दिल में तय करने के बाद कि अब उनका साथ नसीब में नहीं। उसे उसी तरह बेमज़गी से जीने की आदत डालनी थी। ज़िन्दगी की असलियत तो तब शुरू होती थी जब मुजरा ख़त्म होता था : साज़ ख़ामोश, आवाज़ गुम और रोशनियाँ गुल। महज़ हाँफने की आवाज़। सीने में आती-जाती साँस की जुम्बिश। सूरज की रोशनी फैलने का डर, जिसमें सारे चेहरे और नक़्श, अपनी असली हालत में दिखते हैं। उजाले से मुँह फेरकर, तकिए में सिर दिए, सोने की कोशिश : दोबारा, रात के अँधेरे, रोशनियों, राग, आवाज़ों का इन्तज़ार। एक न ख़त्म होनेवाला इन्तज़ार।

उस रात गुलबदन मुजरा कर रही थी :

जलके ठण्डे हुए तेरे ग़म में
हमको जन्नत मिली जहन्नुम में।

कि उसे क़दमों की आहट क़रीब आती लगी थी। वही क़दम। कोई उसकी तरफ़ बढ़ रहा था, वह किसी की ओर खिंची चली जा रही थी—कुछ तेरा शौक़ कुछ तेरी हसरत, मुजरे का अगला शेर था—और रक्खा ही क्या है अब हम में।

नज़रें उठी थीं तो गुलबदन ने संजीदा सोज़ को महफ़िल में दाख़िल होते देखा था। वह पत्थर के बुत की तरह खड़ी रह गई थी।

साज़ की लय आगे बढ़ गई थी, सारंगीवाले ने खखारा था, तबले की थाप वापस लौटी थी। गुलबदन के जिस्म में बिजली भर गई थी। जलाकर ख़ाक कर देनेवाली बिजली—मुजरा अर्ज़ करती हूँ, उसने कहा था—

अब इनायत है क्यों खुदा के लिए
कौन-सी बात बढ़ गई हम में।

और आगे ग़ज़ल का मक़्ता—

दाग़ को वह जला के कहते हैं
हमने रोशन किया है आलम में!

पढ़ने के बाद वह खुद अपने ही क़दमों में ढेर हो गई थी।

सुहासिनी घोष से संजीदा का मिलना-जुलना और ख़तो-किताबत जारी रही थी और उससे संजीदा के ताल्लुक़ को सही अर्थ में दोस्ती कहा जा सकता था। उस ज़माने में जब औरतों के लिए पर्दा न करना या सार्वजनिक जीवन में सक्रिय हिस्सा लेना लगभग एक अजूबा था, जिसकी कल्पना दिल्ली या भोपाल में तो की ही नहीं जा सकती थी, सुहासिनी ढाके और कलकत्ते में, मर्दों के शाना-ब-शाना रहकर ज़िन्दगी गुज़ारने की हिम्मत रखती थी। कुछ समय पहले तक उसका सम्बन्ध बंगाल के उग्रवादी संगठन से था, और फिर संगठन और राजनीति से नाता तोड़कर वह बोलपुर में रहने लगी थी जहाँ रवीन्द्रनाथ टैगोर ने शान्ति निकेतन की स्थापना की थी।

—दुनिया में विद्वान तो बहुत हैं, सुहासिनी ने अपने शब्दों में संजीदा को शान्ति निकेतन की स्थापना के पीछे टैगोर की धारणा से अवगत कराया था—मगर सही-सही इंसान नहीं हैं। सही इंसान की रूपरेखा निरूपित करने की मंशा से ही गुरुदेव ने शान्ति निकेतन क़ायम किया है।

संजीदा ने गम्भीरता और दिलचस्पी से सुहासिनी के साथ कुछ समय शान्ति निकेतन में बिताया था और वहाँ के तौर-तरीक़े को समझना चाहा था। यह कभी उसी समय की बात थी जब टैगोर को 'गीतांजलि' के लिए साहित्य का नोबल प्राइज़ मिला था। संजीदा को शान्ति निकेतन में भी उसी खुलेपन का अनुभव हुआ था जो

टैगोर की कविता को पढ़ते हुए होता था। उन्हें टैगोर हमेशा एक प्रकार के धार्मिक रुझान के व्यक्ति लगते थे जिन्हें पढ़ते हुए उन्हें फ़ारसी के हाफ़िज़ और रूमी जैसे शायरों की याद आती थी : कहने को दो बिल्कुल अलग-अलग पृष्ठभूमियाँ जो किसी एक बिन्दु पर जाकर समान हो जाती थीं। टैगोर जिस 'सम्पूर्ण विश्व नागरिक' की कल्पना करते थे उसमें यही गुण होना भी चाहिए था—लेकिन, उन्होंने सुहासिनी से पूछा था—बौद्धिक रूप से इतना जान लेने और मानने के बाद भी वह क्या था जो शान्ति निकेतन जैसी जगह में उन्हें अजनबी रखता था? वहाँ पसरकर बैठने या उस वातावरण का हिस्सा नहीं बनने देता था। क्या हिन्दू धर्म से उनका अज्ञान इसका कारण था? क्या इस इकाई में शामिल होने के लिए वेद और उपनिषद की जानकारी और प्राचीन हिन्दू सभ्यता की मालूमात ज़रूरी थी? या, वहाँ का हो सकने के लिए संस्कारगत हिन्दू होना ही सबसे ज़रूरी था? शान्ति निकेतन एक ऐसा यूटोपिया था जो अपनी परिभाषा को ग़लत सिद्ध करते हुए रवीन्द्रनाथ टैगोर के हाथों साकार हो चुका था। तो?

—इस देश का आम मुसलमान ही नहीं, उन्होंने कहा था—एक साधारण हिन्दू भी इस यूटोपिया को समझ नहीं पाएगा। जो हिन्दू नहीं है, वह तो ख़ौफ़ज़दा हो जाएगा। यह जगह देखकर उसे हिन्दू खुद के लिए बिल्कुल अजनबी लगेगा। जितना असल में है उससे कहीं ज़्यादा।

—सम्पूर्ण विश्व नागरिक की कल्पना ऐसे सामान्य और साधारण लोगों के लिए मतलब भी नहीं रखती, सुहासिनी ने दो-टूक कहा था—यह उन्हीं लोगों के लिए है जिनके पास एक ख़ास बौद्धिक स्तर से ऊपर उठ सकने की क्षमता है। मैं नहीं समझती कि ऐसे लोगों के लिए धर्म कोई अड़चन बन सकता है।

—ऐसे लोगों से आम तौर पर जो फ़र्क़ पड़ता है, संजीदा ने अपनी सोच को शब्द देने का प्रयास करते हुए कहा था—वह तो अपने वक़्त की सियासत में दिखाई देता है। इन लोगों के लिए धर्म कुछ और करने का साधन होता है : जो उनसे कमतर हैं, उनमें दूरी पैदा करने का साधन। शान्ति निकेतन जैसी संस्थाएँ भी कभी-कभी, अनजाने ही, इन इंसानों से खेलनेवालों का काम आसान कर देती हैं, मुझे इस बात का अन्देशा है।

सुहासिनी संजीदा को अजीब नज़रों से देखती रही थी।

—मुझे नहीं लगता, उसने साफ़ कहा था—तुम्हारे अन्देशे में कोई दम है। यह जगह उन लोगों के लिए है जो उस ख़ास सतह से भी ऊपर उठकर सोच सकें।

—हमारे यहाँ ऐसे लोगों की तादाद है कितनी? संजीदा ने ज़ोर देकर कहा था—जब हम आज़ादी की बात करते हैं तो हमारे ज़ेहन में किस तरह के आज़ाद हिन्दुस्तान का तसव्वुर होता है? मेरे बचपन का दोस्त, बिरजू, एक भंगी माँ-बाप की औलाद है, और वह पिछले कई सालों में ईसाई धर्म क़बूल किए बिना, एक ईसाई

पादरी के साथ रहकर तालीम पाता रहा है। क्या उसका और मेरा-तुम्हारा आज़ादी का तसव्वुर एक ही हो सकता है? कुछ दिन पहले उसी ने मुझसे नाराज़ होकर कहा था कि लोग किससे और कैसी आज़ादी की बात करते हैं। ऊपरी तौर पर ज़रूर हिन्दुस्तानी अंग्रेज़ के गुलाम हैं, लेकिन नब्बे फ़ीसदी हिन्दुस्तानी अंग्रेज़ ही नहीं, हिन्दुस्तानियों के भी गुलाम हैं। मुसलमान हिन्दू के, तो कहीं हिन्दू मुसलमान के। आज़ादी आएगी तो किसके लिए, और किसे, बदले हुए हालात में, नए आक़ाओं की गुलामी क़बूल करनी पड़ेगी? जहाँ समाज में इतनी नाबराबरी और ऊँच-नीच हो वहाँ जिस तरह की एक ख़ास सतह से ऊपर उठकर सोचने की बात तुम कह रही हो, वह मुझे महज़ एक तरह का ज़ेहनी फ़रार और अय्याशी लगती है।

—ऐसा नहीं, सुहासिनी ने कहा था—कि मैं तुम्हारी दलीलों से पूरी तरह सहमत हूँ। लेकिन अगर हो भी जाऊँ तो यह कितनी खूबसूरत और ज़िन्दा रहने के लिए ज़रूरी अय्याशी है! आप क्या समझते हैं, ज़िन्दगी में ज़िन्दगी से फ़रार की गुंजाइश और ज़रूरत भी शामिल नहीं होती? ऐसा न होता तो इंसान कभी ख़्वाब नहीं देखता, शायरी नहीं करता। कुछ भी ऐसा नहीं करता जिसका ताल्लुक़ ऊपरी तौर पर उसे सीधा-सीधा ज़िन्दगी से नज़र न आता।

—यह सब गवारा हो सकता है जब हम ज़िन्दगी की बुनियादी ज़रूरतों को अपने समाज में पूरा कर सकें। उसके बाद ही ख़्वाब देखने और शायरी करने की छूट किसी को जाइज़ तौर पर मिल सकती है।

—ख़्वाब देखने के लिए इंसान किसी की इजाज़त का मोहताज नहीं, सुहासिनी ने कहा था—अगर ख़्वाब न हों तो वह ज़िन्दगी में ताबीर किसकी चाहेगा? और फिर, कहकर सुहासिनी हँस पड़ी थी—यह बात आप जैसे शायर के मुँह से तो और भी अजीब लगती है! आपका चीज़ों को यूँ शक की नज़र से देखना ही ग़लत है, क्योंकि इस तरह सोचो तो खुद आपकी शायरी को क्या सब लोग समझ पाते हैं? या जो समझ लेते हैं, वह सब क्या उसे पसन्द भी कर पाते हैं? टैगोर भी कवि हैं, और शान्ति निकेतन को उनकी कविता से अलग करके नहीं समझा जा सकता। इंसानों को आपस में क़रीब लाने की यह उनकी अपनी तरह की कोशिश है।

—तुम यहाँ खुश हो? संजीदा ने उत्सुकता से पूछा था।

—जितनी हो सकती हूँ, सुहासिनी ने बदले हुए स्वर में जवाब दिया था—अजीब बात है, मुझे फ़र्क़ नहीं पड़ता। किसी कॉन्वेन्ट में नन बनकर भी इतनी ही खुश रह सकती हूँ। मुसलमानों ने तो ख़ैर, औरत के लिए इस तरह की कोई गुंजाइश ही नहीं छोड़ी है।

—जो तुम हो, वह इसलिए नहीं कि यहाँ तुम्हारे लिए उसकी गुंजाइश छोड़ी गई थी। इसी तरह मुसलमानों में भी कुछ होंगी ज़रूर, भले मैंने या तुमने उन्हें नहीं देखा है। एक क़ौम की हैसियत से, जैसे कि आज मुसलमान हैं, जब कोई लम्बी

दबिश में रहता है तो बहुत सारी अनचाही बातें भी होती चली जाती हैं। मुसलमान लम्बे अरसे से अजीब हालत में हैं।

—तुम भी मुसलमानों को, यहाँ के हिन्दू से अलग करके, एक क़ौम की तरह दुनिया के मुसलमानों के साथ जोड़कर देखते हो? सुहासिनी के स्वर में एतराज़ था, और संजीदा हँस पड़े थे।

—इसमें मेरे या मुझ जैसे किसी अकेले के कुछ करने की बात नहीं है, उन्होंने कहा था—न मैं जिस आम इंसान की बात कर रहा हूँ, वैसा मुसलमान इस तरह सोचता। उसे क्या लेना बीते सुनहरे इतिहास या स्पेन और उसके बाद उन तमाम मुल्कों से जिन पर मुसलमानों की किसी ज़माने में हुकूमत थी। लेकिन एक ख़ास वर्ग है जो समझता है कि आज की सियासी मसलिहत के तहत बाक़ी मुसलमानों को भी सबक़ पढ़ाए, और इस तरह कुछ करने पर उकसाए। यह बिल्कुल वही रवैया है जो तिलक ने हिन्दुओं के साथ अपनाया है।

—तिलक ने इसे एक ख़ास उद्देश्य, हिन्दुस्तान की आज़ादी के लिए लोगों को जगाने के वास्ते इस्तेमाल किया है।

—इसी तरह कुछ मुसलमान, अपनी बीती शानो-शौक़त दोबारा हासिल करने का ख़्वाब देखते हुए इसका इस्तेमाल करते हैं। लेकिन अब इस सबका मौक़ा नहीं है, ज़माना बदल चुका है।

—सोज़ साहब नास्तिकों की ज़बान में बात कर रहे हैं!

—मुझे नहीं मालूम, संजीदा ने विवशतापूर्वक कहा था—मैं नास्तिक हूँ या ख़ुदा को मानता हूँ। हाँ, इतना ज़रूर कह सकता हूँ, कि मानते चले आने से अगर दुनिया की यह दुर्गत हुई है, तो ज़रूरी है कि मानने से इंकार कर दिया जाए!

कहने के बाद संजीदा ख़ुद ही हँस पड़े थे।

—उससे भी फ़र्क़ क्या पड़ जाएगा! उन्होंने निराश स्वर में कहा था—हुकूमत करनेवालों के लिए सबसे ज़रूरी है कि वह इंसानों को बाँटने का गुर जानते हों। अगर माननेवालों को गुटों में बाँटा जा सकता है तो नास्तिकों को बाँटना कौन-सा मुश्किल होगा!

—सोज़ साहब! सुहासिनी हँसी थी—आप मायूसी की बात कर रहे हैं। कुछ इसका तोड़ सोचिए।

—मैं शायर हूँ, संजीदा ने ठण्डी साँस लेकर कहा था—कोई सियासतदाँ नहीं।

—"पोइट्स आर द् अन-एक्नॉलेज्ड लेजिस्लेटर्स ऑव द वर्ल्ड"—शैली का कहा हुआ है। आपके पिता भी, आपने बताया है, बड़े इंक़िलाबी थे।

—मेरे बड़े भाई भी सियासत में हैं, संजीदा की बेज़ारी और भी बढ़ गई थी—वह मुस्लिम लीग की पॉलिसी बनानेवाले ओहदेदारों में से हैं।

—मुझे इस तरह सोचने के ढंग से ही इत्तिफ़ाक़ नहीं है। सुहासिनी ने फ़ैसला

सुनाने के अन्दाज़ में कहा था—आगे जो होगा वह हमारी कोशिशों से उससे बेहतर हो सकता है जो आज है, या आज से पहले तक हुआ है। मैं मुसलसल कहती रही हूँ, ख़तों में लिखती रही हूँ कि खुद को उर्दू और मुसलमानों तक महदूद मत करो, जैसा कि आज ज़्यादातर मुसलमानों के साथ हो गया है। आप अंग्रेज़ी जानते हैं और थोड़ी मेहनत करके देवनागरी स्क्रिप्ट और हिन्दी भी सीख सकते हैं। अगर हुकूमत करनेवालों का काम बाँटना रहा है तो कुछ ऐसे लोग भी होते ही आए होंगे जो लोगों को एकता का सबक़ देते रहे होंगे। ऐसा न होता तो यह दुनिया शायद अभी तक कभी की तहस-नहस हो चुकी होती।

संजीदा ने ख़ामोश होकर दरख़्तों के झुण्डों में सरसराती हवा को सुना था और कहीं दूर से उठते संगीत का स्वर उनके कानों से टकराया था। उन्होंने वहाँ जो कुछ देखा था—गुरु-शिष्य के आपसी सम्बन्ध, तालीम का तरीक़ा, संगीत, नृत्य, वह सब उनके लिए नया और अजनबी था, लेकिन उन दरख़्तों की हरियाली और हवा की सरसराहट तो वही थी जिसे वह बखूबी जानते थे। वही दिन में सूरज की धूप थी और रात में चाँद की चाँदनी। वह गहरी ख़ामोशी में डूबे सोचते रहे थे।

—शायद तुम ठीक कहती हो, उन्होंने हवा की सरगोशी और संगीत की लय के बीच अद्भुत तालमेल को जैसे जीवन में पहली बार अनुभव करते हुए कहा था—खुद को जाने बग़ैर कोई किसी दूसरे को जानने-समझने का दावा कैसे कर सकता है। मैं एक बड़ी असलियत का हिस्सा हूँ, यह समझे बग़ैर न तो मैं खुद को सुधार सकता न उस बड़ी असलियत में किसी तरह की तब्दीली लाने का तसव्वुर कर सकता। जब मैं टैगोर की मंशा समझने में हिचकता हूँ तो वह दरअसल खुद को न समझ पाने की नाअह्ली का अक्स है। यह कहकर भी मैं यह दावा नहीं कर रहा कि मैं एकदम उन तमाम चीज़ों को समझ गया हूँ जो लम्बे ज़माने से मुझे उलझन में डालती रही हैं। वह हालत अभी बदस्तूर है, लेकिन उसके लिए मैं रवीन्द्रनाथ टैगोर या किसी और को शक की नज़र से नहीं देख सकता बल्कि मुझे खुद अपनी चीर-फाड़ करनी होगी। ऐसा करने में मैं पीछे नहीं हटूँगा, यक़ीन रखो।

जिस प्रकार की आत्मीयता, उनके सुहासिनी से सम्बन्धों में थी, लगता है संजीदा समय-समय पर उसे अपने ख़ानदान और जीवन के बारे में विस्तार से बताते रहते थे। उनके पिता, बड़े भाई, बिरजू और अन्य दोस्त, सबके बारे में सुहासिनी घोष जानती थी। इसी अर्थ में संजीदा जैसे अपने बारे में कम बात करनेवाले व्यक्ति के लिए इन सम्बन्धों का महत्व था। अपने जिस मशवरे की याद्दहानी—देवनागरी सीखने के, सुहासिनी उन्हें करा रही थी, वह इस बीच संजीदा कुछ दोस्तों की मदद से शुरू भी कर चुके थे। अभी तक लिख तो नहीं मगर देवनागरी वह रवानी से पढ़ने लगे थे, और जो काम उन्होंने कुछ समय बाद वास्तव में शुरू किया, साप्ताहिक सरज़मीन का सम्पादन, उसकी योजना बनाना भी शुरू कर दिया था। यह उस ज़माने की बात

थी जब संजीदा आगे की शिक्षा के नाम पर वकालत पास करने के लिए विदेश जाने के भटकावों से खुद को पूरी तरह मुक्त नहीं कर पाए थे। फिर उन्होंने ऐसा न करने का फ़ैसला कर लिया था। ऐसा ऊपरी तौर पर इसलिए हुआ था कि बन्दा अली ने उनके बाहर जाने के लिए पैसा ख़र्च करने में कोई दिलचस्पी नहीं दिखाई थी, लेकिन असलियत सिर्फ़ इतनी नहीं थी। वक्श्त गुज़रने के साथ संजीदा को ख़ुद ही अपनी योजना में सौ दोष नज़र आने लगे थे, और वकालत करने की कल्पना से ही वह शर्मिन्दा होने लगे थे : लगने लगा था देश में पहले ही बहुत वकील मौजूद थे और अब अधिक की गुंजाइश नहीं थी। लेकिन यह एहसास उन्हें बाद में हुआ था, कि दरअसल वकालत में उनकी अरुचि खुद उनकी कल्पनाशीलता के कारण नहीं थी और इसके पीछे कारक कोई और था।

उस कारक का श्रेय भी, घूम-फिरकर, जाता बहरहाल सुहासिनी घोष ही को था।

सुहासिनी हर मुलाक़ात पर संजीदा को कुछ ऐसी किताबें भेंट करती थी जो उसकी समझ में महत्वपूर्ण होती थीं। बंगला साहित्य से उनकी जान-पहचान सुहासिनी की मदद से ही सम्भव हो पाई थी और बंगाली के अलावा भी वह सुहासिनी के बिना अन्य भारतीय भाषाओं में जो विशेष लिखा जा चुका था या लिखा जा रहा था, शायद कभी न पढ़ पाते। सुहासिनी किताबों की नब्ज़ समझती थी और न केवल बहुत तेज़ पढ़ती थी, बल्कि पढ़ा हुआ एक-एक वाक्य याद भी रखती थी। संजीदा की सीमा को समझते हुए वह उनके लिए अंग्रेज़ी या उर्दू की किताबें तलाश करती थी, और उनके बारे में विस्तार से चर्चा भी करती थी। संजीदा को तब नहीं मालूम था कि सुहासिनी से वह उनकी अंतिम भेंट होनेवाली थी, और शादी करके बहुत जल्द वह अमरीका जा बसनेवाली थी। वह कलकत्ता एक मुशायरा पढ़ने गए थे और अपने आने की सूचना उसे चिट्ठी में लिख भेजी थी। उस बार उसने उन्हें जो किताबें थमाई थीं उनमें एक कम पृष्ठों की वह पुस्तिका भी थी जिसे पढ़ने का सुहासिनी ने उनसे ख़ास आग्रह किया था। बात आई-गई हो गई थी और साथ ही पुस्तिका देते समय सुहासिनी की यह टिप्पणी भी कि वह मूल पुस्तिका गुजराती में छपी थी और उसे बम्बई की सरकार ने ज़ब्त कर लिया था।

दिल्ली लौटने के कुछ समय बाद संजीदा ने उस पुस्तिका को देखा था : 'इण्डियन होमरूल' नामी वह बुकलेट गांधीजी की मूल 'हिन्द स्वराज' का अंग्रेज़ी अनुवाद थी। खुद गांधीजी उस समय दक्षिण अफ्रीक़ा में थे और भारतवासियों के लिए दक्षिण अफ्रीक़ा में उनका संघर्ष ही गांधीजी का समूचा परिचय था। या इसके अलावा कुछ इने-गिनों के लिए यह, कि उन्होंने विलायत से वकालत पास की थी और उसके बावजूद एक सफ़ल वकील नहीं बन पाए थे। जिस प्रकार असफ़ल कवि आलोचक

हो जाता है, उसी प्रकार शायद वकालत और समाज़-सेवा का आपसी सम्बन्ध था, और कोई भी असफ़ल वकील समाज-सेवक बन जाता था। उस 60-70 पन्नों की किताब को संजीदा अली ने बेदिली से खोला था, और फिर एक ही साँस में पूरी पढ़ गए थे। पढ़ने के बाद उनकी प्रतिक्रिया : "सत्य लेकिन हास्यास्पद! ("ऑनेस्ट बट प्रिपॉस्ट्रस"! उन्होंने किताब के पहले पन्ने पर, जैसी कि उनकी आदत थी, अपनी राय लिखी थी।) उन्हें आश्चर्य हुआ था कि उस प्रकार की ज़मीन-आसमान मिलानेवाली बात करने के स्वभाव का आदमी बड़े स्तर पर राजनीति कर रहा था और सफलतापूर्वक कर रहा था। लेकिन उसकी विचारधारा या राजनीतिक भविष्य के प्रति उनके मन में आशा नहीं जगी थी। उस आदमी की ईमानदारी से इंकार नहीं किया जा सकता था, संजीदा को लगा था, लेकिन सिर्फ़ उतना ही काफ़ी नहीं था। जो सच वह रेल, वकील या डॉक्टर के बारे में लिख रहा था वह अधूरे थे और उनमें जीवन के विरोध का रवैया था।

संजीदा ने जितनी बेदिली से पुस्तिका को पढ़ने को उठाया था उससे अधिक निराशा के साथ उसे पढ़कर वापस रख दिया था। वह किताब उन्हें सुहासिनी का मज़ाक़ लगी थी। अजीब बात यह हुई कि जब उन्होंने विदेश जाकर वकालत पढ़ने का सोचना चाहा, तो दिमाग़ के कोने में वकालत को थू-थू करते उसी प्रेत को खड़ा पाया, जिसने 'इण्डियन होमरूल' पढ़ते समय वकीलों के ख़िलाफ़ दलीलों से जन्म लिया था। कोई कह रहा था—"लोग दूसरों का दुख दूर करने के लिए नहीं बल्कि पैसा पैदा करने के लिए वकील बनते हैं। वह एक कमाई का रास्ता है। इसलिए वकील का फ़ायदा झगड़ा बढ़ाने में है। जब झगड़े होते हैं तब वकील ख़ुश होते हैं। मुख़तार लोग भी वकील की ज़ात के हैं। जहाँ झगड़े नहीं होते वहाँ भी वह झगड़े कराते हैं...वकील लोग निठल्ले होते हैं। आलसी लोग ऐशो-आराम के लिए वकील बनते हैं। वकालत का पेशा बड़ा आबरूदार पेशा है ऐसा खोज निकालनेवाले भी वकील ही हैं। क़ानून वह बनाते हैं, उसकी तारीफ़ भी वही करते हैं। लोगों से क्या दाम लिए जाएँ, यह भी वही तय करते हैं और लोगों पर रोब जमाने के लिए दिखावा ऐसा करते हैं, मानो वे आसमान से उतरकर आए हुए फ़रिश्ते हों।...वकीलों से सबसे बड़ा नुकसान यह हुआ है कि अंग्रेज़ों का जुआ हमारी गर्दन पर मज़बूत जम गया है। क्या अंग्रेज़ी अदालतें यहाँ न होतीं तो वह हमारे देश में राज कर सकते थे? यह अदालतें लोगों के भले के लिए नहीं हैं। जिन्हें अपनी सत्ता क़ायम रखनी है, वह अदालतों के ज़रिए लोगों को बस में रखते हैं। लोग अगर खुद अपने झगड़े निबटा लें, तो तीसरा आदमी उन पर अपनी सत्ता नहीं जमा सकता। सचमुच जब लोग खुद मारपीट करके या रिश्तेदारों को पंच बनाकर अपना झगड़ा निबटा लेते थे तब वे बहादुर थे। अदालतें आईं और वह कायर बन गए। लोग आपस में लड़कर झगड़े मिटाएँ, यह जंगली माना जाता था। अब तीसरा आदमी झगड़ा मिटाता है, यह क्या

कम जंगलीपन है? क्या कोई ऐसा कह सकेगा कि तीसरा आदमी जो फ़ैसला देता है वह सही फ़ैसला ही होता है? कौन सच्चा है, यह दोनों पक्ष के लोग जानते हैं। हम भोलेपन में मान लेते हैं कि तीसरा आदमी हमसे पैसे लेकर हमारा इंसाफ़ करता है।...वकील कैसे पैदा हुए, उन्होंने कैसी धाँधली मचाई, यह सब अगर आप समझ सकें, तो मेरी जितनी नफ़रत ही आपको भी इस पेशे के लिए होगी। अंग्रेज़ी सत्ता की एक मुख्य कुंजी उनकी अदालतें हैं और अदालतों की कुंजी वकील हैं। अगर वकील वकालत करना छोड़ दें और वह पेशा वेश्या के पेशे जैसा नीच माना जाए, तो अंग्रेज़ी राज एक दिन में टूट जाए...।''

संजीदा अली कुछ समय तक 'इण्डियन होमरूल' के पक्ष-विपक्ष में दलीलें खोजते रहे थे और फिर अनयास ही उन्होंने उस पुस्तिका का अनुवाद उर्दू में करने का फ़ैसला किया था। अनुवाद की एक प्रति प्रकाशन की अनुमति के लिए, उन्होंने गांधीजी के पते पर दक्षिण अफ्रीका पोस्ट कर दी थी। वहाँ से उनके जज़्बे की सराहना के साथ प्रकाशन की अनुमति की शक्ल में उन्हें गांधीजी का ख़त मिला था। उन्होंने उर्दू लिपि ख़ुद अच्छी तरह न जानने के खेद सहित लिखा था—मैंने इसे उर्दू लिपि जाननेवाले भाइयों को पढ़वाया। आपकी मेहनत अधिक देशवासियों तक मेरे विचार पहुँचाने में ज़रूर मदद करेगी। इसके लिए मैं आपका आभारी हूँ। साथ ही मैं यह भी बताना चाहता हूँ कि आपका प्रयास मेरे उर्दू लिपि सीखने के यक़ीन को पक्का करता है। हमें देवनागरी और फ़ारसी, दोनों ही स्क्रिप्ट्स लिखना और पढ़ना जानना चाहिए। आप जैसा ठीक समझें, 'हिन्द स्वराज' के उर्दू तर्जुमे को प्रकाशित कर सकते हैं।

ख़त पाकर संजीदा को अच्छा लगा था और उन्होंने अनुवाद किसी मुनासिब अख़बार में छपवाने को भेजना चाहा था। अख़बारों का महत्व तब तक सबके अच्छी तरह समझ में आ चुका था और आए दिन नए-नए नाम और इंक़िलाबी तेवर के अख़बार उर्दू में भी निकल, और अधिकांश या तो ज़ब्त होकर या असबाब न होने के कारण, बन्द हो रहे थे। बहुत सोचने के बाद भी वह तय नहीं कर पाए थे कि गांधीजी के विचारों को कौन-सा उर्दू अख़बार अपने पन्नों पर जगह देने के लिए आगे आएगा। अन्ततः उन्होंने वह अनुवाद मौलाना अबुल कलाम आज़ाद को कलकत्ते पोस्ट कर दिया था। मौलाना आज़ाद का साप्ताहिक 'अलहिलाल' उस समय बहुत शान से निकल रहा था। मौलाना ने उसके लम्बे होने के कारण मज़मून न छाप सकने के लिए माफ़ी माँग ली थी। उनका ख़्याल था कि वह मज़मून पहले ही किसी उर्दू पत्रिका में छप चुका था। मज़मून लौटाते हुए मौलाना ने लिखा था—क़ौम और मुल्क एक मुश्किल दौर से गुज़र रहे हैं। एक सच्चे रहबर की तलाश और जुस्तजू जारी है। वह आप भी हो सकते हैं, मैं भी। और मोहनदास करमचन्द गांधी भी।

संजीदा को अन्दाज़ा था कि उनकी तरह सोचनेवाले लोगों की एक महत्वपूर्ण संख्या देश में मौजूद थी, लेकिन उनकी आवाज़ को कहीं प्रतिनिधित्व नहीं मिल पा रहा था। इसका शिकवा करने के बजाए उन्हें व्यावहारिक रूप से वह काम शुरू करना ठीक लगा था जिसके बारे में अभी तक वह सिर्फ़ सोचते रहे थे, और उन्होंने साप्ताहिक 'सरज़मीन' निकालने का फ़ैसला किया था। इसे देवनागरी और फ़ारसी लिपि में इकट्ठा निकलना था, और हिन्दी की ख़ास कृतियाँ उर्दू में, और उर्दू का विशिष्ट लेखन हिन्दी में लिप्यांतरित होकर छपना था।

उस बीच हालाँकि संजीदा खुद भी रवानी से देवनागरी लिखने-पढ़ने लगे थे लेकिन अगर उन्हें अखिलेश माथुर और विशेषकर उनके मामा, महेश्वर दयाल का सहयोग न मिला होता तो वह 'सरज़मीन' नहीं निकाल पाते। महेश्वर जी दिल्ली के पुराने बाशिन्दे थे और उसके पन्ने-पन्ने इतिहास और कूचे-कूचे फैलाव से बहुत अच्छी तरह वाक़िफ़ थे। चाँदनी चौक में उनकी अपने समय की सबसे बड़ी किताबों की दुकान और प्रकाशन का व्यवसाय था। महेश्वर दयाल औरों की तरह संजीदा सोज़ की दो लिपियों में अख़बार निकालने की योजना को एक रूमानी शायर का सपना कहकर उस पर हँसे नहीं थे। उन्होंने गर्मजोशी के साथ संजीदा की हौसलाअफ़ज़ाई करते हुए उनको हर प्रकार के सहयोग से आश्वस्त किया था।

सरज़मीन अधिक समय तक नहीं निकल सका था, और अपनी दो साल की जीवन-यात्रा में कुछ पड़ावों के साथ, आख़िरकार बन्द हो गया था। अख़बार की तारीफ़ और वाहवाही भी हुई थी, और लोगों ने उसकी परिकल्पना का खुलकर मज़ाक़ भी उड़ाया था। उसके बन्द होने का मुख्य कारण शायद यही था कि संजीदा सोज़ ने भावनात्मक राजनीतिक मुद्दों को अनदेखा कर सही अर्थ में हिन्दी-उर्दू, हिन्दू-मुसलमान और इंसानों में समानता को अपना आदर्श और नीति बनाने का प्रयास किया था। वह गंगा-जमुनी तहज़ीब की सार्थकता और राष्ट्र के जीवन में उसका महत्त्व पाठकों के सामने रखते हुए, एक ऐसे राष्ट्रवाद की रूपरेखा प्रस्तुत करना चाहते थे जिसका आधार धार्मिक एकता से हटकर हो। आख़िरकार 'सरज़मीन' एक रूमानी शायर का ख़्वाब ही साबित हुआ। ख़्वाब कुछ अरसे तक और फैलाकर देखा जा सकता था अगर ख़र्च करने के लिए और सरमाया होता, जो दो साल बाद, लाला महेश्वर दयाल की सारी फ़राख़दिली के बाद भी सम्भव नहीं रहा था।

—लाला जी, सरज़मीन ने शुरू होने के छः महीने बाद ही जब पहला वित्तीय संकट झेला था तो संजीदा ने महेश्वर दयाल से कहा था—इसके बावजूद कि यह अख़बार घाटे का सौदा नज़र आ रहा है, फिर भी हम अपने बूते-भर तो कोशिश करेंगे ही। आप इसमें अगर किसी तरह की तब्दीली चाहते हों या सियासी कॉलम को भी अख़बार में जगह देना चाहते हों तो मुझे बताएँ, ताकि मैं भी उस तरह सोचकर देखने की कोशिश करूँ।

—मियाँ, लालाजी ने भावुक होकर कहा था—सरज़मीन हम तिजारत नहीं इबादत के नज़रिए से निकाल रहे हैं। मुसलमान के लिए उर्दू जानना आसान हो सकता है और ज़रूरी भी बना दिया गया है। उसका रस्मुलख़त फ़ारसी और अरबी के नज़दीक है, इसलिए। इस सिलसिले में तो मैं कुछ नहीं कह सकता मगर हमारे ख़ानदान की चार पीढ़ियों ने इस ज़बान की परवरिश में हिस्सा लिया है। इल्म को मज़हब या मुल्क के साथ जोड़ने का रवैया ही ख़तरनाक है। हमारे बुज़ुर्गों ने भी कभी फ़ारसी सीखी होगी, हमने तो खुद को उर्दू में ही रोते और उर्दू में ही गाते सुना है। माफ़ करना, हम खुद तो देवनागरी जानते ही नहीं थे, ख़ानदान में हिन्दी की तालीम लड़कियों की तालीम कही जाती थी। वह तो जब बाद में खुद यह समझ में आया कि तालीम के नर और मादा नहीं होते, तो हमने देवनागरी सीखी और लिखना-पढ़ना शुरू किया। तो भी अपनी डायरी में उर्दू में ही तहरीर करता हूँ और उसी में अपनी वसीयत छोड़कर जाऊँगा।

—आपकी मुहब्बत मेरे लिए बेहद क़ाबिले-क़द्र है, संजीदा ने कहा था—लेकिन अख़बार में अभी तक काफ़ी सरमाया लग चुका है, और ज़्यादातर आप ही की गिरह से लगा है।

—देखिए मियाँ सोज़, लालाजी ने बदिक़्क़त तमाम उन्हें अपनी बात पूरी करने दी थी—मेरी कोई आल-औलाद तो, आप जानते हैं, है नहीं। औलाद के अलावा मालिक का दिया सब कुछ है। ज़रूरत से कहीं ज़्यादा है। मेरी जो रक़म लगी है, वह कहाँ डूबी जा रही है। आप मेरे अज़ीज़ हैं, बरदखुरदार अखिलेश के अज़ीज़तरीन दोस्त हैं, उससे भी पहले आप मुल्क के मायानाज़ शायर हैं, यह मेरे लिए क्या कम तसकीन की बात है। 'सरज़मीन' आप बिल्कुल अपनी पसन्द से ही निकालें। चाहें तो सियासी कॉलम शुरू कर दें, लेकिन मुझे लगता है ऐसा करना आप पसन्द नहीं करेंगे। सो इसी तरह निकलने दीजिए, अख़बार को अपना मक़ाम और पहचान बनाने में भी कुछ वक़्त तो दरकार होता ही है।

महेश्वर दयाल के आश्वासन और समय-समय पर मदद के सहारे 'सरज़मीन' जितने अरसे निकाला जा सकता था, निकाला गया था, और फिर आख़िरकार, उसे बन्द कर दिया गया था। संजीदा को अख़बार बन्द करते हुए किसी इतमीनान से ज्यादा ऊब और थकन का एहसास था। अपने आसपास की दुनिया को देखते हुए उनका यह ख़्याल पुख़्ता हुआ था कि उनकी मेहनत निरर्थक थी। न तो उससे दो साल में कुछ बदला था न आगे किसी तब्दीली की उम्मीद की जा सकती थी। साथ ही, अख़बार निकालते हुए जो अनुभव हुए थे, वह भी उनके स्वभाव के अनुरूप नहीं थे। ज़्यादार ज़िम्मेदारी के काम—उर्दू में पत्रिका की किताबत और हिन्दी में टाइप-सेटिंग, प्रूफ़रीडिंग, छापेख़ाने वालों से मामलेदारी, काग़ज़ की ख़रीद और पत्रिका की बिक्री और वितरण और उससे सम्बन्धित सारा हिसाब-किताब तो लालाजी

और उनके दफ़्तरवालों के ज़िम्मे ही रहे थे, संजीदा का काम सिर्फ़ 'सरज़मीन' के सम्पादन और लिखनेवालों से पत्र-व्यवहार तक सीमित था। शुरू-शुरू में यह उन्होंने किया भी बहुत उत्साह से था और दोनों ही भाषाओं के लेखकों का सहयोग भी उन्हें अच्छा मिला था, लेकिन वक़्त बीतने के साथ उन्हें लगा था जैसे 'सरज़मीन' महज़ एक दिखावे की चीज़ बनकर रह गया था। बहुत सारी बेज़ारियों के तोड़ में कुछ सार्थक कर पाने की उम्मीद में संजीदा ने सरज़मीन निकालने का फ़ैसला किया था लेकिन अन्ततः उससे भी उन्हें बेज़ारी ही हाथ लगी थी।

—क्योंकि इसके ज़रिए मैं जो चाहता था वह कर नहीं पाया, एक शाम बशारत मंज़िल में जब किसी परिचित ने उनकी 'सरज़मीन' से बढ़ती बेज़ारी का कारण पूछा था, तो उन्होंने संक्षेप में उत्तर दिया था।

—वह क्या था जो आपने चाहा था लेकिन हो नहीं सका? अन्य किसी ने जानना चाहा था।

—कम-से-कम इतना, कि इससे कुछ उर्दूवालों को हिन्दी पढ़ने-लिखने का शौक़ पैदा होगा और हिन्दीवालों को उर्दू। लेकिन 'सरज़मीन' आम तौर पर वही लोग पढ़ते और पसन्द करते हैं जो वैसे ही दोनों लिपियाँ जानते हैं। उनके लिए दो लिपियों में अख़बार की क्या ज़रूरत? मेरी स्कीम में ही कोई नुक़्स है।

सन् 1915 में, दुनिया जब पहले विश्वयुद्ध की जकड़ में थी, संजीदा अली ने 'सरज़मीन' बन्द कर दिया था। उन्हें लगा था इतने अरसे वह किसी ऐसी घटना की प्रतीक्षा में रोज़मर्रा की उठक-बैठक करते रहे थे जो कभी होने ही नहीं वाली थी। एक बार फिर उन्हें अपने भीतर कुछ बीत जाने का आभास हुआ था।

फिर उस शाम उन्हें ख़बर मिली थी कि वहीदन को किसी ने उसके कोठे पर क़त्ल कर दिया।

संजीदा क़त्ल की ख़बर सुनकर बुरी तरह चौंके थे। हालाँकि गुलबदन से मुलाक़ात के बाद उनका वहीदन से मिलना-जुलना बहुत कम रह गया था, तो भी कभी-कभी वह उसके पास जाते थे और उसका गाना और बातें सुनते थे। ख़बर सुनकर बिना कुछ सोचे-समझे वह उसके कोठे की ओर लपके थे। गली के मोड़ से पहले ही किसी सिपाही ने पहचान कर उन्हें सलाम किया था और जा-ए-वारदात पर न जाने का मशवरा दिया था। वहाँ पुलिस का पहरा था और तफ़तीश चल रही थी। क़ातिल ख़ून करने के बाद फ़रार था।

वहीदन के क़त्ल से संजीदा को गहरा धक्का लगा था। लाख कोशिश करने पर भी वह नहीं समझ पाए थे कि उस जैसे भले स्वभाव की औरत से किसी को क्या दुश्मनी हो सकती थी। वह पारदर्शी मिज़ाज की एक वज़ादार, बड़े दिलवाली तवाइफ़ थी जिसकी ज़िन्दगी के बेहतर साल कभी के बीत चुके थे। संजीदा की जानकारी में न तो उसने कभी किसी के साथ बेईमानी की थी न ही दुनिया में उसकी किसी से

दुश्मनी थी। कोठे पर मुजरा सुननेवाले उसकी एक ख़ास तरह से इज़्ज़त करते थे और वहाँ मुजरा करनेवाली लड़कियाँ उससे मुहब्बत करती थीं। या, खुद संजीदा अली में क्या इतना सामर्थ्य भी नहीं रहा था, उन्होंने खुद से ही सवाल किया था, कि वह दिखावे और असलियत के बीच के मोटे-मोटे फ़र्क़ को समझ सकें? उनके इर्द-गिर्द दुनिया में हो कुछ रहा था और वह खुद उसे समझ कुछ और रहे थे? महज़ कमनज़री और कल्पनाशीलता की कमी के कारण? उन्होंने आइने में अपनी शक्ल देखी थी कि वहाँ भी कोई अजनबी चेहरा तो नज़र नहीं आता। वह ठहर गए थे, चेहरा देखते हुए उन्हें अपने सिर के घने, स्याह बालों में एक सफ़ेद तार नज़र आया था। वह गहरी चिन्ता में डूब गए थे और फिर अपनी आँखों में देखकर मुस्कुराए थे। शायद आइने पर, खुद पर। अमीना का ख़्याल उनके दिमाग़ में आकर ठहर गया था और उसका छोटा भाई, सईदउल्लाह, जो कुछ समय पहले दिल्ली में उनके साथ ठहरा था, याद आया था। बिना एक पल रुके उन्होंने क़लम उठाई थी और कर्नल नजीबउल्लाह के नाम अपना ख़त लिख डाला था।

वही ख़त जिसका नजीबउल्लाह को उस ख़ास क्षण मिलना बिल्कुल कोई चमत्कार था। उस ख़त के कारण ही संजीदा और अमीना की मँगनी आगे क़ायम रह पाई थी।

फ़रीदा फफू ने मेरे छुटपन में जब पहली बार मुझे यह सारी तफ़सील बताई थी, उस समय मैं लिखने-पढ़ने योग्य नहीं हुआ था, और ज़ाहिर-सी बात है कि मैंने हिन्दी उपन्यास 'चित्रलेखा' नहीं पढ़ा था। पढ़ लिया होता तो उनसे इस अजीब संयोग के बारे में ज़रूर पूछता : सिर में पहली बार सफ़ेद बाल देखकर चौंकने का संयोग।

आगे सन् 1915 से लेकर सन् 1918 तक फैले वर्षों में संजीदा अली अपने दिन-रात किस प्रकार गुज़ारते रहे, इसकी अलग से हमारे पास कोई तफ़सील नहीं, लेकिन यह ज़माना ऐसी ऐतिहासिक घटनाओं का था कि आम तौर पर लोगों की ज़िन्दगियाँ उस बड़े घटनाक्रम से अछूती या अप्रभावित नहीं रह पाई थीं। उन वर्षों में दुनिया और देश में क्या-क्या हुआ, यह जानने के लिए हम इतिहास की किसी भी किताब का सहारा ले सकते हैं। यक़ीनी तौर पर तो संजीदा के बारे में हमें इतना ही मालूम है कि सन् 1915 में किसी समय उन्होंने अख़बार निकालना बन्द किया और फिर सन् 1918 के अन्त में कभी उनकी अमीना से शादी हुई।

पहला विश्वयुद्ध सन् 1914 से लेकर सन् 1918 तक चला था और उससे पहले, यूरोप में बालकन युद्ध और त्रिपोली की लड़ाई के कारण तुर्की की ख़िलाफ़त और दुनिया के बड़े हिस्से के मुसलमान व्यावहारिक रूप से प्रभावित हो चुके थे। इनमें हिन्दुस्तान के मुसलमान भी शामिल थे जिन पर व्यावहारिक रूप से तो नहीं मगर भावनात्मक स्तर पर ख़िलाफ़त के प्रभावहीन हो जाने का असर पड़ा था। देखते-देखते पढ़े-लिखे और हैसियतदार मुसलमान जिन्होंने तब तक मुस्लिम लीग के नेतृत्व में

कांग्रेस का विरोध और अंग्रेज़ों से दोस्ती की नीति अपना रखी थी, खुलकर तुर्की के समर्थन में अंग्रेज़ों के विरुद्ध हो गए थे। हमें यह सुविधा प्राप्त है कि आज फ़ासले से उस ज़माने को देखते हुए यह पड़ताल कर सकें कि किसने कब क्या किया।

दुर्भाग्य से यही सुविधा उन लोगों को हासिल नहीं थी जो उस ज़माने में जी रहे थे वरना हो सकता है बहुत कुछ जो तब हुआ और आज हास्यास्पद लगता है, हुआ ही न होता। समय का वह टुकड़ा एक ऐसा महत्वपूर्ण अन्तराल साबित हुआ है जिसमें वास्तव में आनेवाले ज़माने की घटनाओं ने निर्णायक ढंग से अपनी सूरत-शक्ल तय की थी।

सादा शब्दों में, समय का वह अन्तराल दुनिया के मुसलमानों में एक बड़ी खलबली का ज़माना था जिसमें उन्हें अपनी पहचान के आगे एक बड़ा प्रश्न-चिद्द लगता नज़र आया था।

तुर्की की ख़िलाफ़त का ख़ात्मा अन्ततः जिस तरह किसी और ने नहीं, खुद तुर्की के कमाल अतातुर्क ने किया, आज इसमें सन्देह नहीं रहता कि वही उसकी स्वाभाविक और अन्तिम परिणति थी। बदली हुई राजनीतिक परिस्थितियों में तुर्क लोग खुद को अपने देश, तुर्की, तक सीमित करना चाहते थे, अरब तुर्कों से पूरी तरह स्वतंत्र होकर रहना चाहते थे, और वह अन्य तमाम मुसलमान राष्ट्र भी, जो कभी ख़िलाफ़त का हिस्सा हुआ करते थे, अपने घर की चौखट-दहलीज़ दुरुस्त करना चाहते थे। राष्ट्रवाद का जोश उस समय चरम बिन्दु पर था और दुनिया के मुसलमानों के केन्द्र ख़लीफ़ा में ज़्यादातर मुसलमान देशों की दिलचस्पी नहीं रही थी : सिवाए भारतीय मुसलमानों के जो वैसे देखा जाए तो उसके ख़ात्मे से पेशतर भी ख़लीफ़ा के अधीन नहीं थे। सो भारतीय मुसलमानों ने बिल्कुल अन्त तक पूरी कोशिश की थी कि ख़लीफ़ा का अस्तित्व किसी-न-किसी शक्ल में क़ायम रखा जा सके और उसकी हैसियत दुनिया भर के मुसलमानों के दीनी सरबराह की रहे। इस सिलसिले में जो-जो कुछ हुआ वह आज ख़िलाफ़त आन्दोलन का इतिहास पढ़ने पर ख़ासा हास्यास्पद और दयनीय भी लगता है।

वैसे देखा जाए तो ख़लीफ़ा का समर्थन हिन्दुस्तानी मुसलमान पहली बार नहीं कर रहे थे—और जब-जब उस पर संकट की घड़ी आई थी, उन्होंने जिस प्रकार भी सम्भव हुआ था, ख़लीफ़ा की मदद की थी। एक आम धारणा थी कि ईसाई किसी भी क़ीमत पर दुनिया में मुसलमानों की केन्द्रीयता ख़त्म करना चाहते थे और अरबों को तुर्कों के विरुद्ध खड़ा करना उनकी उसी रणनीति का एक महत्वपूर्ण हिस्सा था।

बालकन युद्ध और त्रिपोली की लड़ाई के दौरान भारतीय मुसलमानों ने जिस जोश का प्रदर्शन किया वह अपने आप में ऐतिहासिक था, बेशक, कुछ ऐसा भी जिसके बारे में आज यह सोचने पर मजबूर हुआ जा सकता है कि क्या वैसा करना उचित और व्यावहारिक था। यही कहा जा सकता है कि ख़िलाफ़त जैसी शताब्दियों

से चली आ रही धर्म की एक अभिन्न संस्था कभी ख़त्म की जा सकती है, यह कल्पना उस समय सम्भव नहीं थी।

जिस ज़माने में संजीदा अली 'सरज़मीन' निकाल रहे थे, उनके वर्ग से सम्बन्धित अधिकांश पढ़े-लिखे मुसलमान तुर्की के बालकन युद्ध से निबटने में सहयोग के लिए तरह-तरह के मुश्किल कामों में जुटे हुए थे। नौजवान चाहते थे खुद वहाँ जाकर दुश्मनों के ख़िलाफ़ जेहाद में हिस्सा लें। एक लेखक ने उपन्यास लिखा था जो बेहद लोकप्रिय हुआ था, क्योंकि उसका नायक अपना घर, माँ-बाप और इन्तज़ार करती प्रेमिका को छोड़कर एक बड़े फ़र्ज़ की पुकार पर, तुर्की के साथ मिलकर जेहाद करने, विदेश चला गया था। डॉक्टर अंसारी एक मेडिकल मिशन लेकर तुर्की गए थे और जाने से पहले उन्होंने देश भर का दौरा करके मुसलमान मुजाहिदों के लिए चन्दा जमा किया था। रेड-क्रॉस के जवाब में तुर्की ने रेड-क्रीसेंट बनाई थी और यह चन्दा मुख्यत: उसके लिए था। लखनऊ में मौलाना अब्दुल बारी फ़िरंगीमहली ने अंजुमन ख्शुद्दामे काबा की स्थापना की थी जिसमें अंग्रेज़ों से हमदर्दी की पॉलिसी त्यागकर मौलानाओं की वेश-भूषा में अलीगढ़ में पढ़े शौकत अली भी थे और अलीगढ़ तथा ऑक्सफ़ोर्ड से शिक्षा प्राप्त किए मुहम्मद अली भी। यही अंजुमन खुद्दामे काबा थी जिसे कालान्तर में ख़िलाफ़त कमेटी में बदल जाना था। दूसरी ओर वलीउल्लाही आन्दोलन से सम्बन्धित और उसकी अन्तिम कड़ी के रूप में जाने जानेवाले शेखुल हिन्द मौलाना महमूदुल हसन थे, जिन्होंने देवबन्द में रहते हुए अंग्रेज़ों से जेहाद की योजना बनाई थी, और देश के बाहर हिजरत करके उसका परिचालन करना चाहते थे। ऐसा वह सफलतापूर्वक कर नहीं पाए थे, गिरफ़्तार होकर माल्टा में क़ैद रह थे और अन्तत: रिहा होकर उस समय देश में वापस लौटे थे जब गांधीजी के नेतृत्व में हिन्दू-मुसलमान एक साथ अंग्रेज़ हुकूमत के ख़िलाफ़ मोर्चा ले रहे थे। संजीदा के पिता, ज़ीशान अली ख़ान और मौलाना महमूदुल हसन, दोनों के एक ही धर्मगुरु, शाह वलीउल्लाह थे, जो हिजरत और जेहाद की शिक्षा देते थे। ज़मानों के बदलाव को समझते हुए, उस घड़ी, मौलाना महमूदुल हसन ने गांधीजी और अहिंसा का समर्थन किया था जो अपने में एक बड़ा क्रान्तिकारी परिवर्तन था। ख़िलाफ़त के रास्ते कांग्रेस में आनेवाले ज़्यादातर राष्ट्रवादी मुसलमान मौलाना के समर्थकों में से ही थे।

विश्व-युद्ध के दौरान भारतीय मुसलमानों को अजीब दुविधा का सामना करना पड़ा था। एक ओर ख़लीफ़ा के प्रति उनकी श्रद्धा थी, और दूसरी ओर अलीगढ़ आन्दोलन से लगाव। अंग्रेज़ों ने उनकी मानसिक अस्त-व्यस्तता को समझते हुए घोषणा कर दी थी कि तुर्की से युद्ध के दौरान वह कुछ भी ऐसा नहीं करेंगे जिससे मुसलमानों की धार्मिक भावनाओं को ठेस पहुँचे और उनके पवित्र स्थल मक्का, मदीना इत्यादि की सुरक्षा की गारंटी दी थी। एक विरोधाभासपूर्ण स्थिति उत्पन्न हो गई थी : तुर्की ख़िलाफ़त पर किसी प्रकार की आँच न आने की माँग को लेकर मुसलमान

जगह-जगह जलसे-जलूस और चन्दे कर रहे थे, नमाज़ों के बाद एक साथ रो-रोकर दुआएँ माँग रहे थे, अख़बारों में लम्बे आलेख और भावुक शेरो-शायरी छाप रहे थे और दूसरी ओर, युद्ध में मुसलमान सिपाही मित्र राष्ट्रों (यानी अंग्रेज़ों) की सेनाओं के साथ मोर्चों पर तुर्की के ख़िलाफ़ लड़ते हुए उन्हें पराजित करने में सहयोग दे रहे थे।

अंजामकार तुर्की पराजित हुआ था और फिर उसके साथ बिल्कुल वही सब सलूक किया गया था जो न करने का दुनिया-जहान के मुसलमानों को आश्वासन दिया गया था। यह सब हो चुका था, तब शुरू हुई थी हिन्दुस्तानी मुसलमानों की ख़िलाफ़त यथावत क़ायम रखने की हुकूमत से माँग, जिसे इतिहास में ख़िलाफ़त आन्दोलन के नाम से जाना जाता है। आगे, गांधीजी के नेतृत्व ने इस माँग को भारत की आज़ादी की माँग के साथ जोड़ दिया था और काफ़ी समय तक यह देश के स्वतंत्रता-संग्राम की राजनीति को अपनी तरह प्रभावित करती रही थी।

यह कुछ आगे की बात थी।

अभी तो हमारा सरोकार यह है कि जिस समय देश और दुनिया में यह सब हो रहा था, संजीदा अली सोज़ क्या सोच और कर रहे थे?

जैसा कि आसानी के साथ समझा जा सकता है संजीदा को न तो अंग्रेज़ों से कोई हमदर्दी हो सकती थी और न ही ऐसे लोगों से जो अंग्रेज़ों के समर्थन की नीति में विश्वास रखते थे। मुसलमानों से ज़रूर उन्हें, सारी निराशा के बाद भी, हमदर्दी थी क्योंकि समय बीतने के साथ उन्होंने अंग्रेज़ों के वादों को झूठा साबित होते और मुसलमानों को ठगा जाते देखा था। मुसलमानों की ख़ुद अपनी ग़ल्तियाँ और कमज़ोरियाँ तो थी हीं लेकिन उनके कारण अंग्रेज़ों की नीयत की ख़राबी को अनदेखा नहीं किया जा सकता था। इस सबको भी वह राजनीतिक दाव-पेंच ही समझते थे और सही मायनों में अंग्रेज़ों को भी दोष नहीं दे पाते थे। युद्ध में विजेता कोई और होता तो वह अपने हिसाब से मनमानी करता, यह वह मानकर चलते थे। वह ज़ोर देकर खुद के शायर होने और राजनीतिक व्यक्ति न होने का ऐलान करते थे मगर एक ऐसे समय में जी रहे थे जब राजनीति के बिना कुछ भी सम्भव नहीं था। दुनिया में लोगों की बड़ी संख्या को, वह गिनती के लोगों के हाथ में खिलौना बनते देखते थे और इससे उनके आत्म-सम्मान को ठेस पहुँचती थी। युद्ध ख़त्म होने से पहले ही उन्हें यह आभास हो चुका था कि तुर्की और अरबों का आगे एक-साथ रहना सम्भव नहीं था। ज़माना बदल चुका था और एक धर्म की छत्रछाया में विभिन्न राष्ट्रों का सह-अस्तित्व उस प्रकार सम्भव नहीं रहा था जैसे कुछ समय पहले तक था। इसके साथ ही संजीदा को पुख़्ता यक़ीन था कि हिन्दुस्तानी मुसलमानों का खुद को तुर्की और ख़िलाफ़त के साथ जोड़ना दूरदर्शिता की कमी के कारण था। आगे, उन्हें अपनी इस राय को अपने ढंग से बदलना पड़ा, यह एक दूसरी बात थी।

समाज में जो ग़लत या गड़बड़ हो रहा था, उसे तो संजीदा अपनी सीमा तक

देख और समझ पा रहे थे, लेकिन उसके बदले क्या होना चाहिए था, इस विकल्प की समझ उनसे परे थी। वह सोचते थे कि पुरानी धार्मिक संस्थाओं की चाहे वह इमामत हो, हिजरत हो या जेहाद, एक तेज़ी से बदलते समय और समाज में, पुनः व्याख्या ज़िन्दगी की फ़ौरी ज़रूरत थी, लेकिन जो वातावरण ज़माने का बनता गया था, उसमें वह अपने दिल की बात आसपास के लोगों से कह पाना भी आसान नहीं समझते थे। नतीजा शायरी, मुशायरे, महफ़िलें, मुजरे, मयनोशी और निरर्थक बहसें।

—जब अरब और दूसरे तमाम मुसलमान मुल्क, मैंने बाद में कभी अब्बा से पूछा था—खुद ख़िलाफ़त से अलग होना चाहते थे तो हिन्दुस्तानी मुसलमान क्यों उसे क़ायम रखने पर बज़िद थे?

उस समय तक अब्बा स्मृति और यथार्थ के बीच एक ऐसी मानसिक अवस्था में पहुँच चुके थे जब कोई भी बात पूरे विश्वास के साथ कह पाना उनके लिए सम्भव नहीं रहा था। बीते ज़मानों और वर्तमान के बीच उनका अस्तित्व किसी धुँधलके की तरह सिमट रहा था जिसमें उपलब्धियों का उजाला पश्चाताप के अँधेरे से लगातार लड़ता था। कभी वहाँ रोशनी जीतती लगती थी, कभी अँधेरा रोशनी को हड़पता महसूस होता था। वह ख़ामोश होकर कुछ देर तक सोचते रहे थे, मानो सचमुच कुछ याद करना चाहते हों।

—हिन्दुस्तानी मुसलमानों के लिए, आख़िरकार उन्होंने कहा था—ख़िलाफ़त असल में एक पाकीज़ा ख़्वाब था और वह अपने मज़हब की हर अच्छाई को उससे जोड़कर याद करना चाहते थे। वह मुल्क जो कभी ख़िलाफ़त में शामिल रह चुके थे, पूरी असलियत जानते थे और उसकी ख़ूबियाँ और ख़ामियाँ वक़्त-वक़्त पर उनके सामने आती रही थीं। दूसरे, लोग यह नहीं समझ पा रहे थे कि दुनिया में बड़ी सल्तनतों के ख़ात्मे की घड़ी आ पहुँची थी, और जो तुर्की के साथ हुआ, वही, कुछ अरसे बाद, अंग्रेज़ों के साथ होना था। गांधीजी ने ख़िलाफ़त तहरीक ऐसे सच्चे मज़हबी जज़्बे में डूबे मुसलमानों को क़ौमी धारा में शामिल करने के लिए अपनाई थी जो बाक़ी हिन्दुस्तानियों से अलेहदा रहकर मुल्क की आज़ादी के बारे में अपनी तरह से सोच रहे थे। बदनसीबी से ख़िलाफ़त के ख़ात्मे के बाद उनमें से कई लोग फिर उस क़ौमी धारा से अलग हो गए। अमजी उन लोगों में से नहीं थे। उनका मानना था कि ख़िलाफ़त की तहरीक अपने मक़सद में सौ फ़ीसदी कामयाब हुई थी। वह कहते थे कि जब तहरीके ख़िलाफ़त ख़त्म हुई थी तो महात्माजी (वह गांधीजी को महात्माजी ही कहते थे) ने अपने अख़बार में लिखा था कि मैं अगर पैग़म्बर होता और मुझे ग़ैब का इल्म दिया गया होता कि इस तहरीक का यह अंजाम होगा, तब भी मैं इसमें इतनी ही लगन से हिस्सा लेता। ख़िलाफ़त की इसी तहरीक ने क़ौम को सोते से जगाया है और अब मैं इसे दोबारा सोने नहीं दूँगा। अमजी को गांधीजी के ख़्यालों से सौ-फ़ीसदी इत्तिफ़ाक़ था।

यह बात आज से बहुत पहले, शायद सन् 1964 में मैंने अब्बा के मुँह से सुनी थी। उस वक़्त अब्बा की उम्र पचपन साल के आसपास रही होगी मगर देखने में वह किसी पुराने युग के इंसान नज़र आने लगे थे। और तुर्की, तब तक हमारी ज़िन्दगियों से इतनी दूर जा चुका था कि उससे अपना रिश्ता जोड़कर कोई बात सोच पाना सम्भव नहीं रहा था।

सन् 1918 में हिन्दुस्तानियों और ख़ास तौर पर हिन्दुस्तानी मुसलमानों के लिए, ऐसा न कर पाना सम्भव नहीं था।

सन् 1918 में अमतुल कबीर की उम्र तिरानवे वर्ष थी। इतनी उम्र के बावजूद उनकी चुस्ती-फुरती में कोई फ़र्क़ नहीं आया था, और उनके दिन-रात का सिलसिला, उसी रफ़्तार और व्यस्तता से बीत रहा था, जो तेरह साल पहले उन्होंने भौपाल से दिल्ली आने पर चुनी थी। मुँहबोले और असली रिश्तेदार उन्हें हर समय घेरे रहते, और उनमें बड़ी संख्या उन्हीं औरतों की होती जिन्होंने कभी खुशहाली की ज़िन्दगी जी थी, मगर अब तंगी के साथ गुज़र-बसर करने पर मजबूर थीं।

अमतुल कबीर की दुनिया की धुरी संजीदा अली की दुनिया से बिल्कुल अलेहदा थी। वह संजीदा से प्यार करती थीं, इसका भी दिखावा बहुत कम था, लेकिन खुद संजीदा उनकी हर बात किसी हुक्म की तरह मानते थे। यह इसके बावजूद, कि खुद अमतुल कबीर ने न तो कभी उन्हें अपनी बात का पाबन्द करने की कोशिश की थी, और न कभी उनकी आज़ादी में किसी प्रकार की अड़चन बनी थीं। खुद उनकी महफ़िलें, खाना-पकाना, सीना-पिरोना, हँसना-बोलना अलग था और संजीदा जो करना चाहें, उसकी आज़ादी और उसमें पूरा सहयोग, अलग। सम्भव नहीं लगता कि वह संजीदा के अन्य शौक़ों के अलावा, उनके किसी नाचनेवाली से सम्बन्ध के बारे में अनजान रही हों लेकिन इस बारे में भी उन्होंने उनसे कभी कुछ कहने-सुनने की कोशिश नहीं की थी। हो सकता है कि उस ज़माने के ख़ानदानी रईसों की तरह वह इसे मर्दों की ज़िन्दगी का ज़रूरी हिस्सा मानकर चलती हों। और मर्द भी कैसा? जवान, ख़ूबसूरत, कुँवारा और शायर! खुद शायरी में विशेष रुचि न होने के बावजूद वह शायरों को ख़ास इज़्ज़त की नज़र से देखती थीं। पीठ-पीछे संजीदा का नाम भी वह सोज़ साहब कहकर लेती थीं। जहाँआरा बेगम की मौत का सदमा भी उन्होंने अपने ख़ास अन्दाज़ में, ख़न्दापेशानी के साथ बर्दाश्त कर लिया था।

दिल्ली में रहते हुए, तेरह साल में, अमतुल कबीर ने शायद ही कभी बशारत मंज़िल के बाहर क़दम निकाला हो। रोज़ा-नमाज़ तो उनका एक ज़माना पहले ही छूट गया था, कोई त्यौहार वह पाबन्दी से मनाती थीं तो शबे-बरात, जब तरह-तरह के हलवे बनाए जाते, नज़्रो-नियाज़ और फ़तिहा दी जाती, और सारी रात अपनी

तरह के जश्न का-सा माहौल होता। इसके अलावा ईद मीलादुन्नबी भी मनाई जाती और मीलाद पढ़ने का ज़िम्मा ख़ास तौर पर संजीदा के सिर होता। वैसे मीठी ईद और बक़रीद भी थीं, जो सिवईं और गोश्त को सारी बारीकी और नफ़ासत के साथ पकवाकर खाने और खिलाने से अधिक जुड़ गई थीं, और उनका धार्मिक महत्व न के बराबर हो गया था। इन सबमें अधिक महत्व बहरहाल, वह शबे-बरात को ही देती थीं, और खुद पूरी रात जागकर इबादत करतीं, और तमाम ऐसे सगे-सम्बन्धियों को याद करके, जो दुनिया से उठ गए थे, उनके नाम फ़ातिहा दिलाती थीं। ऐसे लोगों की सूची, कहना न होगा, कि बहुत लम्बी होती गई थी, लेकिन यह तादाद अमतुल कबीर को किसी भी तरह सहमाती नहीं थी। लगता था उन तमाम लोगों से उनकी सारो लेन-देन बस, उस एक रात तक ही सीमित हो गई थी।

बशारत मंज़िल की चहारदीवारी में बन्द होकर भी अमतुल कबीर को दिल्ली की उन तमाम चीज़ों की ख़बर रहती थी जिनमें उनकी रुचि थी, वह चाहे सर्कस हो या थियेटर। देखने को न तो उन्होंने सर्कस देखा था न थियेटर, लेकिन उनके ख़्याल में यह बहुत अच्छी चीज़ें थीं और लोगों को ज़रूर देखनी चाहिए थीं। उनका यह ख़्याल पति, जमाल बेग के बिल्कुल बरअक्स था जो सर्कस-थियेटर को नापसन्द करते हुए उसे भारतीय समाज के लिए बुरा कहते रहे थे।

सन् 1918 में संजीदा और अमीना की शादी में सबसे महत्वपूर्ण भूमिका अमतुल कबीर ने ही अदा की थी।

सन् 1917 के अन्त में, छोटी-सी तकलीफ़ के बाद, कर्नल नजीबउल्लाह के अचानक दुनिया में न रहने की ख़बर मिली थी। ख़बर सुनकर अमतुल कबीर ने अकेले में बात करने के लिए संजीदा को तलब किया था।

—महफ़िलें और मुशायरे होते रहेंगे, उन्होंने गम्भीरता से कहा था—दोस्तों और शागिर्दों का मजमा भी यूँ ही जमा रहेगा। इसी तरह और दूसरे शौक़ भी। कुछ बातें ज़रूर ऐसी हैं जिन्हें यूँ ही नहीं रहने दिया जा सकता। मँगनी सारी उम्र मँगनी नहीं रह सकती। अगर तुम्हें यह भोपालवाला रिश्ता पसन्द नहीं तो उन्हें जवाब दे दो। शादी के लिए कोई दूसरी लड़की यहाँ दिल्ली में भी देखी जा सकती है।

संजीदा सिर झुकाए ख़ामोश बैठे रहे थे।

—तुम्हें तकल्लुफ़ होता हो, अमतुल कबीर ने दोस्ताना लहजे में कहा था—तो बन्दा अली और उनकी दुल्हन को हम ख़त लिखवाए देते हैं। तुमसे ज़्यादा हमें उस लड़की की फ़िक्र है। कब तक तुम्हारे इन्तज़ार में उसकी हथेलियाँ मेहँदी की मुहताज रहेंगी? बाप का साया सिर से उठ गया, अब वह यतीम है। उसका भाई, तुम बता चुके हो, जंग में लड़ने बाहर गया हुआ है। अकेली माँ और बेटी, दो औरतें किसके आसरे ज़िन्दगी गुज़ारने का सोचती होंगी? एक या दो नहीं, इस मँगनी को पूरे दस साल होने को आए हैं।

—मैं आज ही, संजीदा ने नीची आवाज़ में कहा था—भोपाल जाने का सोच रहा था।

—ज़रूर जाओ, अमतुल कबीर ने समर्थन किया था—इस वक़्त उन्हें आसरे और अपनाईयत की ज़रूरत है। बन्दा अली और माहरू तो अपनी तरफ़ से जो करना होगा, वह करेंगे ही, मगर तुम्हारा जाना अलग बात होगी।

संजीदा अली भोपाल चले गए थे। उनके जाने से जो इतमीनान कौसर जहाँ और अमीना को हुआ होगा वह भी शायद, उस दूसरे सदमे को बर्दाश्त करने को नाकाफ़ी रहा होगा जो उन्हें सईदउल्लाह के विदेश में लड़ते हुए मारे जाने की ख़बर से पहुँचा था। कुछ ही सप्ताह के अन्तर से, बाप और बेटा, दोनों इस दुनिया में नहीं रहे थे।

अमतुल कबीर ने बन्दा अली ख़ान को दिल्ली तलब किया था।

वक़्त के साथ-साथ बन्दा अली अपनी ही दुनिया के क़ैदी होकर रह गए थे। वह बहुत व्यस्त थे और उन तक किसी की रसोई आसान नहीं रही थी। उनका दवाख़ाना और मरीज़ अव्वल तो उन्हें भोपाल छोड़ने की मोहलत नहीं देते थे और फिर वह अगर कहीं जाते भी थे तो या तो किसी ख़ास मरीज़ को देखने या किसी महत्वपूर्ण राजनीतिक आयोजन में। मुस्लिम लीग से उनका रिश्ता उतना ही घनिष्ट था, हालाँकि जब बैरिस्टर मुहम्मद अली जिन्नाह ने भी कांग्रेस के साथ-साथ लीग की सदस्यता ग्रहण की थी तो बन्दा अली ने उसे दिल से नापसन्द किया था। उन्हें जिन्नाह में कुछ भी मुसलमानों जैसा नहीं नज़र आता था। फिर जब जिन्नाह की कोशिशों से मुस्लिम लीग और कांग्रेस के बीच लखनऊ में समझौता हुआ था, तो उन्हें पुख़्ता यक़ीन हो गया था कि जिन्नाह कांग्रेसी एजेंट हैं जो लीग को अन्दर से ख़त्म करने की मंशा से उसके सदस्य बने हैं। उनका यह शको-शुबह और ख़्याल नक़्क़ारख़ाने में तूती की आवाज़ था, क्योंकि लीग का बड़ा जनमत जिन्नाह और लखनऊ-समझौते के पक्ष में था। जिन्नाह के लिए यह सन्देह उनके साथ उस समय तक लुका-छुपी करता रहा था जब तक जिन्नाह ने कांग्रेस से त्यागपत्र नहीं दे दिया था। उसके बाद, दिनों-दिन, बन्दा अली के दिल में जिन्नाह के लिए इज़्ज़त बढ़ती गई थी और वह उनके बड़े भक्त बन गए थे।

जिस समय दिल्ली में अमतुल कबीर द्वारा उनकी तलबी हुई थी, बन्दा अली ख़ान की औलादों में मेरे अब्बा, ताबन्दा अली ख़ान, ग्यारह वर्ष की उम्र में अलीगढ़ भेजे जा चुके थे जबकि फ़रीदा फफू नौ वर्ष की थीं। इनके अलावा फ़हमीदा, 8 वर्ष देहान्त 10 वर्ष की आयु में; रख़शन्दा चचा, 7 वर्ष; सरकरदा, 5 वर्ष देहान्त 7 वर्ष की आयु में; शहज़ादा चचा, 4 वर्ष, पाइन्दा चचा, 3 वर्ष और हमीदा फफू, 1 वर्ष के थे जबकि सईदा फफू पैदा हुई-हुई ही थीं। सारी औलादों की तालीम-तरबियत हवेली पर उस्तादों को रखकर, हॉस्टिल्स में भेजे जाने की योजना से हो रही थी, जिनमें लड़कियों के लिए बड़ी तनख़्वाह पर रखी गई गवर्निस भी शामिल थी।

क्लिनिक और इलाज के अलावा बन्दा अली ख़ान के दवाख़ाना-ए-ज़िन्दा तिलिस्मात की बनी दवाएँ देशभर में इस तरह उपलब्ध रहती थीं जैसे आजकल बड़ी कम्पनियों की पेटेंट दवाएँ मिलती हैं। यह दवाएँ प्रेमलाल देहलवी की ज़ाती निगरानी में बनाई जाती थीं जिसकी दवाओं की समझ अद्भुत थी और जिसके बेटे और परिवार ने आगे चलकर (जो हमारी इस लिखी हुई दास्तान में शामिल नहीं है) देश को पहली अंग्रेज़ी दवाओं की बड़ी स्वदेशी कम्पनी—'मातरम फ़ार्मा-देश का गौरव' दी थी और जो आज दुनिया के सबसे धनी लोगों की सूची में शामिल है—इन्फ़ॉर्मेशन टेक्नोलॉजी का जादूगर।

वह अलग।

दवाख़ाना-ए-ज़िन्दा तिलिस्मात की दवाओं के इश्तिहार हकीम बन्दा अली ख़ान की क़लमी तस्वीर के साथ मुल्क के महत्वपूर्ण अख़बार-पत्रिकाओं में छपते थे। दवाख़ाने के अलावा उनकी लम्बी-चौड़ी काश्तकारी और जागीर से सम्बन्धित व्यस्तताएँ थीं जिनके लिए भी उन्हें किसी तरह समय निकालना होता था। कुल मिलाकर उन्हें बहुत कम फुर्सत मिल पाती थी। समय के साथ मज़हबी मामलों से उनका जुड़ाव और पुख़्ता होता गया था और बहुत पाबन्दी से वह रोज़ पाँचों वक़्त की नमाज़ पढ़ते थे और क्योंकि हाफ़िज़ थे, इसलिए जितने समय भी जागते थे, कहा जाता था, लगातार नीची आवाज़ में कुरान की तिलावत करते रहते थे। उम्र उनकी अभी 47 वर्ष थी लेकिन अधिक रौबदार नज़र आने के लिए उन्होंने साधारण महफ़िलों में शिरकत करना बन्द कर दिया था और बातचीत में हँसी-मज़ाक़ पर पाबन्दी लगा दी थी। कट्टर मज़हबी होने के बावजूद दाढ़ी उन्होंने कभी नहीं रखी, जबकि घनी मूँछें बिल्कुल अन्त तक रही थीं। अपनी गम्भीरता को और अधिक रेखांकित करने के लिए वह ज़ीरो पॉवर का ही सही, मगर चश्मा भी पाबन्दी से लगाते थे जिसका क़ीमती फ्रेम सोने का था। सफ़ेद बाल जब नोंच के फेंकने की सीमा से अधिक हो गए थे तो वह नियमित रूप से ख़िज़ाब लगाने लगे थे : खुद के ही दवाख़ाने में बना 'काकुल मार्का ख़िज़ाब', जिसके अख़बारी विज्ञापन औरतों को बाल काले करने की तरकीब समझाते हुए, मोटे अक्षरों में यह पंक्ति लिये होते थे—'तेरे काकुल के डसे को नाग काला क्या डसे!' दवाख़ाने का विज्ञापन विभाग भी प्रेमलाल देहलवी के ही ज़िम्मे था।

बन्द गले का लम्बा कोट, तुर्की टोपी और चमड़े का काला पम्प-शू बन्दा अली ख़ान की पोशाक के अभिन्न भाग थे और वह इतर बहुत ज़्यादा लगाते थे।

—सोग की मुद्दत ख़त्म होते ही, अमतुल कबीर ने बन्दा अली को सामने पाकर गम्भीरतापूर्वक कहना शुरू किया था—संजीदा अली की शादी की तारीख़ तय करो।

कौसर जहाँ की इद्दत पूरी होने के बाद अब इस मामले को एक दिन के लिए भी नहीं टाला जा सकता।

—आप तो यूँ फ़रमा रही हैं, बन्दा अली ने शिकायती स्वर में कहा था—जैसे यह शादी अभी तक हमारी वजह से टलती रही हो।

—चाहे जिस वजह से भी टलती रही हो, अमतुल कबीर ने फ़ैसला सुनाते हुए कहा था—अब और नहीं टल सकती।

—बहुत मुनासिब है, बन्दा अली ने लहजे की कुढ़न पर अदब का पर्दा डालते हुए कहा था—लेकिन एक बार होनेवाले दूल्हा मियाँ की मंशा भी तो मालूम कर देखें।

—कैसी बच्चों जैसी बातें करते हो मियाँ, अमतुल कबीर ने उन्हें समझाया था—अगर मंशा न होती तो मँगनी करके दस साल क्या उन लोगों को यूँ ही झुलाना था? फिर अपने ससुर और उसके बाद साले के न रहने की ख़बर सुनकर वह फ़ौरन भोपाल गए और उनके ग़म में हिस्सेदारी की। रिश्ता न रखना होता तो क्यों जाते! अगर आपके दिल में कभी इस तरह का अन्देशा भी पैदा हुआ तो इससे पहले, या जब वह भोपाल गए थे, आपने उनसे पूछकर बात साफ़ क्यों न की?

—मेरी उनसे बातचीत ज़रा कम ही हो पाती है, नानी के सामने बन्दा अली स्वर में व्यंग्य की पूरी पर्दापोशी करना चाहते थे—मसरूफ़ियतें हैं अपनी-अपनी, उनकी अलग, हमारी अलग। हम उनकी नज़र में पुराने ख़्यालात के आदमी हैं और वह खुद को मौजूदा ज़माने का मानते हैं। वह ख़्वाबों में रहना और रखना चाहते हैं, हम भद्दी और बदशक्ल हक़ीक़त को भी देखकर उसका इलाज करना चाहते हैं। सिर्फ़ ख़्वाब देख लेने से दुनिया खूबसूरत हो जाती तो आज दुनिया में शायर ही शायर बस रहे होते! मैं भी शायरी ही कर रहा होता। यह न समझें आप कि मुझमें शेर कहने की पैदाइशी सलाहियत या ख़्वाहिश नहीं थी : संजीदा सोज़ से कहीं बेहतर शेर कह सकता था मैं, लेकिन नहीं। दूसरी अहम ज़िम्मेदारियाँ मेरे ज़ाती शौक़ पर हावी होती गईं। अपने ख़ानदान की रिवायत को क़ायम रखने और घर-बार की ज़रूरतों की तरफ़ तवज्जोह देने का मेरा फ़ैसला हक़ीक़त से कहीं नज़दीक और इज़्ज़त से रहने के लिए ज़रूरी था। उसी का नतीजा है कि आज मैं जितने शायरों को चाहूँ, तनख़्वाह देकर नौकर रख सकता हूँ।

—आप संजीदा अली से नाराज़ हो? अमतुल कबीर ने फ़िक्रमन्द होकर पूछा था।

—उसका भी हक़ कहाँ बचा है मेरे पास! बन्दा ने लहजे के बहाव को क़ाबू में रखने की नाकाम कोशिश के साथ कहा था—अब वह भोपाल भी आते हैं तो उनका ज़्यादा वक़्त अदीबों-शायरों के बीच ही बीतता है। या उनके दोस्त नौबत हैं। पिछले दो बार ज़रूर उन्होंने अपनी होनेवाली ससुराल में भी वक़्त बिताया। भावज माहरू ज़मानी और बच्चों में उनको ज़रूर दिलचस्पी है, तो घर में उनके दरमियान रहते हैं। मेरे लिए अलग से उनके पास कोई वक़्त नहीं होता। बस, आमना-सामना

होने पर सलाम-अलैक हो जाती है।

—आपके लहजे से लगता है कि संजीदा अली के लिए आपके दिल में मैल है। यह अच्छी बात नहीं है, अमतुल कबीर ने बन्दा अली को ख़बरदार किया था।

—नानी जान, अब आपसे क्या ढँका-छिपा है, बन्दा ने विनती के स्वर में कहा था—हम अपने छोटे भाई के दुनिया में क्या-क्या बनने के ख़्वाब देखते थे और उसने किस लापरवाही से हमारे अरमानों का गला घोंटा। हम चाहते थे वह हमारे शाना-ब-शाना रहकर काम करे। हम उसे दिमाग़ मानकर उसके हाथ-पाँव बनकर, मुल्को-मिल्लत की ख़िदमत के लिए काम करने को राज़ी थे, लेकिन उसने खुदग़र्ज़ी और निकम्मापन पसन्द किया। हमें हाथ-पाँव बनाने की निस्बत उसने ज़िन्दगी में भटकना पसन्द किया। न तालीम हस्बे-मंशा पूरी की, न कभी अपना घर बसाने की ख़्वाहिश का इज़हार किया। शायरी करते हैं, शागिर्द पालते हैं, एक दो कौड़ी का अख़बार निकालने का तजुर्बा भी कर चुके हैं। मैं क्या मुँह खोलूँ, आप खुद अपनी आँखों से देखती और लोगों की ज़बानों से सुनती होंगी। क्या यही सब कुछ करके वह अपने बुजुर्गों, ख़ास तौर पर अपने बाप, मुजाहिदे मिल्लत ज़ीशान अली ख़ान का नाम रोशन करना चाहते हैं!

—जो कुछ हो चुका, अमतुल कबीर ने सहानुभूतिपूर्वक कहा था—उसे भूल जाओ। चाहकर भी उन्हें आज सिरे से बदला तो नहीं जा सकता। मुक़द्दरात की भी बात होती है। संजीदा अली आपकी मर्ज़ी के मुताबिक़ नहीं जिए, यह शिकवा हमसे आप पहले भी कर चुके हो। यह बताओ उन्होने कभी कोई ऐसा काम भी किया है जिसकी मंशा महज़ आपको तकलीफ़ या नुक़सान पहुँचाने की रही हो? आपके अरमान पूरे करने के लिए अल्लाह ने आपको इतनी औलादें दी हैं, उनकी तरबियत पूरी तरह आप अपनी मर्ज़ी से करना। संजीदा अली खोया हुआ आदमी है, हमारी-तुम्हारी सकत उसे ढूँढ़ पाने की नहीं। दुनियादारी उसका मिज़ाज नहीं। शायरी उसका शौक़ नहीं, मजबूरी है। हमें उसकी ग़ल्तियाँ सियानों की समझ से कहीं ज़्यादा क़ीमती लगती हैं। तुम उसका दुख न पालो, वह अलग ख़मीर का इंसान है। सोचो, वह पैदा भी हुआ तो अपने बाप के साए से महरूम। आपकी उसके लिए ज़िम्मेदारी बड़े भाई की ही नहीं, एक बाप की भी है।

—ज़िम्मेदारी क़बूल करने से न मैंने कभी गुरेज़ किया न करूँगा, बन्दा ने नानी को आवश्स्त किया था—फिर भी असलियत का तक़ाज़ा मुझे यही लगता है कि एक बार ग़ौर कर लिया जाए : क्या संजीदा अली पर गृहस्थी की ज़िम्मेदारी सँभालने की हालत में हैं? कहीं यह शादी एक मासूम लड़की की ज़िन्दगी से खिलवाड़ तो न होगी? क्योंकि संजीदा अली की तरफ़ से आप या मैं, कोई भी दूसरा तो यह ज़िम्मेदारी क़बूल करने से रहा।

—किसी के भी मरने-जीने की ज़िम्मेदारी क्या कोई दूसरा क़बूल कर सकता

है? अमतुल कबीर ने नागवारी से कहा था—आप न लेते हों, न लें, संजीदा अली की गृहस्थी की ज़िम्मेदारी यह सौ साल की बुढ़िया, अमतुल कबीर, अपने सिर लेती है। उसकी दुल्हन को मैं खुद ब्याह कर लाऊँगी, आपका कौड़ी का ख़र्चा या ज़िम्मा न होगा, जमाख़ातिर रहें। उसकी माँ हज को जाने से पहले छोटी बहू का हिस्सा, उसके ज़ेवरात मेरे पास रखवा गई थी। उसको अन्दाज़ा रहा होगा कि हज से उसकी वापसी न हो सकेगी। शायद यह भी कि भाइयों के दरमियान यूँ दूरी भी पैदा हो सकती है।

बन्दा अली कुछ पल को चुप हो जाने पर मजबूर हो गए थे। नानी के लबो-लहजे की गम्भीरता ने उन्हें सतर्क कर दिया था। वह उठकर अमतुल कबीर के पास तख़्त पर जा बैठे थे।

—नानी-जान! उन्होंने इल्तिजाई स्वर में कहना शुरू किया था—मेरी बात का कमज़कम आप तो ग़लत मतलब न लें। आप जैसा फ़रमाएँगी वैसा ही होगा, आपका कहा हमारे लिए हुक्म है। दरअसल मरहूम नजीबउल्लाह का घर शरीफ़, इज़्ज़तदार लोगों का घर है, जिनमें किसी भी तरह की लाग-लपेट नहीं है। दो औलादें थीं जिनमें बेटा देखते-ही-देखते ख़त्म हो गया। माँ और बेटी बची हैं, तो अमीना को मैंने अपनी आँखों के सामने बड़ा होते देखा है, और बिल्कुल अपनी बेटी की तरह ही समझा है। वैसे तो यह सारे ही शरीफ़ लोगों के लिए मुसीबत और आज़माइश का ज़माना साबित हो रहा है, लेकिन उस घर के लिए इम्तिहान की यह ख़ास घड़ी है। दिल यही सोचकर डरता है कि खुदानख़्वास्ता, कहीं उनकी उलझन में हमारी वजह से कोई इज़ाफ़ा न हो जाए। अगर आपको संजीदा अली की तरफ़ से इतमीनान है तो भला मुझे क्या एतराज़ हो सकता है। वह लाख खुद को दूर रखने की कोशिश करें, हमने उन्हें उसी नज़र से देखा है जिससे आज ताबन्दा अली को देखते हैं। मैं भोपाल लौटकर शादी की तैयारी शुरू करता हूँ।

—जाकर शादी की तारीख़ तय कीजिए, अमतुल कबीर ने थके स्वर में कहा था—संजीदा अली की शादी के लिए मैं खुद भोपाल आऊँगी। ज़रूर। हालाँकि मैं फ़ैसला कर चुकी थी कि अब जीते-जी बशारत मंज़िल के बाहर न निकलूँगी, तो भी!

बन्दी अली ख़ान जितने भी समय दिल्ली में रुके, व्यस्त रहे थे। उनका ज़्यादा समय हकीम अजमल ख़ान के साथ शरीफ़ मंज़िल में गुज़रा था जो धीरे-धीरे मुसलमानों की राजनीतिक गतिविधियों का महत्वपूर्ण केन्द्र बनती जा रही थी। हकीम साहब मुस्लिम लीग और कांग्रेस के बीच एकता का उत्साहपूर्वक समर्थन कर रहे थे और अन्य महत्वपूर्ण मुसलमान भी इसमें उनके साथ थे। अभी अली-बन्धु और मौलाना आज़ाद नज़रबन्द थे और विश्व-युद्ध का अन्त नहीं हुआ था। मगर वह अन्त लोगों की समझ में आने लगा था।

शरीफ़ मंज़िल में बन्दा अली ख़ान की पहली बार पण्डित मोतीलाल नेहरू से भी भेंट हुई थी, जिनके हकीम साहब से भाइयों जैसे सम्बन्ध थे। गांधीजी का नाम भी

बातचीत में बार-बार आता रहा था, और वह जो कुछ उस समय चम्पारन में कर रहे थे उसकी तारीफ़ की जाती रही थी। डॉक्टर अंसारी भी वहाँ अधिक समय मौजूद रहे थे और सब इस बात को लेकर चिन्तित थे कि मौलाना महमूद-उल-हसन को, जो विदेश में नज़रबन्द थे, हिन्दुस्तान लाए जाने के लिए सही तरह हुकूमत पर दबाव डाला जाना चाहिए। इसके साथ ही रूस की क्रान्ति को लेकर लोगों की आपस में बातचीत होती रहती थीं और ज़्यादा लोगों का मानना था कि दुनिया में कहीं भी कोई सार्थक बदलाव, खून-ख़राबे के बग़ैर नहीं लाया जा सकता। देखना सिर्फ़ यह था कि इस बदलाव से रूस-वासियों की ज़िन्दगियों पर क्या असर पड़नेवाला था। लोगों को डॉक्टर ऐनी बीसेंट के कांग्रेस अध्यक्ष पद सँभालने के बाद उनसे जो एक प्रकार की निराशा की अनुभूति हुई थी, वह भी चर्चा का विषय रही थी। कई महत्वपूर्ण मुसलमानों को अभी भी यक़ीन था कि तुर्की अगर जंग हार भी जाता है तो जैसा कि अंग्रेज़ों ने वादा किया था, ख़िलाफ़त को बरक़रार रखा जाएगा। उस सूरत में मुसलमानों को कांग्रेस से नाता तोड़कर अंग्रेज़ों से अपनी वफ़ादारी का सच्चा सबूत देना था।

बन्दा अली को खुशी इस बात की थी कि हकीम अजमल ख़ान, जिन्होंने लोगों के लाख इसरार के बावजूद अभी तक खुद को सक्रिय राजनीति से दूर रखा था, खुलकर सियासत के अखाड़े में आने पर तैयार हो गए थे। उनकी मौजूदगी से मुसलमानों की हैसियत अधिक दमदार होनेवाली थी और बहुत सारे ऐसे लोग जो अभी तक सियासत को कोई गन्दी चीज़ समझकर उससे दूर रह रहे थे, उनकी देखादेखी सियासत में आने की हिम्मत जुटा सकेंगे।

दिल्ली से लौटकर बन्दा अली ने प्रस्तावित शादी के बारे में कौसर जहाँ से उनके छोटे भाई क़ासिम अली द्वारा कहलवाया था।

—बन्दा अली ख़ान चाहते हैं, अमीना के मामू और कौसर जहाँ के छोटे भाई क़ासिम ने अपनी बड़ी बहन से कहा था—कि शादी में ज़्यादा धूमधाम न हो। जितनी सादगी बरती जाएगी उन्हें उतना ही बेहतर लगेगा।

क़ासिम अली सीधे से अधिक एक बेवकूफ़ व्यक्ति थे जिनसे बहनोई कर्नल नजीबउल्लाह और भानजे सईदउल्लाह की, उनकी ज़िन्दगी में, कभी नहीं पट पाई थी। वह विवाहित लेकिन निःसन्तान थे, और अपनी पत्नी से बहुत डरते थे। अपने हिस्से का सारा माल-जायदाद वह ठिकाने लगा चुके थे और हर तेरे-मेरे के आसरे होकर रह गए थे। कुछ समय के लिए मुक़द्दर ने उन्हें नजीबउल्लाह के परिवार का मुखिया ज़रूर बना दिया था लेकिन यह बहुत थोड़े समय के लिए ही था। बेवा होने के बाद इद्दत की मियाद पूरी होते ही कौसर जहाँ ने अपनी ऊपरी नज़ाकत को झुठलाते हुए परिवार की सारी ज़िम्मेदारियाँ अपने हाथ में ले ली थीं। पति की

अपेक्षित और बेटे की अनापेक्षित मौत उन्हें डिगा नहीं पाई थी।

—तुम उन्हें बता दो, कौसर जहाँ ने क़ासिम को समझाया था—कि अमीना की शादी उसी तरह होगी जिस तरह उसके बाप या भाई की ज़िन्दगी में होती। हमारी तरफ़ से उसमें कोई तब्दीली नहीं होगी लेकिन वह लड़केवाले हैं और उनसे हमारी कोई शर्त नहीं। वह सादगी से शादी की रस्में करेंगे, तो भला हमें क्या एतराज़ होगा। न पहले हमारी कोई शर्त थी न अब है।

खुद बन्दा अली ख़ान की तो, फफू के शब्दों में, इस शादी को लेकर 'स्कीम' ही कुछ और थी। वह इस अवसर को एक से अधिक मक़सद के लिए इस्तेमाल करना चाहते थे—एक ऐसे जश्न की तरह जिसे लोग ज़िन्दगी भर याद रख सकें। इसमें उनका निशाना राजनीति भी थी, साहित्य भी था और कुछ की इज़्ज़तअफ़ज़ाई और कुछ की ज़िल्लत भी थी। तारीख़ें तय होते ही तैयारियाँ बड़े पैमाने पर शुरू कर दी गई थीं। दावतनामे शादी से एक माह पहले कलकत्ते से छपकर आ गए थे और मुल्क में ऐसे तमाम लोगों को भेजे गए थे जिनकी किसी भी लिहाज़ से कोई हैसियत थी। राजनीतिज्ञ, साहित्यकार, राजा, नवाब, रईस, हकीम, वकील, डॉक्टर, मज़हबी रहनुमा, व्यापारी—जिनसे बन्दा अली का कभी सरसरी आमना-सामना भी हुआ था, सबको निमंत्रण भेजे गए थे। इनके अलावा ऐसे छोटे-बड़े अंग्रेज़ हाकिम और शनासा भी आमंत्रित किए गए थे जिन तक किसी भी तरह पहुँच सम्भव हो सकती थी। खुद संजीदा अली को अमतुल कबीर के साथ शादी से पन्द्रह दिन पहले भोपाल पहुँचना था। उनके दोस्तों के नाम और पते की लिस्ट बनाकर लाने के लिए बन्दा अली ने ख़ास तौर से एक मुंशी भोपाल से दिल्ली भेजा था। संजीदा को नहीं मालूम था कि उनकी शादी किसी छोटी-मोटी रियासत के जश्ने ताजपोशी को मात करनेवाली धूमधाम से होने जा रही थी। बारात के सात दिन पहले से मेहमानों की तफ़रीह के लिए हर शाम एक नई दिलचस्पी का प्रोग्राम रखा गया था। फ़रीदा फफू जो तब नौ वर्ष की थीं, शादी को इस तरह याद करती थीं जैसे कोई परियों की कहानी हो।

—दिल में, हमारे अब्बा, जनाब बन्दा अली ख़ान साहब अमजी से चाहे जितने ख़फ़ा रहे हों, वह कहती थीं—मगर उनकी और अमीना चची की शादी उन्होंने इस तरह की कि गुलफ़ाम और सब्ज़परी की भी क्या हुई होगी। उस शानो-शौकत से हमारी याद में उसके बाद कोई शादी हुई ही नहीं। अब, वह ज़माने के बदलाव की ओर इशारा करते हुए कहतीं—जब इतनी आसानियाँ मयस्सर हो गई हैं तब भी वैसी शादी देखने में नहीं आती। जमाल महल (वह नाम जो बन्दा अली ख़ान ने अन्ततः मिर्ज़ा जमाल बेग की हवेली का रखा था) हफ़्तों रात के अँधेरे में बिजली के कुमकुमों से सजा जगमगाता रहा था। पन्द्रह-बीस बिजली के जेनरेटर इस काम के लिए जाने कहाँ-कहाँ से मँगवाए गए थे और पाँच लोग उस दौरान बिजली का झटका लगने से मरे थे। नाच-गाने के लिए मुल्क के अलग-अलग इलाक़ों से कलाकारों को बुलवाया

गया था और हर शाम वह अपने इलाक़े और ज़बान का नाच-गाना पेश करते थे। किसी शाम पंजाबी, कभी सिन्धी, कभी पश्तो, बंगाली, मराठी या गुजराती, और किसी शाम दिल्ली या अवध का मुजरा। शादी के एक हफ़्ते पहले से एक हफ़्ते बाद तक, रोज़ सुबह फ़जिर की नमाज़ के बाद से जो बैण्ड बजना शुरू होता तो सिर्फ़ नमाज़ों के वक़्त थोड़ा सुस्ताता, और उसी तरह मग़रिब की अज़ान से पहले तक बिना रुके तरह-तरह की धुनें बजाता रहता। जाने कौन-कौन-सी रियासतों से फ़रमाइश करके वहाँ के शाही बैण्ड-बाजे बुलवाए गए थे। बारात से तीन रोज़ पहले से हर रात देर गए तक आतिशबाज़ी चलाई जाती और ख़ास बारात की रात तो बिल्कुल इन्तिहा ही हो गई थी। बारात का रास्ता एक मील लम्बा रखा गया था और उसके अलग-अलग हिस्सों की आतिशबाज़ी का ज़िम्मा अलग-अलग आतिशबाज़ी बनानेवालों को दे दिया गया था। इसके लिए मुल्क के नामवर आतिशबाज़ों को बुलाया गया था और बारात की आतिशबाज़ी को उनमें मुक़ाबले की शक्ल दे दी गई थी। जीतनेवाले आतिशबाज़ को दूल्हा के हाथों इनाम दिया गया था। उस रात तो ऐसा लगता था आसमान की तमाम रोशनियाँ उतरकर बारात में शामिल हो गई थीं। उतनी रोशन कोई सड़क अब हमारे तसव्वुर में नहीं आती! और फूल! पूरा जमाल महल और वह तमाम महल और बारादरियाँ जहाँ ख़सूसी मेहमानों के ठहरने का इन्तज़ाम किया गया था, हर सुबह ताज़ा खुशबूदार फूलों से सजाए जाते थे जो दूर-दराज़ शहरों और बाग़ात से, खुदा मालूम किस तरह, भोपाल लाए जाते थे—आज भी सोचने पर समझ में नहीं आता। यह तो ख़ास मेहमानों और ख़सूसी महफ़िलों के लिए था, शहर के आम लोगों को भी इस खुशी में शामिल करने के लिए एहतमाम किए गए थे। किसी शाम चार-बैत या बैतबाज़ी का मुक़ाबला रखा जाता तो किसी रात क़व्वाली की महफ़िल आरास्ता की जाती थी। एक अन्दाज़ा था कि वलीमे के खाने के लिए पाँच सौ बकरे, तीन हज़ार मुर्ग़ और पाँच हज़ार तीतर हलाल किए गए थे। क़िस्म-क़िस्म का खाना पकाने और सलीक़े से खिलाने के लिए जाने कहाँ-कहाँ से खाना पकानेवाले और तरबियतयाफ़्ता वेटर बुलाए गए थे। सत्रह सेहरे सोज़ और अमीना की बारात में छपवाकर बाँटे गए थे, लेकिन इसमें बन्दा अली ख़ान अपनी-सी करने से नहीं चूके थे! याद करके फफू कड़वाहट के साथ हँसती थीं—उन सत्रह में से दस सेहरों के लिखनेवाले दरअसल वह शायर थे जो बन्दा अली के नौकर थे। एक उनकी ज़ाती ख़तो-किताबत और हिसाब देखनेवाला मुंशी, एक बन्दा अली का दायाँ हाथ प्रेमलाल देहलवी, एक प्रेमलाल की निगरानी में दवाख़ानाए-ज़िन्दा तिलिस्मात की दवाएँ बनवानेवाला छोटा हकीम, एक बन्दा अली का अत्तार, एक गन्धी, एक मस्जिद बन्दा अली का इमाम, एक कोठी कछारिया की निगरानी करनेवाला सरहदी पठान, एक दवाख़ाने के लिए जंगली जड़ी-बूटियाँ इकट्ठी करनेवाला नौ-मुस्लिम गौंड, एक वह बावर्ची जिसकी निगरानी में शादी के सारे खाने पकवाए गए थे और एक वह नौकर जिसके ज़िम्मे

शादी की आतिशबाज़ी का इन्तज़ाम था! इन सब लोगों के नाम से अलग-अलग सेहरे पढ़े और छपवाकर बाँटे गए थे। इनके अलावा सात सेहरे ऐसे भी ज़रूर थे जो सचमुच अमजी के दोस्त और जाने-माने शायरों ने लिखे थे। फिर वह तोहफ़े थे जो शादी में शिरकत करनेवाले मेहमानों को दिए गए थे—हैसियत देखते हुए कोई क़ीमती इतर, कपड़े या दस्तकारी का कोई खूबसूरत नमूना। यह निकाह में तमाम लोगों को दिए गए उस यादगारी क़ीमती सिक्के के अलावा था जिसके एक तरफ़ संजीदा और अमीना का नाम और शादी की तारीख़ और दूसरी तरफ़ बन्दा बली का नाम और नेक-ख़्वाहिशात खुदे थे। इसके साथ ही क़ीमती काँच की तश्त और क़ीमती रेशमी रूमाल में बँधे खुश्क मेवे निकाह के हिस्से थे। कहा जाता था इस शर्त के साथ कि उनके नाम की पब्लिसिटी न की जाए, शादी में मुल्क की तमाम नामी-गिरामी हस्तियाँ शरीक होकर रियासत भोपाल की ख़ास मेहमान हुई थीं। ऐसे लोगों में वायसराय का ख़सूसी नुमाइन्दा, रियासत का पॉलिटिकल ऐजेंट और कई दूसरे अंग्रेज़ मेहमानों के साथ-साथ हकीम अजमल ख़ान, डॉक्टर अंसारी, मुहम्मद अली जिन्नाह, लियाक़त अली ख़ान, सरोजिनी नायडू, मोतीलाल नेहरू, चितरंजन दास, तिलक, अल्लामा इक़बाल, जोश मलीहाबादी, अख़्तर शीरानी, अकबर इलाहबादी, जिगर मुरादाबादी, कई रियासतों के राजे-महाराजे और नवाब और बन्दा और संजीदा के अलीगढ़ के ज़माने के साथी शामिल थे। उस वक़्त मौलाना मुहम्मद अली और शौकत अली और मौलाना आज़ाद नज़रबन्द थे और गांधीजी गुजरात या बिहार में कहीं कोई सत्याग्रह कर रहे थे वरना वह भी शादी में ज़रूर शरीक होते। इस शादी का इस्तेमाल बन्दा अली ख़ान ने बहुत चालाकी के साथ एक दो-धारी तलवार की तरह किया था। सियासत के लेविल पर यह महज़ कोई प्राइवेट शादी नहीं, एक ऐसा मौक़ा था जिसका फ़ायदा उठाकर मुस्लिम लीगी और कांग्रेसी एक-दूसरे के ज़्यादा क़रीब आ सकते थे और जिसमें एकता के नाम पर शिरकत करना सबका अख़लाक़ी फ़र्ज़ बनता था। दूसरी तरफ़ वह संजीदा को भी यह साफ़-साफ़ बता देना चाहते थे कि नफ़रत के खेल में अगर मुहब्बत का स्वाँग भी करना पड़े तो वह किस हद तक जा सकते थे और संजीदा की शायर बिरादरी की औक़ात दरअसल उनकी नज़र में क्या थी। हमें लगता है जो हो रहा था उसे देखकर उस वक़्त अमजी हैरान तो ज़रूर हो रहे होंगे लेकिन अपने बड़े भाई की मंशा हर्गिज़ नहीं समझ पा रहे होंगे। यह खुद हमारा अन्दाज़ा है वरना अमजी ऐसे मामलों में कभी किसी से बात नहीं करते थे। बड़े भाई से रहन-सहन में उनकी एक अनचाही दूरी भले बन गई हो लेकिन खुद अपनी तरफ़ से उन्हें तकलीफ़ पहुँचाने का वह तसव्वुर नहीं कर सकते थे। वह बड़े भाई के मिज़ाज की सख़्ती को समझते थे और खुद उसे कमज़ोरी मानकर अपने दिल में उनके लिए हमदर्दी महसूस करते थे।

यह वर्षों पूर्व फ़रीदा फफू का कहा हुआ था। पहली बार किसी का कहा सुनते

हुए हम जिस भोलेपन से उस पर विश्वास करते जाते हैं, आगे चलकर उसका उसी तरह क़ायम रह पाना आम तौर पर सम्भव नहीं होता। इसमें कुछ तो याद्दाश्त की काँट-छाँट होती है, कुछ समय के साथ कुन्द पड़ती हमारी बुनियादी आस्था। हमारे विश्वास कर सकने की क्षमता, मैंने ज़िन्दगी में रह-रहकर अनुभव किया है, रुग्ण और क्षीण होती जाती है। आइने में खुद को देखकर भी हम उस तरह आश्वस्त नहीं हो पाते जैसे कभी सहज ही हो जाते थे। हमारे मनपसन्द रंग फीके पड़ते जाते हैं, हमारे शरीर पर सजनेवाली पोशाकें बेडौल और भद्दी होती जाती हैं। हर पल हम अपने आसपास में घुलते रहते हैं, यह मानकर कि पूरी तरह घुल जाना ही हमारी नियति है। हम न खुश हो पाते, न दुखी—ऐसा होने का अभिनय करते हैं, और यह अभिनय हमें असल से कहीं ज़्यादा ख़र्च डालता है, थका डालता है। हम मजबूर होते जाते हैं, उस विराट शून्य में खो जाने की कल्पना करने पर, जहाँ से तमाम कुछ आया था और लौटता रहेगा—हमारी एक-एक साँस, अतीत, वर्तमान, भविष्य, सब कुछ। शादियाँ, महफ़िलें, राग-रंग, भूख, बीमारी, जंग, बरबादी, धुआँ—सब कुछ! विश्वास करना शायद खुद बुनियादी तौर पर एक कमज़ोरी है जो सीधे और मासूम लोगों को छलकर छोड़ जाती है। हमें शक करने का ईंधन नहीं मिला होता तभी तक हम यूँ विश्वास करने के योग्य होते हैं। अब उस ज़माने की असलियत, जब संजीदा और अमीना की शादी हुई थी, पूरी तौर पर जानते हुए, मैं फफू के बयान को बग़ैर शक किए नहीं याद कर सकता। कारण यह वह समय था जब महायुद्ध के कारण लोगों को तरह-तरह की तंगियों का सामना करना पड़ रहा था और क़ानूनन उन्हें कई सख़्तियों का पाबन्द होकर रहना पड़ रहा था। उन हालात में इस देवपरियों-सी शानो-शौकतवाली शादी की असलियत को लेकर मन में सन्देह का उपजना कोई हैरानी की बात नहीं है। जब-जब मैंने फफू के सोज़ और अमीना की शादी के वर्णन को याद किया है, मुझे लगा है फफू के मन में शादी का जो सबसे खूबसूरत सपना था वह उसे उन दोनों की शादी की असलियत के नाम से सुनाती थीं : यह जानते हुए कि वह जो सुना रही थीं वह काल्पनिक था और संजीदा-अमीना की शादी से उसको अधिक लेना-देना नहीं था। ऐसा शायद इसलिए था कि फफू को संजीदा और अमीना बेगम से बहुत मुहब्बत थी। जिनसे हम बहुत मुहब्बत करते हैं उन्हें ज़्यादा-से-ज़्यादा कुछ दे सकते हैं तो अपने सबसे क़ीमती सबसे खूबसूरत सपने। फफू ने कुछ ऐसा ही किया था और अपना शादी का सपना संजीदा और अमीना को समर्पित कर दिया था। ऐसा मुझे अपनी, घटते विश्वासों की इस उम्र में भी लगता है। इसलिए भी कि खुद फफू की शादी तो शायद कभी हो ही नहीं पाई। या अगर हुई तो उसकी सूरत-शक्ल बिल्कुल दूसरी थी। अपने सपने की ख़ुद अपनी ज़िन्दगी में इससे ज़्यादा क़दर वह शायद कर भी नहीं सकती थीं।

ऐसा मेरा ख़्याल है।

भोपाल में लोगों को सबसे ज़्यादा हैरानी चकोटीवाली बेगम यानी अमतुल कबीर की काया-पलट देखकर हुई थी। कहाँ वह सफ़ेद कपड़े पहनी, चकोटी पर बैठी, वज़ीफ़े पढ़ती, झाड़-फूँक-गण्डा-तावीज़ करती बूढ़ी औरत और कहाँ यह हँसती-बोलती, नाचती-गाती, अपनी दिल्ली की साथिनों से घिरी, ज़िन्दगी और चलत-फिरत की मूरत! अपनी तमाम जान-पहचानवालियों को शादी में साथ लाने के लिए उन्होंने दिल्ली से भोपाल तक पूरी रेल की बोगी रिज़र्व कराई थी। रास्ते-भर ढोल बजाता, नाचता-गाता यह क़ाफ़िला भोपाल पहुँचा था। जमाल महल में दाख़िल होते ही अमतुल कबीर ने शादी के घर की सारी ज़िम्मेदारियाँ माहरू ज़मानी से खुद अपने हाथ में ले ली थीं। माहरू के लिए यह एक बड़ी राहत थी क्योंकि उनकी आठवीं सन्तान अभी बहुत छोटी थी। बन्दा अली के ज़्यादा बच्चे अभी तक समय-समय पर अपनी परनानी को दिल्ली और बशारत मंज़िल में ही देखते रहे थे और यह पहला अवसर था जो वे उन्हें अपने बीच भोपाल में देख रहे थे।

बन्दा अली ने अमतुल कबीर के भोपाल पहुँचते ही उन्हें अपनी मस्जिद दिखाने की ख़्वाहिश ज़ाहिर की थी मगर उन्होंने बात को हँसकर टाल दिया था। बन्दा के इसरार पर उन्होंने हँसकर कहा था—दिल्ली की जामा या फ़तहपुरी की मस्जिद से बड़ी है क्या? बन्दा का जवाब सुनकर उन्होंने चिमटी ली थी—फिर मुझे क्या दिखाओगे? यह मन्दिर तो है नहीं कि हर जगह अलग-अलग सूरत-शक्ल के देवी-देवता बैठे हों। मुसलमान का एक ही अल्लाह है जिसका मस्जिद की सूरत-शक्ल से कोई ताल्लुक नहीं। वह जैसा दिल्ली की मस्जिदों में, वैसा ही भोपाल में।

नानी की बातें सुनकर बन्दा को चुप रहना ही बेहतर लगता था। एक तो उनकी उम्र के कारण और दूसरे, बन्दा उनको कमज़ोर आस्था का मानते थे। उनके नज़र—नियाज़ और फ़ातिहा देने-दिलाने को लेकर किसी ज़माने में उन्होंने एतराज़ भी करना चाहा था। अन्ततः उन्हें ख़ामोशी में ही आफ़ियत नज़र आई थी और उन्होंने अमतुल कबीर के मामले में दख़ल देना बिल्कुल बन्द कर दिया था। सो वह यहाँ भी चुप ही रहे थे।

जश्न और हंगामे के माहौल में संजीदा और अमीना की शादी की रस्में हुई थीं, सन् 1918 के अन्त में, भोपाल में, जो तब रियासत भोपाल के नाम से जाना जाता था। मैं फिर याद दिलाना चाहूँगा कि तब इस शहर की आबादी कुछ हज़ार में सीमित थी और यह फ़सीलों के भीतर बसा हुआ था। उन फ़सीलों में प्रवेश के विभिन्न दरवाज़े थे जो दिन डूबे बन्द कर दिए जाते थे और सुबह सूरज निकलने के बाद खोले जाते थे। यह शहर पहाड़ों, तालाबों और बाग़ों का शहर था, जिसमें से बाग़ात तो लगभग सारे और तालाब-तलैये भी अधिकांश अभी तक अपना अस्तित्व खो चुके हैं और उनकी जगह इंसानों से लबालब बस्तियाँ ले चुकी हैं। यह फैलाव का सिलसिला सन् 1918 में भी अपनी तरह से जारी था और धीरे-धीरे आबादी शहर

को फ़सीलों के बाहर फैलने लगी थी। कालान्तर में फ़सील और दरवाज़ों को ढाया जाना था—उस समय जब देश आज़ाद हो चुका था और भोपाल एक नए प्रदेश की राजधानी बनाया गया था। उस तोड़फोड़ और बदलाव को काफ़ी हद तक मैंने अपनी आँखों के सामने देखा था। पुराने शहर की यादों से भावुक लगाव कभी-कभी मुझे कड़वाहट से भर देता है और मैं सोचने लगता हूँ कि उस पुराने शहर की तोड़फोड़ का उसके विस्तार या राजधानी बनने से कितना सम्बन्ध था? देश के अनेक शहर ऐसे हैं जो बिना कहीं की राजधानी बने इस मनमानी तोड़फोड़ की नज़र हो गए। शायद हमारी सोच में नया और अच्छा एक-दूसरे के पर्याय बन गए हैं।

मैं चौंक उठता हूँ : हमारे भीतर हमारे पूर्वजों के जुम्ले गूँजते हैं, उनके दिल में बैठे शक और अन्देशे मिलकर कोरस में गाते हैं। लाख सतर्क होने की कोशिश के बाद भी दरअसल मैं अगर अपने पिता का विस्तार (एक्सटेंशन) भर नहीं तो और क्या हूँ? और वह खुद, उसी प्रकार, अपने पिता के, जो संजीदा अली के साथ-साथ एक और बाप, ज़ीशान अली का विस्तार थे। क्या विस्तार का मतलब अपने भीतर इतने बड़े बदलावों की गुंजाइश रखता है? और मैं? वास्तव में खुद मैं क्या हूँ? और मेरा बाप? कौन और क्या है मेरा बाप?

हर ख़ानदान के अपने राज़ होते हैं जिनके बारे में बाहर के लोगों के सामने ज़िक्र नहीं किया जाता, भनक नहीं लगने दी जाती। मेरा मामला भी कुछ ऐसा ही है। लेकिन मैं मुक्त होना चाहता हूँ, अगर किसी प्रकार मुक्ति प्राप्त की जा सकती है तो! मेरा यह सारा लेखन किसी की दिलजोई या तफ़रीह के लिए नहीं, खुद अपनी मुक्ति की तलाश में है और इसमें बयान की गई सारी जगहें, सारे चरित्र भी, कुछ हो सकते हैं तो ज़्यादा-से-ज़्यादा उसी रास्ते के मील के पत्थर, बस।

मैं भटक गया : दरअसल अपने भावुक लगाव में बँधकर मैं इस पल, उस दरो-दीवार वाले शहर को किसी क़ीमती, गुमी हुई चीज़ की तरह इसलिए याद करना चाह रहा था कि संजीदा अली और अमीना बेगम की शादी की कल्पना, उन बैण्डबाजों, आतिशबाज़ियों और नाच-गाने की महफ़िलों के साथ, आँखें बन्द करके खुद कर सकूँ। शहर इस बीच इतना बदल गया है कि मस्जिद बन्दा अली ख़ान के अलावा, जहाँ निकाह हुआ था, ज़्यादा चीज़ें सही-सलामत नहीं बची हैं। खुद जमाल महल भी अब किसी तरह पहचाना नहीं जा सकता। उसके आस-पास की हरियाली मुद्दतों पहले खत्म हुई और पिछवाड़े की वह तलैया जिसमें बहुत सारी बत्तख़ें तैरा करती थीं, कभी की पूरी जा चुकी। उसके इर्द-गिर्द बेशुमार गलियाँ, मकान, बाज़ार उग आए हैं जहाँ किसी बड़े क़स्बे के व्यस्त बाज़ार की-सी गहमाहमी रहती है। महल का वह हिस्सा जिसमें मिर्ज़ा बेग ने अपनी ज़िन्दगी के आख़री साल बिताए थे, और बाद में जहाँ संजीदा अमीना को रुख़्सत कराके लाए थे, आपसी बँटवारों, तोड़ने-बनाने, बेचने-ख़रीदने में कभी का ख़त्म हो चुका है और वहाँ एक बड़ा प्राइवेट नर्सिंग

होम और उससे पहले एक अख़बार का दफ़्तर और प्रेस था। आज उसी आबादी से ठसाठस, खुली हवा को मुहताज इलाक़े में जहाँ दोपहिया गाड़ियाँ भी दिक़्क़त से अन्दर जा पाती हैं, कभी एक सजे हुए कमरे में संजीदा ने, पहली बार अपनी पत्नी अमीना को देखा होगा—बारात के सुर्ख़ जोड़े और क़ीमती ज़ेवरात में सजी-बनी...

तय यह किया गया था कि भोपाल में शादी की रस्मों के बाद अमतुल कबीर और दूल्हा-दुल्हन के साथ बन्दा अली और उनका परिवार भी दिल्ली जाएगा जहाँ उन तमाम लोगों को दावत दी जाएगी जो भोपाल में शादी में शिरकत नहीं कर सके थे। जिस बीच भोपाल में सब शादी के हंगामों में व्यस्त थे, बन्दा अली के भेजे हुए लोग बशारत मंज़िल की मरम्मत, सफ़ाई और पुताई करने में लगे हुए थे। उनके आदेश थे कि बशारत मंज़िल के एक-एक कोने को चमकाकर नया कर दिया जाए; छतों के झाड़ो-फानूस से लेकर फ़र्श के क़ालीन तक सब बदल डाले जाएँ। बीस लोग सर्दी और मौसम की सख़्ती को अनदेखा किए दिन-रात बशारत मंज़िल को सजाने-सँवारने में जुटे थे। घर के गमले और कियारियों से लेकर मेहराबों की चिकें, दरवाज़ों के रंग-रोग़न और फ़र्नीचर तक, बन्दा अली की हिदायत के अनुसार, सुधारे और बदले जा रहे थे। इन कामों का ज़िम्मा उन्होंने अपने एक ख़ास विश्वास-पात्र को सौंपा हुआ था।

यह कुछ बाद में होना था। फ़िलहाल तो जमाल महल में शादी का जश्न किसी सूरत थमने को न आता था। मेहमानों की तादाद कुछ कम ज़रूर हुई थी मगर अमतुल कबीर की दिल्ली की साथिनें, नाचते-गाते अभी भी थकने का नाम न लेती थीं। यह सिलसिला रोज़ सुबह शुरू होता था और रात देर तक चलता रहता था। अमतुल कबीर अमीना को एक नज़र देखकर उन पर फ़िदा हो गई थीं और उनका यह प्यार हर बीतते दिन के साथ बढ़ता ही गया था। उन्होंने अमीना को जहाँआरा बेगम के दिए हुए ज़ेवरों के अलावा अपने वह क़ीमती ज़ेवर भी दिए थे जिन्हें उन्होंने दुनिया की नज़र से छिपाकर रखा था। कौसर जहाँ और माहरू ज़मानी, दोनों ही उनका अमीना के प्रति प्यार और लगाव देखकर आश्वस्त हुई थीं क्योंकि रहना अमीना को दिल्ली में अपनी नानी-सास के साथ ही था। वैसे यह एक आम राय थी कि संजीदा और अमीना जैसे जोड़े आसमान से ही बनकर आते हैं और न तो उन्हें एक होने से रोका जा सकता और ना ही एक हो चुकने के बाद जुदा किया जा सकता। लोगों की नज़रें उन दोनों को एक साथ देखकर हटाए नहीं हटती थीं।

—यह दूल्हा-दुल्हन, अमतुल कबीर लाड़ से उनकी बलाएँ लेते हुए कहतीं—खुद आपस में ही एक अंजुमन हैं। दुनिया में बाक़ी जितने हैं, सब-के-सब महज़ तमाशाई हैं और खुश होने को जितना भी नाचें, जितना भी गाएँ, कम है। दिन में इन दोनों की शक्ल देखकर सूरज का मुँह उतरा हुआ था, सर्दियों के बहाने ठण्डा

होकर रह गया है, कर्मज़फ़ कहीं का! रात आसमान से चाँद ग़ायब रहता है, तारे दम साधे टिमटिमाते हैं।

यह कल्पना मुहाल थी कि अमतुल कबीर तिरानवे वर्ष की थीं, इसलिए भी कि उनके सिर के तमाम बाल बिल्कुल घने स्याह थे। मुँह में उनके तब तक कितनी ही नई दाढ़ें और दाँत दोबारा आ चुके थे। नज़र उनकी इतनी तेज़ थी कि माहरू ज़मानी और उनकी औलादें उस पर रश्क करती थीं। यह इसलिए भी कि बहुत जल्द ही माहरू के मोटे काँचों-वाला चश्मा लगनेवाला था और बच्चों में भी ज़्यादा को छुटपन से ही चश्मा पहनना था। ऐसा हकीम बन्दा अली के जगत-विख्यात सुरमे, 'चश्मे-बीना के लिए सुरमा-ए-सीना' इश्तिहारवाले 'सुरमा-ए-सीना' के पाबन्दी से इस्तेमाल के बावजूद था—कथित इस्तेमाल!

—अम्मा, फ़रीदा फफू बताती थीं—अब्बा के दवाख़ाने की दवाएँ न तो खुद इस्तेमाल करती थीं न जहाँ तक मुमकिन हो सके, बच्चों को करने देती थीं। जाने क्यों उनके दिमाग़ में यह बात घर कर गई थी कि बन्दा अली ख़ान दौलत कमाने में जाइज़-नाजाइज़, कुछ नहीं देखते और दवाएँ जल्द असर करें, इसलिए उनमें कुछ ऐसी चीज़ें भी मिला देते हैं जिनका इस्तेमाल मज़हब में मना है। ऐसी दवाओं का इस्तेमाल फ़ौरी फ़ायदे के बदले इंसान की बाक़ी उम्र को कम कर देता है।

माहरू ज़मानी का यह ख़्याल भी उनके दिल में मौजूद पति के लिए पूर्वग्रह से अधिक प्रेरित लगता है और सच्चाई से कम। बन्दा अली का व्यक्तित्व अनेक मामलों में चाहे जितना भी विवादास्पद रहा हो लेकिन उनके एक अच्छे हकीम होने और सही यूनानी दवाएँ बनानेवाले दवाख़ाने के मालिक होने की हैसियत को कभी सन्देह की दृष्टि से नहीं देखा गया है।

शादी के क़ाफ़िले की दिल्ली रवाना होने की तारीख़ क़रीब आती जा रही थी।

उस रात जितनी ज़्यादा सर्दी थी उतनी ही सुन्दर चाँदनी। आश्चर्य कि कोहरा बिल्कुल नहीं था। कमरों में आतिशदान और खुले में जगह-जगह अलाव रोशन थे। कहीं से मीरासनें गाने-बजाने के लिए जमाल महल आ गई थीं और देखते-देखते रात के साढ़े ग्यारह बज गए थे। सन् 1918 में सर्दी की उस रात, साढ़े ग्यारह बजे भोपाल में क्या दृश्य रहा होगा, यह कल्पना आसान नहीं। पहाड़ों, तालाबों, दरख़्तों, फ़सीलों, बुर्जों, महलों, गलीनुमा कच्ची सड़कों, कच्चे-पक्के मकानों तथा मैदानों पर फैली चाँदनी। ऐसा नवजात सन्नाटा जिसमें हर आवाज़ फैलकर बड़ी होती और हमेशा के लिए सुरक्षित महसूस हो। समय-समय पर पहरेदारों की शहर के सोते-जागतों को सावधान रहने की चेतावनी, मँडराती—गर्दिश करती। (उनकी वेश-भूषा क्या होती होगी? सुरक्षा के लिए वह कौन-से हथियार इस्तेमाल करते होंगे? सूरत-शक्ल?) न बिजली, न मोटर, न रेडियो, न टेलीफ़ोन। जिसके पास कोई है, पूरी तरह उसी का है। बाक़ी लोगों को मुहब्बत या नफ़रत से याद किया जा सकता है, उन तक पहुँचा

नहीं जा सकता। हर काम कम-से-कम अगली सुबह तक टाला जा चुका है। जीवन जैसे आज के एक दिन को एक महीना, एक साल पर फैला दिया जाए।

मीरासनों के गाने के दौरान अमतुल कबीर को थकन का एहसास होता है और वह बिना किसी से कुछ कहे उठती हैं और अपने कमरे में बिस्तर में जा दुबकती हैं। नींद में डूबते हुए वह सुनती हैं जमाल महल की बैठक से उठती मीरासनों के गाने की आवाज़ें। अगले ही पल उन्हें लगता है दिन चढ़ आया है, धूप फैल चुकी है। मिर्ज़ा जमाल बेग, तीनों बेटों—जलाल 20 वर्ष, अफ़जाल 18 वर्ष और बिलाल 16 वर्ष के साथ बशारत मंज़िल में दाख़िल हो रहे हैं। चारों ने नए कपड़े पहने हैं, खुशबुएँ लगाई हैं। वे नमाज़ पढ़कर ईदगाह से लौटे हैं। बेटों ने अमतुल कबीर को घेर लिया है और ईद की मुबारकबाद दे रहे हैं। हाथों की चूड़ियाँ बजाती नन्ही जहाँआरा भी आ गई है और जमाल बेग ने उसे गोद में उठा लिया है...

अमतुल कबीर की आँख खुल गई थी। सुबह की रोशनी फैल रही थी। साढ़े ग्यारह बजे रात से सुबह-दम तक फैला यह उनका संक्षिप्त ख़्वाब था। जागकर उन्होंने फ़ौरन नौकरों को ख़त्मी, बेरी के पत्ते और साबुन मिलाकर नहाने का पानी गर्म करने का आदेश दिया था। नहाकर कपड़ों का नया जोड़ा पहना था। साथिनों ने जागकर, घेरने की कोशिश की थी तो डपटकर किसी को भी अपने कमरे में दाख़िल होने से मना कर दिया था—बस! आश्चर्यचकित साथिनों से इन्तिहाई रूखे स्वर में कहा था—खेल ख़त्म! और बन्दा अली और संजीदा अली को जल्द-से-जल्द बुलाए जाने का आदेश दिया था।

बन्दा और संजीदा कमरे में पहुँचे थे तो उन्होंने अमतुल कबीर को हाथ-पैर सीधे किए फ़र्श पर लेटा देखा था।

—आ गए, उन्होंने आहट सुनकर संयत स्वर में कहा था—सिरहाने, मेरे हाथों का सिला कफ़न है। मुझे उसी में कफ़नाना। मैं चलती हूँ, उन्होंने कहा था, तीन बार ऊँची आवाज़ में कलमा पढ़ा था और ख़ामोश हो गई थीं।

इस आश्चर्य पर क़ाबू पा सकना आसान न था, कि इतनी लम्बी ज़िन्दगी गुज़ारने के बाद अमतुल कबीर की इतनी संक्षिप्त रुख़्सत की, और वह भी दिल्ली, जहाँ दफ़नाए जाने की वह ख़्वाहिशमन्द थीं, के बजाए भोपाल में, आख़िर क्या तुक थी।

शाम होते-होते उन्हें उसी क़ब्रस्तान में सुपुर्दे ख़ाक कर दिया गया था जहाँ मिर्ज़ा जमाल बेग पहले ही से दफ़न थे। उनको क़ब्र में उतारते वक़्त संजीदा को माँ, जहाँआरा बेगम और बाप, ज़ीशान अली की याद आई थी, जिन्होंने अपनी ज़िन्दगी का सबसे लम्बा हिस्सा भोपाल में गुज़ारा था लेकिन उनकी क़ब्रों का वहाँ कोई निशान नहीं था।

कहाँ था, यह शायद किसी को भी मालूम नहीं था।

अमतुल कबीर के गुज़र जाने से दिल्ली में दावत की योजना अधूरी रह गई थी। जमाल महल में भी उनके नाटकीय ढंग से न रहने से एक नागवार शून्य की स्थिति पैदा हो गई थी। खुशी का माहौल सोच सकने की मोहलत दिए बग़ैर सोग की महफ़िल में तब्दील हो गया था। लोगों की भीड़ और आना-जाना वही रहा था लेकिन उनके चेहरों के भाव और बातचीत का लबो-लहजा बदल गया था। यह इतना आकस्मिक था कि सोग में डूबे लोग रह-रहकर आश्वस्त होना चाहते थे कि उनके चेहरों पर कुछ समय पहले की हँसी-खुशी की खुरचन तो लगी नहीं रह गई। सबसे अधिक दुविधा में अमतुल कबीर की वह साथिनें थीं जो उनके साथ दिल्ली से भोपाल आई थीं। उन्हें लगा था अमतुल कबीर ने इस तरह बिदा होकर उनके साथ धोखा किया था। उनका और कोई पहचानवाला जमाल महल ही क्या सारी रियासत भोपाल में नहीं था। अमतुल कबीर की मौत के सदमे के साथ अब उनको यह फ़िक्र भी थी कि खुद उनकी दिल्ली वापसी का क्या होगा? संजीदा अली और अमीना बेगम उनके साथ दिल्ली जाएँगे या अब भोपाल में ही बसने का फैसला करेंगे? दिल्ली लौटने का इन्तज़ाम उन्हें खुद करना होगा या जैसा कि होना चाहिए, उन्हें वापस घरों तक पहुँचा दिया जाएगा? अलग से यह समस्या अमतुल कबीर के न रहने के दुख की तुलना में छोटी लेकिन अमतुल कबीर पर पूरी तरह आश्रित उन औरतों के लिए सब्से बड़ी असलियत थी। इससे उनके रोने-धोने और मातम करने की अदा में भी अलग से महसूस की जा सकनेवाली शिद्दत पैदा हो गई थी।

मौत का तीजा हुआ था।

लोग दिल्ली की औरतों का सोग देखकर उनकी अमतुल कबीर से मुहब्बत से प्रभावित हुए बिना नहीं रहते थे। बन्दा अली और माहरू ज़मानी भी उन प्रभावित होनेवालों की सूची में शामिल थे। उन लोगों के ग़म मनाने से बन्दा को लगा था उनकी नानी सचमुच कोई साधारण महिला नहीं थीं, साधारण लोगों की मौत पर कौन इस तरह मातम करता है। अपने दिल में आए इस ख़्याल को उन्होंने संजीदा को भी कह सुनाया था। संजीदा सुनकर चुप रहे थे; खुद से शर्मिन्दा होकर। खुद अपनी यह राय सोचकर कि उन औरतों को पहली चिन्ता यह थी कि बिना वापसी के आश्वासन के वह एक अजनबी जगह पर अकेली छूट गई थीं। अगर अमतुल कबीर की मौत भोपाल के बजाए दिल्ली में हुई होती तो उनके मातम की मिक़दार और सूरत-शक्ल कुछ और होती। अभी भी जैसे ही उनसे दिल्ली वापसी की बात कही जाएगी उनके आँसुओं और रोने-पीटने में फ़र्क़ आ जाएगा। सादा, मामूली और बेआसरा लोगों का वजूद ही एक कमज़ोरी पर बुनियाद है, और वह चाहकर भी सच नहीं कह सकते। वह तमाम औरतें अमतुल कबीर की एहसानमन्द ज़रूर थीं, कि इतने साल तक वह उनके भले-बुरे में शरीक रहीं। लेकिन एहसास के बोझ में भी वह खुद की ज़िन्दगी और घर को भुला नहीं सकती थीं। एहसान उठाना भी तब ही गवारा हो सकता है

जब अपने घर वापस लौटने का यक़ीन हो, और खुद के इतमीनान के हिसाब से उसके बारे में कोई राय क़ायम करने की छूट हो। खुश होकर एहसास करनेवाले को दुआ दी जा सके, या उसके एहसान से मुकरा जा सके। व्यक्ति गुलाम भी इसी अर्थ में होता है, और किसी की गुलामी के ख़मीर को ऐसे ही सन्दर्भों में समझा जा सकता है। एक मुहताजी, संवेदनहीनता और होने-न-होने के बीच तमीज़ कर पा सकने का ख़ात्मा। संजीदा दिल-ही-दिल में दुआ करते रहे थे, उस एक ताक़त से, जिसके कारण सारा बनना-बिगड़ना था, कि जैसा वह सोच रहे थे वैसा न हो; उनकी सोच ग़लत हो और अमतुल कबीर की साथिनों में कुछ ऐसी भी हों जो उनकी बात को ग़लत साबित करती हों।

आसपास जमा भीड़ में संजीदा को लगा था कि सिर्फ़ अमीना थीं जो बिना कहे उनकी बात समझ रही थीं और हालात का सामना करने के लिए उनके शाना-ब-शाना खड़ी थीं। यह दो लोगों के बीच एक ऐसे रिश्ते की शुरुआत थी जिसे दिन-ब-दिन मज़बूत होते जाना था। ऐसा उनकी आनेवाली ज़िन्दगी की घटनाओं से प्रमाणित होता है, उन कहानी जैसी बातों के अलावा भी जो उनकी आपसी मुहब्बत को लेकर मुझे विभिन्न सूत्रों से लगातार सुनने को मिलती रही हैं।

संजीदा, अमीना और अमतुल कबीर की साथिनों की दिल्ली वापसी एक हफ़्ते बाद हो पाई थी। बदली परिस्थितियों में बन्दा और माहरू का उनके साथ जा पाना सम्भव नहीं था मगर ताबन्दा और फ़रीदा दूल्हा-दुल्हन के साथ गए थे। कुछ समय बाद अमीना की माँ, कौसर जहाँ भी थोड़े दिन के लिए बशारत मंज़िल पहुँच गई थीं।

तीन

संजीदा अली की शादी के बाद तीन ऐसी ख़ास बातें हुईं थीं जिन्होंने उनकी ज़िन्दगी का स्वरूप तय करने और जो तब तक था, उसे बदलने में महत्वपूर्ण भूमिका निभाई थी। इनमें पहली, अमीना के इसरार पर उनका गुलबदन से निकाह करना था और दूसरी, इस निकाह के नतीजे बन्दा अली से रहे-सहे सम्बन्धों का भी, कम-से-कम खुद बन्दा अली की ओर से, ख़ात्मे का ऐलान। अमीना ने उन्हें क़ायल कराया था कि गुलबदन का घर बसाना उनकी नैतिक ज़िम्मेदारी थी, और ऐसा जल्द-से-जल्द करने पर मजबूर किया था, यह आश्वस्त करते हुए कि अलग इन्तज़ाम होने तक उन्हें गुलबदन को अपने साथ बशारत मंज़िल में रखकर खुशी होगी। यह सोच पाना मुश्किल है कि कोई औरत अपने पति पर किसी दूसरी औरत को अधिकार का निमंत्रण दे सकती है। बेशक, साधारण स्थिति न तो यह कभी थी और न आज है। किसी-किसी सामान्य और साधारण में थोड़ा-सा कुछ असाधारण शामिल होकर ही उसे सबसे भिन्न बना जाता है। ऐसा ही कुछ था जो अमीना को असाधारण बनाता था और संजीदा को भी।

गुलबदन का कुछ समय तक बशारत मंज़िल में रहना तो संजीदा ने क़बूल कर लिया था लेकिन वह अलग से मकान ख़रीदकर उन्हें मेहर में देना चाहते थे। इस वास्ते पैसों के लिए उन्होंने बन्दा को लिखा था और जवाब में, कुछ दिन बाद, बन्दा अली खुद देहली पहुँच गए थे। मुश्किल सूरतेहाल पैदा हो गई थी। संजीदा बड़े भाई से कुछ छिपाना नहीं चाहते थे, और उन्हें अपने इस निकाह के बारे में बताने के लिए मुनासिब मौक़े और तरीक़े की खोज में थे। मुनासिब के बजाए, बन्दा अली को, यह ख़बर सबसे नामुनासिब ढंग से यूँ हुई, कि बशारत मंज़िल में अमीना ने, गुलबदन का उनसे परिचय कराते हुए, गुलबदन से उन्हें सलाम करने को कहा। बन्दा अली पहले तो कुछ समझे नहीं, लेकिन जैसे ही उन्हें असलियत का अन्दाज़ा हुआ, वह एक पल भी रुके बग़ैर, बशारत मंज़िल के बाहर निकल गए।

—अमीना चची से उन्होंने सीधे तो कुछ नहीं कहा, फफू बताती थीं—बस कुछ मुहावरे, जैसे जब बाड़ ही खेत को खाने लगे तो हिफ़ाज़त कौन करेगा, ऊँची आवाज़ में दोहराते हुए, बशारत मंज़िल से रुख़्सत ली। चलते-चलते अमजी से उन्होंने ज़रूर कहा कि तुम्हारे-मेरे बीच लेन-देन का सारा हिसाब बना रखा है। उसे देखकर मैं तुम्हें पैसे भेजने की बाबत लिखूँगा। तुम्हें अपनी समझदारी का गुमान है, क्या पता

ठीक ही हो। तुम भोपाल की जायदाद में अपने हिस्से से दस्तबरदार होना चाहते हो, तो ठीक है, मैं बशारत मंज़िल की क़ीमत तुम्हारे हिस्से से काटकर, बक़ाया तुम्हें फ़ौरन भेजूँगा। बहरहाल, खुद मेरा दिमाग़ यह कहता है कि तुमने जो राह पकड़ी है, वह बरबादी की राह है। यह तुम्हारी अपनी मर्ज़ी है। मैं खुद आगे ज़िन्दगी में तुमसे या तुम्हारे घरवालों से कोई ताल्लुक नहीं रखना चाहता, और ऐसा ही करने का तुम्हें भी मशवरा दूँगा। तुमने मुझे जो सदमा पहुँचाया है, उसके आगे कई पुश्तों की गुलामी हैच है! मुल्क और सियासत तो घर की दहलीज़ लाँघने के बाद शुरू होते हैं, मगर जब इस तरह कोई भाई, भाई ही को धोखा देता है, तो अंग्रेज़ को भी हैरानी में डाल देता है।

यह कभी उसी ज़माने की बात थी जब देश में सियासी हलचल तेज़ी से गर्मा रही थी, और कुछ ही दिन बाद, रौलेट एक्ट विरोध-दिवस मनाया जाना था। बन्दा अली उस मौक़े पर दिल्ली में रहते हुए, वह राजनीतिक घटनाक्रम अपनी आँखों से देखना चाहते थे, क्योंकि रियासत भोपाल में उस समय भारी सन्नाटा था। सत्याग्रह-सभा का बनना, हड़तालें होना, जलियाँवाला बाग़ की घटना और हड़ताल करनेवालों पर दिल्ली, बम्बई, कलकत्ता, अहमदाबाद और अन्य जगहों पर पुलिस की फायरिंग—यह सब, उसी समय कभी हुआ था, जब बन्दा ने बशारत मंज़िल से नाराज़ होकर वॉक-आउट किया था, और दिल्ली में ही अपने किसी अन्य मित्र के घर जा ठहरे थे।

फ़रीदा फफू जो बताती थीं वह वास्तव में उस ख़त की इबारत थी जो बन्दा अली ने बाद में भोपाल लौटकर हिसाब की तफ़सील के साथ संजीदा को लिखा था और जिसे बाद में कभी शायद फफू ने पढ़ा था। ख़त में इन बातों के साथ-साथ उन्होंने सोज़ को ख़बरदार किया था कि ज़िन्दगी और शायरी दो अलग-अलग चीज़ें ही नहीं, दरअसल एक-दूसरे की दुश्मन भी हैं। शायर अपनी शायरी में महज़ आत्म-सम्मान का रोना रो सकता है, अपने आत्म-सम्मान की हिफ़ाज़त के लिए उसे आसरा मालदार लोगों की खुशामद और उससे मिलनेवाली आर्थिक सहायता का ही लेना पड़ता है। असल में जिस पल दुनिया की शक्लो-सूरत तरतीब दी गई थी, उसी पल यह भी तय कर दिया था कि कौन रहनुमा बनकर पैदा होगा और किसकी गुमराही से दुनिया सबक़ हासिल करेगी। बन्दा को अपने छोटे भाई की गुमराही का दिली क़लक़ था, और उससे भी अधिक सदमा उन्हें अमीना के व्यवहार का था। खुद उनका अपना अन्दाज़ा था कि संजीदा ने उस तरह के हालात पैदा किए होंगे कि अमीना एक रण्डी को अपनी सौत की हैसियत से क़बूल करने पर मजबूर हो गई। एक बाज़ारू औरत को अपने ख़ानदानी घर में लाकर रखने का फ़ैसला वह दीवानगी की कौन-सी घड़ी में कर पाए, इसकी न तो वह खुद कल्पना कर सकते थे और न वैसा करने की कोई ज़रूरत समझते थे। संजीदा और अमीना खुद अपनी ज़िन्दगियों के मालिक थे, जिन्हें वह जिस तरह चाहें आबाद या बरबाद कर सकते थे।

सबसे दिलचस्प ख़त के साथ भेजा गया वह हिसाब था जो मिर्ज़ा जमाल बेग के न रहने के बाद से शुरू होकर, सविस्तार, संजीदा की शादी तक फैला हुआ था।

—हिसाब में ऐसी धाँधलियाँ थीं, फफू अक्सर पीड़ित स्वर में कहती थीं और बाद में अब्बा ने भी उसकी ताईद की थी—कि अमजी के अलावा कोई दूसरा इंसान होता तो झगड़ा होना लाज़मी था। ऐसी मोटी-मोटी ग़ल्तियाँ कि मिर्ज़ा जमाल बेग की उस जायदाद की क़ीमत जो वह भोपाल में छोड़कर मरे थे और जो अब अमजी के दिल्ली में रहने के फ़ैसले से बन्दा अली की मिल्कियत बननेवाली थी, जानबूझकर बहुत कम तय की गई थी जबकि बशारत मंज़िल की क़ीमत असल से कहीं ज़्यादा मानी गई थी। इसी तरह दवाख़ाने और दीगर भोपाल की चीज़ों की क़ीमत भी कम रखी गई थी, जबकि अमजी की तालीम के ख़र्चे और उनकी वक़्तन-फ़वक़्तन की माँगों पर भेजे गए पैसों की तफ़सील आना-पाई से थी। इसी तरह उनकी शादी के ख़र्चे की तफ़सील थी, जैसे वह सारा ख़र्च अमजी की फरमाइश पर किया गया हो। नानी को उनकी ज़िन्दगी में जो ख़र्चा वह भेजते रहे थे, वह दोनों भाइयों के नाम आधा-आधा था। खुद बन्दा अली के नाम कुल जायदाद का एक बड़ा हिस्सा अलग से इसलिए भी था, कि नाना के न रहने के बाद, सारी देख-रेख उन्होंने की थी, और वह उनकी खुद की कमाई थी, जबकि जहाँआरा बेगम और बन्दा अली के हज का ख़र्चा, मस्जिद बन्दा अली और कोठी कछारिया को शानो-शौकत से तामीर कराने के ख़र्चे कहीं भी दर्ज नहीं थे। इस तरह की बेईमानी के हिसाब का नतीजा वही निकला जो हमारे अब्बा, जनाब बन्दा अली ख़ान साहब चाहते थे, और अमजी को, कुछ मिलने के बजाए, वह कई हज़ार रुपए के अपने बड़े भाई के क़र्ज़दार ही निकले। यहाँ भाई ने अपनी सख़ावत दिखाते हुए लिख भेजा कि यह रक़म मैं तुमको माफ़ करता हूँ।

संजीदा ने, न तो बन्दा अली के बुरा-भला कहने का जवाब दिया था, और न उनके भेजे हिसाब का कोई विरोध किया था। बन्दा ने इसी पर बस नहीं की थी, बल्कि भोपाल में कौसर जहाँ को भी संजीदा और अमीना के ख़िलाफ़ भड़काया था, जिससे उनके बेटी और दामाद से सम्बन्धों में झोल आया था। लेकिन इसके अलावा भी, कौसर जहाँ ने खुद, कुछ समय बाद दूसरा निकाह कर लिया था, जिससे, पचपन वर्ष की उम्र में, उनके औलाद भी हुई थी। इस तरह, अपने घर को नए सिरे से आबाद करते हुए, उनके पास अमीना और संजीदा के लिए वैसे भी कम समय बच पाया था।

पैसा न होने के कारण फ़िलहाल यह हुआ था कि संजीदा गुलबदन के लिए मकान नहीं ख़रीद पाए थे, लेकिन गुलबदन के अलग रहने के आग्रह को स्वीकार करते हुए उन्होंने दरीबा में एक घर उनके लिए किराए पर ले लिया था। सोज़ के शागिर्द अशरफ़ अली शाद का मकान जो रौलेट एक्ट के ख़िलाफ़ प्रदर्शन के समय, जलियाँवाला बाग़ में उस समय मौजूद थे, जब जनरल डायर ने निहत्थे प्रदर्शनकारियों को बन्दूक की गोलियों से भून डाला था। उन्हें खुद भी गोलियाँ लगी थीं, किसी प्रकार

मरने से बच गए थे, और हॉस्पिटल में ऑपरेशन करके उनके शरीर से बन्दूक की दो गोलियाँ निकाली गई थीं। तीसरी गोली, शाद का कहना था, उनके शरीर के भीतर ही रह गई थी, और एक्स-रे में भले नज़र न आए, वह उसे तरह-तरह से महसूस कर सकते थे। लोग मज़ाक़ समझकर उनसे बन्दूक़ की तीसरी गोली के बारे में सवाल करते थे और अशरफ़ अली तफ़सील से अपनी हालत और नज़र न आनेवाली गोली की कारस्तानी बयान करना शुरू कर देते थे।

—वह गोली, शाद लोगों के व्यंग्य या मज़ाक़ को अनदेखा करते हुए गम्भीर स्वर में बताते—जिस्म के अन्दर धीरे-धीरे फ़ासला तय कर रही है। किसी मशीन में उसकी तस्वीर नहीं आती तो इसलिए कि तमाम मशीनें नाकारा हैं! वैसे भी दिखा क्या-क्या देती हैं यह मशीनें—कोई ग़म का बादल, किसी दुख की परछाई? कुछ भी नहीं! यह गोली अलग-अलग मौसमों में अलग-अलग तरह टीसती और तकलीफ़ पहुँचाती है। सर्दियों में यख़ हो जाती है और गर्मियों में दहकता अंगारा। बरसात में कुछ इस तरह घिसटती है जैसे उस पर बहुत-सा ज़ंग चढ़ गया हो।

जान-पहचानवाले, समय-समय पर, शाद से मज़ा लेने को पूछते कि साहब, वह गोली अन्दाज़न कहाँ तक पहुँची, और शाद जो मज़ाक़ का खुद भी मज़ा लेना सीख गए थे, उन्हें इतमीनान दिलाते, कि अभी निशाने से दूर है। अजीब इत्तिफ़ाक कि 13 अप्रैल 1919 को जिस्म में बैठी उस गोली ने 30 जनवरी, 1948 को ठीक उस समय अपना काम पूरा किया जब गांधीजी की हत्या की गई। अशरफ़ अली शाद मारे गए, कुछ के ख़्याल में शरीर में पहले से ही यात्रा कर रही तीसरी गोली के कारण और दूसरों के अनुसार, विभाजन के नतीजे दिल्ली में चल रहे हिन्दू-मुस्लिम दंगों में चली, किसी चौथी गोली के लगने से।

वैसे अशरफ़ अली शाद या उनकी ज़िन्दगी से हमें अधिक लेना-देना नहीं। फ़िलहाल तो बस इतना ही कि दरीबा में उनका मकान संजीदा ने गुलबदन के लिए किराए पर ले लिया था, जिसे आगे, ख़रीदकर उन्होंने उन्हें भेंट कर दिया था। शादी की मेहर की अदायगी में।

यह भी बाद में हुआ था और इन दोनों बातों से पहले, संजीदा के जीवन में वह तीसरी (जो दरअसल पहली थी) वारदात हुई थी जिसने उनकी ज़िन्दगी का रूप यकसर बदल डाला था : महज़ उसे प्रभावित ही नहीं किया था, बल्कि एक निर्धारित दिशा भी दी थी।

उसके बारे में, थोड़े विस्तार से।

शादी के कुछ ही दिन बाद जब संजीदा का, किसी दोस्त के आग्रह पर, अलीगढ़ जाना हुआ था तो उन्हें बिल्कुल नहीं मालूम था यह उस सिलसिले की एक दूसरी महत्वपूर्ण कड़ी साबित होनेवाला था जिसकी शुरुआत, कई वर्ष पूर्व, सुहासिनी घोष के उन्हें 'इण्डियन होमरूल' भेंट करने, उनके उसे पढ़ने और उर्दू में अनुवाद करने

और प्रकाशन की अनुमति के लिए, गांधीजी को दक्षिण अफ़्रीका ख़त लिखने तथा उनका औपचारिक लेकिन मुहब्बत-भरा जवाब पाने के साथ हो चुकी थी।

दक्षिण अफ़्रीका से भारत लौटने और रवीन्द्रनाथ टैगोर से महात्मा की पदवी और ब्रिटिश सरकार से क़ैसरे हिन्द स्वर्ण पदक पाने के बाद गांधीजी मुल्क-भर में घूम-फिरकर सामाजिक और राजनीतिक परिस्थितियों का जायज़ा लेते रहे थे। गोखले का निधन हो चुका था और गांधीजी ने तिलक और ऐनी बीसेण्ट की होमरूल लीग का समर्थन न करने का निर्णय लिया था। उनके मन में अंग्रेज़ों के लिए दूरी और घृणा की भावना नहीं थी और युद्ध के दौरान उन्होंने भारतीयों के सेना में भरती होने का समर्थन और कोशिश की थी। उस पल तक यह अन्दाज़ा लगा पाना सम्भव नहीं था कि आनेवाले दिनों में भारतीय राजनीति और कांग्रेस में गांधीजी की हैसियत क्या होगी। वह धीरे-धीरे लोगों के दिल में जगह बना रहे थे। यह पहले विश्वयुद्ध की समाप्ति से कुछ ही पहले का ज़माना रहा होगा, ऐसा मेरा अन्दाज़ा है। गांधीजी आनेवाली आज़ादी की लड़ाई की भूमिका के रूप में समाज के उस वर्ग को अधिकारों से आगाह कराने और उन्हें हासिल करने के लिए लड़ने को तैयार करने की कोशिशों में लगे थे जिसकी संख्या तो देश में सबसे अधिक थी लेकिन गिनती कुछ भी नहीं : एक ऐसी लड़ाई जो बिना हिंसा के लड़ी जानी थी और जिसमें इकलौते हथियार—सत्य का प्रयोग किया जाना था। गांधीजी ने इस महत्व को समझा था कि बिना तरह-तरह से शोषित, अपढ़ और दीन-हीन लोगों को जगाए, उन्हें साथ लिए और उनके अधिकारों को प्राथमिकता दिए, देश में किसी स्वतंत्रता और सार्थक राजनीति की कल्पना नहीं की जा सकती थी। जैसा कि दक्षिण अफ़्रीका में देखने को मिल चुका था और अन्ततः यहाँ भी सामने आना था, गांधीजी की राजनीति महज़ चूहे-बिल्ली का खेल नहीं बल्कि एक परिभाषित उद्देश्य की प्राप्ति की लड़ाई थी। लोगों में अपनी पहचान बनाने और उनका विश्वास हासिल करने के लिए उस समय तक वह चम्पारन के काश्तकारों, खेड़ा के किसानों और अहमदाबाद के कपड़ा मिल मज़दूरों के लिए सफ़लतापूर्वक सत्याग्रह करके उनके अधिकार दिलवाने में सहयोग कर चुके थे। भारत लौटने के बाद उनके पहनावे में भी अन्तर आना था और उन्हें अंग्रेज़ी काट के कपड़े त्यागने थे। आज साधारणतः हम उनकी वही तस्वीरें देखते हैं जिनमें उन्होंने खादी की एक धोती से बमुश्किल अपना एक-तिहाई बदन ढाँका होता है। किस प्रकार देश के विपन्न लोगों से एकात्म होकर उनका आत्मविश्वास लौटाने के लिए गांधीजी ने यह पहनावा अपनाया, यह हममें से अधिकांश लोगों के लिए आज एक साधारण जानकारी है। संजीदा ने जिस समय उन्हें पहली बार देखा था तब गांधीजी धोती से ऊपर खादी का एक ढीला, सफ़ेद कुर्ता भी पहनते थे। चशमा आँखों पर तब भी था और सिर भी घुटा हुआ ही था। अलीगढ़ में लोगों के समूह को सम्बोधित करते हुए वह उन्हें दिखावा और ऊपरी शानो-शौकत छोड़कर देश के लिए फ़क़ीरी अख़्तियार

करने की सलाह दे रहे थे। तब मौलाना मुहम्मद अली और मौलाना शौकत अली, दोनों जेल में थे और गांधीजी उनकी रिहाई के लिए ब्रिटिश सरकार से पत्र-व्यवहार कर रहे थे। जो काम अन्य लोगों की एक बड़ी संख्या ने राजनीतिक दृष्टिकोण से कुछ समय गुज़ारने और हालात के मुवाफ़िक़ होने के इन्तज़ार की ग़र्ज़ से शुरू किया था वह गांधीजी के लिए एक सौ-फ़ीसदी ईमानदारी का ज़िम्मा हो गया था। भविष्य में इसी की एक कड़ी ख़िलाफ़त और असहयोग आन्दोलन की शुरुआत थी।

—हिन्दू-मुसलमान में सच्ची दोस्ती होना चाहिए, सोज़ ने उस सफ़ेद खादीधारी व्यक्ति के अटपटे लहजे को सुना था जो देखने में किसी साधारण किसान जैसा लगता था : वह व्यक्ति जिसकी तूती उस समय तक भी देश के एक ख़ासे बड़े हिस्से में बोल रही थी—धर्म के प्रश्न में श्रद्धा सबसे ऊपर होती है, वह कह रहा था—अगर चीज़ों के लिए सबकी श्रद्धा एक-सी हो जाए तो दुनिया में एक ही धर्म रह जाए। मैं आपकी झूठी खुशामद नहीं करूँगा, न आपको मेरी झूठी खुशामद करनी चाहिए। अहिंसा मेरी नीति नहीं अगर वह मेरे मुसलमान भाइयों की कसौटी पर भी खरी न उतर सके। मैं समझता हूँ कि असल कुछ हासिल करना नहीं, यह है कि हमने उसे किस तरह हासिल किया। कथनी नहीं, हमें करनी की ज़रूरत है। पहली सीढ़ी खुद हम से शुरू होती है, हमारे घर और हमारे आसपास से शुरू होती है। कुछ पाने के लिए पहले हमें खुद को कुछ त्यागने की तालीम देनी होगी। दरवेशी पाने के लिए पहले हमें फ़क़ीरी का रास्ता अख़्तियार करना होगा...।

उस अटपटे और किसी हद तक हास्यास्पद लहजे में एक जादू था जिसमें बँधकर लोग सुन रहे थे। छोटे से क़द और गेहुएँ रंग का वह व्यक्ति किस धर्म से सम्बन्धित था, किस भाषा के ज़्यादा शब्द बोल रहा था और उसके उच्चारण से उसका देश के किस क्षेत्र से ताल्लुक़ होने का अन्दाज़ा लगाया जा सकता था, उसे देखते और सुनते इन बातों की ओर ध्यान ही नहीं जाता था। न ही यह कि उसका सम्बन्ध उसी इण्डियन नेशनल कांग्रेस से था जिसका विरोध अलीगढ़ सोच के लोगों ने बिल्कुल शुरू से किया था। बिल्कुल भी नहीं! वास्तव में वह एक ऐसी मख़लूक़ से सम्बन्धित व्यक्ति लगता था जो कभी भूले-बिसरे प्रकट होती है और जिसके वजूद में भीतरी और बाहरी समय प्रतिच्छेद करते हैं : अन्दरूनी और बैरूनी बहाव संगम बनाते हैं। शायद यह लोग दुनिया के लिए उस ताक़त की ओर से एक संकेत होते हैं जो ज़िम्मेदार तो सारे होने-हवाने की ठहराई जाती है लेकिन समझ में आने के स्तर पर आम तौर पर सारे बिगाड़ ही उत्पन्न करती लगती है। कभी-कभी ही कोई व्यक्ति किसी चमत्कार-स्वरूप अन्धकार में प्रकाशरूपी चमत्कार, ऐसा आता है जिसकी रोशनी में भटके हुए लोग अपना रास्ता खोज पाते हैं। या शायद उस एक मंत्र के रूप में जिसे मनुष्य जाति शताब्दियों बिना समझे रटती रहती है और फिर किसी एक ख़ास क्षण यकायक उसका अर्थ खुलकर आँखों के सामने आने लगता

है : उस एक अपने की तरह जो घोर निराशा और थकन में कहीं से आकर हौसला बँधाने लगता है। संजीदा की नज़रें जिस क्षण गांधीजी पर टिकी थीं उनके दिमाग़ में मुद्दतों से जमी बर्फ़ पिघलने लगी थी। लम्बी सफ़ेद दाढ़ी, बड़ा सफ़ेद अमामा, सफ़ेद पाजामा, सुरमा लगी आँखें और चेहरे पर रोशनी-सी फैलती मुस्कान—तुम्हारे अन्दर और बाहर, कोई उनके कानों में कह रहा था,—बिखरी हुई दो कायनातें हैं... तहज़ीब असलियत नहीं, मुखौटा है...यह भी इंसानों को कुछ दूसरी चीज़ों के बहाने बाँटती है...बाहरी दुनिया बदलाव की याद दिलाती है इसलिए उससे राब्ता रखना ज़्यादा दुश्वार काम है...

संजीदा अली सोचते रहे थे और गांधीजी के प्रति उमड़ा अलीगढ़ के लोगों का राजनीतिक उत्साह देखते रहे थे। यह सिर्फ़ इसलिए नहीं था कि बात करनेवाला, ज़्यादा मुसलमानों के मजमे में, मुहम्मद अली, शौकत अली, हकीम अजमल ख़ान, डॉक्टर अंसारी या मुस्लिम लीग की बैठक का ज़िक्र यूँ कर रहा था जैसे सगे भाइयों की बात की जाती है, बल्कि इसलिए कि उसके लहजे में खरी आत्मीयता थी। उसकी भाषा में न कोई शायराना चाशनी थी न शब्दों से खिलवाड़। सच्ची बातें, सादा ढंग से कही गईं जो सीधे दिल में उतरती थीं।

सभा समाप्त होने पर संजीदा गांधीजी तक गए थे और अपना परिचय कराने के साथ उन्हें इण्डियन होमरूल सम्बन्धी अपना पत्र-व्यवहार याद दिलाया था। उन्हें ख़ुशी हुई थी कि गांधीजी को वह याद था। भविष्य में जल्द कभी उनसे मिल सकने की आशा व्यक्त करते हुए उन्होंने गांधीजी से रुख़्सत ली थी, एक ऐसी अनुभूति के साथ जो आहिस्ता-आहिस्ता उनको पूरी तरह समझ में आनी थी और खुद उनके जीवन का अटूट हिस्सा बन जानी थी। उन्हें आश्रम में रहकर, रेल में या पैदल साथ सफ़र करते हुए और प्रार्थना सभाओं में हिस्सा लेते हुए, गांधीजी, जिन्हें वह खुद श्रद्धा से महात्माजी कहते थे, के बताए हुए रास्ते को सविस्तार जानना और जानने के बाद जहाँ तक सम्भव हो, उस पर चलने की कोशिश करना था। संजीदा उन गांधीवादियों में से एक होनेवाले थे जिनके लिए गांधीजी के आदेश का पालन और प्रसार ही जीवन का पहला उद्देश्य होने को था। इसके साथ-ही-साथ उनका अपने महात्माजी से सम्बन्ध राजनीति से हटकर निहायत वैयक्तिक स्तर का भी होनेवाला था और महात्माजी के स्नेह के बदले उनके मन में एक ऐसी अपार श्रद्धा जागनेवाली थी जिसका बड़ा-से-बड़ा भूकम्प भी कुछ बिगाड़ सकनेवाला नहीं था। आम सभा ख़त्म होने के बाद संजीदा के दोस्त गांधीजी की बातों की अपने-अपने ढंग से व्याख्या में लग गए थे जिन्हें वह इस प्रकार सुनते रहे थे जैसे उनकी समझ से बाहर हों। समय बीतने के साथ उन्हें यह बैचेन करनेवाला अहसास होना था कि गांधीजी की बात ख़ामोशी से सुनना या उनके बताए हुए रास्ते पर चलना उनके इर्द-गिर्द जमा अधिकांश राजनीतिज्ञों के लिए किसी व्यक्तिगत आस्था के कारण नहीं बल्कि अपने

समय की नीतिकुशलता के अनुसार था। यह उस दिन या अलीगढ़ की उस भीड़ तक ही सीमित नहीं था, बल्कि आनेवाले समय में उन्हें बार-बार और जगह-जगह यही देखने को मिलना था। गांधीजी पर आस्था उन्हीं सीधे, ग़रीब और मजबूर लोगों की रही थी जिनकी लड़ाई वह लड़ रहे थे और उनके साथ अलग-अलग तरह से विश्वासघात उन समझदार लोगों ने किया था जो कहने को उन्हें बापू कहते थे लेकिन जिनके अपने राजनीतिक स्वार्थ थे। ऐसे लोग गांधीजी को अपने उद्देश्य की पूर्ति का सबसे महत्वपूर्ण साधन समझकर उनके साथ रहने पर मजबूर थे लेकिन गांधीजी की बुनियादी साधना से उन्हें कुछ लेना-देना नहीं था। गांधीजी का नाम एक ऐसा मंत्र बनता गया था जिसका जाप किए बिना देश में किसी भी उद्देश्य की प्राप्ति की कल्पना असम्भव थी।

एक घनी चुप्पी में घिरकर संजीदा वापस दिल्ली लौटे थे और सोचते रहे थे—इंसान के बारे में, आदमी के दुख और कमज़ोरी के बारे में, धर्म और संस्कृति के आपसी रिश्तों के बारे में। उन्होंने शायद रूस की क्रान्ति और कार्ल मार्क्स के बारे में भी सोचा हो जो किसी लिहाज़ से उनके मन में इंसानों के प्रति आस्था को पुख़्ता करते थे। फिर उन्होंने ख़ामोशी से इन्तज़ार करने और सब कुछ अपनी आँखों से देखते रहने का तय किया था। उन्हें ज़्यादा इन्तज़ार नहीं करना पड़ा था और गांधीजी में उनका विश्वास उस अटूट आस्था में बदलता गया था जिसका प्रभाव उनके सारी ज़िन्दगी गुज़ारने के ढंग में देखने को मिलना था। जब-जब किसी गम्भीर संकट की स्थिति पैदा होनी थी और महात्मा गांधी के समझदार अनुयायियों की भीड़ छँटनी थी, संजीदा को उनके गिनती के वफ़ादार भक्तों के साथ 'महात्माजी' के साथ होना था। कहा जा सकता है कि संजीदा का नाम आज़ादी के सक्रिय आन्दोलनकर्ताओं की सूची में शामिल नहीं मिलता और न ही वह कभी जेल गए थे। आश्चर्य न होना चाहिए अगर थोड़ी छान-बीन पर पता चले कि वह कभी कांग्रेस पार्टी के औपचारिक सदस्य भी नहीं रहे थे। ऐसा अगर था तो शायद इसी कारण कि उनकी नज़र में जो भी कोई देश की आज़ादी का सच्चा ख़्वाहिशमन्द था वह कांग्रेसी तो था ही; उसके लिए अलग से पार्टी का सदस्य बनने की औपचारिकता की ज़रूरत नहीं थी।

गांधीजी से भेंट के बाद संजीदा के निजी जीवन में सादगी और खद्दर तो आने ही थे, साथ ही चरख़ा रोज़ की ज़िन्दगी का हिस्सा और रूई की धुनाई-कताई हर सुबह का मामूल बनने थे। देखते-देखते बशारत मंज़िल में आने-जानेवालों का हुलिया और प्रकार भी बदल जाना था और फिर एक बार जब गांधीजी खुद उस घर में होकर गए थे तो बदलाव की प्रक्रिया अपने लिहाज से पूरी हो गई थी। ऐसा इतनी सहजता के साथ हो पाना इसलिए भी सम्भव हो पाया था कि राजनीतिक घटनाक्रम में एकदम तेज़ी आ गई थी।

हिन्दू-मुस्लिम एकता की कोशिशों के कामयाब होने के नतीजे सामने आने लगे थे और कुछ ही दिन बाद गांधीजी के नेतृत्व में असहयोग तथा ख़िलाफ़त आन्दोलन शुरू किया जा सका था।

दिल्ली की उस बड़ी हड़ताल में जिसमें हकीम अजमल ख़ान और स्वामी श्रद्धानन्द ने महत्वपूर्ण भूमिका निभाई थी और जामा मस्जिद के उस मजमे में जिसमें स्वामी श्रद्धानन्द ने मंच से भाषण दिया था, संजीदा भी शामिल थे। इसी प्रकार कांग्रेस के अमृतसर अधिवेशन में जहाँ पहली बार 'महात्मा गांधी की जय' के नारे लगाए गए थे, अली बन्धु और डॉक्टर अंसारी जैसे मुसलमानों के साथ संजीदा भी मौजूद थे। बाद में ख़िलाफ़त आन्दोलन के नेताओं का जो दल गांधीजी के साथ दिल्ली में वायसराय से मिला था उसमें संजीदा को भी शामिल होना था, लेकिन यह जानकर कि उनकी उपस्थिति पर सबसे ज़्यादा एतराज़ खुद उनके बड़े भाई बन्दा अली को था, वह चाहते हुए भी नहीं गए थे। राजनीतिक प्रतिनिधिमण्डलों में वह भले ही शरीक न रहे हों, लेकिन जब भी गांधीजी दिल्ली में होते तो संजीदा का ज़्यादा समय उनके साथ बीतता। जब असहयोग ख़त्म कर दिया गया और ख़िलाफ़त की गम्भीरता ख़त्म हो गई तो इसका सबसे ज़्यादा नुक़सान हिन्दू-मुस्लिम एकता को पहुँचा था और साम्प्रदायिक दंगों का ख़त्म न होनेवाला सिलसिला शुरू हो गया था। ज़्यादातर वह मुसलमान नेता (राष्ट्रवादी मुसलमानों के अलावा) जो कुछ पहले तक गांधीजी के साथ थे, फिर कांग्रेस के ख़िलाफ़ और गांधीजी से दूर होते गए थे। बाद में सविनय अवज्ञा के दौरान जब गांधीजी ने अपने साथियों के साथ दाण्डी तक मार्च किया था और नमक क़ानून तोड़ा था, असहयोग आन्दोलन के ज़माने के बरख़िलाफ़, मुसलमानों की बड़ी तादाद उससे अलग रही थी। अब्बा और फफू का कहना था कि संजीदा उस मार्च में भी गांधीजी के साथ थे, जबकि गांधीजी के साथियों की सूची में दो अन्य मुसलमानों का नाम तो रिकॉर्ड में दर्ज मिलता है, संजीदा का नहीं। सम्भव है किन्हीं कारणों से संजीदा गांधीजी के साथ नहीं जा सके हों और अहमदाबाद के साबरमती आश्रम में ही ठहर गए हों, या खुद गांधीजी ने किसी वजह से उनके साथ न आने पर इसरार किया हो : अब्बा और फफू का ख़्याल ग़लत भी हो सकता है। आगे, भारत छोड़ो आन्दोलन के मौक़े पर भी संजीदा गांधीजी के पास बम्बई में थे, और फिर आज़ादी से कुछ महीने पहले उन्होंने गांधीजी के साथ दंगा पीड़ित नवाखली में भी ख़ासा समय बिताया था। वह वक़्त हर-हर सतह पर उनकी ज़िन्दगी की सबसे कड़ी आज़माइश साबित होनेवाला था, लेकिन इस बात का खुद उन्हें अलग से अन्दाज़ा या एहसास रहा हो, ऐसा नहीं था। संक्षेप में संजीदा का गांधी-प्रेम दुनिया की सब चीज़ों से ऊपर था और खुद अपनी ज़िन्दगी में कोई भी क़दम उठाने से पहले वह चाहते थे कि महात्माजी से मशवरा ज़रूर कर लें।

ऐसा महसूस होता है कि गांधीजी के साथ ने संजीदा को भी धार्मिक स्वभाव का

बना दिया था और उनके मूल धर्म-निरपेक्ष स्वभाव में बदलाव आ गया था। वास्तव में शायद ऐसा नहीं था। लेकिन गांधीजी की इस बात को ज़रूर वह पूरी तरह मानते थे कि सच ही से दुनिया शुरू होती है और सच्चाई पर ही उसका ख़ात्मा है। साथ ही उनका यह भी मानना था कि धर्म-निरपेक्ष हुए बिना न तो किसी धर्म को माना जा सकता और न ही सही तरह उससे इंकार किया जा सकता। इस अर्थ में वह गांधीजी से हटकर सोचते थे मगर शायद गांधीजी को ही ज़्यादा सही मानते थे। इसके अलावा भी कुछ विरोधाभास थे, जैसे गांधी-भक्ति के साथ-ही-साथ वह शराब भी पीते थे। उनकी शायरी में भी गांधीजी की निकटता के कारण कोई बदलाव नहीं आया था और वह अपने मिज़ाज की ग़ज़लें ही कहते रहे थे। या ऐसी नज़्में जिनका शुमार रिवायती शायरी में ही हो सकता था।

संजीदा सोज़ के लिए ज़िन्दगी में सबसे अहम सत्य, अहिंसा और इंसान-इंसान के बीच बराबरी थे और उन खूबियों का जीता-जागता आदर्श थे उनके महात्माजी।

—मिसाल के बग़ैर, वह अक्सर दोहराते थे—महात्माजी की बात कि धर्म के मायने महज़ हिन्दू, मुसलमान, ईसाई या पारसी मज़हब नहीं, बल्कि इन तमाम मज़हबों के अन्दर जो है, वह धर्म है, हम कैसे समझ सकते थे? महात्माजी ने खुद एक मिसाल क़ायम करके दिखाया है कि उनका मतलब क्या है।

संजीदा की गांधीजी से अक़ीदत का अन्दाज़ा इससे भी लगाया जा सकता है कि जब-जब भी किसी मुद्दे को लेकर गांधीजी ने उपवास किया था और ऐसा उन्होंने संजीदा से भेंट के बाद अनेक बार किया था, तो उनके साथ उस दौरान संजीदा भी भूखे-प्यासे रहे थे। ऐसा तब भी हुआ था जब हिन्दू-मुस्लिम दंगों के विरोध में गांधीजी ने दिल्ली में इक्कीस दिन का उपवास किया था। उस समय संजीदा की बड़ी बेटी बिल्लो ढाई वर्ष की और उससे छोटी, बिब्बो, एक वर्ष की थी।

बिल्लो का असली नाम जमीला और बिब्बो का असली नाम शकीला था। उन दिनों, जब गांधीजी का इक्कीस दिन लम्बा व्रत चल रहा था, जमीला और शकीला, दोनों को चेचक निकली थी : ऐसी कि उसमें बिल्लो की एक आँख जाते-जाते बची थी और बिब्बो के चेहरे पर ऐसे दाग़ रह गए थे जो यूँ तो नहीं मगर जब वह गुस्सा करती थी, तो अजीब ढंग से किसी परछाई की तरह नज़र आने लगते थे।

गुलबदन का बेटा बुनियाद और अमीना की तीसरी और सबसे छोटी बेटी, जिसका नाम गांधीजी के मशवरे से संजीदा ने ग़ज़ल रखा था और जिसे प्यार से कुछ लोग बन्नो और वह खुद खद्दर कहते थे, इसके कुछ साल बाद पैदा हुए थे।

नाम रखने का सुझाव देते हुए गांधीजी ने संजीदा को अपने ख़त में लिखा था—''कभी आपने ग़ज़ल की दो पंक्तियों के बीच सन्तुलन की व्याख्या की थी। मैं अधिक नहीं समझता लेकिन सन्तुलन के बिना कुछ भी सार्थक नहीं हो सकता। मैं हिन्दुस्तान के हिन्दू और मुसलमान के बीच सन्तुलन और एकता के प्रतीक के रूप

में ग़ज़ल की कल्पना करता हूँ। क्या ही अच्छा हो कि हमारी कल्पना के प्रतीक की जीती-जागती शक्ल इस छोटी बेटी के रूप में हो।

"बेगम अमीना और आपको बहुत बधाई।"

गांधीजी से उनके लगाव को लेकर संजीदा के दोस्तों को आश्चर्य हुआ था और जो ज़्यादा क़रीबी थे उन्होंने अपनी बात खुलकर कही भी थी। ऐसे लोगों में नौबत राय और बिरजू उल्लेखनीय थे।

सबसे पहले इस बदलाव को लेकर चिन्ता व्यक्त करनेवाले नौबत ही थे। यह उस समय हुआ था जब कांग्रेस खिलाफ़त की माँग में स्वराज और पंजाब में हुए अत्याचार जोड़ने के साथ ख़िलाफ़त कमेटी का समर्थन कर रही थी। कई महत्वपूर्ण हिन्दू नेता इसके ख़िलाफ़ थे लेकिन गांधीजी का पूरा समर्थन आन्दोलन करनेवालों को प्राप्त था। उन्होंने मुसलमानों के मित्र और मार्ग-दर्शक की भूमिका निभाई थी और उन लोगों की परवाह नहीं की थी जो या तो सिद्धान्ततः असहयोग के विरोधी थे या सहयोग के लिए मुसलमानों से सौदेबाज़ी करना चाहते थे। इतना ही नहीं, ख़िलाफ़त आन्दोलन को मज़बूत बनाने के लिए उन्होंने अली बन्धुओं के साथ एक महीने सारे देश का दौरा किया था। यही वह ज़माना था जब हिन्दू और मुसलमानों ने मिलकर अल्लाहो-अकबर और वन्दे मातरम् के नारे एक साथ लगाए थे और लगता था यह अपनापा हमेशा रहनेवाली एकता की भूमिका सिद्ध होगा। आनेवाले समय ने इसे झूठा साबित कर दिखाया, यह एक अलग सच है।

—ख़िलाफ़त कमेटी, बहुत बाद में अब्बा ने कहा था—मुस्लिम लीग से कहीं ज्यादा हिन्दुस्तानी मुसलमानों की नुमाइन्दगी करती थी। लीग को आम लोग उस तरह जानते ही नहीं थे जिस तरह उन्होंने ख़िलाफ़त कमेटी को जाना। उसमें मुस्लिम लीग के ख़ास कर्ता-धर्ता कम शामिल थे। और कमियाँ जो भी रही हों, मगर इससे इंकार नहीं किया जा सकता कि उस कमेटी में नेशनलिस्ट मुसलमानों की मेजॉरिटी थी जो आख़िर तक कांग्रेस में रही और उसने लीग की अलेहदगीपसन्द पॉलिसियों की मुख़ालिफ़त की। जिन्होंने किसी और मंशा से कांग्रेस-ख़िलाफ़त गठबन्धन में शिरकत की थी वह ज़रूर बाद में मुस्लिम लीग में ही लौट गए।

यह एक दृष्टिकोण हो सकता है लेकिन इससे यह प्रमाणित नहीं होता कि एकता में जो टूटक पड़ी वह कभी दोबारा उस तरह क़ायम हो सकी जिस तरह गांधीजी या संजीदा अली जैसे गांधीवादी चाहते थे। ख़िलाफ़त की बात करते हुए जिस तरह की लाचारी-बेज़ारी का भाव अब्बा का होता था उसे समझ पाना भी सम्भव नहीं होता था। समय, जिसे याद करते हुए अब्बा किसी ठण्डे अँधेरे में घिरने लगते थे, मुझसे और तमाम ज़िन्दा लोगों से कटकर, एक अनजान दूरी पर छिटके, उसमें ख़िलाफ़त

आन्दोलन से जुड़े समय का एक अलग ही महत्व था।

—आप तो मज़हब को सियासत से दूर रखने के हिमायती थे, नौबत ने संजीदा से कहा था। वर्ष 1921, बशारत मंज़िल, दिल्ली—अब आपका ख़िलाफ़त को लेकर जज़्बाती होना समझ में नहीं आता। देखते-ही-देखते बन्दा अली साहब और आपके रवैये में कोई फ़र्क़ ही नहीं बचा। मैं तो डर रहा था कि कहीं आपको दाढ़ी के साथ तुर्की टोपी पहने न देखना पड़े। शुक्र है, मामला स्वदेशी और खादी तक आकर ही ठहर गया है। सच कहूँ तो मुझे इनकी भी कोई तुक नज़र नहीं आती।

इस बीच लाला धनपत राय के इकलौते बेटे होने के नाते, नौबत राय को रियासत भोपाल में एक मुनासिब ओहदे पर नौकर रखा जा चुका था और उनकी माँ, सरोज देवी, अपनी आँखें मुँदने से पहले उनका ब्याह भी रचा गई थीं। पत्नी अभिलाषा देवी के साथ, नौबत एक सुखी पारिवारिक जीवन बिता रहे थे और विचारों में अधिक समानता न होने के बावजूद संजीदा से उनके सम्बन्धों में वही घनिष्टता बनी हुई थी।

—जज़्बाती तो मैं नहीं हूँ, संजीदा ने गम्भीरतापूर्वक कहा था—अपनी हद तक मामले को समझने की कोशिश की है।

—और इस नतीजे पर पहुँचे हैं कि जो हो रहा है वह मुनासिब है? नौबत के स्वर में व्यांग्यात्मक आश्चर्य था।

—हाँ, संजीदा ने ज़ोर देकर कहा था—एक इंसान में इतनी मुहब्बत है कि मज़हब को लोगों को बाँटने के बजाए आपस में बाँधने के लिए इस्तेमाल कर रहा है। और इतनी हिम्मत है कि सरकार से मोर्चा लेते हुए खुलकर अपनी माँगें सामने रख रहा है। ऐसा इससे पहले तो मैंने नहीं देखा।

—क्या किसी के ऐसा करने से कुछ हो जाएगा? नौबत ने अपनी उदासीनता व्यक्त करते हुए कहा था—यह स्वदेशी हम पिछड़े लोगों को और कितना पीछे ढकेलेगी। हर लड़ाई को लड़ने के कुछ क़ानून होते हैं, लेकिन यह महात्मा तो किसी दूसरी ही दुनिया की भाषा बोलते हैं। मुल्क पर हुकूमत करनेवाला सत्याग्रह का क़ायल हो जाएगा? या कुछ लोगों के ख़िताब या तमग़े लौटाने से उसे कुछ फ़र्क़ पड़ जाएगा। एक साल में स्वराज हासिल करने का दावा बचकाना नहीं तो क्या है? अच्छी-भली सरकारी नौकरियाँ छोड़ना, सरकारी स्कूलों का बायकॉट करना—आख़िर क्या सोचकर यह हड़तालबाज़ी का माहौल गर्म किया गया है? स्वदेशी और खद्दर कुछ लोगों के लिए बड़ी इज़्ज़त-अफ़ज़ाई के मामले बन गए हैं!

—जब रूह जागती है, संजीदा ने कहा था—तो कुछ कँपकँपी तो जिस्म को भी आती ही है। उसी के असरात नज़र आ रहे हैं चौतरफ़।

—लेकिन स्कूल-कॉलेजों, अदालतों या चुनावों के बायकॉट से किस तरह की रूह की बेदारी का दावा किया जा सकता है? नौबत के लिए संजीदा से सहमत हो पाना सम्भव नहीं था—टैक्स अदा न करके आप कौन से शहीद हो जाएँगे। आज

नहीं तो कल, देना तो वह आपको पड़ेगा ही।

—बहुत सारी मामूली चीज़ें मिलकर ही शायद ग़ैरमामूली बनती हैं। स्वदेशी भी उतना ही अहम है जितना स्वराज। ख़िलाफ़त भी उसी रूह को जगाने और खुद्दारी के तक़ाज़े को क़बूल करने की एक कड़ी है, बस।

—लेकिन कुछ अहम लोग इस मज़हब और सियासत को आपस में गड़बड़ाने से नाखुश होकर कांग्रेस छोड़ चुके हैं, जैसे मुहम्मद अली जिन्नाह। और भी कई सीनियर कांग्रेसी इस रवैये को ग़लत समझते हैं।

—अपने-अपने सोचने का अन्दाज़ है। कुछ लोगों का ख़्याल है कि सियासत को पढ़े-लिखे और साहिबे हैसियत लोगों तक महदूद रखा जाना चाहिए। मैं इसके बरअक्स सोचता हूँ और मुझे लगता है आम लोगों को सारे मामलात में शरीक करके चलने की महात्माजी की पॉलिसी ही सबसे मुनासिब है। समझाने की तमाम कोशिशों के बाद भी अगर महात्माजी की बात किसी की समझ में नहीं आती तो वह क्या कर सकते हैं? कांग्रेसी तो मानकर चलता है कि खद्दर का रिश्ता खून के रिश्ते से कहों ज़्यादा मज़बूत होता है। हिन्दू से हिन्दू और मुसलमान से मुसलमान के रिश्ते से कहीं ज़्यादा मज़बूत। अहिंसा और असहयोग का रास्ता हमें उस बड़े सच तक ले जाता है जिसका एक पड़ाव मुल्क की आज़ादी भी है, लेकिन है वह दरअसल खुद को समझने की जुस्तजू का ही एक हिस्सा।

—यह पढ़े-लिखे लोगों के सोचने का तरीक़ा तो हो सकता है, नौबत ने लाचारी के स्वर में कहा था—लेकिन ख़िलाफ़त तहरीक शुरू किए जाने से पहले, आपके ख़्याल में कितने आम मुसलमानों को ख़लीफ़ा या किसी ख़िलाफ़त का इल्म भी था? उसे तो ख़लीफ़ा के वजूद की ख़बर ही तब हुई जब वह वजूद ख़तरे में पड़ गया। एक अपढ़ मुसलमान अपने तबक़े के हिन्दू ही की तरह शुरू में ख़िलाफ़त से यह समझा कि इसका मतलब मुख़ालिफ़त या विरोध है, और यह तहरीक बीते ज़मानों में जो बुरा सलूक अंग्रेज़ हिन्दुस्तानियों के साथ करता आया है उसकी ख़िलाफ़त में है। यह सच तहरीक चलानेवाले मौलवी-मुल्लाओं की बड़ी तादाद भी जानती है लेकिन उन्होंने कभी लोगों की ग़लतफ़हमी दूर करने की कोशिश नहीं की। उनकी दिलचस्पी ही किसी भी बहाने ज़्यादा भीड़ जमा करने में है। इसी भीड़ को बढ़ाने के लिए कांग्रेस भी पंजाब की ज़्यादतियों और स्वराज का नारा लगाते हुए ख़िलाफ़त कमेटी के साथ हो गई। उनके नेताओं ने भी कुछ समझाने के बजाए चुप्पी साधना बेहतर समझा जो देखा जाए तो लोगों को धोखा देने के बराबर है।

—आपकी बात किसी हद तक सही हो सकती है, संजीदा ने हँसकर कहा था—क्योंकि कुछ दूसरे भी यही कह रहे हैं। यह वही हैं जो नॉन-कुऑप्रेशन और ख़िलाफ़त के साथ स्वराज और पंजाब के जोड़े जाने के ख़िसाफ़ हैं। यह लोग महात्माजी को भी दिल से पसन्द नहीं करते। लोगों ने तो इस इत्तिफ़ाक़ के पीछे भी

मतलब तलाश करने की कोशिश की है कि तिलक की मौत उसी दिन हुई जिस दिन ख़िलाफ़त तहरीक शुरू की गई। यानी तिलक को तहरीक से इतना सदमा पहुँचा कि दिल का दौरा पड़कर उनकी मौत हो गई। ऐसी अफ़वाहों का क्या किया जा सकता है। आप तो यह देखिए कि मुल्क में माहौल और लोगों का जज़्बा क्या है। वतन की ख़ातिर जेल जाना इज़्ज़त की बात समझी जाने लगी है और लोगों के दिल से डर निकलता जा रहा है। इतना बड़ा इंक़िलाब आ रहा है, बिना खून का एक क़तरा बहाए।

—आप समझते हैं इस तरह हुकूमत को ख़िलाफ़त का वजूद क़ायम रखने के लिए मजबूर किया जा सकेगा? नौबत ने ऊबे स्वर में कहा था—एक साल में स्वराज हासिल करने का दावा पूरा किया जा सकेगा? साल पूरा होने में अब दिन कितने बचे हैं?

—मैं सियासत समझने का दावा नहीं करता, संजीदा ने एतराफ़ किया था—लेकिन महात्माजी जो कर रहे हैं उससे मुझे सौ फ़ीसदी इत्तिफ़ाक है। ख़िलाफ़त और स्वराज का क्या होता है, यह वक़्त के साथ सामने आएगा। हो सकता है कोई मक़सद देर से पूरा हो और कोई नहीं भी हो। मुझे तुर्की के ख़लीफ़ा से न कभी लेना-देना था न हो सकता, लेकिन यह ख़्वाहिश ज़रूर है कि इस मुल्क में रहनेवाले तमाम लोग एक ख़ानदान की तरह रहें। हो सकता है कि ख़िलाफ़त और असहयोग तहरीक की मार्फ़त हिन्दुस्तानी एक होकर रहने का फ़ायदा समझ सकें। असल में जो चीज़ें हमें बाँटती हैं उन्हीं में इतनी ताक़त भी हो सकती है कि हमें जोड़कर रख सकें। बस, उन्हें समझने और जिन्दगी में शामिल करने की सलाहियत होनी चाहिए। हम खुशनसीब हैं कि महात्माजी हमारे बीच हैं।

इस बात को आनेवाले वर्षों में, जब ख़िलाफ़त नहीं बच पाई थी और हिन्दू और मुसलमान के बीच दूरी बढ़ने का सिलसिला दोबारा शुरू हुआ था, संजीदा सोज़ बशारत मंज़िल की नशिस्तों में अक्सर दोहराते थे। इस अफ़सोस के साथ कि हिन्दुस्तानी लोग, तुर्कों के साथ, ख़िलाफ़त से बड़ा सच, कि मज़हब नहीं मुल्क अव्वल था, नहीं सीख पाए। तुर्कों ने तो वर्तमान असलियत के समझते हुए खुद को पुरानी अर्थहीन प्रथाओं से मुक्त कर लिया लेकिन हिन्दुस्तानी मुसलमानों के नेता उन्हीं मुद्दों को लेकर उनका भावनात्मक शोषण करने में लगे हुए थे। इसके बावजूद उन्हें उम्मीद थी कि भारतीय मुसलमानों को भी जल्द ही असलियत समझ में आ जाएगी और वह किसी के हाथों में खिलवाड़ नहीं बनेंगे। यही उम्मीद उन्हें ऐसे हिन्दुओं से थी जो उस समय अलगाव की राजनीति कर रहे थे। उनकी यह उम्मीद उस बुरे-से-बुरे वक़्त में भी क़ायम रही थी जब मुल्क साम्प्रदायिकता की होली बनकर जल रहा था। कुछ समय लग सकता था लेकिन खून-ख़राबा बन्द होना था और देश में, आज़ादी के साथ-साथ शान्ति की स्थापना होनी थी, क्योंकि सत्य, जीवन का लक्ष्य प्राप्त करने के प्रयास का नाम था, और अहिंसा उसका एकमात्र रास्ता।

—मैंने आपको बताया था, उन्होंने नौबत से कहा था—कि महात्माजी की इण्डियन होमरूल पढ़कर मुझे पहली बार कैसा लगा था : दिलो-दिमाग़ में झगड़ा होता रहा था। एक कहता था यह सच है, दूसरा उसका मज़ाक़ उड़ाना चाहता था। उस वक़्त मेरी पहुँच महज़ उस किताब तक थी इसलिए उसका मतलब धुँधला-सा था, लेकिन जब मैंने महात्माजी को अपनी आँखों से देखा और साथ रहकर जाना तो वह तजुर्बा ही अलग था। समझ में आया कि कभी-कभी पैग़ाम के साथ पैग़म्बर को भी जानने की कितनी अहमियत होती है। बीते ज़माने की बातों में यह जो रह-रहकर पैग़म्बर के हवाले आते हैं, उसकी ज़रूरत मुझे महात्माजी को जानते हुए ही समझ में आई। पैग़ाम के साथ पैग़म्बर की, बिल्कुल किसी दरख़्त के साथ उसकी छाँव की ही तरह, एक तासीर होती है। हम खुशनसीब हैं कि महात्माजी के साथ जी रहे हैं वरना आनेवाले ज़माने तो उनकी बात, बावजूद इसके कि उनकी ज़िन्दगी का सारा लेखा-जोखा लोगों के पास होगा, किसी ऐसी कहानी की तरह किया करेंगे जिस पर यक़ीन करना मुश्किल हो। ऐसा भी शायद हर ज़माने में, अपनी तरह, ज़रूरी होता है। ज़िन्दगी किसी भी नुक़्ते पर ठहरती थोड़ी है।

संजीदा गहरी चुप्पी में डूबकर किसी पुरानी याद में खो गए थे। नौबत ख़ामोशी के उस अदृश्य पेड़ से उठकर बसेरा खोजती आवाज़ों को सुनते रहे थे जिसमें हर पैदा हुई आवाज़ के लौटकर जाने का अपना-अपना घोंसला उसके जन्म के पूर्व ही कभी बना दिया गया था।

—आपको मौलवी साहब याद हैं? संजीदा ने आहिस्ता स्वर में नौबत से पूछा था—मौलवी किफ़ायतुल्लाह? वह कहते थे कि दुनिया अर्श पर खिलनेवाले ऐसे फूलदार दरख़्त की तरह है जो हर पल, हर दिन, हर मौसम के तक़ाज़े के साथ बदलता रहता है। कलियाँ खिलती हैं, फूल मुरझाकर गिरते हैं, पत्तों का लिबास भी बदलता रहता है। तने और टहनियों में भी सब उसी तरह होता है जो हम किसी दरख़्त को लेकर सोच सकते हैं मगर फ़र्क़ यह है कि हर पल बदलते रहने के बावजूद यह दरख़्त कभी रत्ती बराबर भी तब्दील नहीं होता। इसलिए कि यह दरख़्त अपने आप में कुछ नहीं, उस एक हक़ीक़त का अक्स है जो हमेशा से ज्यों-की-त्यों रही है और रहेगी। बचपन में मौलवी साहब की बातें दिल को छूती तो बहुत थीं मगर समझ में नहीं आती थीं। फिर एक लम्बे अरसे के लिए मैं उनको भूल ही गया और उस लम्हे तक बिल्कुल भूला रहा जबकि मैंने महात्माजी को पहली बार देखा और बोलते सुना। मुझे लगा मौलवी साहब मुझसे कह रहे हैं—हर चीज़ हमेशा रहेगी, बस ज़मानों के साथ-साथ उसकी शक्लें बदलती रहेंगी। सारे आलम का खुदा एक होते हुए भी महज़ इसलिए एक नहीं कि हर माननेवाला उस तक पहुँचने के रास्ते की तफ़सील भी उसी में शामिल कर देता है। जब तक किसी नतीजे पर न पहुँचो, तलाश जारी रहनी चाहिए। सोचो! यह मुझे तब याद नहीं आया जब मैं मुअतज़िला

के बारे में पढ़ रहा था, और न तब जब अद्वैत के फ़लसफ़े के बारे में मालूमात हासिल कर रहा था। यह मुझे याद आया महात्माजी को देखते-सुनते। आज में जानता हूँ कि मौलवी साहब की बातों और महात्माजी के पैग़ाम का एक ही मतलब है। मौलवी साहब ने गोशानशीनी अख़्तियार करना चुना और महात्माजी अपना पैग़ाम दुनिया को समझाने की जद्दोजहद में लगे हैं, लेकिन एक ही सच के यह दो अलग-अलग अक्स हैं।

नौबत को मौलवी साहब की बहुत उचटी-सी याद थी। जब संजीदा उनसे दीनी तालीम हासिल करने जाते थे तो नौबत का उनके साथ होने का कोई अवसर भी नहीं था। सो उन्होंने देखा कम मगर मौलवी किफ़ायतुल्लाह का नाम खूब सुन रखा था।

—मैं मज़हबी और रूहानी मामलों में नहीं पड़ना चाहता, नौबत ने आजिज़ी से कहा था—सियासी मामले में अलबत्ता गांधी साहब के दमख़म को लेकर मेरे दिल में कई अन्देशे हैं। जब कोई किसी को हुक्म-अदूली की तालीम देता है तो यह नहीं भूलना चाहिए कि यही तालीम खुद उसके पढ़ाए पर भी लागू हो सकती है। कुछ दिन बाद लोग गांधी की तालीम के साथ भी वही करेंगे जो आज ब्रिटिश राज के हुक्म के साथ करना सीखेंगे। अहिंसा गांधीजी की ईजाद तो है नहीं, महावीर और गौतम बुद्ध से लेकर जीसेस क्राइस्ट तक, सब अपनी-अपनी तरह इसका सबक़ दे चुके हैं। फिर हर बार हुआ क्या कि आदमी दोबारा हिंसा पर उतर आया? यहाँ भी देखते हैं लोग कब तक अहिंसा पर अमल करते हैं। सब चाय की केतली में उठा उफ़ान है, कुछ पल में बैठ जाएगा। हुकूमत करने के लिए हड़ताल के अलावा भी लोगों में कुछ कर सकने की लियाक़त होना ज़रूरी है।

—गुलाम को तो सबसे पहले उसके गुलाम होने का एहसास और यह यक़ीन ही दिलाया जाना चाहिए कि अपनी कोशिश से वह खुद को आज़ाद करा सकता है। मैं यह नहीं कह रहा कि अहिंसा का सबक़ इससे पहले किसी ने नहीं पढ़ाया लेकिन वह सबक़ ज़िन्दगी के लिए आज भी उतना ही बुनियादी है जितना गुज़रे ज़मानों में रहा होगा। बल्कि उसकी मुनासिबत आज कुछ और ज़्यादा ही हो गई है, संजीदा ने अपनी बात पूरी की थी—वैसे ज़िन्दगी में सिरे से बिल्कुल नया तो मेरे ख़्याल में कुछ हो भी नहीं सकता। यही है कि अब अगर कोई लड़ने-मारने की तालीम देगा तो अव्वल तो मैं उसमें शरीक नहीं होऊँगा, और दोइम, अपनी जान पर खेलकर उसकी मुख़ालिफ़त करने की कोशिश करूँगा। तीसरा कोई रास्ता नहीं।

—सुना है बेगम ने घर में गाय पालने का फ़ैसला किया है? नौबत ने हँसकर अमीना बेगम के बारे में पूछा था।

—मुझे खुशी है, संजीदा ने गम्भीर स्वर में जवाब दिया था—ऐसा उन्होंने मेरे कहे से नहीं किया। एक गाय और उसकी बछिया बशारत मंज़िल में पल रही है और

नैंने गोश्त खाना भी एक अरसा पहले छोड़ दिया।

—और शाम की महफ़िलें और जामो-मीना की रौनक़? क्या वह सब भी नज़रे इम्तिहान हो गया?

—उनसे भी दामन छुड़ाने की कोशिश तो मेरी रही है, संजीदा ने बेतकल्लुफ़ी से कहा था—लेकिन उसमें अभी तक कामयाबी हासिल नहीं हो सकी। आप जैसा कोई अज़ीज़ आ जाता है तो दोस्तों की बिसात जमती है और उसमें मज़ा भी आता है। दीगर मज़हबी फ़रीज़े मैं उस तरह अदा नहीं कर पाता जैसे एक अच्छे मुसलमान को करना चाहिए। इसे अपनी ख़ामी ही मानता हूँ। मुझमें न तो मौलवी किफ़ायतुल्लाह बनने की अहलियत न महात्माजी की पूरी पैरवी करने की ताक़त। वह लोग रास्ते हैं और मैं ज़्यादा-से-ज़्यादा उन पर चल सकने की कोशिश ही कर सकता हूँ।

कहना ज़रूरी नहीं कि फिर उस शाम दोनों दोस्तों ने बशारत मंज़िल में साथ शराब पी थी और पीते हुए ढेर सारी बातें भी की थीं। ज़िन्दगी, शायरी और महात्माजी की बातें। इसके अलावा भोपाल, बन्दा अली ख़ान की नाराज़गी और संजीदा के गुलबदन से निकाह की बातें। उस दौरान नौबत का यह एहसास पुख़्ता हुआ था कि संजीदा का गांधीजी से लगाव अटूट था और उसे दुनिया की कोई ताक़त बदल नहीं सकती थी। वह उनसे हँस-हँसकर सूत कातने और चरख़ा चलाने की पूछते रहे थे, मन में संजीदा की अपने महात्माजी से आस्था के प्रति ईर्ष्या के भाव से; सोचते रहे थे बीते वर्षों में तेज़ी से बदलते राजनीतिक दृश्यलेख के बारे में।

नौबत राय को मैंने अपने बचपन से लेकर नौजवानी तक भोपाल में देखा था। उनकी प्यार-भरी स्मृति का मेरे मन में अलग ही स्थान है। अपनी आँखों के सामने मैंने उन्हें तेज़ी से बूढ़ा होते देखा था, विशेषकर सन् 1960 से लेकर सन् 1964 के बीच। जब मैंने उन्हें दद्दा कहने के बजाए अंकल कहना चाहा था तो वह हँस दिए थे और ठण्डी साँस लेकर मुझसे ऐसा न करने को कहा था—तुम्हारे अब्बा मुझे चचा कहें और तुम मुझे अंकल, यह तो कुछ ज़ेब नहीं देता मियाँ, उन्होंने अपने ख़स्ता लहजे में आहिस्ता-आहिस्ता मुझे समझाया था—बाक़ी दुनिया के सारे बदलाव के साथ रिश्ते भी थोड़ी बदल जाते हैं। हम ओल्ड-फ़ैशण्ड ही सही, हैं बहरहाल आपके दद्दा।

नौबत राय की क़द-काठी और हुलिए में अपने दादा, लाला शोहरत राय से कमाल की समानता थी। वही गेहुँआ रंग, चौड़ा माथा और खड़ी नाक जो त्वचा रोग़नी होने के कारण चमकती थी, और वही ग़लाफ़ी आँखें जिन पर तेज़ी से बदलते नम्बरों के चश्मे लगते गए थे। वही घुँघराले बाल, इकहरा बदन और सामान्य से लम्बे हाथ। क़द उनका बेशक, बहुत लम्बा नहीं था, न ही बुढ़ापे में कमर में झोल

आया था। उनका लबो-लहजा उर्दू और फ़ारसी मिज़ाज का था और वैसी ही उनकी बातचीत थी। उनको देखकर न सिर्फ़ यह अन्दाज़ा लगाना मुश्किल था कि वह हिन्दू हैं बल्कि उससे बढ़कर यह कि वह मुसलमान नहीं हैं। इक़बाल की सारी शायरी उन्हें ज़बानी याद थी और उन दिनों को वह बहुत चाहकर याद करते थे जब रियासत में उन्हें कुछ समय अल्लामा इक़बाल के साथ बिताने को मिला था। भोपाल में इक़बाल की यादगार क़ायम करने की माँग के अगुवाओं में वह भी एक थे। महफ़िलों में वह आम तौर पर शेरवानी और चूड़ीदार पाजामा या थ्री-पीस सूट पहनते थे। हमारे घर उनका और हमारा उनके बँगले पर आना-जाना बहुत पाबन्दी से था, ख़ासतौर पर जब तक फ़रीदा फफू जीवित थीं। वह रियासत के सर्वोच्च पद पर रहे थे और जब यहाँ चीफ़ कमिश्नर राज हुआ था तो उसे रियासत का ज़िम्मा उन्होंने ही सौंपा था। वह बन्दा अली ख़ान को अपना बुज़ुर्ग और संजीदा सोज़ को भाई जैसा दोस्त मानते थे और उसी लिहाज़ से बाक़ी सारे ख़ानदान से सम्बन्ध बनाकर रखते थे। उनका पूजा-पाठ का समय निर्धारित था और कथावार्ता में भी वह पूरी आस्था के साथ शिरकत करते थे।

मैं अब्बा और फफू, और फफू के गुज़र जाने के बाद अब्बा के साथ हर होली और दीवाली की दूज पर उनके यहाँ जाता था, जब रियासत के बीते ज़माने की यादगार समझकर, लोग उनके बँगले पर आदाबगुज़ारी के लिए इकट्ठा होते थे। वहाँ सबकी इतर और शीरीनी से मदारत की जाती लेकिन हम लोग खाना खाने के बाद ही लौटते। उनकी पत्नी अभिलाषा देवी को मैं दद्दी कहता था। उनके बेटे अलफ़त राय ने भी उस वज़ादारी को बड़ी हद तक निभाया लेकिन उसके बाद उनके बेटों, कैलाश और प्रकाश के साथ यह सिलसिला क़ायम नहीं रह सका, ख़ासकर मेरे और प्रकाश के हम-उम्र होने और एक ही स्कूल में पढ़ने के बावजूद।

नौबत राय अब्बा के व्यक्तित्व में रचते बिखराव को लेकर चिन्तित रहते थे और उन्हें अपनी तरह समझाने की कोशिश करते थे। ऐसा ख़ास तौर पर तब हुआ था जब अब्बा ने अनेक दलीलें देते हुए अपना एलोपैथिक इलाज का पेशा त्यागकर उसकी जगह होम्योपैथी अपनाने का फ़ैसला किया था। कोशिश के बाद भी नौबत ताबन्दा को ऐसा करने से रोक नहीं पाए थे। लेकिन अब्बा में आते बिखराव की न तो यह शुरुआत थी और न अन्त। आज एहसास होता है कि उस समय मैं खुद के पिता और अपने बारे में कितना कम जानता था और नौबत राय उस सबके भी चश्मदीद गवाह थे। मैं अक्सर उनकी बातें सुनने बँगले पर चला जाता था जहाँ बाद में बुढ़ापे और बीमारी ने उन्हें निहत्था धर-दबोचा था और बाक़ी लोगों के पास अपनी व्यस्तताओं से उनके लिए कम समय बचा था।

—मियाँ, एक बार उन्होंने मेरी किसी बात के जवाब में कहा था—अपनी सारी ज़िन्दगी में किसी में इतनी हिम्मत नहीं देखी कि पूरा सच कह या सुन सके। सबके

सच अपनी मसलिहत के तक़ाज़े होते हैं। इन मायनों में मसलिहत बुरी चीज़ भी नहीं बल्कि दुनिया में सर्वाइव करने की एक ज़रूरी शर्त है। महात्मा गांधी के बारे में तो मैं कुछ भी नहीं कह सकता, मेरे देखने से पहले ही वह दुनिया-जहान के लिए महात्मा हो चुके थे। बाद में जब मैं उनसे पहली बार भोपाल में ही मिला तो, रियासत के नमकख़्वार की हैसियत से, या फिर उसके बाद भी, कितनी ही बार, तो मुझे एहसास था कि मेरा फ़र्ज़ महात्मा गांधी नहीं, रियासत भोपाल की भलाई था। अब वह हमारे राष्ट्रपिता हैं, सारा ज़माना उनकी पूजा करता है तो हम क्यों नहीं करेंगे। यहाँ फिर मसलिहत का तक़ाज़ा भी यही है। लेकिन सच्ची बात यह है कि मैं आपके छोटे दादा, जनाब संजीदा अली ख़ान सोज़ की तरह न तो कभी गांधीजी का भक्त हुआ और न दीवाना। इस मायने में मैं, सोज़ साहब की परख को सजदा करता हूँ। क्या यक़ीन था उनका अपने महात्माजी में, भई वाह, वाह! उन्होंने बड़े सदमे उठाए, मगर मैं कहता हूँ आफ़रीन! और उनके गांधीजी से रिश्ते को लेकर रश्क करता हूँ। मुझे अगर अपना आक़ा मिल जाए तो मैं उसके कहे पर क्या न करूँ—क्या अपनी जान भी न दे दूँ? लेकिन मैं इतना ख़ुशनसीब कहाँ कि ज़ेहन की तलछट से अपने तमाम शक, शुबह और अन्देशे खुरचकर फेंक सकूँ और कहूँ कि मौला, तू बर-हक़ है! तेरे कहे से ठीक से बरत पाने के लिए मैं इस दुनिया को छोड़ता हूँ।

और दद्दा अर्थात् लाला नौबत राय की आँखों से आँसुओं की झिर फूट बही थी।

—उस आदमी की क़दर तो एक अमीना बेगम ने ही जानी, वरना मियाँ, क्या अपने क्या ग़ैर, सब की तरफ़ से उसे दुख और तकलीफ़ ही मिली। खद्दर बिटिया, मेरा मतलब है, ग़ज़ल और अमीना बेगम का जो हुआ, जमीला, शकीला, गुलबदन बेगम और बुनियाद—सोचो, कोई तकलीफ़-सी तकलीफ़ पहुँची होगी उन्हें! और भई, होता भी क्यों ना, उन्होंने जान-बूझकर रास्ता ही वह चुना था जिस पर फूल नहीं काँटे ही मिल सकते थे। हमारी ज़िन्दगी के सौ ऐश उन पर कुर्बान, मैं उनकी एक-एक तकलीफ़ पर रश्क करता हूँ। मीर तक़ी मीर का शेर है—''मौसम आया तो नख़्ले दार पे मीर/सरे मंसूर ही का बार आया!'' सबका क्या बूता कि वह मंसूर या सोज़ की बराबरी करने का सोच सके।

संजीदा के बारे में नौबत इतने अधिकारपूर्वक बात करते थे जैसे वह उन्हीं के जीवन का कोई महत्वपूर्ण अध्याय हों। और कभी-कभी कुछ ऐसी घटनाएँ भी सुनाते थे जो उनके लिए संजीदा के असाधारण होने का प्रमाण थीं। वैसी ही बातें जो हर ज़माने में महत्वपूर्ण लोगों के नाम के साथ जोड़कर कही-सुनी जाती हैं, जिनकी भनक भी खुद उन लोगों को अपने जीवन में नहीं लग सकती।

बिरजू को खुद मैंने कभी देखा नहीं। ऐसा कभी कोई अवसर ही नहीं आ पाया। इतना ज़रूर मालूम है कि संजीदा से अपनी सारी मुहब्बत के बावजूद वह खुद गांधीजी और गांधीवाद के कट्टर विरोधी थे। यह नाम अम्बेडकर के महत्वपूर्ण समर्थकों

की सूची में शामिल था जो गांधीवाद को विशुद्ध ढकोसला और पिछड़ी जातियों पर स्वर्णों का वर्चस्व बनाए रखने का षड्यंत्र समझते थे।

—रामराज्य? बिरजू ने मख़ौल उड़ाते हुए कभी संजीदा के सामने कहा था—वही जिसमें सीता के अधिकारों की भी कोई गारण्टी नहीं हो सकती! हम कौन-से युग में जी रहे हैं?

संजीदा सोज़ और अमीना बेगम की तीनों बेटियों के जन्म से सम्बन्धित कुछ विचित्र और अविश्वसनीय बातें कही जाती थीं, जिन्हें मैंने बारहा फ़रीदा फफू को दोहराते सुना था।

बड़ी बेटी को, जिसका असली नाम जमीला था, सब प्यार से बिल्लो कहते थे, इसलिए कि उसकी सूरत-शक्ल बिल्कुल किसी बिल्लोचन के समान थी। उसका जन्म दिल्ली में कभी उस समय हुआ था जब असहयोग आन्दोलन के दौरान चौरी चौरा की घटना हुई थी और आन्दोलन समाप्त करने का फ़ैसला किया गया था। उसके बाद गांधीजी को गिरफ़्तार करके उन पर मुक़दमा चलाया गया था और क़ैद की सज़ा सुनाई गई थी। जिस समय यह सब हो रहा था, खुद संजीदा भी अहमदाबाद में मौजूद थे और बाद में वह जेल में गांधीजी से मिले भी थे।

उसी गड़बड़ के ज़माने में, जाड़े की एक ठण्डी रात जब टूटकर मावठा गिर रहा था, बशारत मंज़िल में बिल्लो का जन्म हुआ था। कौसर जहाँ जो इस बीच दूसरी शादी करने के बाद एक बच्चे की माँ भी बन चुकी थीं, अमीना के साथ थीं और तीन दिन से लगातार उनकी बिगड़ती हालत देखकर परेशान थीं। एक ख़ानदानी दाई और उसकी सहायक, मामले की नज़ाकत को समझते हुए, तीन रात से बशारत मंज़िल पर ही सो रही थीं। फिर पड़ोस में रहनेवाली, अमतुल कबीर की पुरानी साथिन, बतूल बी थीं। कौसर जहाँ को आश्चर्य था कि तीन दिन से न तो अमीना ने दिन का उजाला देखा था न रात के चिराग़ों की रोशनी में आँखें खोलना गवारा किया था। पूरे समय न तो उनके मुँह से कोई जुम्ला निकला था, न चीख़ न कराह सुनाई दी थी। उस कड़कती सर्दी में भी उनका शरीर किसी अलाव-सा जल रहा था। सरेशाम गुलबदन भी अपने घर से बशारत मंज़िल आ गई थीं और गर्म कपड़ों में लिपटी दालान में मुसल्ले पर बैठी अमीना की मुश्किल आसान होने के लिए दुआ कर रही थीं।

मावठा गिरना तेज़ हुआ था और गुलबदन को बौछार से बचने के लिए अन्दर कमरे में पनाह लेनी पड़ी थी। हवा के झक्कड़ सेहन में अमरूद के पेड़ों को तहस-नहस करने पर तुले थे। एक साअत आई थी जिसमें हर चीज़ ने दम साध लिया था और दाई को लगा था अमीना बेगम का शरीर बेजान हो गया है। फिर बिजली चमकी थी और आसमान कड़क की आवाज़ों से इस तरह भर गया था जैसे मनों बारूद धधक उठी हो। एक के बाद एक, सात तड़ाख़े सुनाई दिए थे और दिल्ली की सूनी

और बेजान सड़कें सिहर उठी थीं। जो जिस जगह था अपनी साँस रोके रहा था। जब हवास लौटे थे और चिराग़ों की रोशनी में कुछ देख पाना सम्भव हुआ था तो कौसर जहाँ ने अपनी हथेली से बहते खून को देखा और यह जाना था कि किसी पल अमीना ने उसमें अपने दाँत गड़ा दिए थे। उसी पल दाई ने चहककर कहा था—बी, मुबारक हो। फ़ौरन बच्ची की नाल कलावह से बाँधकर चाकू से काटी गई थी और कलावह बच्ची की गर्दन में लटका दिया गया था। नवजात बच्ची को नहलाने की व्यवस्था की गई थी और बशारत मंज़िल के सारे नौकर मुबारकबाद देते जमा हो गए थे। नहलाने के बाद जिस समय बतूल बी बच्ची को शहद चटा रही थीं, मावठा थम चुका था और मस्जिद में सुबह फ़जिर की अज़ान हो रही थी। माँ-बेटी को जिन-आसेब के साए से बचाने के लिए बतूल बी ने अमीना के सिरहाने वह दमकी हुई कटार रख दी थी जो इसी मंशा से वह अपने साथ लेकर आई थीं।

गुलबदन ने कौसर जहाँ के हाथ की मरहम-पट्टी कर दी थी और अमीना को इस बारे में कुछ नहीं बताया था। जब उन्हें मालूम हुआ था तो वह बहुत हैरान और शर्मिन्दा हुई थीं क्योंकि खुद उन्हें इसका बिल्कुल भी अन्दाज़ा नहीं था। फिर हफ़्ते भर तक बतूल बी ने अमीना के पलंग को कमरे में अकेला नहीं छोड़ने दिया था। वहाँ दिन-रात बिना बुझे चिराग़ जलते रहे थे और दहकती अँगीठियों में काला दाना जलाया जाता रहा था। यह सब भी जच्चा और बच्ची को जादू-टोने से बचाने के लिए था। आम हालात में अमीना यह सब नहीं होने देतीं लेकिन ज़चगी ने उन्हें बहुत कनज़ोर कर दिया था और तमाशे का हिस्सा बना रहना ही उन्हें बेहतर लगा था।

कमज़ोरी के अलावा अपनी पहली ज़चगी की और कोई तफ़सील उन्हें बाद में याद नहीं रही थी।

फिर संजीदा दिल्ली लौट आए थे और कुछ दिन बाद क़ौसर जहाँ वापस भोपाल लौट गई थीं। आगे अमीना और कौसर जहाँ के सम्बन्धों में एक ढीलापन और दूरी आते जाने थे और आख़िरकार दोनों को एक-दूसरे के लिए पूरी तरह अजनबी हो जाना था। इसकी वजह नजीबउल्लाह की वह जायदाद थी जिसकी क़ानूनी वारिस तो असीमा बेगम थीं लेकिन जिस पर क़ब्ज़ा कौसर जहाँ के दूसरे शौहर का होता गया था। इसमें खुद कौसर जहाँ अमीना के पक्ष में कोई हस्तक्षेप नहीं कर पाई थीं। यह आगे होना था और फ़िलहाल संजीदा की वापसी के साथ बशारत मंज़िल में चीज़ें सामान्य होना शुरू हो गई थीं। अमीना बेगम जिस तेज़ी से कमज़ोर हुई थीं उसी तरह दोबारा सेहतयाब भी हो गई थीं।

दूसरी बेटी बिब्बो, जिसका असली नाम शकीला था, बिल्लो से सत्रह महीने छोटी थी।

उस ज़माने के राजनीतिक कैलेण्डर के अनुसार बिब्बो का जन्म उन दिनों हुआ

था जब शुद्धि और तब्लीग़ को लेकर हिन्दू-मुसलमान के बीच विवाद अपनी इन्तिहा पर पहुँचा हुआ था। कुछ दिन पहले तक जो लोग क़ौमी एकता के अलमबरदार थे वह न केवल अपने-अपने सम्प्रदाय में वापस लौट गए थे बल्कि दूसरे लोगों से टकराव की खुलकर पैरवी भी करने लगे थे। अख़बारों में इन मुद्दों को दोबारा विशेष महत्व मिलने लगा था।

जब बिब्बो अमीना बेगम के गर्भ में थी तो उनका हुलिया इतना बदल गया था कि क़रीबी लोगों का भी उन्हें पहचान पाना मुश्किल हो गया था। उनका पेट इतना बढ़ गया था कि उन्हें खुद अन्देशा होता था कहीं वह एक से अधिक औलाद को जन्म देनेवाली तो नहीं! उनका सारा शरीर इस प्रकार फूल गया था जैसे बहुत वरम चढ़ा हो। ज्यों-ज्यों ज़चगी क़रीब आती गई थी उनका चलना-फिरना दूभर होता गया था। थोड़ी-सी भी मेहनत करके वह किसी पुराने दमे के मरीज़ की तरह हाँफ़ने लगती थीं। एहतियात के लिए दाई के अलावा उन्हें एक मिड-वाइफ़ को भी दिखाया गया था लेकिन ऐसा कुछ नहीं निकला था जिसे डाक्टरी शब्दावली में एबनॉर्मल कहा जा सकता। उनकी नींद उड़ती गई थी और बिब्बो के जन्म से पहले तीन महीने उन्होंने बिना पलक झपके, जागकर गुज़ारे थे।

बिब्बो की पैदाइश की घड़ी में भी दिल्ली में तेज़ बरसात हो रही थी और कई दिन से बारिश की झड़ी लगी हुई थी।

संजीदा भी घर पर ही थे और दोस्तों के दरमियान ऊपर की बैठक में हो रही बातचीत ख़ामोशी से बैठे सुन रहे थे। दोपहर का दस्तरख़्वान लगाया जा रहा था जब किसी ने बात पर ज़ोर देते हुए कहा था—सियासत असली ज़िन्दगी की शायरी है। बड़े लोग अपनी ज़िम्मेदारियों से आसानी से मुँह नहीं मोड़ सकते।

उसी पल संजीदा की नज़र आसमान में लम्बा पड़ाव डाले बादलों में भटकी थी और उन्हें बेसाख़्ता अपने बचपन के भोपाल का आसमान और जमाल महल की वह छत याद आई थी जहाँ से पुलियावाली सड़क के नीचे मोहरों से निकलकर तालाब तलैया की शक्ल में, जमाल महल की दीवारों को छूता नज़र आता था। उसमें अनगिनत कमल के फूल खिले रहते थे और जमाल महल में पली बतख़ें तैरा करती थीं। दाईं ओर महल का लम्बा-चौड़ा जंगली अहाता था जिसमें ऊँचे-ऊँचे आम और जामुन के और छोटे क़द के शीशम के बेगिनती दरख़्त थे। कछारिया से आनेवाली बैलगाड़ियाँ रात को उसी अहाते में खोली जाती थीं और गाड़ीवाले वहीं अपना खाना पकाते और रात गुज़ारते थे। नौकरों के रहने के कमरे भी अहाते के एक सिरे पर ही बने हुए थे। बरसात में जब तलैया का पानी जमाल महल की दीवारों को थपकता तो उस आवाज़ में एक तिलिस्म होता था। बन्दा अली महल की छत पर खड़े होकर तलैया की मछलियों का बन्दूक से शिकार करते और नौकर डुबकी लगाकर पानी से मछलियाँ निकाल-निकालकर लाते...।

बशारत मंज़िल से उस पल नज़र गाड़कर बादलों को देखते हुए संजीदा को हैरानी हुई थी कि एक मामूली बात जिसे अपने ख़्याल में वह भूल चुके थे, उन्हें इतनी तफ़सील से याद थी।

उसी पल किसी ने उन्हें बिब्बो के पैदा होने की ख़बर सुनाते हुए मुबारकबाद दी थी।

अगले दिन पानी की झड़ी टूटी थी और कुछ दिन में चौतरफ़ खुलकर धूप फैल गई थी।

बिब्बो का रंग बिल्लो की तरह ताम्बई न होकर साँवला था।

उसकी आँखें भी कंजी नहीं बल्कि भूरी थीं।

उसके नाक-नक़्श तीखे थे और चेचक के दाग़ों को छोड़ दिया जाए तो उसे हर तरह बिल्लो से ज़्यादा आकर्षक कहा जा सकता था।

दोनों बहनों का स्वभाव एक-दूसरे से जुदा होते हुए भी इस मायने में आश्चर्यजनक था कि बिल्कुल अलग-अलग परिस्थितियों में वह कभी-कभी बिल्कुल एक-सा ही व्यवहार करती थीं। कहने को बिल्लो ज़िद्दी थी और अपनी बात पर अड़ जाए तो किसी का कहा नहीं मानती थी, जबकि बिब्बो फ़रमाबरदार और बड़ों की बात अदब से सुननेवाली थी। लेकिन यकबयक ऐसा होता कि दोनों बहनों के व्यवहार में उलट-फेर हो जाता और बिल्लो की हरकतें बिब्बो करने लगती और बिल्लो बिब्बो के अन्दाज़ अपना लेती। इस अचानक बदलाव को समझ पाना अक्सर अमीना बेगम के लिए भी सम्भव नहीं होता था।

यह समझने के लिए कि अमीना बेगम अपनी दोनों बेटियों के साथ एक हद से आगे सख़्ती क्यों नहीं कर पाती थीं, हमें बिल्लो और बिब्बो की चेचक के बारे में कुछ विस्तार से जानना होगा।

गांधीजी ने दिल्ली में मौलाना मुहम्मद अली के घर जब 21 दिन का उपवास शुरू किया था उस वक़्त बिल्लो ढाई साल और बिब्बो एक साल से कुछ ऊपर की थी। दंगे उन दिनों रोज़ का मामूल बन गए थे और कुछ समय पहले कोहाट में हुए दंगों की सनसनी उस समय सारे देश में फैली हुई थी। कारण उस दंगे का भी उन्हीं रेडीमेड कारणों में से था जो हर ज़माने में मौजूद रहे हैं। दिलों में गुंजाइश के ख़ात्मे की वजह से छोटी-छोटी बातें साम्प्रदायिक टकराव का बहाना बन रही थीं।

अपना उपवास शुरू करते हुए उस समय जो गांधीजी ने कहा था वह बाद में जो हुआ उसकी रोशनी में और भी प्रासंगिक लगता है। दूसरी बातों के साथ उन्होंने कहा था—

''ऐसी कानाफूसी हो रही है कि मुसलमानों के साथ इस हद तक सहयोग करने की वजह से मैं हिन्दू मानसिकता को समझने के लिए अयोग्य हूँ। यह सही है कि हिन्दू मानसिकता को समझने के लिए मैं हिन्दुओं के बीच नहीं रहता, जबकि यह

भी सही है कि मेरे शरीर का प्रत्येक रेशा हिन्दू है। अगर अत्यन्त विपरीत प्रभावों में भी मेरा हिन्दूवाद फल-फूल नहीं सकता तो वह एक तुच्छ वस्तु होगी। मैं सहजबुद्धि से जानता हूँ कि हिन्दूवाद के लिए क्या ज़रूरी है लेकिन मुस्लिम मानसिकता को समझने के लिए मुझे मेहनत करनी चाहिए। मुसलमानों में ऊँचे दर्जे के लोगों के मैं जितना क़रीब आता हूँ, उतनी ही मेरी उनके कार्यकलापों की समझ के उचित होने की सम्भावना है। मैं दोनों सम्प्रदायों के बीच सर्वश्रेष्ठ सीमेंट बनने का प्रयास कर रहा हूँ। मेरी कामना है कि ज़रूरत पड़ने पर मैं अपने खून से इन दोनों सम्प्रदायों को जोड़ने के योग्य बन सकूँ। लेकिन ऐसा करने से पहले मुझे यह साबित करना चाहिए कि मैं मुसलमानों को भरोसा दिला सका कि मैं उन्हें उतना ही प्यार करता हूँ जितना कि हिन्दुओं को। परमात्मा ऐसा करने में मेरी सहायता करें। अन्य बातों के अलावा मेरा उपवास दोनों सम्प्रदायों के लोगों को बराबरी से बेलौस प्यार देने की कोशिश है।''

जिन दिनों गांधीजी का उपवास चल रहा था, हिन्दू-मुस्लिम एकता के लिए आपसी बातचीत और सम्मेलन हो रहे थे, और गांधीजी के साथ-साथ संजीदा ने भी बशारत मंज़िल में खाना-पीना छोड़ रखा था, बिल्लो और बिब्बो को ऐसी चेचक निकली थी कि उसमें बिल्लो की एक आँख और बिब्बो की जान जाते-जाते बची थी। दोनों बहनों का शरीर चेचक के बारीक दानों से ऐसे छब गया था जैसे किसी ने नुकीले चाकुओं से गोद डाला हो। फिर वह दाने मवाद से भरकर फूलने शुरू हुए थे और पूरी बशारत मंज़िल नीम, सद्दाब और गुलमुण्डी की धूनी से महकने लगी थी। दोनों बच्चियों की पीड़ा ऐसी थी कि उन्हें किसी पल चैन नहीं मिलता था और चेचक का उभार इस तरह हो रहा था जैसे उनके जिस्म में ख़राब खून और मवाद के सिवा कुछ न रहा हो। इलाज-मालजा, गण्डे-तावीज़, सब चलते रहे थे और उसी दौरान एक पल ऐसा भी आया था, दोनों बेटियों को लेकर, अलग-अलग, जब अमीना बेगम को लगा था उनकी बेटियों की जान बच पाना मुश्किल था। उस पल की बेटियों की तकलीफ़ ने, अमीना बेगम को एक आँच में बाँधकर पिघला दिया था और उन्होंने उनके अच्छे होने की दुआ के साथ-ही-साथ दिल में यह वादा भी किया था कि अगर वह अपनी औलाद की तकलीफ़ खुद बाँट नहीं सकतीं तो कभी उन पर सख़्ती करके अपनी बात मनवाने की ज़िद भी नहीं करेंगी। बिल्लो और बिब्बो ठीक हो गई थीं और अमीना बेगम ने अपना खुद से किया हुआ वादा याद रखा था। आनेवाली ज़िन्दगी में उनकी बड़ी-से-बड़ी ज़्यादती के बाद भी अमीना बिल्लो और बिब्बो से सख़्ती के साथ पेश नहीं आई थीं।

खद्दर का जन्म सन् 1930 के शुरू में उस ज़माने में कभी हुआ था जब देश में सविनय अवज्ञा आन्दोलन ज़ोरों पर था। उसके जन्म ही नहीं उन दिनों की बातें भी जब वह अमीना के गर्भ में थी, फफू अक्सर तफ़सील से सुनाती थीं और उन अविश्वसनीय लगनेवाली बातों को बयान करते हुए उनके लबो-लहजे का उतार-

चढ़ाव अजीब होने लगता था। दरअसल खद्दर के अमीना बेगम के गर्भ में आते ही ऐसी चमत्कारपूर्ण घटनाओं का सिलसिला शुरू हो गया था जिनसे लगता था बशारत मंज़िल में कुछ असाधारण घटने जा रहा था। यह एहसास घर और पास-पड़ोस तक ही सीमित नहीं था बल्कि दूर-दराज़ के लोगों ने भी इसे अपनी तरह से जाना था।

सबसे पहले गर्मी की एक धूप-भरी सुबह लोगों ने जागकर देखा था कि बादल का एक टुकड़ा बशारत मंज़िल के ठीक ऊपर किसी सायबान की तरह स्थिर हो गया था। यह बादल नौ महीने, जब तक कि खद्दर का जन्म नहीं हो गया, उसी जगह रहा था। या अगर अमीना बेगम को उस दौरान कहीं बाहर जाना हुआ था तो वह उनके ऊपर छतरी की तरह साया किए साथ-साथ गया और वापस आया था। उस बादल का सम्बन्ध बरसात के बाक़ी बादलों से इसलिए नहीं हो सकता था कि मानसून की घटाएँ, छाकर बरसती और जाती रही थीं मगर वह अपनी जगह ज्यूँ-का-त्यूँ रहा था। सर्दी के मौसम का भी उस पर कोई असर नहीं हुआ था। अक्सर लोग उसे देखकर खुसर-पुसर करते और बिल्लो-बिब्बो उसे बशारत मंज़िल के ऊपर से हटाने की तरकीब सोचतीं, लेकिन खुद अमीना या संजीदा ने उसकी ओर ध्यान नहीं दिया था। उनके लिए उसका होना किसी भी सामान्य चीज़ की तरह था।

फिर समय बीतने के साथ-साथ, आए दिन, अजनबी लोग क़िस्म-क़िस्म के तोहफ़े लेकर बशारत मंज़िल पहुँचना शुरू हो गए थे : अनजान प्रान्तों की अपरिचित भाषाएँ बोलते, तरह-तरह के लोग। बशारत मंज़िल के दरवाज़े पर आकर वह इस आत्म-विश्वास से दस्तक देते जैसे दिल्ली के उन गली-कूचों को बहुत अच्छे से जानते हों। दस्तक देने के बाद अपने तोहफ़े वहाँ छोड़कर वह लोग वापस अपनी दुनियाओं में लौट जाते। धीरे-धीरे अमीना बेगम के गिर्द इस तरह के तोहफ़ों के ढेर लगते गए थे : कपड़े, गहने, खिलौने, पवित्र ग्रन्थ और देवी-देवताओं की प्रतिमाएँ

और भी कई चीज़ें थीं : बशारत मंज़िल के आसपास कई ऐसे कुओं में पानी निकल आया था जो सूखे हुए थे; घर के सेहन के अमरूद के वह सूखे पेड़ हरे होकर फलों से लद गए थे जो बिल्लो के जन्म की रात से निर्जीव हो गए थे; अमीना बेगम की पाली हुई गाय जो दूध देना बन्द कर चुकी थी, दोबारा इतनी इफ़रात से दूध देने लगी थी कि उसे पड़ोस के घरों में बाँटना पड़ता था; बिना मौसम घर की कियारियाँ फूलों से लद गई थीं; सबके खाना खा चुकने के बाद भी बशारत मंज़िल के बावर्चीख़ाने में इतना खाना बचने लगा था कि उसे बाँटना पड़ता था; बिल्लो और बिब्बो की ज़िदें कम हो गई थीं क्योंकि अमीना बेगम से आँख मिलाते उन्हें डर लगने लगा था।

खद्दर का जन्म भी अमीना के लिए पहली दो औलादों से बिल्कुल अलग अनुभव था। जिस सुबह वह पैदा हुई, न केवल यह कि अमीना बशारत मंज़िल में अकेली थीं बल्कि बिना किसी दिक़्क़त के उन्होंने सारे काम अपने ही हाथों किए

थे। अन्तिम घड़ी ख़बर भेजकर उन्होंने बतूल बी को बुलवाया था और उन्होंने एक नज़र खद्दर को देखकर खुशी से दुआएँ पढ़ने के बाद कहा था—बी, महीनों से जो नूर तुम में था वह इस बेटी में आ गया है।

फिर नहलाने-धुलाने के बाद उसे अमीना के सुपुर्द करते हुए उन्होंने दुआ के लहजे में कहा था—फ़रिश्ता-सूरत है यह बेटी, खुदा इसे फ़रिश्ता-सीरत भी बनाए।

खद्दर के जन्म के साथ ही लोगों ने बशारत मंज़िल पर साया किए हुए बादल को धुनक कर साफ़ होते देखा था। बिल्लो और बिब्बो भी उसे अपनी आँखों से देखनेवालों में शामिल थीं और उससे उनके दिल में खद्दर के लिए गहरा रौब बैठा था—ऐसा जिससे वह मुक्त नहीं हो पाई थीं।

गांधीजी के मशवरे पर संजीदा ने इस सबसे छोटी बेटी का नाम गज़ल रखा था मगर अपने खादी से लगाव के कारण प्यार से उसे खद्दर कहने लगे थे। समय के साथ-साथ सामने आया था कि सूरत-शक्ल ही नहीं, अपने समूचे स्वभाव और व्यक्तित्व में खद्दर अनोखी प्रतिभा की धनी एक असाधारण लड़की थी। वह दरअसल संजीदा और अमीना की खूबियों का एक ऐसा मिलाप थी जिसमें दूसरी चीज़ों के साथ-साथ अच्छी शायरी करने और उसे सलीक़े से पढ़ने की कला भी शामिल थी। शायरी वैसे बिल्लो और बिब्बो भी करती थीं और गुलबदन का बेटा, बुनियाद भी। बिब्बो ग़नीमत शेर कह लेती थी जबकि बिल्लो का शेर पढ़ने का ढंग और आवाज़ अच्छी थी। बुनियाद, हालाँकि आम तौर पर अपने शेर किसी को सुनाता नहीं था, लेकिन उसका लबो-लहजा और अन्दाज़ बिल्कुल संजीदा की प्रतिध्वनि थे। इनसे हटकर खद्दर के बारे में खुद संजीदा का ख़्याल था कि उस जैसी शायरी समझने और कर सकने की योग्यता किसी भी समय में बहुत कम लोगों को हासिल होती है। वह खुलकर खुद को खद्दर का मद्दाह कहते थे और शायरी के अलावा खद्दर की दूसरी ख़ूबियों—सहनशीलता, प्यार, कम बोलना, लोगों से मुनासिब फ़ासला रखते हुए भी उन्हें समझ पाना, पढ़ना-लिखना, सही मशवरा देना के भी दिली प्रशंसक थे। यही हाल अमीना का था जिनके लिए समय बीतने के साथ-साथ खद्दर उनकी सबसे नज़दीकी सहेली बनती गई थी।

छुटपन में एक बार मैंने फफू से पूछा था—अमजी खद्दर से ज़्यादा प्यार करते थे या महात्माजी से?

ऐसा मूर्खतापूर्ण सवाल मैं उस उम्र में ही कर भी सकता था और अगर किसी और से किया होता तो शायद वह लाजवाब भी हो जाता। लेकिन फ़रीदा फफू नहीं! मेरी कम-उम्री को अनदेखा कर वह मुझे समझाती रही थीं कि संजीदा के लिए महात्माजी और खद्दर में भेद करना सम्भव नहीं था, और वह दोनों को एक ही जितना प्यार करते थे।

—ऐसा न होता, फफू ने दलील दी थी—तो वह ग़ज़ल को प्यार से खद्दर कैसे

कहते? खद्दर उन्हें गांधीजी की वजह से अज़ीज़ थी और दुनिया में जो औलाद उन्हें सबसे प्यारी थी, उसे वह खद्दर कहते थे। मतलब समझो इसका।

—यह तो बिल्कुल पहेली हो गई, मैंने लाचारी से कहा था।

—ज़िन्दगी में कई चीज़ें पहेली की तरह होती हैं और उन्हें खुद ही बूझना होता है। तुम भी बूझो।

इस पहेली को बूझने का काम फफू ने मुझ पर छोड़ दिया था।

कोई किसी को प्यार से खद्दर कैसे कह सकता है? इस बात को समझने का जीवन में मैंने अपने ढंग से प्रयास किया है। खद्दर यानी संजीदा सोज़ और अमीना बेगम की सबसे छोटी बेटी, ग़ज़ल जिसे बिल्लो और बिब्बो के वज़न पर कुछ लोग बन्नो कहकर भी बुलाते थे।

शब्द 'खद्दर', या हाथ के बुने उस कपड़े में जिसे खादी या खद्दर कहा जाता है, खुद मुझे कोई ऐसी खूबी नज़र नहीं आती थी कि उसके लिए किसी के दिल में जन्मे प्यार या श्रद्धा को समझ सकूँ। बजाए इसके ऐसा बहुत कुछ था जो खद्दर के लिए शुरू में दिल में नापसन्दगी और फिर बाद में नफ़रत पैदा करता था। हर साल गांधी-जयन्ती पर खादी ग्रामोद्योग की दुकानों पर भाव में भारी छूट के बैनर लगाए जाते और लगता ऐसा कि वह वास्तव में हमारे जीवन-मूल्यों में गिरावट के सूचक हों। दरअसल, मैं एक ऐसे युग में आँखें खोलकर बड़ा हो रहा था जिसमें "चरख़ा चला दिया", बच्चों के बीच एक मज़ाक़ बन चुका था। चरख़े और हमारी आज़ादी की लड़ाई के बीच क्या सम्बन्ध था, यह समझाए जाने पर भी किसी तरह समझ में नहीं आता था। ऐसा इसके बावजूद था कि उन दिनों तकली से सूत कातना भी स्कूल की छोटी कक्षाओं की शिक्षा में शामिल था। बच्चे तकली और रूई की पूनी किताबों के साथ लेकर स्कूल जाते थे और जिस घड़ी मास्साब आराम फ़रमाना चाहते या उन्हें और कोई दूसरा काम होता, तो बच्चों को सूत कातने पर लगा दिया जाता था।

—आज़ादी की लड़ाई लड़नेवालों के लिए, किसी समय फफू ने ही समझाया था—चरख़े की हैसियत वही थी जो एक अच्छे ईसाई के लिए क्रॉस की होती है।

फफू ने शायद यह इस ग़लतफ़हमी में कहा था कि मैं पूरी बात फ़ौरन समझ जाऊँगा। ऐसा नहीं हुआ था क्योंकि तब मुझे यह भी नहीं मालूम था कि ईसाइयों के लिए क्रॉस क्यों महत्वपूर्ण होता है। क्या महज़ इसलिए कि क्राइस्ट को उनके दुश्मनों ने फ़ाँसी पर चढ़ाया था? यह तो अपने आप में कोई बात नहीं हुई!

कहनेवाले याद करते हुए कहते कि चरख़ा किसी ज़माने में आज़ादी का मतलब समझाने और लोगों को जगाने का सबसे कारगर हथियार रहा था और गांधीजी ने उसे स्वराज की आत्मा माना था। इतना ही नहीं, एक लम्बे अरसे तक वह हमारे राष्ट्रीय

ध्वज, तिरंगे का भी अभिन्न हिस्सा रहा था। आँखों के सामने कड़वी सच्चाई यह थी कि देश में रोज़मर्रा की ज़िन्दगी से चरख़ा ग़ायब हो चुका था और अगर कहीं नज़र आता था तो उन फ्रेम की हुई तस्वीरों में जिनमें गांधीजी बैठे उसे कात रहे थे। रही खादी तो वह मंत्रियों, नेताओं और कुछ स्वनामधन्य गांधीवादियों तक सीमित हो गई थी। साधारण लोगों की नज़र में यह एक ऐसा लिबास थी जिसे पहने पापी और अपराधियों से कोई पूछताछ नहीं की जा सकती थी। स्वतंत्रता संग्राम के दौरान और फिर आज़ादी के बाद उसे पहननेवालों के दो बिल्कुल अलग-अलग अवतार थे, और आँखों के सामने मौजूद, दिनों-दिन बड़ा होता जो अवतार था वह असंख्य दिलों की नफ़रत की खाद पर पलकर, पनप और सूरत-शक्ल बदल रहा था।

मेरी हैरानी कि कोई किसी को प्यार से खद्दर कैसे कह सकता है, असहज या अस्वाभाविक नहीं थी।

लेकिन जब मैंने खुद अपनी ही ज़िन्दगी को कई ऐसी क़िस्तों में जाना कि हर नई क़िस्त पहले के सारे जाने-माने को बदलती या रद्द करती चली गई तो खादी के साथ भी उससे कुछ मिलता-जुलता होना अधिक आश्चर्य में नहीं डालता।

अपने बारे में?

अपनी आधी ज़िन्दगी मैं एक ऐसे झूठ का शिकार होकर जिया जिसका औचित्य कुछ अन्य लोगों के लिए तो हो सकता था लेकिन जो खुद मेरे साथ एक क्रूर मज़ाक़ था।

किसी ऐसे बच्चे के बारे में आप क्या कहेंगे जिसे होश सँभालने पर बताया जाए कि उसकी माँ उसे जन्म देते हुए इस जहान से गुज़र चुकी थी और वह अपने बाप और फफू की मौजूदगी में, एक आया की देख-रेख में पलकर बड़ा हुआ था : पूरे समय माँ की तस्वीरें देखते और उसके उस ख़त को पढ़ते जो उसने होनेवाली औलाद को इस यक़ीन के साथ लिखा था कि उसे आँखों से देखने के लिए वह ज़िन्दा नहीं बचेगी। इसे असलियत समझते वह अपनी ज़िन्दगी के बाईस साल गुज़ार दे, और तब, अचानक, कहीं से एक अजनबी औरत नमूदार होकर उसके सिर पर हाथ रखे, कहे कि मैं तुम्हारी माँ हूँ! और, जो ज़िन्दा नहीं बचे थे—अब्बा, फफू और आयशा बुवा, वह तो कुछ कर नहीं सकते थे, जो ज़िन्दा थे वह सब उस औरत की ताईद करते हुए कहें कि वह बिल्कुल ठीक कह रही थी। यानी सचमुच, वह मेरी माँ थीं! एक वजूद और नाम से सिमटकर क्षण भर में आप किसी ऐसी परछाईं में तब्दील हो जाएँ जिसकी असलियत किसी समय एक मर्द और एक औरत के बीच चल रहे किसी द्वन्द्व के आकस्मिक परिणाम के सिवा कुछ भी न हो। आप सोचने पर मजबूर हो जाएँ कि अगर वह अजनबी औरत आप की माँ हो सकती है तो क्या ज़रूरी है कि जिस व्यक्ति को आप सारी उम्र पिता समझते रहे वही वास्तव में भी आपका पिता हो। शादी की तस्वीरों और दूसरे सबूतों से यह थोड़ी स्थापित हो जाता है कि पत्नी

की औलाद पति के अलावा किसी अन्य मर्द से नहीं हो सकती। और ख़ास तौर पर उस हालत में जब माँ होने का दावा करनेवाली औरत के साथ हमदर्दी की मूरत बना एक अजनबी मर्द, उसका जीवित पति, भी हो, उसे दम-दिलासा देने की ख़ातिर।

कुछ सच्चाइयाँ आप जान पाते हैं कुछ ऐसे की क़ीमत पर जो आपको बहुत प्रिय था। कोई अजनबी, देखकर, आपको नामंजूर करता है, कुछ बुदबुदाकर आप पर फूँकता है, और अपनी राह लेता है : आप बदल जाते हैं, इस तरह कि खुद को पहचान पाना भी सम्भव नहीं रहता। दुनिया नहीं गड़बड़ाती : उसे न सिर्फ़ यह याद रहता है कि आपका पूर्व रूप क्या था, बल्कि यह तमीज़ भी कि बदलने के बाद आप आप ही हैं।

संजीदा सोज़ की खुद अपनी ज़िन्दगी और उस ज़िन्दगी से सम्बन्धित समस्याएँ थीं—अंग्रेज़ी कहावत का अनुवाद किया जाए तो हर व्यक्ति को अपना सलीब खुद ढोना पड़ता है (एवरी मेन हैज़ टू बिअर हिज़ ओन क्रॉस)। अब क्योंकि मैं समझ सकता हूँ कि एक ईसाई के लिए क्रॉस का क्या महत्व होता है, थोड़ी कोशिश करने के बाद मैं यह अन्दाज़ा भी लगा सकता हूँ कि संजीदा जैसे एक गांधीभक्त के लिए अपने समय में चरख़े और खादी की क्या अहमियत रही होगी।

संजीदा की गांधीजी के समान ही बिल्कुल शुरू से मान्यता थी कि चरख़ा देश की उस सोई और लगभग दम तोड़ चुकी आत्मा को दोबारा जगाने और ज़िन्दा करने का सबसे महत्वपूर्ण साधन था जो एक लम्बे समय से इस अवस्था में थी। असल में देश में हस्तशिल्प के ख़ात्मे की कहानी अंग्रेज़ी राज्य की स्थापना के इतिहास से इस तरह जुड़ी हुई थी कि दोनों को एक-दूसरे से अलेहदा करके सोच पाना सम्भव नहीं था। अंग्रेज़ों ने अपना व्यापार फैलाने की मंशा से हर वह क़दम उठाया था जो हमें उनका मोहताज करते हुए आत्मनिर्भरता की जड़ों को काट सके।

गांधीजी और संजीदा अली जैसे उनके साथियों का यह विश्वास था कि अहिंसापूर्वक स्वराज प्राप्त करने का लक्ष्य सीधा-सीधा उन हस्तशिल्पों को दोबारा ज़िन्दा करने के काम से जुड़ा और उस पर आधारित था। इसी मक़सद से गांधीजी ने उस चरख़े को दोबारा खोजा था जो काफ़ी समय पहले ही लगभग पूरी तरह खो चुका था। उन्हें और उनके साथियों को पूरा यक़ीन था कि अगर चरख़ा अहिंसा, आत्मविश्वास और आत्मनिर्भरता का प्रतीक बनकर हमारे छोटे-छोटे गाँवों में अपना लिया जाए तो फिर दुनिया की बड़ी-से-बड़ी ताक़त लोगों को उनका लक्ष्य प्राप्त करने, अर्थात् अहिंसापूर्वक स्वराज हासिल करने से नहीं रोक सकती।

इसी कार्यक्रम का संचालन करने की मंशा से चरख़ा-संघ की स्थापना की गई थी और जब लगा था कि संघ की अपनी सीमाएँ थीं जिनके कारण खादी की अहिंसा, आत्मविश्वास और आत्मनिर्भरता के प्रतीक के रूप में पहचान धुँधली पड़ती थी तो संघ को अन्य गतिविधियों से अलग करके केवल इन मूल्यों के संरक्षक के

रूप में ही जीवित रखे जाने का तय किया गया था। यह भी तय किया गया था कि चरख़ा-संघ द्वारा केवल काते हुए सूत के एवज़ ही खादी बेची जाए ताकि वही लोग खादी पहन सकें जो खुद कताई भी करते हों।

—लोगों का सोचना है, गांधीजी ने उस अवसर पर कहा था—कि ऐसा करने से वह खादी ख़त्म हो जाएगी जो ग़रीब लोग मेहनत करके बनाते हैं और सिर्फ़ गिनती के लोग दिखावे के लिए, कताई करके अपने लिए खादी बुनवा पाएँगे। इतना भी न हो और देश के सारे ही लोग बिल्कुल खादी पहनना छोड़ दें, तो भी मेरी नज़र में यह सत्य की जीत होगी। इतना तो तय होगा कि लोगों की बुनियादी आस्था अहिंसा में नहीं थी। और वह खुद को यह धोखा देने के लिए खद्दर पहनते थे कि इससे स्वराज प्राप्त हो जाएगा।

खादी कार्यक्रम की महत्ता यह थी कि उसके ज़रिए आलस और जड़ता के शिकार पूरे एक समाज को जगाकर, उसे दोबारा सक्रिय बनाकर यह एहसास दिलाया जा सके कि अपना मालिक वह खुद है।

—स्वराज्य प्राप्ति के लिए खद्दर चुनते हुए, गांधीजी ने कहा था—अगर वह खादी ख़त्म भी हो जाए जिसका उद्देश्य ग़रीबों को राहत पहुँचाना है, तो भी हम नुक़सान में नहीं रहेंगे। ग़रीबों की राहत के लिए अन्य उपाय भी खोजे जा सकते हैं। खुद अपने मालिक, ग़रीब, स्वराज में ही बन सकेंगे।

यहाँ यह सारी बातें इसलिए कि अन्दाज़ा हो सके एक ज़माने में खादी का महत्व नैतिक और राजनीतिक आदर्श के रूप में क्या था, खद्दर का रिश्ता खून से मज़बूत क्योंकर हो सकता था, और कोई किसी को प्यार से खद्दर कैसे कह सकता था।

चरख़ा उस अहिंसात्मक आन्दोलन का प्रतीक था जो स्वराज हासिल करने की मंशा से कांग्रेस ने चलाया था, और कांग्रेस एक ऐसी राजनीतिक पार्टी थी जिसका सदस्य देश का कोई भी नागरिक बन सकता था। उसका जनाधार बड़ा था और जैसा कि समय के साथ खुलकर सामने आता गया, कांग्रेस के लिए गांधीजी भी एक प्रतीक ही बनते गए थे : एक शक्ति के स्रोत से बदलकर बोझ और ज़िम्मेदारी बनते हुए। गांधीजी के लिए लक्ष्य की प्राप्ति के लिए शार्टकट की कल्पना सम्भव नहीं थी, जबकि जैसे-जैसे रास्ते का दुश्वार हिस्सा तय होता गया, समझदार लोग तरह-तरह के चोर रास्ते खोजते गए थे। दुर्भाग्यवश, ऐसा सूझ-बूझवालों के साथ ही ज़्यादा हुआ था और साधारण लोगों की बड़ी जमात के लिए बिल्कुल अन्त तक, गांधीजी ही सब कुछ रहे थे।

संजीदा सोज़ भी उसी जमात के एक सदस्य थे। खादी उनके लिए उस सबका प्रतीक थी जो पवित्र, पूज्य और अलंघनीय था। और खादी जिन-जिन चीज़ों का प्रतीक थी उन पर संजीदा का पुख़्ता ईमान था। यही ईमान वास्तव में उनका धर्म था। चरख़ा उनका सलीब, चाँद तारा और स्टार ऑफ डेविड था। चरख़े पर सूत कातना

उनकी इबादत थी जिसे वह रोज़ पाबन्दी से करते थे। उनके लिए खद्दर ताने-बाने का खेल या हाथ के काते गए सूत का कपड़ा नहीं, उस आनेवाली ज़िन्दगी की रूपरेखा थी जिसे स्वराज के रूप में पाने के लिए वह और उन जैसे बेगिनती हिन्दुस्तानी संघर्ष कर रहे थे : जिसके लिए कोई भी बलिदान एक मामूली-सी बात थी। खद्दर चापलूसों का नहीं, ऐसे लोगों का लिबास था जिसकी रीढ़ की हड्डी को घुन लगने का कोई ख़तरा नहीं था। खद्दर संजीदा की कल्पना की जन्नत के रहनेवाले पहनते थे : लोग जो पुल-सरात की आज़माइश में कामयाब होकर ऐसे आसमान के नीचे और ऐसे काल में जीनेवाले थे जिसे कभी बदलना नहीं था।

संजीदा सोज़ ऐसा सोचते होंगे यह मेरा अन्दाज़ा है।

ऐसा न होता तो ग़ज़ल को, जिसे अपने जीवन में वह स्वार्थ की हद तक चाहते थे, प्यार से वह खद्दर कैसे कह सकते थे?

यह मैं खद्दर की वकालत में नहीं, संजीदा और अमीना के ग़ज़ल को खद्दर कहने को समझने की कोशिश में कह रहा हूँ।

वक़्त बीतते या वक़्त बाक़ी भी रहते, हम ज़्यादा-से-ज़्यादा किसी को हमदर्दी से समझने की कोशिश के सिवा कर भी क्या सकते हैं।

इसी को शायद फ़रीदा फफू ने अपने शब्दों में पहेली बूझना कहा था।

खद्दर के जन्म के आसपास ही कभी फरीदा फफू को अपने जीवन की सबसे कड़ी आज़माइश से गुज़रना पड़ा था। शायद कुछ आज़माइशें ऐसी होती हैं जिनसे गुज़रना ही अपने आप में सब कुछ होता है, और उनके नतीजे में जो कुछ हाथ लगता है, उसे जीत या हार जैसे मोटे ख़ानों में रखकर कोई फैसला नहीं किया जा सकता। जो भी हो लेकिन जो कुछ फ़रीदा पर बीता या जवाब में ख़ुद फ़रीदा ने किया, उसे आज फ़रीदा की बग़ावत का नाम दिया जा सकता है।

फ़रीदा के बारे में जहाँ कुछ ऊपरी बातें सारी दुनिया जानती थी और उनके पिता बन्दा अली ख़ान से सम्बन्धों में बिगाड़ को सबने देखा था, वहीं उनसे सम्बन्धित कुछ महत्वपूर्ण तफ़सील पर अन्त तक पर्दा पड़ा रहा था। इतना ही कहा जाता था कि किसी समय फ़रीदा का इश्क़ किसी अंग्रेज़ से चला था जो कुछ लिखने के सिलसिले में हिन्दुस्तान आया था, और वह दोनों आपस में शादी करना चाहते थे। ऐसा हो नहीं पाया था और फ़रीदा और बन्दा अली के बीच ताउम्र चलनेवाली दुश्मनी छोड़कर वह अंग्रेज़ विलायत लौट गया था। शादी की हिमायत जिन लोगों ने की थी—संजीदा सोज़, माहरू ज़मानी और ताबन्दा के अलावा कुछ और दूसरे, वह सब भी उसके बाद बन्दा अली के लिए उनके दुश्मन हो गए थे। पत्नी, माहरू ज़मानी तो घर में ही रहने को मजबूर थीं लेकिन फ़रीदा और ताबन्दा फिर कभी

लौटकर अपने पिता के घर नहीं गए थे।

यह ऊपरी सच था, और इससे मामले की उस गम्भीरता का अन्दाज़ा नहीं होता था जो फ़रीदा के ही मज़ाक़ में कहे गए शब्दों में एक समय ''रियासत भोपाल बरख़िलाफ़ ब्रिटिश इण्डियन अम्पायर'' का-सा महत्व धारण कर गया था। एक तरफ़ दो नौजवान थे, जो बाक़ी दुनिया से ऊपर अपने आपसी रिश्ते को समझते थे, और दूसरी ओर दुनिया थी, जो उनके किए सही और ग़लत को भी, अपने दायित्व के रूप में मानना चाहती थी। कुछ गिनती के लोग ऐसे थे जो नौजवानों की खुशी में ही दुनिया का सही भविष्य देखते थे, जैसे संजीदा, माहरू, अमीना, अखिलेश और उनका परिवार, और बिरजू जो मुश्किल की उस घड़ी में, नासिक से दिल्ली आकर, संजीदा के साथ रहे थे। जहाँ तक ताबन्दा का सम्बन्ध था, उनके विदेश जाने से पहले हालात उस मोड़ तक नहीं पहुँचे थे कि वह कुछ कह पाते, और खुद उन्हें अपने पिता से नाराज़गी मुख्यतः इस कारण थी कि वादा करने के बाद ऐन मौक़े पर उन्होंने बाहर जाने के लिए पैसा देने से इंकार कर दिया था। उस वक़्त संजीदा ने आधी बशारत मंज़िल रेहन रखकर उनके लिए पैसों का इन्तज़ाम किया था। वापस आकर ज़रूर ताबन्दा ने फ़रीदा का साथ दिया था मगर तब तक संजीदा की सहायता से उन्हें लखनऊ के एक गर्ल्स कॉलेज में अध्यापिका और वार्डन की नौकरी मिल चुकी थी जहाँ सन् 1950 में सेहत ज़्यादा ख़राब होने तक, वह रही थीं। उसके बाद वह ताबन्दा के पास भोपाल आ गई थीं, जिन्होंने सन् 47 में अपनी ससुराल के मशवरों को अनसुना करते हुए लाहौर से भोपाल आने का तय किया था।

फ़रीदा फफू अपना पूरा नाम फ़रीदा नॉर्टन, विधवा विलियम नॉर्टन लिखती थीं और अपने दिवंगत पति का सम्बन्ध डबलिन शहर से बताती थीं। उनके अनुसार विलियम का सम्बन्ध एक क्रान्तिकारी आयरिश परिवार से था और वह अंग्रेज़ों के खिलाफ़ हिंसा में मारे गए थे। जिन लोगों के बीच वह अपनी बात कहती थीं, उनके लिए आयरिश को अंग्रेज़ से अलग करके समझ पाना सम्भव नहीं था। दुनिया का एक नक़्शा था ऐसे लोगों के ज़ेहन में, और उसमें एक ख़ास जगह बसनेवाले तमाम लोग ही अंग्रेज़ थे। इसके अलावा, बात करते हुए खुद फफू का जो स्वर होता, वह लगता सुननेवालों को बेवकूफ़ बनाने के लिए ख़ास तौर पर अपनाया जा रहा हो।

यह सब मैं इसलिए नहीं कह रहा कि फफू की शादी, विधवा होने या विलियम नॉर्टन से सम्बन्धों के बारे में मुझे कोई अलग से जानकारी है : ऐसा बिल्कुल नहीं है। उनसे कई बार बातचीत के बाद भी मैं किसी नतीजे पर पहुँच ही नहीं पाया।

फ़रीदा ने पहली बार विलियम नॉर्टन को बशारत मंज़िल में ही देखा था जहाँ वह क्रिसमस की छुट्टियाँ गुज़ारने लखनऊ से पहुँची थीं। ताबन्दा भी कलकत्ते से वहाँ आ गए थे। उनकी मेडिकल की शिक्षा जल्द ही पूरी होनेवाली थी और वह आगे की पढ़ाई के लिए विलायत जाने की तैयारी कर रहे थे।

उन दिनों संजीदा औरतों को पर्दे से बाहर आने का मशवरा देते थे और अमीना से भी कहते थे कि वह दूसरों के लिए मिसाल बनकर ऐसा करने की कोशिश करें। अमीना ने कोशिश भी की थी, लेकिन अपने स्वभाव के कारण उस तरह नहीं कर पाई थीं जैसी संजीदा अपेक्षा करते थे। इस हौसलाअफ़ज़ाई का फ़ायदा सबसे पहले फ़रीदा ने उठाया था। मौक़ा निकालकर वह बिल्लो और बिब्बो के साथ बिना पर्दे के ताँगे में चाँदनी चौक और एडवर्ड पार्क घूमने निकल जातीं, लोगों की चुभती निगाहों की परवाह किए बग़ैर।

—पथराए खड़े रह जाते थे, वह हँसकर याद करते हुए बतातीं—उस ज़माने के लोग बेपर्दा औरत को देखकर! तब बेपर्दा किसी को देखा जा सकता था तो कमज़ात की औरतों को, या तवाइफ़ों को। तवाइफ़ें भी कोठे पर ही बेपर्दा दिखती थीं, बाज़ार में वह भी पर्दे से निकलती थीं। लेकिन बदलाव आ रहा था और हिन्दुस्तानी औरत भी पर्दे के बाहर आना शुरू कर रही थी। मुसलमान नहीं, मगर पारसी और हिन्दू औरतें ख़ास तौर पर।

'विलियम नॉर्टन-मामले' की, बड़ी हद तक, असलियत यह थी कि यह जेम्स ओ' कैसी नाम के उस व्यक्ति का क़लमी नाम था जो महात्मा गांधी के बारे में एक किताब लिखने की योजना से हिन्दुस्तान आया था। उसका सम्बन्ध आयरलैण्ड से था और कुछ शिक्षा उसने डबलिन में रहकर प्राप्त की थी। स्वभावतः उसकी हमदर्दी आयरिश क्रान्तिकारियों के साथ रही हो, यह सम्भव है, लेकिन उसका सम्बन्ध किसी क्रान्तिकारी परिवार या गठबन्धन से होना प्रमाणित नहीं होता। इतना ही मालूम होता है कि जिस समय वह हिन्दुस्तान आया था, उसकी दो किताबें पूरब और ख़ास तौर पर भारतीय जीवन और दर्शन को लेकर प्रकाशित हो चुकी थीं, जिनको विशेष महत्व नहीं मिला था। उन दिनों गांधी एक ऐसा विषय था जिसके बारे में पश्चिम में जितना छप रहा था उतनी ही वहाँ के लोगों के मन में अधिक जानने की उत्सुकता पैदा हो रही थी। सविनय अवज्ञा और दाण्डी मार्च ने उस उत्सुकता को और प्रबल किया था और पश्चिम के पत्रकार और लेखक श्रद्धा के कारण ही नहीं, सफ़ल व्यावसायिक लेखन, की मंशा से भी गांधीजी की ओर मुड़े थे। ऐसा लगता है (चलिए, फ़रीदा फफू की तरह हम भी जेम्स ओ' कैसी को विलियम नॉर्टन ही कह लें) कि हिन्दुस्तान आने से पहले विलियम नॉर्टन अमरीका गया था और वहाँ उसकी भेंट सुहासिनी घोष से हुई थी। जब दिल्ली आकर वह संजीदा सोज़ से मिला था तो उसके पास, उनके लिए, सुहासिनी का परिचय-पत्र था। वह अच्छी हिन्दुस्तानी बोल और समझ सकता था, और सोज़ को बिल्कुल अपने घर के सदस्य-सा लगा था। उन्होंने उसे बशारत मंज़िल में ठहरने का न्यौता दिया था जो उसने खुश होकर क़बूल कर लिया था।

यह उस समय से कुछ पहले की बात थी जब लन्दन में दूसरी राउण्ड टेबिल कॉनफ्रेंस में भाग लेने से पहले गांधीजी को कुछ समय के लिए जेल से रिहा किया

गया था और देश में सविनय अवज्ञा आन्दोलन स्थगित कर दिया गया था।

संजीदा ने विलियम को ताबन्दा से मिलवाया था और एक हिन्दुस्तानी परिवार के रहन-सहन से पूरी तरह परिचित कराने के ख़्याल से, घर के दूसरे सदस्यों—अमीना, बिल्लो, बिब्बो, बुनियाद और कुछ महीनों की खद्दर और फ़रीदा से भी परिचय कराया था। यह करते हुए उन्हें नहीं मालूम था वह कौन-सा जोखिम मोल ले रहे थे।

विलियम की प्रस्तावित किताब की योजना समय के हिसाब से ख़ासी दिलचस्प थी। उसका एक पक्ष यह पड़ताल थी कि महात्मा गांधी के अहिंसात्मक आन्दोलन को भारत में बसनेवाले विभिन्न समुदायों का कितना समर्थन प्राप्त था और गांधी की गिनती राजनीतिक व्यक्तियों में होनी चाहिए या धार्मिक। इसमें ख़ास ज़ोर गांधीजी के मुसलमान और अन्य अल्पसंख्यकों से सम्बन्ध और उनके वर्ण व्यवस्था के प्रति नज़रिए पर था। खुद विलियम शायद यह मानकर ही हिन्दुस्तान आया था कि यहाँ हिन्दू और मुसलमान पूरी तरह एक-दूसरे से दूर हो चुके थे, कांग्रेस यहाँ के हिन्दुओं की प्रतिनिधि जमात थी और मुसलमान बिना किसी सही नेतृत्व के अकेले छूट गए थे। यहाँ उसके लिए सबसे बड़ा आश्चर्य बशारत मंज़िल और संजीदा सोज़ का परिवार साबित हुआ था, और उसके बाद वह अन्य मुसलमान और दूसरे सम्प्रदायों से सम्बन्धित राष्ट्रवादी सोच के लोग जो बुरी-से-बुरी घड़ी में भी बिल्कुल अन्त तक गांधीजी के साथ रहे थे। मोहम्मद अली और शौकत अली जैसे गांधी-प्रेमी तब तक ज़रूर कांग्रेस से दूर जा चुके थे और हकीम अजमल ख़ान का देहान्त हो चुका था, लेकिन डॉक्टर अंसारी, ख़ान अब्दुल गफ़्फ़ार ख़ान और मौलाना आज़ाद उसी तरह कांग्रेस और गांधीजी के साथ थे जैसे कभी ख़िलाफ़त आन्दोलन के दौरान हुए थे। दुख इस बात का है कि कोशिश करने के बाद भी, विलियम नॉर्टन नाम के किसी लेखक या पत्रकार का पता नहीं चल पाता, और न ही उसकी लिखी हुई किताबें मिल पातीं। सब कुछ उसी आधार पर समझा जा सकता है जो छोटे-छोटे टुकड़ों में मुझे फ़रीदा फफू की ज़ुबानी जानने को मिला।

विलियम की बशारत मंज़िल के सब ही सदस्यों से एक प्रकार की बेतकल्लुफ़ी हो गई थी और फ़रीदा से वह ख़ास तौर पर प्रभावित हुआ था। कई विषयों पर उन लोगों के बीच लम्बी-लम्बी बहसें हुई थीं। एक ओर जहाँ फ़रीदा के लिए यह रवानी से उर्दू बोलनेवाला अंग्रेज़ एक अनुभव था, वहीं विलियम के लिए भी फ़रीदा की वर्तमान समस्याओं के प्रति जागरूकता चौंका देनेवाली थी। फिर भी यह अन्दाज़ा किसी को नहीं हो पाया था कि निकट भविष्य में मामले की गम्भीरता क्या होनेवाली थी और वह दोनों बशारत मंज़िल के बाहर अकेले भी मिलनेवाले थे। फ़रीदा के शब्दों में यह एक साफ़-सुथरा, दोस्ती की तरह शुरू होनेवाला रिश्ता था जो, बन्दा अली ख़ान की ज़िद की वजह से, उसी तरह साफ़-सुथरा नहीं रह पाया था।

बन्दा अली को मामले की भनक किस प्रकार मिली, यह यक़ीन से नहीं कहा

जा सकता, लेकिन जल्दी या कुछ देर बाद, होना तो ऐसा था ही। उन्होंने फ़ौरन ताबन्दा को ख़त लिखकर बात की छानबीन करने को कहा था और ताबन्दा ने सहजतापूर्वक, विलियम से अपने सम्बन्धों का हवाला देते हुए, उन्हें आश्वस्त होने को लिखा था और कहा था कि मौक़ा मिलते ही वह कलकत्ते से लखनऊ जाकर फ़रीदा को अपनी तरह से समझा देंगे।

इसका मौक़ा नहीं आ पाया था, और जब फ़रीदा गर्मियों की छुट्टियों में भोपाल पहुँची थी तो जमाल महल के बाहर क़दम न निकालने के हुक्म के साथ उस पर पहरा बिठा दिया गया था। उसे अपनी सफ़ाई की मोहलत देने की भी बन्दा ने कोई ज़रूरत नहीं समझी थी, क्योंकि उनके ख़्याल में वह मामले की तह तक पहुँच चुके थे और पानी सिर से ऊँचा हो चुका था।

यहाँ से फ़रीदा की 'बग़ावत' की कहानी शुरू होती थी।

कुछ दिन बाद, जब ताबन्दा भोपाल जाने लगे, तो बन्दा अली ख़ान की ग़लतफ़हमी दूर करने के ख़्याल से अपने साथ विलियम को भी आमंत्रित करके भोपाल लेते गए। उन्हें नहीं मालूम था उस बीच जमाल महल में फ़रीदा पर क्या बीत चुकी थी, या वह विलियम के बारे में सबके सामने क्या बयान दे चुकी थी।

—बेचारा शरीफ़ आदमी था, अब्बा अफ़सोस के साथ विलियम नॉर्टन को याद करते थे—मेरा मेहमान बनकर वह जमाल महल गया था मगर अब्बा ने गुस्से में हमारे साथ अच्छा सलूक नहीं किया। उसे तो उसे खुद मुझे तक जमाल महल में दाख़िल नहीं होने दिया गया। हम लोग नौबत चाचा के पास गए तो उन्होंने पूरी बात बताई और विलियम से कहा कि फ़रीदा तो दावा करती है कि तुम दोनों की आपस में शादी हो चुकी है। उसके चेहरे की हैरानी को मैं आज भी नहीं भूल सकता, मगर उसने उसी बुर्दबारी से कहा कि फ़रीदा कहती है तो ठीक कहती है, वाक़ई हम दोनों की शादी हो चुकी है। नौबत चाचा ने हैरत से पूछा कि यह कैसी शादी थी, कब और कहाँ हुई? किसी चर्च में गए थे या क़ाज़ी से निकाह पढ़वाया था? उसने कहा मेरे लिए दोनों बराबर हैं, और फ़रीदा जो भी कहती है, मैं उसकी ताईद करता हूँ। कुरेदने पर लगा कि शादी-वादी तो नहीं हुई मगर वह फ़रीदा की बात झुठलाना नहीं चाहता। नौबत चाचा ने हमें दिल्ली लौट जाने का मशवरा दिया और कहा कि वह मौक़ा देखकर अब्बा और फ़रीदा दोनों से बात करने की कोशिश करेंगे और फिर हमें ख़बर करेंगे। उन दिनों नवाब साहब राउण्ड टेबिल कॉनफ्रेंस के लिए लन्दन रवाना होनेवाले थे और उनके साथ जानेवालों में अब्बा का नाम भी शामिल था।

जब ताबन्दा पुरानी बातें याद करते थे तो उन्हें अपने दिमाग़ पर ज़ोर देना पड़ता था और फिर, थोड़ी ही देर में, वह खुद अपनी ही आवाज़ से ऊब जाते थे। यह तब ही होता था जब वह किसी दूसरे से बात कर रहे हों, वरना खुद अपने आप में लगातार ऊँची आवाज़ में बातें करते रहना तो समय के साथ-साथ उनके वजूद का

हिस्सा बनता गया था। बाद में तो उनकी खुद से यह बातचीत इस क़दर बढ़ी थी कि मुझे लगने लगा था वह जिस दुनिया में और जिन लोगों के बीच जी रहे थे, मैं ही उन्हें देखने के क़ाबिल नहीं था। थे वह सब वहीं-कहीं ज़रूर, लेकिन अपनी किसी कमज़ोरी की वजह से मैं उन्हें नहीं देख पाता था। सिर्फ़ अब्बा मुझे नज़र आते थे, और उन्हीं की आवाज़ में सुन पाता था। अब्बा में यह बदलाव ख़ास तौर पर फ़रीदा फफू के न रहने के बाद आना शुरू हुआ था, और फिर बन्दा अली ख़ान के इन्तक़ाल के बाद इसकी गति में बहुत तेज़ी आती गई थी।

ताबन्दा और विलियम नॉर्टन दिल्ली लौट गए थे और वहाँ जाकर सारा माजरा सोज़ साहब को सुनाया था। ताबन्दा अपनी विलायत रवानगी को लेकर भी ख़ासे चिन्तित थे जिसकी घड़ी नज़दीक आती जा रही थी और जिसके लिए उन्हें पैसों की ज़रूरत थी। इन्तज़ार का फन यह मिला कि बन्दा अली ने खुद इंग्लैण्ड रवाना होने से पहले उन्हें ख़त लिखकर सूचित किया कि वह आँखें रखते हैं और खुद सब कुछ देख और समझ सकते हैं। उन्होंने ताबन्दा से कहा कि भविष्य में वह उनसे किसी प्रकार की रुपए-पैसे की सहायता की उम्मीद न रखें, और ख़बरदार किया कि वह उस झूठे अंग्रेज़ की पैरवी भी न करें, जिसने फ़रीदा को बहलाने-फुसलाने की साज़िश की थी, और जिसके ख़िलाफ़ रियासत भोपाल के पॉलिटिकल एजेंट के ज़रिए वायसराय से शिकायत की जा चुकी थी। सचमुच, हुकूमत की ओर से विलियम नॉर्टन की तलबी हुई थी और उसे कुछ समझाया-बुझाया गया था।

नौबत बन्दा अली के लन्दन जाने के बाद ही दिल्ली आ सके थे और तब तक संजीदा ताबन्दा के लिए आधी बशारत मंज़िल गिरवी रखकर पैसों का इन्तज़ाम कर चुके थे। लन्दन जाने के लिए ताबन्दा की बम्बई रवानगी से पहले उनकी नौबत राय से एक संक्षिप्त भेंट हुई थी जिसमें नौबत ने विस्तार से बताया था कि मामला बिगाड़ने में बड़ा हाथ खुद फ़रीदा का था जो अपने विलियम नॉर्टन से शादी के पहले बयान पर अड़ी हुई थी। नौबत विलियम से भी मिलकर मामले की पूरी तफ़सील जानना चाहते थे लेकिन वह उस समय दिल्ली के बाहर थे। संजीदा ने बन्दा अली की ज़िद की रोशनी में फ़रीदा की ज़िद को भी समझने का मशवरा दिया था और उसके बाद, एक के बाद दूसरा, ताबन्दा और नौबत, दिल्ली से रुख़्सत हो गए थे।

कुछ दिनों को लगा था जैसे सब सामान्य हो गया हो लेकिन तब ही माहरू ज़मानी फ़रीदा के साथ बशारत मंज़िल पहुँची थीं, संजीदा से फ़रीदा की ज़िन्दगी और खुशी की भीख माँगती हुई।

—इसकी जान को ख़तरा है! उन्होंने संजीदा से कहा था—जो आदमी अपनी माँ पर शक करते हुए किसी को जान से मार सकता है उससे बीवी या औलाद क्या उम्मीद कर सकती है! ताबन्दा बम्बई जाते हुए भोपाल रुके थे और झूठे दम-दिलासे देकर चले गए। मैं आपसे ही कह सकती हूँ कि बन्दा अली साहब की वापसी से

पहले इस लड़की की शादी उस अंग्रेज़ के साथ अपनी आँखों के सामने करवाके, इन्हें यहाँ से रवाना करें। जैसे भी यह चाहें, मैं खुद तो फ़रीदा से यही कहती हूँ कि तू ईसाई हो जा, मगर यह नहीं मानती! अब आपका ज़िम्मा है, कोर्ट-कचहरी में या जिस तरह भी हो। मैं सिर्फ़ इस लड़की को आपको सौंपने दिल्ली आई हूँ, यह जानते हुए कि इसकी सज़ा मुझे भुगतनी होगी।

माहरू फ़रीदा के लिए अपने ज़ेवर साथ लाई थीं जिन्हें अमीना बेगम के सुपुर्द करके वह वापस भोपाल लौट गई थीं।

आनेवाले दिनों में दिल्ली में अखिलेश माथुर के परिवार की सेवाएँ प्राप्त की गई थीं जिनके साथ फ़रीदा को सुरक्षित रखा जा सके। यह तो तय था ही कि बन्दा अली विलायत से वापसी के बाद कोई कसर नहीं छोड़नेवाले थे।

वही सब हुआ था जिसका अन्दाज़ा लगाया जा सकता था और बन्दा ने अपने हिसाब से संजीदा की ईंट-से-ईंट बजा देने में कोई कसर नहीं छोड़ी थी। अख़बारों में लेख, दिल्ली के गली-कूचों में पोस्टर और संजीदा के ख़िलाफ़ कुफ्र के फ़तवे—इन सबका सहारा लिया गया था और एक व्यक्तिगत मामले को धार्मिक, राजनीतिक और नैतिक, हर प्रकार का रंग देने की कोशिश की गई थी। उर्दू अख़बारों ने उस कांग्रेसी ज़ेहनियत के मुसलमान, गांधीभक्त, ग़ज़लगो-शायर और जरनलिस्ट की, बिना साफ़-साफ़ उसका नाम लिए, निन्दा की थी जिसने अपना ज़मीर शैतान को बेच दिया था और जो रिश्तों की पाकीज़गी को भूलकर एक गोरी चमड़ी वाले के लिए दलाली कर रहा था। पोस्टरों में यही बात और भी भद्दे ढंग से कही गई थी। ऐसा नहीं कि इस लड़ाई में संजीदा अकेले पड़ गए हों। उनके शागिर्दों और मद्दाहों की एक जमात पूरे समय उनके साथ रही थी लेकिन खुद संजीदा ने उन्हें कोई भी जवाबी कार्यवाही करने से सख़्ती से मना कर दिया था। बिरजू के मशवरे भी, जो सिर्फ़ उनकी मदद करने के ख़्याल से उनके साथ रह रहे थे, उन्होंने मानने से इंकार कर दिया था।

फ़रीदा फफू बिरजू चचा को हमेशा बहुत प्यार और आदर से याद करती थीं।

जिस दौरान यह सारा हंगामा चल रहा था, जेम्स ओ' कैसी उर्फ़ विलियम नॉर्टन ने खुद को दुनिया का सबसे अकेला और उदास व्यक्ति अनुभव किया था। उसने नहीं सोचा था कि बात यूँ तूल पकड़ लेगी और उसमें खुद उसके करने जैसा कुछ बचेगा ही नहीं। हो सकता है ब्रिटिश सरकार की तरफ़ से उस पर लोकल मामलों से दूर रहने के लिए अन्य प्रकार से ज़ोर भी डाला जा रहा हो। अब्बा का कहना था कि बन्दा अली ख़ान बिलाख़िर उसके मुसलमान होने पर फ़रीदा से निकाह कर देने पर राज़ी हो गए थे लेकिन फ़रीदा ने उनकी कोई भी शर्त मानने से इंकार करते हुए सिविल मैरिज पर ज़ोर दिया था। शायद वह लाचार होकर इसके लिए भी तैयार हो जाते, लेकिन इसका मौक़ा ही नहीं आ पाया। सबकी अपनी-अपनी तरह की

हिस्सेदारी और बिसात-भर कोशिश के बाद यह शादी आख़िरकार कोर्ट में भी नहीं हो पाई, और एक सुबह लोग जागे तो उन्होंने होनेवाले दूल्हा को अपने बीच से नदारद पाया! अन्दाज़ा यही था कि ऐसा दुल्हन की मंशा से हुआ था, और जाने से पहले विलियम ने फ़रीदा से तफ़सीली बातचीत की थी।

पूरी असलियत कोई नहीं जानता था।

—फिर आपकी शादी हुई कहाँ थी? बातों-बातों में कभी मैंने ज़ोर देकर फफू से पूछना चाहा था—किसी चर्च में या मस्जिद में?

—हम बताते हैं तफ़सील से। देखो, उन्होंने मुझे अपने पास बिठाते हुए कहा था—हमारी शादी न तो मस्जिद में हुई, न चर्च में और न ही किसी कोर्ट-कचहरी में। फिर कहाँ हुई होगी यह शादी? ज़रूर किसी मन्दिर में। जैसा कभी-कभी फ़िल्मों में दिखाते हैं, एक लड़की और लड़का भागकर किसी मन्दिर में पहुँचे होंगे—किसी ऊँची पहाड़ी जगह पर तसव्वुर कर लो तुम कोई पुराना, खूबसूरत मगर उजाड़-सा मन्दिर। उस ज़माने में भी सही इबादत की जगहें यूँ ही वीरान पड़ी रहती थीं जैसे आज हैं, और सिर्फ़ उन जगहों पर भीड़-भड़क्का होता था जो अपने वक़्त की सियासत में शामिल होती थीं। उस वक़्त हम इक्कीस साल के थे और मरहूम नॉर्टन रहे होंगे, यही पच्चीस-छब्बीस साल के। हम दोनों बात तो सियासत की भी बहुत तफ़सील से करते थे मगर उस उम्र में जो दड़े-ग़मी होती है कि यह सारी उलझनें खुद हमारा भला क्या बिगाड़ सकती हैं, उस ढंग से। तो हमारी उम्र का तक़ाज़ा ही था कि हम किसी हिल-स्टेशन पर जाते, उन्हीं से मिलती-जुलती किसी बर्फ़ीले पहाड़ोंवाली जगह जिनकी तस्वीरें तुम इतने शौक़ से जमा करते हो। समन्दर की सतह से एक ख़ास ऊँचाई पर पहुँचकर इंसान का दिमाग़ बहुत ईमानदारी से सोचने पर मजबूर हो जाता है। क्या समझते हो, यह माउंटैनियर्स ऊँचे-ऊँचे पहाड़ों पर चढ़ने की क्यों कोशिश करते हैं? बर्फ़ के लड्डू खाने तो यह वहाँ जाते नहीं! बस उसी एहसास को जी सकने का जज़्बा, जिसे मैं तुम्हारे सामने ईमानदारी कह रही हूँ, उन्हें सारी मशक़्क़त करने की हिम्मत देता है। असल में हमारे अन्दर भी तो एक पहाड़ होता है जिसे जीते बिना हम किसी काम के नहीं होते। मगर कभी-कभी यह भी होता है कि उस पहाड़ की चोटी पर पहुँचने के बाद हम दोबारा कभी उस सतह पर लौट ही नहीं पाते जहाँ अपने सगे-सम्बन्धियों को इन्तज़ार करता छोड़ गए थे। तुमने हेमिंग्वे की...

और भटककर फफू हेमिंग्वे की कहानी 'द स्नोज़ ऑव क्लिमंजारो' का सार सुनाने लगी थीं जो इससे पहले भी कई बार वह मुझे सुनाने की कोशिश कर चुकी थीं : 'नगाजे-नगाए'—बर्फ़ीले परबत की चोटी का नाम जिसका अर्थ आदिवासियों की भाषा में 'द हाउस ऑव गॉड'—भगवान का घर होता था। कहानी की बात सुन चुकने के बाद मैंने फफू को याद दिलाया था कि उनकी शादी अभी तक नहीं हुई थी, और फफू ने मुझे इस तरह चौंककर देखा था जैसे उनके अनचाहे मैं उनका ख़ास राज़

जान गया हूँ। मेरे समझाने पर कि कहानी में उलझकर उनकी शादी की बात अधूरी रह गई थी, वह आश्वस्त हुई थीं लेकिन अपनी बात को बहुत संक्षिप्त कर दिया था।

—बस, यही समझ लो, उन्होंने थके हुए स्वर में कहा था—कि हमारी शादी किसी हिल-स्टेशन पर एक मन्दिर में हुई थी। हम दोनों अपना-अपना मज़हब छोड़कर हिन्दू हो गए थे, क्योंकि इश्क़ में कोई भी मज़हब छोड़ा और कोई भी इख़्तियार किया जा सकता है।

फिर एक दूसरे मौक़े पर उन्होंने बातों-ही-बातों में कहा था—वह भी भला कोई ज़माना और मौसम था इश्क़ करने का! एक ऐसे बदलाव की सूरतेहाल पैदा हो चुकी थी जो बनाव नहीं बिगाड़ था। कुछ वक़्त जो हमने अखिलेश चचा के घर रहकर गुज़ारा उसमें उस दूरी का थोड़ा खुलकर एहसास हो सका जो लोगों के बीच तेज़ी से बढ़ रही थी। या तब अगर उतना साफ़-साफ़ नहीं भी दिखा तो जो कुछ बाद में सामने आया उसकी रोशनी में समझ में आ सका। अखिलेश चचा और उनका ख़ानदान अमजी के बेहद क़रीबी थे और वाक़ई उनसे मुहब्बत करते थे। वह आर्य-समाजी लोग थे लेकिन मुसलमानों के लिए उनके दिलों में उस तरह की दूरी नहीं थी जैसी ख़ास तौर पर स्वामी श्रद्धानन्द के क़त्ल के बाद पैदा होती गई थी। बाद में तो ख़ैर, वह भी खुलकर कट्टरपन्थी होते गए थे लेकिन जब बाज़ार सीताराम में मैं उनके घर रह रही थी, अब सोचो तो लगता है तब ही यह तब्दीली आना शुरू हो चुकी थी। क्या दिन थे वह भी। सायमन कमीशन का बायकॉट, लाला लाजपतराय की लाठी की चोट के नतीजे मौत और वह एक मनहूस रिसाला, 'रंगीला रसूल', जिसकी वजह से आए दिन हिन्दू—मुसलमान झगड़े हो रहे थे। वह हिन्दू और मुसलमान भी जो ज़मानों से साथ रहे थे, एक-दूसरे के लिए दिलों में बुराई पालने लगे थे। फिर स्वराज और दाण्डी मार्च की हलचल थी और कुछ और दूसरे बड़े लोगों की मौतें। मोतीलाल नेहरू के आख़री संस्कार में शिरकत के लिए मैं खुद, बड़ी भीड़ में शामिल होकर लखनऊ से इलाहाबाद गई थी और साथ में नॉर्टन मरहूम भी थे। उससे कुछ दिन पहले खिलाफ़त तहरीक वाले अली भाइयों में से मौलाना मुहम्मद अली का लन्दन में इन्तक़ाल हो चुका था। कुछ अरसे बाद भगतसिंह को फाँसी दिए जाने के ख़िलाफ़ हड़तालें की गई थीं, जलूस निकाले गए थे, और उसके नतीजे कानपुर में भयानक हिन्दू-मुस्लिम फ़साद हो गए थे। जाने कितने लोग मारे गए थे और कितनों के घर-जायदाद आग और लूटपाट में बरबाद हुए थे। यह मेरे लखनऊ से भोपाल लौटने के कुछ ही दिन पहले की बात थी। फ़साद का बहाना क्या था? मुहम्मद अली के इन्तक़ाल पर हिन्दुओं ने दुकानें बन्द नहीं की थीं, इसलिए भगतसिंह को फाँसी दिए जाने पर मुसलमानों ने अपनी दुकानें बन्द करने से इंकार कर दिया! दो बड़े वतन-परस्तों की मौत का सदमा उनके हम-वतनों ने इस तरह मनाया! दोनों ही बातें शर्मनाक थीं क्योंकि मुहम्मद अली कांग्रेस और गांधीजी से ज़रूर अपने आख़री

दिनों में दूर हो गए थे लेकिन बात उस दूरी के साथ भी वह मुल्क की आज़ादी और क़ौमी एकता की ही करते थे। मौत से कुछ दिन पहले उन्होंने लन्दन में तक़रीर करते हुए कहा था कि अंग्रेज़ों को या तो मेरे हाथ में हिन्दुस्तान की आज़ादी का परवाना देना होगा या मेरी क़ब्र के लिए तीन गज़ ज़मीन का टुकड़ा। वह बहुत जज़्बाती इंसान थे, बिल्कुल इसी लहजे में बात किया करते थे लेकिन बात सच भी हो गई। वह ज़िन्दा रहते तो क्या करते, क्या मुस्लिम लीग और जिन्नाह साहब के पाकिस्तान की हिमायत? यह देख सकने का तो मौक़ा ही नहीं आ पाया। उनके जीते-जी तो मुल्क के बँटवारे का तसव्वुर जन्म भी नहीं ले पाया था। न खुद मुहम्मद अली के दिल में भगतसिंह और उनके इंक़िलाबी साथियों के ख़िलाफ़ कुछ हो सकता था, वह तो खुद जेहाद की बातें करते रहने के बाद गांधीजी के क़ायल और भक्त हुए थे। लोगों को मुहम्मद अली और भगतसिंह को अलग-अलग ख़ानों में रखकर सोचना ही बुनियादी तौर पर ग़लत था, मगर वही सब होना शुरू हो चुका था। दिन-ब-दिन इसकी रफ़्तार में इज़ाफ़ा और जज़्बे में शिद्दत ही आती गई थी।

—लोगों का आपसी ऐतमाद उठाना शुरू हो गया था, फफू अक्सर ठण्डी साँस लेकर कहतीं—और यह आनेवाली तमाम ख़राबियों की जड़ थी। बैकग्राउण्ड में जो म्यूज़िकल ऑरकेस्ट्रा बजना शुरू हुआ था वह दिन-ब-दिन ऊँचे-से-ऊँचा होता गया था और लोगों के कान उसकी आवाज़ों के लिए बहरे होते गए थे। उसकी, और शायद तमाम ऐसी आवाज़ों के लिए जिनका सुना जाना बेहद ज़रूरी और क़ौम की मौत और ज़िन्दगी जैसा मामला था। और हम, बाक़ी सारी दुनिया को अहमियत दिए बग़ैर, इश्क़ फ़रमा रहे थे! आँखें खोलकर हक़ीक़त देखना ही नहीं चाहते थे। वह तो जब भोपाल पहुँचकर क़ैद-बामशक़्क़त सही तब जाकर कुछ अक़्ल ठिकाने आई। उसमें एक बार अब्बा से सीधा-सीधा सामना भी हुआ : जाने क्या सोचकर उन्होंने मुझे उस तरह दबाने की कोशिश की थी। सामना होने ने उनकी आँखें तो खोल दीं मगर वह देख तब भी न पाए! आगे उन्होंने जो भी किया, सिर्फ़ इन्तिक़ाम लेने के जज़्बे से किया क्योंकि उससे ज़्यादा वह और कुछ कर भी नहीं सकते थे। मैं बालिग़ थी और मेरे भी ताल्लुक़ात ऐसे लोगों से होते गए थे जो बारसूख़ थे। जब लगा कि मामला खुद उन्हीं के गले पड़ सकता है, तब कहीं जाकर उन्होंने मेरा पीछा छोड़ा।

—दुनिया के सारे आज़ाब अलग, फफू खुद ही पर हँसते हुए कहतीं—और हमारा वह नामुराद अफ़ेयर, तुम्हारे मरहूम फूफा, नॉर्टन से, जिसे तुमने देखा भी नहीं, अपनी जगह अलग! ऐसा लगता था सालाहासाल पहले से ही ज़माने को उस इश्क़ के होने की भनक मिल गई थी और उसे नाकाम करने के असबाब दुनिया की सियासी हलचलों की शक्ल में पैदा होकर सामने आने लगे थे। उस बीच कोई दिन ऐसा नहीं बीता था जो पूरा दिन रहा हो, और न कोई रात जिसे पूरी रात कहा जा

सके। आख़री कसर यूँ पूरी हुई कि नॉर्टन साहब कुछ दिन के लिए जो डबलिन गए तो हमेशा के लिए वहीं के हो रहे। किसी बम के धमाके में वहाँ और कई लोगों के साथ बेचारे वह भी ख़त्म हो गए।

—एक हादसा था, फफू रुककर साँस लेतीं और फिर शुरू हो जातीं—हो गया। ताबन्दा तब लन्दन में ही थे, मगर कोशिश करने के बाद भी, वह दफ़न की रस्मों में शिरकत नहीं कर सके। असल में, मरनेवालों की ऑफ़ीशियल लिस्ट में विलियम नॉर्टन का नाम ही शामिल नहीं था। लेकिन हमें मालूम है कि उन्हें उनकी मौत का बुलावा ही खींचकर डबलिन ले गया था। उन्हें जाते देखकर ही मुझे लगा था कि वह उनसे मेरी आख़री मुलाक़ात थी। बहुत भले और ईमानदार आदमी थे वह और हँसी तो उन्हें बिल्कुल आती ही नहीं थी! उनके न रहने की ख़बर सुनने के बाद ही मुझे यह एहसास हुआ था कि जब से मैं विलियम नॉर्टन से मिली थी, दो साल के लम्बे अरसे में कभी क़हक़हा लगाकर हँसना तो दूर की बात, मैं एक बार ठीक से मुस्कुराई तक नहीं थी। यह सोचकर कि मैं दोबारा खुलकर हँस सकने के लिए आज़ाद थी, मुझे कैसी राहत मिली थी यह आज किसी को समझाया नहीं जा सकता। फ़ौरन मैंने बन्दा अली ख़ान को टेलीग्राम दिया था—''कांग्रेच्यूलेशंस स्टॉप विलियम नॉर्टन डेड स्टॉप फ़रीदा नॉर्टन'', और सच पूछो तो कोई हँस सकने का बहाना तलाश करने लगी थी। जल्द ही ऐसा कोई बहाना मिल भी गया था। वह दिन था और आज का दिन है, मैंने कभी वापस मुड़कर नहीं देखा।

फ़रीदा फफू की बातें मैंने ज्यूँ-की-त्यूँ लिख देने की कोशिश की है, उनके सच या झूठ होने के चक्कर में पड़े बग़ैर। वैसे इतना मुझे मालूम है कि संजीदा सोज़ के ज़रिए ताबन्दा ने और खुद फ़रीदा के मुँह से आयशा बुआ ने यह अलग-अलग मौक़ों पर जाना था कि फ़रीदा और विलियम की शादी सिरे से हुई ही नहीं थी। यह मैं इस सम्भावना से डरे बग़ैर लिख रहा हूँ कि फ़रीदा फफू मेरे ख़्वाब में आकर इस असलियत को भूलते हुए कि जिस उम्र में कभी उन्होंने दुनिया छोड़ी थी मैं आज उससे, और उस लिहाज़ से खुद फ़रीदा फफू से उम्र में बड़ा हूँ, बहुत बेतकल्लुफ़ी के साथ मुझे डाँट-डपट सकती हैं।

वैसे वह अक्सर मेरे ख़्वाबों में आती हैं, और बिल्कुल उसी हुलिए में आती हैं जिसमें मैंने उन्हें अन्तिम बार देखा था : नाक के नथुनों से आहिस्तगी के साथ सिग्रेट का धुआँ छोड़ती, सफ़ेद ड्रेसिंग-गाउन पहने झूलनेवाली आराम-कुर्सी में पसरी हुईं। उनकी नाक में हीरे की लोंग जगमगाती है और उनके राख की रंगत के सिर के बाल खींचकर पीछे एक छोटे से जूड़े में बँधे होते हैं। उनके चेहरे पर फैला बेशिकन सकून, कमरे की खुली खिड़कियों के बाहर आसमान पर छाई घटा, ज़मीन पर फैला सब्ज़े का फ़र्श, जंगली फूलों के रंग, और बिना पर लगाए उड़ता सन्नाटा, सब देखा और महसूस किया जा सकता है।

यह सन् 1957 की उस बरसात की याद थी जब 48 साल की उम्र में किसी पल उन्होंने आख़री साँस ली थी।

संजीदा सोज़ जब अपने शार्गिद अशरफ़ अली शाद के साथ पहली बार उनका दरीबावाला छोटे आँगन का दो-मंज़िला मकान, जिसकी दीवारों से वीरानी यूँ टपकती थी जैसे वहाँ मुद्दतों से किसी ने साँस भी न ली हो, गुलबदन के रहने के लिए देखने गए थे तो उन्हें मालूम नहीं था वर्षों बाद जब एक रोज़ वह उस घर में आएँगे तो दुनिया परिवर्तन का पूरा एक चक्र घूम चुकी होगी और देश के विभाजन के कगार पर, क़त्लोखून नोआखली और बिहार में ही नहीं, खुद दिल्ली तक में रोज़ का मामूल बन चुका होगा। उस रोज़ वह मकान एक साँस लेता हुआ घर होगा जिसमें बोलती मैनाओं, तोतों, बुलबुलों के पिंजरे जगह-जगह टँगे होंगे और काँच के बड़े मरतबानों में तैरती रंगीन मछलियाँ विस्मय से पानी के बाहर की दुनिया को देख रही होंगी। इसके अलावा एहतियात से देख-रेख किए गए गमलों में हरे पौधे होंगे और बढ़ती गर्मी और फूलों की कम तादाद, इस असलियत का संकेत कि मौसम बदल चुका था। एक-एक पिंजरा खोलकर परिन्दों को रिहा करती हुई गुलबदन और बुनियाद को संजीदा रुख़्सत करने आए होंगे जिन्होंने बदलते हालात को देखते हुए उस तरफ़ जाने का फ़ैसला किया था जहाँ एक नए मुल्क बनने की अफ़वाह सच्चाई बनकर सामने आने लगी थी। बुनियाद तब बाईस वर्ष का होगा और पिछले कई साल से लाहौर में पढ़ रहा होगा। ऐसा गुलबदन ही के इसरार पर हुआ होगा जो नहीं चाहती थीं कि उनका बेटा दिल्ली में रहकर एक तवाइफ़ की औलाद की हैसियत से जाना जाए। नोआखली से उनकी वापसी के बाद वह अजीब समय होगा और संजीदा नहीं जानते होंगे कि गुलबदन और बुनियाद से वह उनकी आख़री मुलाक़ात होने जा रही थी। बशारत मंज़िल में अमीना बेगम की लगातार बीमारी और गिरती सेहत और खद्दर की शादी की नज़दीक आती तारीख़, वह चाहेंगे शादी में शिरकत की ही ख़ातिर गुलबदन और बुनियाद कुछ दिन के लिए और दिल्ली रुक जाएँ, मगर गुलबदन यह कहते हुए उन्हें शादी में अपनी शिरकत का यक़ीन दिलाएँगी कि दिल्ली और लाहौर के बीच फ़ासला ही कितना है। उन्हें अपनी बात मनवाने पर मजबूर किए बग़ैर बँधे सामान के बीच सेहन में खड़े होकर आसमान को देखते हुए जिसमें गुलबदन के रिहा किए हुए परिन्दे खोते जा रहे होंगे, संजीदा उस दिन को याद करेंगे जब अशरफ़ अली के साथ वह पहली बार उस मकान में आए थे।

—यह मकान कब से ख़ाली है? उस रोज़ उन्होंने अशरफ़ से सवाल किया था। अशरफ़ ने बताया था कि पहले उनकी माँ वहाँ रहा करती थीं और उनके गुज़र जाने के बाद अशरफ़ ने उसे किसी को किराए कर देना मुनासिब नहीं समझा था। अशरफ़ की कोई औलाद नहीं थी और अपनी पत्नी हाजरा के साथ वह खुद मकान की ऊपरी मंज़िल में रहते थे।

अशरफ़ को कोई जवाब देने से पहले संजीदा ने गुलबदन को वह मकान दिखाया था और उनके कहे से, पहले उसे किराए पर लेकर और फिर कुछ साल बाद ख़रीदकर उन्हें शादी के मेहर में दे दिया था। फिर कुछ ही दिन में वह गुलबदन की मेहनत से मकान का बदला हुआ रूप देखकर हैरान हो गए थे। धीरे-धीरे वहाँ फूल-पौधों से लेकर गुलबदन के रिश्तेदार और नौकर, सब ही जमा होते गए थे और यह सोच पाना भी सम्भव नहीं रहा था कि कुछ अरसे पहले तक वहाँ वीरानी का डेरा था।

अलग रहने का फ़ैसला खुद गुलबदन का था और उनके आग्रह को समझते हुए अमीना ने उन्हें साथ ही रहने पर मजबूर भी नहीं किया था। इससे शुरू में ऐसा लगा था जैसे गुलबदन और अमीना के बीच आत्मीयता बढ़ी हो लेकिन हुआ ऐसा नहीं था। धीरे-धीरे गुलबदन ने बशारत मंज़िल से एक मुनासिब दूरी बनाकर ही रहने का तय किया था। वजह शायद यही हो कि बशारत मंज़िल से अपने घर लौटते हुए वह खुद को और खुद के घर को छोटा, मामूली और अनेदखा किया गया महसूस करती थीं। उन्हें लगता था संजीदा न तो उन्हें अमीना जितना चाहते थे और न ही दोनों के साथ बराबरी का सलूक करते थे। समाज में तो उन्हें वह हैसियत नहीं हासिल हो सकती थी जो अमीना बेगम का अधिकार थी लेकिन शौहर के लिए भी उनकी हैसियत दोइम दर्जे की हो, यह स्वीकार कर पाना गुलबदन के लिए अधिक दुश्वार साबित हुआ था। बाक़ी दुनिया जो भी सोचे लेकिन खुद सोज़ के लिए उनका और अमीना का एक-सा महत्व होना चाहिए, अपनी शिकायत समय बीतने के साथ वह कुछ ऐसे जुम्लों में एकजा कर सकी थीं। यह भी एक मुद्दत बाद, जब बुनियाद बड़ा होने को आया था। असल में संजीदा के इकलौते बेटे की माँ होने ने ही उन्हें इस प्रकार सोच सकने का साहस दिया था।

हो सकता है यह सिर्फ़ गुलबदन का ही सोचना रहा हो, क्योंकि दूसरे तमाम ऐसे लोग जो इन सम्बन्धों के चश्मदीद गवाह रहे थे, बिल्कुल दूसरी ही बात कहते थे। उनका मानना था कि अमीना और संजीदा के बेजा मुँह लगाने के कारण ही गुलबदन अपनी तुलना अमीना से करने की हिम्मत कर पाईं। गुलबदन जिस चीज़ की भी फ़रमाइश करती थीं, संजीदा अगर इंकार करना भी चाहें तो अमीना उन्हें मजबूर करके उसे पूरा कराती थीं। तो भी बहुत बाद तक भी यह आपसी सम्बन्धों का बिगाड़ ऐसा नहीं था कि उसे बशारत मंज़िल से बाहर के लोग महसूस कर पाते और गुलबदन का वहाँ पाबन्दी से आना-जाना रहा था।

वैसे कुछ और भी बातें थीं जिन्हें आगे चलकर संजीदा और गुलबदन के बीच बढ़ती दूरी का कारण बनना था। बेशक, कुछ ऐसी भी जो आज अलग से सोचने पर हास्यास्पद जान पड़ती हैं। इनमें गोश्त खाना न खाना भी एक छोटा मगर महत्वपूर्ण मसला था।

उनके दरीबा में रहना शुरू करने के बाद संजीदा रोज़ ही गुलबदन के घर जाते

थे और उनके वहाँ खाना खाने के दिन और वक़्त भी तय थे। आम तौर पर क्योंकि शाम को बशारत मंज़िल में मेहमानों की आवक-जावक रहती थी इसलिए दोपहर का खाना वह दरीबा में खाते थे। बशारत मंज़िल में गोश्त पकाना और खाना बन्द किया जा चुका था। यह इसके बावजूद था कि शुरू में घर के पुराने नौकरों को शिकायत हुई थी और अक्सर मेहमान भी खाने में गोश्त न पाकर निराशा व्यक्त करते थे। संजीदा और अमीना के लिए यह शिकायत महत्वहीन थी और उन्होंने इसे गम्भीरता से नहीं लिया था। यह बात गुलबदन भी शुरू से जानती थीं और उन्होंने अगर इसका खुलकर समर्थन नहीं किया था तो विरोध भी नहीं। संजीदा ने खुद उन्हें भी गोश्त न खाने पर मजबूर नहीं किया था लेकिन इतनी ताकीद ज़रूर की थी कि जब वह दरीबा में खाना खाएँ तो दस्तरख़्वान पर गोश्त न हो। अब इसे गुलबदन के मिज़ाज की सादगी कहा जाए या उसके पर्दे में हठधर्मी कि अक्सर उनके कहे को अनसुना करके संजीदा के सामने तरह-तरह का पका हुआ गोश्त लगा दिया जाता। न सब्ज़ी, न दाल, न चावल सिर्फ़ रोटी और गोश्त। दरीबा से अनेक बार संजीदा को भूखे पेट लौटने पर मजबूर होना पड़ा था। फिर एक बार जब किसी मेहमान को बहाना बनाकर यही सब खुल्लमखुल्ला किया गया था तो संजीदा ने वहाँ खाना न खाने का फ़ैसला कर लिया था। दिनों, जब तक कि गुलबदन ने अपनी ग़ल्ती तस्लीम करते हुए यह ऐलान नहीं कर दिया था कि आइन्दा वह भी गोश्त नहीं खाएँगी, संजीदा भूखे पेट, फ़ाक़े से रहे थे। उनके ख़्याल में यह उनका व्यक्तिगत सत्याग्रह था और गुलबदन में इसके नतीजे आए बदलाव से उन्हें खुशी हुई थी। वास्तव में यह कोई ईमानदारी से किया गया फ़ैसला नहीं, महज़ गुलबदन की संजीदा को मनाने की एक तरकीब थी जो आगे चलकर आपसी दूरी बढ़ाने का कारण ही बनी।

संजीदा को कुछ समय बाद इस झूठ का पता चलना था और ऐसा हुआ। गुलबदन ने आगे यह सावधानी तो बरती कि संजीदा के सामने गोश्त न आए लेकिन उनसे छिपाकर वह गोश्त पकाती और खाती रहीं।

—हमें खुद जब भी गोश्त खाना होता, फफू कुछ उदासी और कुछ खुद पर हँसने के अन्दाज़ में याद करतीं—तो बिल्लो और बिब्बो को लेकर गुल चची के पास दरीबा पहुँच जाते। उन दोनों को समझा देते कि ख़बरदार! अमीना चची और अमजी से मत कहना। वह तो खुद गोश्त खाने को मरी जाती थीं। फ़ौरन वादा कर लेतीं। गुल चची हमारी खूब ख़ातिर करतीं, हम जिस चीज़ की फ़रमाइश करते—कबाब, पसन्दा, क़ीमा, क़ोरमा कुछ भी, अपने हाथ से पकाकर हम लोगों को खिलातीं। फिर अमजी और अमीना चची से हम लोग झूठ बोलते कि गुल चची के हाथ की पकी वह सब्ज़ी और वह दाल खाकर आ रहे हैं। यह सिलसिला काफ़ी दिनों चला, बस बीच में इसमें तब ब्रेक लगा था जब बुनियाद ने गुल चची को धमकी दी थी कि वह सब अमजी को बता देगा। वह खुद भी नहीं खाता था गोश्त, बिल्कुल अमजी के

नक़्शे-क़दम पर चलना चाहता था। चची हार गई थीं और कई साल, जब तक कि बुनियाद लाहौर नहीं भेज दिया गया था उन्होंने घर में गोश्त नहीं पकाया था। खद्दर तो न गोश्त छूती थी न किसी का शिकवा-शिकायत करती थी, इसलिए बाद में फिर गोश्त पकने और हम लोगों के खाने का सिलसिला शुरू हो गया था।

संजीदा जिसे अपने व्यक्तिगत सत्याग्रह की जीत समझकर खुश हुए थे वह गुलबदन का एक ऐसा व्यावहारिक झूठ था जिसने उन्हें बदलने के बजाए उनके दिल में यह ज़िद पैदा कर दी थी कि जो काम संजीदा को बुरा लगने का डर हो उसे उनसे छिपाकर किया जाए। संजीदा ने खुद कभी गुलबदन को बदलने पर मजबूर नहीं किया था और उन्हें उनकी इस आज़ादी से आगाह भी कर दिया था। इसीलिए उन्हें उनके झूठ का दुख भी ज़्यादा हुआ था। अपने दुख का या इस बात का कि वह गुलबदन का झूठ जानते हैं, उन्होंने कभी खुद गुलबदन को पता भी नहीं लगने दिया था। इस तरह की शर्मिन्दगी वह उन्हें किसी हाल में नहीं देना चाहते थे। उन्हें विश्वास था कि जिस दिन अपने दिल की बात वह सही तरह गुलबदन को समझा सकेंगे, वह खुद को बदलने पर मजबूर हो जाएँगी।

इसी से मिलता-जुलता मामला खादी और स्वदेशी का था। अपने ढेर सारे क़ीमती विदेशी कपड़े जला डालने के बाद संजीदा और अमीना तो खादी पहनने और पाबन्दी से चरख़ा कातने लगे थे लेकिन गुलबदन को भी वह यही सब करने के लिए क़ायल नहीं कर पाए थे। बिना चरख़े को हाथ लगाए वह अपनी पसन्द के देशी और विदेशी कपड़े पहनती रही थीं। जहाँ संजीदा और अमीना, दोनों के बीच एक असाधारण आपसी तालमेल था वहीं गुलबदन के स्वभाव में ज़िद और बिना इसका ऐलान किए, अमीना से हटकर कुछ करने और होने की कोशिश थी। सियासी मामलों और बाहर की दुनिया में दिलचस्पी लिए बग़ैर उनके लिए ज़िन्दगी वह थी जो वह खुद जीती थीं। लेकिन इन महीन परतों के खुलकर सामने आने में समय लगा था। काफ़ी समय, और उस बीच बुलबदन अपने दिल की बातें दिल में दबाए जीने पर मजबूर रही थीं। विशेषकर बड़े होते बच्चों—बिल्लो, बिब्बो, बुनियाद और खद्दर के आपसी मेल-मिलाप और सम्बन्धों ने किसी तरह की दूरी के पैदा होने को देर तक टाला था, और ऐसा बुनियाद के लाहौर जाने के बाद ही खुलकर सामने आना शुरू हुआ था।

इन बातों से हटकर देखा जाए तो गुलबदन ने हालात के अनुसार खुद को तब्दील भी किया था और एक स्तर पर सराहनीय ढंग से खुद को गृहस्थन के रूप में ढालने में सफ़लता प्राप्त की थी।

अपने घर में परिन्दे और मछलियाँ पालने का शौक़ गुलबदन को दीवानगी की हद तक था। जगह-जगह, तरह-तरह के आकार-प्रकार के पिंजरे उनके घर में टँगे रहते जिनमें तरह-तरह की बोलियाँ बोलनेवाले परिन्दे रहते। इनके अलावा काँच के

बड़े मरतबान और बरतन थे जिनमें क़िस्म-क़िस्म की रंगीन मछलियाँ तैरती रहतीं। परिन्दों और मछलियों की देख-रेख गुलबदन अपने हाथों से करती थीं। फिर घर का वह छोटा-सा आँगन था जिसके गमले ख़ूबसूरती में अच्छे बाग़ों को मात करते थे। अशरफ़ अली शाद और उनकी पत्नी, हाजरा ऊपरी मंज़िल से उस वीराने को आश्चर्य से देखते जो गुलबदन के आने के साथ ही किसी चमन में बदलना शुरू हो गया था और कुछ ही समय बाद बिल्कुल किसी दूसरी दुनिया का हिस्सा लगने लगा था। संजीदा से शादी के बाद अपने नाचने-गाने से तौबा पर भी वह सख़्ती से क़ायम रही थीं। यह तब्दीली इसके बावजूद थी कि शादी के फ़ौरन बाद उन्होंने खुद को एक अजीब उलझन में पाया था और कोठे और घर के बीच के फ़र्क़ को पूरी तरह समझ नहीं पाई थीं। उनकी खुद को बदलने की कोशिश एक ओर थी और यह एहसास अपनी जगह कि जिनके बीच वह ऐसा कर रही हैं, वह उन्हें अपनाएँ तो उनकी उदारता वरना न तो वह उसकी हक़दार थीं और न उसके न होने की कोई शिकायत कर सकती थीं। अमीना बेगम की तरह समाज में अपने स्वागत की उम्मीद वह नहीं कर सकती थीं। अपनी दुनिया उन्हें खुद एक-एक ईंट जमा करके बनानी थी।

सोचने पर लगता है गुलबदन की ज़िन्दगी जीना ख़ासा दुश्वार काम रहा होगा। पीछे मुड़कर देखने को कोठा, होने के नाम पर तवाइफ़ का ठप्पा, और जीने को एक ऐसे आदर्शवादी शौहर का साथ जिसकी आदर्शों के अलावा एक और पत्नी भी थी, जो हर मायने में गुलबदन से बीसी थी। खुद अमीना की ज़रूर यह कोशिश रहती कि गुलबदन को किसी भी तरह की शिकायत का मौक़ा न मिले और संजीदा से ज़्यादा वह खुद को उनके सुख-दुख का ज़िम्मेदार समझती थीं। हर महीने इकट्ठा सामान बशारत मंज़िल आता और उसे दो हिस्सों में बाँटकर अमीना एक हिस्सा गुलबदन के पास दरीबा पहुँचा देतीं। संजीदा ने शुरू में गुलबदन के घर पर जमा हुई भीड़ को लेकर एतराज़ करना चाहा था लेकिन फिर उन्होंने ऐसा नहीं किया था। उन्होंने उन लोगों के गुल से रिश्तों को भी जानने की कोशिश नहीं की थी। आम तौर पर बूढ़े औरतें-मर्द जो रोटी की ख़ातिर गुलबदन को ख़िदमतगारों की तरह घेरे रहते थे।

एक बदलाव बशारत मंज़िल में आने को था। उसका वह हिस्सा जिसमें संजीदा की बैठक, मेहमानख़ाना और नौकरों के रहने की जगह थी, बेचे जाने से पहले किराए पर उठा दिया जाना था और मर्दानख़ाना घर के बाक़ी हिस्से की पहली मंज़िल पर आ जाना था। ऐसा कुछ तो दो घरों का ख़र्च चलाने और कुछ सादगी से जीने की तालीम पर अमल करने की ख़ातिर किया जाना था। एक अन्दरूनी ज़ीने के अलावा जो घर के इस हिस्से की दोनों मंज़िलों को जोड़ता था, एक चौड़ा ज़ीना बाहरी डेवढ़ी से भी सीधा ऊपरी मंज़िल को जाता था जहाँ खुली चाँदनी, बैठक का बड़ा कमरा और दो ऐसे कमरे थे जिनमें मेहमानों को ठहराया जा सकता था। इसके अलावा वहाँ अंग्रेज़ी तर्ज़ का गुसलख़ाना और खाना गर्म करने के लिए चूल्हों के साथ एक छोटा कमरा

भी था। संजीदा का लिखना-पढ़ना, लोगों से मिलना, शागिर्दों के कलाम पर इस्लाह और दोस्तों के साथ शाम की नशिस्तें, सब यहाँ होने लगा था। यह तब टूटा था जब उन्होंने घर पर शराब न पीने का फ़ैसला किया था। यह सिलसिला फिर कुछ साल दोस्तों के घरों पर चला था, जब तक कि अन्तत: उन्होने शराब छोड़ देने का तय नहीं कर लिया था। कहना मुश्किल है कितने साल उन्होंने बिना शराब पिए गुज़ारे थे।

—आप एकदम शराब छोड़ किस तरह पाए? उनके किसी वाक़िफ़कार ने हैरान होकर कभी उस ज़माने में पूछा था जब उन्होंने शराब पीना बन्द कर रखा था।

—इसलिए कि मैं छोड़ना चाहता था, संजीदा ने सहजता के साथ जवाब दिया था।

—आपको दिक़्क़त नहीं हुई? पूछनेवाला अपनी हैरानी पर क़ाबू पाना चाहता था—लोग तो कोशिश के बाद भी कामयाब नहीं हो पाते?

—मुझे नहीं हुई, संजीदा ने कहा था—शायद इसलिए कि पीने के बाद मैं हमेशा खुद को एहसासे जुर्म में मुब्तिला पाता था। जिस बात को लेकर दिल में जुर्म का एहसास रहे उसे देर में सही मगर छोड़ा जा सकता है।

यह कहते हुए संजीदा को भी यह अन्दाज़ा नहीं रहा होगा कि आनेवाली ज़िन्दगी उनके लिए क्या-क्या इम्तिहान लेकर आनेवाली थी और उस जुर्म के एहसास को नज़र-अन्दाज़ करते हुए उन्हें एक बार फिर से शराब पीना था।

आनेवाले समय में बशारत मंज़िल में रहनेवालों की ज़िन्दगियों में उस घर के दोनों ज़ीनों ने भी एक महत्वपूर्ण भूमिका निभाई थी। बाहर डेवढ़ी का चौड़ा ज़ीना चढ़ते-उतरते ही कभी बिल्लो और बिब्बो ने संजीदा सोज़ के ख़ास शागिर्द सरफ़राज़ देहलवी को देखा था और दोनों एक साथ उस पर हज़ार जान से मरमिटी थीं। यह सन् 1946 में कभी हुआ था और सरफ़राज़ किसका हो, को लेकर दोनों बहनों में सख़्त मुक़ाबलाआराई हुई थी। ऐसी कि जिसमें दोनों बहनों ने एक-दूसरे को जान से मार डालने तक के षड्यंत्र किए थे। किसी-न-किसी तरह बड़ी मुश्किल से उनकी जानें बच पाई थीं। और उसी ज़ीने को उतरते हुए कभी सरफ़राज़ की नज़र खद्दर पर पड़ी थी।

और अन्दरूनी ज़ीना?

उसकी अपनी एक अलग भूमिका थी जिसे लेकर कुछ लोगों को पक्का यक़ीन था और कुछ के दिलों में तरह-तरह के शको-शुबह थे : जो हुआ उससे तो इंकार किया नहीं जा सकता था मगर वह जिस तरह हुआ उसको लेकर।

वैसे ज़ीने बेचारे अपने-आप में खुद हो भी कितने अहम सकते हैं? गिनती की सीढ़ियाँ जो नीचे को ऊपर से, या ऊपर को नीचे से जोड़ती हैं, बस। न तो उन्हें किसी उपलब्धि का श्रेय दिया जा सकता न किसी ऐसी घटना के लिए इल्ज़ाम जो नहीं होनी चाहिए थी मगर होकर रही।

बशारत मंज़िल के बच्चों की दीनी तालीम बतूल बी की निगरानी में हुई थी। अमीना बेगम और गुलबदन ने इसमें बच्चों की जो भी मदद की हो, ज़िम्मा इसका बतूल बी का ही रहा था। रोज़ सुबह पहले बिल्लो और बिब्बो और बाद में उनके साथ बुनियाद और बन्नो भी, पड़ोस में बतूल बी के घर भेज दिए जाते जहाँ, आसपास के और घरों से भी बच्चे क़ुरआन पढ़ने के लिए जमा होते थे।

बतूल बी पुरानी तर्ज़ के एक बड़े दो-मंज़िले में रहती थीं जो चूने-पत्थर की मेहराबोंवाली एक बे-रौनक़ इमारत थी। उसका सेहन बड़ा मगर कई हिस्सों में बँटा था और दीवारें मुद्दत से क़लई की मोहताज थीं। वहाँ रहनेवालों को घर के रखरखाव में कोई दिलचस्पी भी नहीं थी। निचली मंज़िल में बतूल बी के कुछ ऐसे दूरदराज़ के रिश्तेदार और पहचानवाले थे जिन्हें किसी समय उन्होंने आबादी की ख़ातिर अपने पास बुलाकर रखा था मगर तब तक जिनके अन्दाज़ बिल्कुल मकान-मालिकों जैसे हो गए थे।

छोटे बच्चों से बतूल बी का व्यवहार दोस्ताना होता था और वह डाँट-डपट या सज़ा देने से गुरेज़ करती थीं। बशारत मंज़िल के बच्चों की उनके लिए अलग अहमियत थी हालाँकि उनका अधिक समय बिल्लो और बिब्बो के साथ ही बीता था और उन दोनों के कारण बतूल बी को अक्सर असुविधा का सामना भी करना पड़ा था। दोनों बहनों की चेचक उन्होंने खुद अपनी आँखों से देखी थी और अमीना बेगम के दिल में उनके लिए प्यार से जन्मी कमज़ोरी को जानती थीं। इसलिए वह खुद भी, जहाँ तक हो सके, उनकी शरारतों को अनदेखा करने की कोशिश करती थीं।

पढ़ने-लिखने में बिल्लो और बिब्बो सामान्य से अधिक समझदार थीं। इसके साथ-ही-साथ उनका दिमाग़ नई-नई शरारतें खोजने में लगा रहता था। उनके बशारत मंज़िल से होने का दूसरे बच्चों पर रौब भी था और वह बच्चे जो उनके हाथों सताए जाते थे, शिकायत करने की हिम्मत नहीं कर पाते थे। लेकिन बतूल बी को अन्दाज़ा रहता था। उनके दूसरों को सताने के तरीक़ों को वह बिना किसी के बताए खुद समझ सकती थीं।

बुनियाद अली ख़ान की सूरत-शक्ल और स्वभाव, दोनों में ही संजीदा अली सोज़ से कुछ आश्चर्यजनक समानताएँ थीं। इसके बावजूद कि मेरे जाननेवाले कम ही लोगों, यहाँ तक कि अब्बा और फ़रीदा फफू तक ने, उन्हें सरसरी तौर पर ही देखा और जाना था, लेकिन यह बात सब ही कहते थे। सूरत-शक्ल, बातचीत और आदत-अतवार में तो यह समानता पैदाइशी थी लेकिन इसके अलावा काफ़ी कुछ ऐसा भी था जो बुनियाद ने सोज़ साहब को देखकर सीखा और अपनाया था। यह सच था कि जब तक वह दिल्ली में रहे, बशारत मंज़िल को ही अपना पहला घर मानते रहे और अमीना बेगम उन्हें अपनी सगी माँ से ज़्यादा प्रिय रहीं। संजीदा सोज़ बुनियाद के जीवन का आदर्श थे, और बचपन से ही ज़िद करके उनकी तरह खादी पहनना, क़ौमी एकता, सत्याग्रह और अहिंसा के महत्व को अपनी उम्र या उससे बड़े लोगों

के बीच बयान करना और हर बात में महात्मा गांधी—महात्माजी—का हवाला देना, उनका उस समय तक का रवैया था जब कि पन्द्रह वर्ष की उम्र में उन्हें लाहौर नहीं भेज दिया गया था। हालाँकि तब तक डॉक्टर ताबन्दा अली भी नौकर होकर लाहौर में रह रहे थे लेकिन बुनियाद को बोर्डिंग में रखा गया था, और वहाँ उन दोनों का आपस में मिलना कभी-कभार ही हो पाता था। हाँ, ताबन्दा की शादी में ज़रूर, जो सन् 1946 में लाहौर में हुई थी, दूसरे तमाम लोगों के साथ-साथ बुनियाद भी मौजूद थे।

अजीब बात यह थी कि गुलबदन और बुनियाद के दिल्ली छोड़कर जाने के बाद न तो बशारत मंज़िल या जमाल महल से किसी ने उनसे सम्पर्क करने की कोशिश की थी, न यहाँ के ख़ानदान से सम्बन्धित उन लोगों को उनकी कोई ख़बर थी जो बँटवारे के बाद पाकिस्तान जाकर बस गए थे। न कोई चिट्ठी न ख़ैर-ख़बर, न कभी उनको किसी के देखने या मिलने का समाचार। ऐसा लगता था सब यही मानकर चुप हो बैठे थे कि वे विभाजन की मारकाट का शिकार होकर होकर ख़त्म हो गए। साथ ही यह ताज्जुब भी था कि जिन दिनों उन्होंने दिल्ली छोड़ी थी हालात उतने ख़राब नहीं हुए थे। न तब तक दो मुल्कों के बीच कोई विभाजन-रेखा तय हुई थी, ना यह अन्दाज़ा था कि बँटवारे का मतलब क्या होगा और वह लोगों की ज़िन्दगी को किस प्रकार प्रभावित करेगा। कुछ दंगे-फ़सादों के बावजूद तब तक उपमहाद्वीप में सुरक्षापूर्वक यात्रा करना मुश्किल नहीं हुआ था। इसके बावजूद गुलबदन और बुनियाद स्मृति-पटल पर कुछ धुँधली रेखाएँ छोड़कर दृश्य से इस तरह ग़ायब हो गए थे जैसे कभी रहे ही न हों। कुछ समय तक तो इस ओर किसी का ध्यान भी नहीं गया था, जिसे उस ज़माने की अफ़रातफ़री में समझा जा सकता था, लेकिन बाद में जब अब्बा और फ़रीदा फफू ने उनके बारे में मालूम करना भी चाहा तो इसमें उन्हें सफलता नहीं मिल सकी थी।

ज़ीशान अली ख़ान के वंशवृक्ष की यह शाख़ एक सवालिया निशान की शक्ल में ही छूटी रह गई थी।

बिल्लो, बिब्बो, बुनियाद और खद्दर सन् 1940 तक दिल्ली में साथ बढ़े थे, और उसी बीच यह तय होता गया था कि जिस प्रकार बिल्लो और बिब्बो को असल से साए की तरह, एक-दूसरे से जुदा नहीं किया जा सकता था, वहीं बुनियाद और खद्दर का अपना-अपना व्यक्तित्व था और बुनियाद बड़ी बहनों की निस्बत खद्दर के ज़्यादा क़रीब था। खद्दर में अमीना ही की तरह था भी कुछ ऐसा कि जो मिलता था उसका गिरवीदा हो जाता था। यह हालत बिल्लो और बिब्बो की भी थी और बावजूद इसके कि छोटी बहन के प्रति उनके मन में एक अनजाना ख़ौफ़ था और वह अपने मामले उससे छिपाकर रखने की कोशिश करती थीं, तो भी उससे प्यार तो वह करती थीं।

उस ज़माने की सूरतेहाल की वजह से बशारत मंज़िल के बच्चों की स्कूल की शिक्षा भी नियमित ढंग से नहीं हो पाई थी, और बिल्लो और बिब्बो जैसे-जैसे बड़ी होती गई थीं, अमीना बेगम से शिकवा करने लगी थीं। अमीना उनकी शिकायतें खुद तक रखते हुए समझाने की कोशिश करतीं कि जिन आदर्शों को बुनियाद बनाकर आज़ादी की लड़ाई लड़ी जा रही थी उसमें सम्भव नहीं था कि संजीदा सोज़ की औलाद उस तरह तालीम हासिल कर सके जैसे जमाल महल से सम्बन्धित ताबन्दा, फ़रीदा और दूसरे बच्चे हासिल कर रहे थे। यह दलील उनके लिए काफ़ी नहीं थी। हालाँकि संजीदा के एक शागिर्द, शम्भूदयाल सोख़्ता, जो पेशे से मुदर्रिस थे रोज़ बशारत मंज़िल आकर बच्चों को वह सारे विषय पढ़ाते थे जो स्कूल के पाठ्यक्रम में थे लेकिन यह बिल्लो और बिब्बो की तसल्ली के लिए नाकाफ़ी था। अपनी हालत का उनकी नज़र में एक ही कारण था और वह मानती थीं कि पैसों की तंगी की वजह से उन्हें क़ीमती स्कूलों में नहीं पढ़ाया जा सकता था और बहानों के लिए आदर्शों की बात कह दी जाती थी।

बिल्लो और बिब्बो को अगर पलभर के लिए सही मान भी लिया जाए तो यह तो वह हालत थी जिसे बदला नहीं जा सकता था, मगर इसके अलावा बहुत कुछ ऐसा था जो महज़ उन दोनों का किया-धरा था। आम तौर पर बच्चों के बड़े होने के जो स्वाभाविक स्टेज होते हैं, बिल्लो और बिब्बो का बचपन और नौजवानी उन्हें झुठलाते थे। बड़े होने के साथ यह बात खुलकर सामने आती गई थी कि उनके दिलो-दिमाग़ में संजीदा अली ख़ान सोज़ के प्रति शक, नापसन्दीदगी, कड़वाहट, मतभेद और विरोध थे। वक़्त के साथ यह सोच गहराती गई थी और दोनों बेटियों के लिए पिता उन तमाम चीज़ों का प्रतीक बनते गए थे जो उनकी होतीं, अगर पिता अपना भावुक आदर्शवाद और झूठा दिखावा छोड़कर सहज बुद्धि से काम लेते।

अजीब बात थी कि दोनों बहनों के लिए उनके ताया, हकीम बन्दा अली ख़ान जिन्हें सही मायनों में तो उन्होंने देखा तक नहीं था उनके आदर्श बनते गए थे। इस बात को फ़रीदा के प्रतिरोध के बावजूद वह दोनों उनके सामने भी कहने से नहीं चूकती थीं। जितनी भी कोई संजीदा की तरफ़दारी करता उतना ही बिल्लो-बिब्बो का उनके विरुद्ध रुख़ कड़ा होता जाता। इसे लेकर उनका बुनियाद से अक्सर झगड़ा भी होता—जब तक वह दिल्ली में रहा तब भी और उसके बाद जब वह छुट्टियों में घर आता था, तब भी। वैसे शायद घर के बाहर रहते हुए बुनियाद का अपनी बातों में वह पुराना यक़ीन नहीं रहा था, और वह कभी-कभी बड़ी बहनों की बात सुनकर चुप हो जाता था। उसकी ख़ामोशी को बिल्लो और बिब्बो सहमति मानकर अपनी जीत समझती थीं। बची खद्दर, तो वह खुद को बहस-मुबाहिसों से अलग रखती थी मगर अपने व्यवहार से साफ़ करती चलती थी कि वह बिल्लो और बिब्बो से असहमत और संजीदा सोज़ और अमीना की हमख़्याल थी।

एक उम्र तक पहुँचते-पहुँचते दोनों बहनों के लिए कई घरानों से शादी के रिश्ते आए थे और एक से ज़्यादा बार ऐसा हुआ था कि बात पक्की होने के बाद मँगनी तोड़नी पड़ी थी। वजह, रातों-रात लड़कियों का फ़ैसला बदल गया था। इसके साथ-साथ दोनों बेटियाँ अमीना बेगम को ताने-तिशने देते हुए यह भी इशारों में कहने लगी थीं कि दहेज़ में देने-दिलाने को कुछ हो तो वह शादी की सोचें, ख़ाली-पीले किसी का हाथ पकड़कर तो वह जाने से रहीं।

जहाँ बिल्लो और बिब्बो को लेकर अमीना को मुश्किलों का सामना था वहीं खद्दर ख़ामोशी से बड़ी होती उनका हाथ बँटाने की कोशिश कर रही थी। उसके स्वभाव में सचमुच ग़ज़ल की पंक्तियों का आदर्श सन्तुलन था। उसने पुराने उर्दू और फ़ारसी शायरों को भी शौक़ से पढ़ा था और शम्भदूयाल सोख़्ता की मदद से अंग्रेज़ी और हिन्दी पढ़ना-लिखना भी सीखती गई थीं। सोख़्ता अंग्रेज़ी कविता और ड्रामे के रसिया थे। जब वह कुछ सुनाने-समझाने की रौ में होते तो बिल्लो और बिब्बो के उठ जाने के बावजूद बुनियाद और खद्दर उनकी बातें बहुत ध्यान से सुनते और अच्छे-अच्छे सवाल पूछते। कभी-कभी वह अंग्रेज़ी कविता के अनुवाद की भी कोशिश करते जो सुन्दर भी होता। सोख़्ता खुद एक गांधीभक्त थे और अंग्रेज़ी साहित्य की बात करते हुए समझाते थे कि उसकी खूबियाँ इसलिए अनदेखी नहीं की जा सकतीं कि पिछले ज़माने से अंग्रेज़ों ने भारत को गुलाम बना रखा था। वह शेक्सपियर के आशिक़ थे और उसके बहुत सारे सॉनेट्स और नाटकों के संवाद उन्हें ज़बानी याद थे। कई सॉनेट्स उन्होंने खद्दर और बुनियाद को भी रिसाइट करना सिखा दिया था और उन्हें फ़रमाइश पर संजीदा को सुनाकर वे तारीफ़ और इनाम वसूल करते थे।

खद्दर ने कम-उम्री में जो पहली नज़्म ज़बानी याद की थी और जिसे वह पढ़कर सुनाती थी, इक़बाल की मशहूर 'दुआ' थी। बचपन की सुर और ताल की पाबन्द मगर तोतली आवाज़ में जब वह 'दुआ' पढ़ती तो लोग सुनते रह जाते। एक बार जब दिल्ली में गांधीजी की प्रार्थना-सभा में उसने 'दुआ' पढ़कर सुनाई थी तो गांधीजी ने उसके सिर पर हाथ रखकर आशीर्वाद दिया था और वहाँ जमा लोगों की भीड़ मंत्र-मुग्ध देखती रह गई थी।

'दुआ' की पंक्तियाँ—

लब पे आती है दुआ बनके तमन्ना मेरी।
ज़िन्दगी शमअ् की सूरत हो खुदाया मेरी।
दूर दुनिया का मेरे दम से अँधेरा हो जाए।
हर जगह मेरे चमकने से उजाला हो जाए।।

लगता है बिल्लो और बिब्बो के व्यवहार में जो मूल तत्व उनके बाक़ी तमाम रवैयों को रँगता था वह था ईर्ष्या। ईर्ष्या अर्थात् शक, जलन, हसद, डाह—उसे जो

भी कहा जाए। ईर्ष्या उनके दुनिया से सम्बन्धों की शक्ल तय करती थी और ईर्ष्या ही उनके एक-दूसरे से सम्बन्धों को भी नियंत्रित करती थी। किस पल दोनों में किसी एक की ख़ुशी दूसरे के दुख का कारण बन जाए, यह अन्दाज़ा लगाना मुश्किल था लेकिन इसकी अनेक मिसालें रोज़ ज़िन्दगी में बिखरी नज़र आती थीं। ऐसी एक घटना का उलेख यहाँ काफ़ी होगा जो अब, सही-सही याद नहीं मुझे किसने सुनाई थी।

(किस तरह ज़िन्दगी में चीज़ें, खुद को दोहराती हैं! अभी बहुत ज़माना तो नहीं बीता जब ईर्ष्या ने बन्दा और संजीदा के बीच दूरी पैदा की थी। शायरी को बहाना बनाकर! इस बार फिर वह एक नया स्वाँग रचकर आई है।)

बिल्लो और बिब्बो की शादी के रिश्ते लगने, टूटने, फिर दोबारा किसी से लगने के क्रम में एक लड़का ऐसा आया था जिसकी बशारत मंज़िल की अन्य गतिविधियों—शायरी, राजनीति, कांग्रेस, मुस्लिम लीग—किसी में कोई दिलचस्पी नहीं थी और वह सिर्फ़ बिब्बो की चाह में बँधकर वहाँ आता था। यह इशारा कि बिब्बो भी उसे पसन्द करती है, उसे खुद बिब्बो के रवैए से मिला था। इस रिश्ते के पनपने में बिल्लो का भी बड़ा हाथ था और वह बिब्बो को यक़ीन दिलाती रही थी कि उस लड़के से बेहतर जीवन-साथी मिल पाना सम्भव नहीं था। उसने उन दोनों के मिलने की तदबीरें और उनकी पहरेदारी की थी जिससे उनके बीच अनावश्यक आत्मीयता पैदा हो गई थी। लड़के के घर से शादी का रिश्ता आया था, जिसे बिब्बो की मंशा से क़बूल कर लिया गया था और दोनों घरों में शादी की तैयारियाँ शुरू हो गई थीं। इसी बीच ऐसा कुछ हुआ था कि लड़के के बारे में बिल्लो की राय बदल गई थी। इधर घर में शादी की तारीख़ें तय हो रही थीं, उधर बिल्लो बिब्बो की राय बदलने में लगी थी। कुछ पहले तक जो-जो लड़के की खूबियाँ थीं, वही सब उसकी खराबियाँ हो गई थीं।

शादी से एक हफ़्ता पहले बिल्लो और बिब्बो बशारत मंज़िल से ग़ायब हो गई थीं और फ़रीदा फफू की ओर, लखनऊ का रुख़ किया था। बिब्बो ने फ़रीदा से क़समें खाकर कहा था कि उस लड़के से शादी के बजाए वह ज़हर खाकर मरना पसन्द करेगी।

फिर फ़रीदा की मदद से शादी के इस सिलसिले को किन मुश्किलों से ख़त्म किया गया और बशारत मंज़िल वालों को किस शर्मिन्दगी का सामना करना पड़ा, उसके विस्तार में जाना यहाँ आवश्यक न होगा।

संजीदा कोशिश भर सबके दिल जीतने के जतन करते रहते। बहुत मायूसी के हालात भी उनके यक़ीन को डिगा नहीं पाते थे और वह सोचते थे कि सारे बिगाड़ से ही आख़िरकार वह बनाव की तदबीर निकलेगी जिसे वह किसी भूले हुए ख़्वाब की तरह फ़ौरन ही पहचान लेंगे।

उनकी यह उम्मीद अन्त तक क़ायम रही थी।

बुनियाद के लाहौर में एडमिशन का ज़िम्मा, संजीदा ने बिरजू को सौंपा था, और इस काम के लिए उन्हें नासिक से, जो उनकी गतिविधियों का केन्द्र था, दिल्ली बुलाया था। ऐसा लगता है इस बारे में वह बिरजू से मशवरा भी करना चाहते थे।

बिरजू यानी बी. लाल अमर उस समय तक एक अम्बेडकर समर्थक के रूप में प्रतिष्ठित हो चुके थे। वह कई किताबें लिखने के अलावा कुछ अख़बारों का सम्पादन कर चुके थे और दलितों में राजनीतिक चेतना जगाने के लिए लेख लिखकर या सार्वजनिक सभाओं में भाषण देकर अपने दायित्व का निर्वाह करने में लगे थे। इस प्रकार उनकी राजनीति संजीदा से अलग ही नहीं खुलकर उनके विरोध में थी। वह गांधी को पिछड़े वर्ग का दुश्मन और सवर्णों का एजेंट मानते थे और उनके ख़िलाफ़ जनमत बनाने के काम में लगे थे। इसके बाजवूद वह और संजीदा एक-दूसरे पर पूरा भरोसा करते थे और राजनीति उनके व्यक्तिगत सम्बन्धों को प्रभावित नहीं कर पाई थी।

जिस मेहनत और लगन से बिरजू ने विपरीत परिस्थितियों में अपना एक स्थान बनाया था, संजीदा उसकी दिल से क़दर करते थे। इस्लाम क़बूल करने की दावत से लेकर ईसाई बनने के लालच तक, उन्होंने सबका सामना किया था और वह काम करते रहे थे जो उनकी नज़र में महत्वपूर्ण था। अंग्रेज़ी और हिन्दी भाषा पर एक समान अधिकार और तर्क-सहित अपनी बात कह सकने की योग्यता उन्हें अपने समय का एक असाधारण समाजशास्त्री स्थापित करने को काफ़ी थे। वह कहते थे कि उनकी लड़ाई शताब्दियों से अनदेखा किए समाज के उस वर्ग की लड़ाई थी जिसे मिलनेवाली आज़ादी की उम्मीद में अलग-अलग राजनीतिक दल ललचाकर अपने साथ करने की कोशिशों में लगे थे। ख़ास तौर पर कांग्रेस और महात्मा गांधी। महात्मा गांधी और शब्द हरिजन से बिरजू को ख़ास बैर था।

—ऊँची ज़ात के लोगों के क़ानूनी माँ-बाप होते हैं, वह कड़वाहट से कहते थे—हमारी औरतों के साथ ईश्वर सम्भोग करता है, तब ही तो हुए हम हरि-जन! हमारी औरतों के लिए ऊँची ज़ात के बलात्कारी, सब हरि के अवतार हैं! उनके लिए हमें घरों के दरवाज़े खोलकर रखने चाहिए! उनका आभारी होकर जीवनभर गुलामी करनी चाहिए!

एक बार जब संजीदा ने उन्हें शब्द 'हरिजन' के पीछे गांधीजी की सोच और मंशा समझाने की कोशिश की थी तो बिरजू ठहाका मारकर हँस दिए थे। वैसे वह जितनी कड़वी बात कहते थे उतना ही उनका लहजा मीठा हो जाता था।

—सोज़ साहब! उन्होंने हाथ जोड़कर कहा था—मालिक के फ़ज़ल से आपके खानदान के शजरे की तो सारी शाख़ें, अपनी जगह मौजूद हैं—जहाँ से चाहें आप गिनवा सकते हैं। मेरी दुआ है आइन्दा भी यह ऐसा ही रहे, मगर डर है ऐसा रह नहीं पाएगा। यह जो खुमार-सी कैफ़ियत है गिनती के खाते-पीते मुसलमानों की कि हमने सदियों हिन्दुस्तान पर हुकूमत की है इसलिए अंग्रेज़ जाते वक़्त हमें अपना जानशीन

बनाकर, सिर पर ताज रखकर यहाँ से जाएगा, देर तक नहीं रहनेवाली। अफ़सोस कि मुसलमानों ने स्पेन की तारीख़ से कुछ नहीं सीखा जहाँ सदियों हुकूमत करने के बाद उन्हें ज़लील होकर या तो मुल्क छोड़ना पड़ा या ईसाई मज़हब क़बूल करना पड़ा। अब तो हम एक दूसरी ही दुनिया में जी रहे हैं। डेमोक्रेसी में हुकूमत कर चुके लोगों की तारीख़ का दख़ल नहीं होता, यह सच मुझसे बेहतर आप जानते हैं। मुल्क क़ौम से होता है और एक मुल्क एक ही क़ौम भी होना चाहिए। लेकिन जो हो रहा है, वह ऐसा साबित नहीं करता। आम तौर पर यही सोच पुख़्ता हुई है कि हिन्दू और मुसलमान दो अलग-अलग क़ौमें हैं। आपके ख़्याल में हिन्दुस्तान एक मुल्क और यहाँ बसनेवाले तमाम लोग एक ही क़ौम हैं। यह किस तरह है, आप मुझे क़ायल करना चाहेंगे। मैं चुप हो जाऊँगा, मगर इत्तिफ़ाक़ नहीं कर पाऊँगा। उसी तरह जैसे लोगों की एक बड़ी तादाद नहीं कर पाती! सज़ा के तौर पर जो तादाद में ज़्यादा हैं वह उन्हें जो गिनती में कम हैं, ग़द्दार क़रार देकर, हरिजन-जैसी एक ऐसी हालत में पहुँचाने की साज़िश करेंगे जहाँ किसी ख़ानदानी शजरे से काम नहीं चल पाएगा। वह बुरा वक़्त होगा जब मुसलमानों को भी 'आले खुदा' जैसे नामों से बुलाया जाया करेगा! और आपके महात्माजी का सोचा हो गया, तो यह तो होकर ही रहेगा! आप मुझे गांधीजी की मंशा और हरिजन का मतलब न समझाएँ, उनके बारे में आपके ख़्यालात क्या मैं जानता नहीं।

यह सार था, लम्बे समय पर फैली संजीदा और बिरजू की आपसी बातचीत का।

ज़माना बदला गया था, राजनीतिक मुद्दों में बदलाव आते रहे थे लेकिन दोनों दोस्त अपनी-अपनी सोच पर क़ायम रहे थे। खुद संजीदा इन मामलों को नहीं भी छेड़ना चाहें तो भी बिरजू, उन्हें छेड़ने के लिए ऐसा करते रहते थे। छेड़छाड़ और हँसी-मज़ाक़ बिरजू के स्वभाव में कूट-कूटकर भरे थे और कमउम्र के लोगों से सम्बन्ध बनाने और उनका दिल जीतने में उनका जवाब नहीं था। ताबन्दा और फ़रीदा के अलावा भोपाल में बन्दा अली ख़ान के दूसरे बच्चों से भी उनकी खूब पटती थी और दिल्ली में बिल्लो, बिम्बो, खद्दर और बुनियाद से भी। ऐसी बातें जो बच्चे दूसरों से नहीं कह पाते थे, बिरजू से बेतकल्लुफ़ी से कह-सुन लेते थे।

एक वजह, संजीदा के बुनियाद को उनके साथ लाहौर भेजने की, शायद यह भी रही होगी।

कभी-कभी संजीदा बिरजू को मज़ाक़ में 'प्रिंस' कहकर छेड़ते थे, उनकी मेक्यावीलियन सोच पर तंज़ करते हुए। ऐसा आम तौर पर तब होता था जब वह दोनों अकेले हों।

—हरिजन हम बापू की कृपा से हुए, बिरजू संजीदा की बात पर हँसते—उससे दो पायदान ऊपर, आपने हमें प्रिंस बना दिया! क्या समझते हैं, मैं शर्म से पानी-पानी हो जाऊँगा! पानी-पानी होना एक लक्ज़री है जो ऊँची ज़ातवाले ही अफ़ोर्ड कर

सकते हैं। कभी सोचा आपने, इस मुल्क की मिट्टी में ही यह तासीर है कि बराबरी का सबक़ लेकर इस्लाम भी आया, तो अशरफ़, अजलफ़ और अरज़ल में बँट गया! मेक्यावली तो फ्लॉस्फ़र था, उसने जो-जो होते देखा-समझा, उसे दुनिया के सामने पेश कर दिया। बता दिया कि यहाँ उल्लू सीधा करना अहम है। ज़िन्दगी में कामयाबी गिनी जाती है, कामयाब होने के तरीक़े नहीं। कुछ ग़लत तो नहीं कहा उसने, जो सच था वह खोलकर बयान कर दिया। दूसरी तरफ़ देखिए, हमारे आसपास जो दुनिया के घपलों में गले-गले डूबे हैं, वह कैसे-कैसे रूहानियत के उपदेश दे रहे हैं! और मक़सद वही है—अपना उल्लू सीधा करना! मैंने तो जब मेक्यावली को पढ़ा तो लगा मैं जिस ड्रामे का किरदार हूँ, उसके वह बुनियादी जुम्ले ही नहीं जानता जिनसे मेरे होने को समझा जा सके। डाण्डे मिलाइए, ताल्लुक़ात इस्तेमाल कीजिए, जाइज़-नाजाइज़ भूलकर अपना मतलब नज़र में रखिए। यह सब करते भी इस ग़लतफ़हमी में न रहिए कि आप इकलौते हैं। आप जैसे और न जाने कितने हैं, और अब मुक़ाबला उनके और आपके बीच है। यह सब आपको नज़र नहीं आता?

संजीदा को बिरजू से न सहमत होना था न वह हुए। उनके अनेक तर्क जो ऐतिहासिक यथार्थ और राजनीतिक औचित्य पर आधारित होते, संजीदा को आला दर्जे की कल्पनाशीलता की उपज लगते और उनका उसी ढंग से तोड़ प्रस्तुत करना संजीदा को ठीक नहीं लगता। पूना पैक्ट से नाखुश होकर बिरजू कुछ समय अम्बेडकर से भी रूठे रहे थे, लेकिन बाद में उन्हें गांधीजी का सत्य नहीं, अम्बेडकर की मजबूरी समझ में आ गई थी।

—जंग जीतने के लिए, वह शरारत से कहते—कुछ मोर्चों पर आत्म-समर्पण कर देना बड़ी समझदारी होती है। हमें जो भी करना है, जंग का नतीजा नज़र में रखते हुए करना है।

इसी व्यवहार-कुशलता के चलते उनकी हमदर्दी कांग्रेस के बजाए ऐसे संगठनों के साथ थी जो देश में एक से अधिक क़ौमों के नज़रिए की वकालत करते थे। आगे उन्होंने बँटवारे की माँग का भी समर्थन किया था और यह प्रमाणित करने की कोशिश की थी कि विभाजन हिन्दू और मुसलमानों के बीच समस्याओं को सुलझाने का सही रास्ता था।

जिस समय बिरजू बुनियाद को लाहौर छोड़कर दिल्ली वापस लौटे थे, दूसरा महायुद्ध ज़ोरों पर था। चर्चिल बरतानिया के प्रधानमंत्री बन चुके थे और देश के विभिन्न सूबों की कांग्रेसी सरकारें त्याग-पत्र दे चुकी थीं। इससे खुश होकर मुस्लिम लीग ने मुक्ति-दिवस मनाया था और लीग और ब्रिटिश सरकार के बीच उस साँठगाँठ की शुरुआत हो गई थी जिसे युद्ध के ख़ात्मे तक चलना था। युद्ध के दौरान जो सहयोग अंग्रेज़ सरकार को दरकार था और जिसे कांग्रेस ने देने से इंकार कर दिया था, वह उसे मुस्लिम लीग से मिल गया था।

उसी समय शहर लाहौर के नाम से जुड़ी एक और घटना थी जिसे आगे इतिहास में लाहौर घोषणापत्र और फिर 'पाकिस्तान घोषणापत्र' के नाम से जाना जाता था।

बिरजू के साथ ताबन्दा भी दिल्ली आए थे। वह लाहौर में एक प्राइवेट हॉस्पिटल में काम कर रहे थे और मुस्लिम लीग के उस ऐतिहासिक अधिवेशन को उन्होंने अपनी आँखों से देखा था।

संजीदा को बिरजू ने थकी, उदास और मायूस मानसिक अवस्था में पाया था। ऐसा अक्सर होने लगा था और हमेशा ज़िन्दगी के उजले पहलू खोजने की कोशिश करनेवाले संजीदा, खुद को सोच के काले घटाटोप से बचाने में नाकाम होने लगे थे। कोई पल होता जब वह सोचने पर मजबूर हो जाते कि दुनिया में जो भी बिगाड़ और ख़राबी थे वह वास्तव में उसी असलियत का अक्स थे जो खुद उनके भीतर मौजूद थी। बिरजू उनकी हालत भाँप गए थे। गम्भीर मुद्दों को छोड़कर उन्होंने कुछ हल्की-फुल्की बात छेड़नी चाही थी जिसकी इब्तिदा ताबन्दा की शादी को लेकर हुई थी।

—मैंने डॉक्टर साहब से कहा है, उन्होंने ताबन्दा के सामने ही कहा था—शादी का मामला और नहीं टलना चाहिए। तालीम हो गई, नौकरी भी लग गई : एक उम्र के बाद शादी सावन बीते मलहार गाना होता है। फ़ौरन तय कर डालिए। या अगर ऐसा कोई मक़सद नज़र में है जिसमें बाल-बच्चे अड़चन बनने का अन्देशा हों तो साफ़ मना कर दीजिए, जैसा खुद हमने किया है। यह बात टाल जाते हैं, कोई जवाब नहीं देते। आप ही ज़रा समझाइए।

—जब वह घड़ी आएगी, संजीदा ने गोया ताबन्दा की वकालत की थी—तो शादी भी हो जाएगी। ऐसी उलझन क्या है, खुद इन्होंने भी कुछ सोचा ही होगा।

—इनकी बातों से तो ऐसा नहीं लगता, बिरजू ने बेतकल्लुफ़ी से अपनी राय दी थी—सोचिए, आपका ब्याह सत्ताईस-अठ्ठाईस साल की उम्र में हुआ था तो कहनेवाले यह कहने से भी नहीं चूकते थे कि अधेड़ उम्र की शादी है! ताबन्दा आज उससे ज़्यादा ही होंगे। या वहाँ विलायत में तो कहीं किसी से कुछ तय नहीं कर आए हैं?

बिरजू ने अपनी दानिस्त में जो बात सौ फ़ीसदी मज़ाक़ में कही थी, वह ताबन्दा की ज़िन्दगी का एक ऐसा रहस्य था जिसे, जहाँ तक भी सम्भव हो सका था, उन्होंने छिपाने की कोशिश की थी। इसे एक विचित्र संयोग ही कहा जा सकता है कि कुछ अर्से पहले जो फ़रीदा के साथ बीत चुका था, उसी से मिलता-जुलता ताबन्दा के साथ भी, उनके विलायत प्रवास के दौरान हुआ था। यानी एक अंग्रेज़ लड़की से इश्क़ जो तब तक शादी की मंज़िल तक नहीं पहुँच पाया था। शादी तब तक नहीं हुई थी मगर जल्द ही होने की उम्मीद थी। ताबन्दा सच्चे दिल से उस घड़ी का इन्तज़ार कर रहे थे जिसे दरअसल अभी आना ही नहीं था। बीच में ऐसे उलझावे और बदलाव

पैदा होने थे कि पाँच-छः साल बाद उन्हें अपने ही मुल्क और खुद से आधी उम्र की एक लड़की से शादी करनी थी। उसी औरत से जो मेरी माँ थी मगर जिसे मैंने पहली बार सन् 72 में देखा था।

(सोचने और होने के बीच, जिस प्रकार का विस्मयकारी सम्बन्ध सामने आता है, शायद वही ज़िन्दगी का तत्व है। अभी बिरजू अपने कहे और ताबन्दा की ज़िन्दगी की असलियत की समानता के बारे में सोचकर हैरान हो रहे हैं, इससे अनजान कि आनेवाला समय खुद उनके साथ क्या नाटकीय व्यवहार करने जा रहा है। उनका ख़्याल, कि दूसरे ज़रूरी कामों की ख़ातिर वह घर नहीं बसाएँगे, ग़लत साबित होनेवाला है! अपनी ज़िन्दगी के अन्तिम दिनों में वह शादी करेंगे, कुछ और नहीं तो अपनी बीमारी से लड़ सकने का साहस ही जुटाने को। उनकी और उनकी पत्नी—एक बाल-विधवा, की उम्रों में बड़ा अन्तर होगा, और बिरजू की अन्तिम दिनों में जागृत हुई सन्तान पाने की इच्छा बहरहाल पूरी नहीं हो पाएगी। यह सब जो मैं यहाँ संक्षेप में दर्ज कर रहा हूँ, खुद मेरा देखा-जाना नहीं है, बल्कि सूचना के रूप में कभी बाद में मुझ तक पहुँचा है।)

—ताबन्दा को लगेगा मैंने आपको कुछ बताया है, संजीदा ने बात साफ़ करने को कहा था—हालाँकि आप मज़ाक़ में कह रहे हैं। अगर आप ही की बात सच मान ली जाए, तब तो आप इन्हें इनके हाल पर छोड़ेंगे? चलिए, मेरी ख़ातिर छोड़ दीजिए।

बिरजू सकपकाए थे, लेकिन फ़ौरन ही उन्होंने खुद पर क़ाबू पा लिया था।

—देखिए! मामले की गम्भीरता को समझकर उन्होंने धीरे से हँसकर कहा था—फिर भी लोग, बक़ौल ग़ालिब, हमें वली नहीं समझते! शायद इसलिए कि अव्वल तो हम बादाख़्वार हैं, ऊपर से हरिजन! मुझे सोज़ साहब ने कुछ नहीं बताया, उन्होंने ताबन्दा को आश्वस्त किया था।

कुछ पल वह किसी सोच में गुम रहे थे।

—इंसान अपने-आप में कोई कम अजूबा है! बिलाख़िर उन्होंने कहा था—क़ौम की हैसियत से जिनसे पिण्ड छुड़ाना चाहता है, एक-से-एक की सतह पर उन्हीं से प्यार कर सकता है। उस प्यार की ख़ातिर बड़ी-से-बड़ी कुर्बानी दे सकता है। इस खूबी की भला कौन क़दर नहीं करेगा। फ़रीदा हुई या आप हुए, डॉक्टर साहब, उम्र की छुट-बड़ाई भूलकर आप लोग मेरे ऐसे दोस्त हैं जिनसे हमेशा मुझे कुछ सीखने को मिलता है। यह एक कड़वी सच्चाई है कि अपने मंसूबों के तहत किसी नतीजे पर पहुँचने के लिए, हमें चीज़ों को जेनरलाइज़ करना पड़ता है। मगर किसी पर्टीकुलर को अलग से समझे बग़ैर, क्या हम उसको, उसकी ज़ात-बिरादरी के जेनरलाइज़ करने का हक़ रखते हैं? नहीं रखते, मगर करना पड़ता है। यह एक सच है और वह एक मजबूरी! आप जो, सोच रहे हैं, न सिर्फ़ मैं उसे समझ सकता हूँ बल्कि पूरी तरह आपके साथ हूँ। कोशिश तो फ़रीदा के सिलसिले में भी हम सबने की, लेकिन

वह मुमकिन न हो सका। उससे भी दिल छोटा करने की ज़रूरत नहीं। हम आपके साथ हैं और दुआ करते हैं कि आपकी खुशी आपको हासिल हो। उसके आगे भी आप हमें खुद से दूर नहीं पाएँगे।

फिर माहौल में घिर आए बोझलपन को तोड़ने के लिए उन्होंने शरारती लहजे में कहा था—वैसे यक़ीन कीजिए, यह जानकर अगर असल खुशी किसी को होगी तो बन्दा अली साहब को! कुछ और नहीं, सिर्फ़ यह महसूस करके कि उनका नस्ल की बरतरी का दावा कितना सही था। फ़रीदा ने किसी को अपने लायक़ समझा तो वह अंग्रेज़, और ताबन्दा को कोई लड़की जँची, तो वह भी अंग्रेज़! उनके लिए यह ख़ानदानी आलापन का सबूत होगा। जिन्नाह साहब से इन दिनों उनका कुछ मनमुटाव चल रहा है, लीग के लाहौर इजलास में भी उन्होंने शिरकत नहीं की। जिन्नाह साहब जिस तरह क़ायदे आज़म का लक़ब इख़्तियार करके मिल्लत के स्याह-सफ़ेद के मालिक बन गए हैं, उससे वह नाखुश हैं। कुछ अख़बारों ने उनके हवाले से ख़बर भी छापी थी।

—यह मनमुटाव कितने दिन का है, ताबन्दा ने रूखे स्वर में कहा था—यह भी सामने आया जाता है। जिस दिन जिन्नाह साहब उनकी तरफ़ देखेंगे, वह लपककर उनकी ख़िदमत बजाने लगेंगे। किसी छोटी-सी बात का बुरा मान गए होंगे, वरना उन जैसे जिन्नाह साहब को चाहनेवाले मुल्क में होंगे कितने!

—जिन्नाह में ऐसी खूबियाँ हैं कि मुसलमानों का नौजवान पढ़ा-लिखा तबक़ा उनका मुरीद होता जा रहा है, बिरजू ने एक ऐसी बात कही थी जो खुलकर सामने आ रही थी—उन्हें लगता है आख़िरकार मुसलमानों को वह लीडर मिल गया जिसकी उन्हें मुद्दत से ज़रूरत थी। यह कोई अन्दर से कांग्रेस का कल्चर जाननेवाला ऐसा नेता ही हो सकता था जो खुद कांग्रेस में रह चुका हो और कांग्रेस की ईंट का जवाब पत्थर से दे सके। ऐसा कर पाना इन मौलानाओं के बूते का थोड़ी है जो थोक से कांग्रेस में भर्ती हैं मगर मसले मुसलमानों के भी नहीं सुलझा पाते। जिन्नाह वह आदमी है जो मुसलमानों के लिए अंग्रेजों का रुख़ भी समझता है और कांग्रेस का रवैया भी। उसे तो खुद कांग्रेसियों ने अपना दुश्मन बनाया है। कांग्रेस का नुक़सान लीग का सबसे बड़ा फ़ायदा साबित हुआ है।

—आप समझते हैं 'लाहौर क़रारदाद' की कोई सियासी अहमियत है? स्वर से ज़ाहिर था कि संजीदा के ख़्याल में ऐसा नहीं था—वही पुराना राग जिसे सुनने में किसी को दिलचस्पी नहीं, फिर से अलापा गया है!

—इस बीच चीज़ें जिस तेज़ी से बदली हैं, वह भी तो सामने है, बिरजू को एहसास हो चला था कि जिस विषय को वह नहीं छेड़ना चाहते थे, किसी तरह छिड़ ही गया था, और उसे अधिक टाल पाना उनके बस में नहीं था—अब कई ऐसे रागों का सुना जाना ज़रूरी हो गया है जो कुछ अर्से पहले तक अनसुने किए जा सकते

थे। पिछले चुनाव ने बहुत सारी पुरानी बातों के मतलब बदल दिए हैं, जिन्हें समझे बग़ैर आगे काम नहीं चल सकता।

—ऐसा नया क्या हो गया? संजीदा बिरजू से पूरी तरह असहमत थे—लीगियों की असलियत ही खुलकर सामने आ गई कि उन्हें कोई अहमियत नहीं देता : न पंजाबी मुसलमान, न बंगाली—कोई भी नहीं!

—आपको लगता है, बिरजू ने गम्भीर स्वर में पूछा था—चुनाव के बाद यूनाइटेड प्रॉविंसेज़ हुकूमत बनाते वक़्त जो सलूक कांग्रेस ने लीगियों के साथ किया वह मुनासिब था?

—उसमें नामुनासिब क्या था? संजीदा ने कड़वे स्वर में कहा था—क्या ज़रूरत थी लीग को हुकूमत में शामिल करने की, जब ख़ुद कांग्रेस को अक्सरियत हासिल थी? कहीं आप भी, लीग के दावे को, कि सूबों में कांग्रेसी हुकूमतों ने मुसलमानों पर दिल खोलकर ज़ुल्म ढाए, सही तो नहीं समझते? ऐसा था तो लीगी आज तक कोई सबूत क्यों नहीं पेश कर पाए?

—देखिए, देखिए!! संजीदा की बात पूरी होते ही, बिरजू हँसने लगे थे—यह एक साथ कई कश्तियों पर सवारी की ख़ालिस कांग्रेसी अदा है। या तो मुद्दों को सख़्ती से उनके तकनीकी ब्रैकग्राउण्ड में देखा जाना चाहिए, या सिर्फ़ जज़्बाती एकता नज़र में रखी जानी चाहिए। ऐसा नहीं कि जहाँ जो रवैया आसान लगा उसे चुन लिया और फिर उसी को सही साबित करने में सारी सलाहियत सर्फ़ कर दी। यह सवाल मैं आपसे करता हूँ कि क्या नुक़सान था अगर लीग का मेम्बर भी हुकूमत में शामिल कर लिया जाता? आख़िर लखनऊ समझौता क्या था? और उस वक़्त यही कांग्रेसी, मुहम्मद अली जिन्नाह, पूरे मुल्क के लिए बड़े हीरो थे। आख़िर कांग्रेस लीग से अपना मुक़ाबला क्यों करती है? कौन-सा हव्वा उसके दिल में बैठा है, और क्यों?

—आप चाहते हैं, संजीदा का स्वर व्यंगात्मक था—कांग्रेस लीग के दावे को मान ले, कि सिर्फ़ वही मुसलमानों की नुमाइन्दगी करती है?

—लीग के दावा करने से हक़ीक़त बदल जाती है क्या? मुसलमानों की आबादी सारे मुल्क में बिखरी हुई है, कहाँ-कहाँ लीग उनकी नुमाइन्दगी करेगी? उसे तो वहाँ भी कामयाबी नहीं मिल पाई जहाँ मुसलमानों की अक्सरियत है। अलग-अलग जगहों पर मुसलमान अलग-अलग इलाक़ाई पार्टियों का साथ देते रहे हैं, वह पंजाब हो, सिन्ध हो या बंगाल। पंजाब के सिकन्दर हयात और बंगाल के फ़ज़लुल हक़ के आगे जिन्नाह की हैसियत क्या है!

—लेकिन वक़्त पड़ने पर सब लीग के साथ हो जाते हैं! सन् 37 के बाद से यही तमाशा तो देख रहे हैं।

—क्योंकि सन् 37 के बाद कांग्रेस ने अपने बर्ताव से लीग के दावों को एक वज़न और मायने दे दिए हैं। इलाक़ाई पार्टियों के दिल में भी कांग्रेस को लेकर

शको-शुबह पैदा हो गए हैं। जिन्नाह का सबसे बड़ा कारनामा यह है कि इस बीच वह पंजाब के सिकन्दर हयात और बंगाल के फ़ज़लुल हक़ को मुस्लिम लीग का साथ देने पर तैयार करने में कामयाब हो गए। यह सिर्फ़ कांग्रेस के ख़िलाफ़ मौक़े का फ़ायदा उठाने की मंशा से किया गया है, क्योंकि असूलन इन लोगों को लीग से कुछ लेना-देना नहीं। वैसे इतना तो एक कम-अक़्ल आदमी भी समझता है कि यूनाइटेड प्रॉविंसेज़ या पूरे मुल्क में लीग को अगर मुसलमानों के सौ फ़ीसदी वोट भी मिल जाएँ—जो मुमकिन नहीं, तो भी वह अपने बूते पर कहीं हुकूमत नहीं बना सकती। कहने को जितनी भी पार्टियाँ हों, सन् 37 में सामने तो आ गया कि किसे वोट मिल रहे हैं। हो सकता है, मुसलमानों के भी उतने ही नहीं मिल रहे हों, मगर आम वोट तो कांग्रेस को ही मिला है, और वही मुल्क में हुकूमत बनानेवाली पार्टी है। किसी और नहीं तो इसी वजह से कांग्रेस को लीग से बर्ताव में बड़प्पन का सबूत देना चाहिए था।

—वहाँ दो क़ौमी नज़रिए की बात की जा रही है और आप कांग्रेस से मुहब्बत और बड़े दिल का तक़ाज़ा कर रहे हैं! संजीदा का स्वर मायूसी-भरा था।

—वह इसलिए, बिरजू ने लहजा बदलकर ठहाका लगाते हुए कहा था—कि कांग्रेस ही है जो ऊँचे आदर्शों की बात करती है! और वही इस पोज़ीशन में है कि एक को अनेक में बँटने दे या सबको एक रखे। लेकिन उसके भी गिनती में जितने दिमाग़ नहीं उतने मुँह हैं। अलग-अलग मुँह, अलग-अलग मौक़ों पर, अलग-अलग बातें कहते हैं और आख़िर में महात्माजी सूरतेहाल को और भी गड़बड़ाते हुए, एक रूहानी उपदेश दे देते हैं!

—मेरे ख़्याल से, संजीदा ने प्रतिरोध किया था—महात्माजी को आप इस सबमें ग़लत ला रहे हैं!

—बुरा न मानिए, बिरजू ने कान पकड़ते हुए कहा था—उन्हें अलग करने के बाद कांग्रेस में बचता कौन है! रहा दो क़ौमी नज़रिया, तो यह कोई क़ायदे आज़म की ईजाद तो है नहीं, मुद्दतों से लोग—हिन्दू भी, मुसलमान भी—इसे दोहराते आ रहे हैं। मेरे ख़्याल से यह सिरे से ग़लत भी नहीं, लेकिन होगा वही जो हिन्दुओं और मुसलमानों के नेता चाहेंगे। अभी एक के दो, या दो के एक, होशियारी से काम लिया गया तो कुछ भी नतीजा निकल सकता है, वरना फिर बिगाड़ के तो सारे आसार नज़र ही आ रहे हैं। धीरे-धीरे ऐसे मुसलमान भी जिन्हें लीग के मंसूबों से कुछ लेना-देना नहीं, खुद को लीग की ही शरण लेने पर मजबूर पाएँगे। लीग जो तसव्वुर मुसलमानों को बेचना चाहती है, अफ़सोस कि कांग्रेस खुद उसमें असलियत का रंग भरने में लगी है : जैसे वह चाहती हो कि उस तसव्वुर को ज़्यादा-से-ज़्यादा क़ीमत अदा करके ख़रीद लिया जाए!

—कांग्रेस या महात्माजी ने कभी दो क़ौमी नज़रिए की ताईद नहीं की, संजीदा

के लहजे से ज़ाहिर था कि वह बिरजू की दलीलों से सहमत नहीं थे।

—हालात बदलने के साथ, धीरे-धीरे वह भी कहने लगेंगे। बिरजू ने सूखी मासूमियत से कहा था—मेरा मतलब है अगर उसकी नौबत आई।

—कांग्रेस ने हमेशा लीग की तरफ़ दोस्ती का हाथ बढ़ाया है, और आपसी ग़लफ़हमियाँ दूर करने की कोशिश की है। जब लीग उस हाथ को थामने से ही इंकार करे तो क्या किया जा सकता है! संजीदा ने नागवारी से कहा था।

—दोस्ती का हाथ मुहावरे में बढ़ाया जाता है, और बात मुहावरे की ही हो, तो हो सकता है कांग्रेस ऐसा कर रही हो! वैसे मुझे वहाँ भी नज़र नहीं आता। उसकी दिलचस्पी लीग को यह महसूस कराने में है कि वह कितनी बेऔक़ात है और कुछ पैसेवाले पढ़े-लिखे लोगों के अलावा आम मुसलमानों से उसे कुछ लेना-देना नहीं। माना कि लीग जनता की पार्टी नहीं है—कम-से-कम सन् 1937 तक तो नहीं ही थी—मगर यह भी तो सच है कि बहुत सारे ग़रीब मुसलमान, मदद के लिए कांग्रेस के बजाए मुसलमान ज़मींदारों की तरफ़ देखते हैं, और वह ज़मींदार, अपनी हिफ़ाज़त की उम्मीद मुस्लिम लीग से करते हैं। आप दोस्ती की बात कर रहे हैं मुझे तो दुश्मनी और अदावत ही नज़र आती है। अब यही, मौलाना आज़ाद ने जो जमीयतुल उलेमा को लीग से तोड़ने का कारनामा अंजाम दिया है, उससे जिन्नाह के दिल पर क्या गुज़री होगी! मौलाना आज़ाद हमेशा के लिए उनकी नफ़रत का निशाना बन गए।

—उनकी नफ़रत का निशाना बनने से कौन बचा है। हाँ, हकीब साहब या डॉक्टर अंसारी जैसे लोग होते तो जिन्नाह साहब और उनके साथी ज़बान को लगाम देने पर मजबूर होते। अफ़सोस कि उनके साथ-साथ पूरा एक दौर ही बीत गया। असलियत खो गई, महज़ परछाइयाँ रह गईं, संजीदा का स्वर गहरे मलाल में डूबा था—मौलाना आज़ाद ने जमीयतुल उलेमा को कांग्रेस के साथ आने पर मजबूर तो नहीं किया, और जमीअत के अलावा भी अहरार और कितनी ही मुसलमानों की तंज़ीमें हैं जो लीग के ख़िलाफ़ रही हैं और आज भी हैं। सरहद के सूबे में ख़ान अब्दुल गफ़्फ़ार ख़ान और डॉक्टर ख़ान साहब हैं जो उतने ही कांग्रेसी हैं जितने जवाहरलाल नेहरू या कोई दूसरा हो सकता है। कांग्रेस की हिन्दू और मुसलमान को एक समझने की इससे बड़ी मिसाल क्या हो सकती है कि आज इण्डियन नेशनल कांग्रेस के सदर एक मुसलमान, मौलाना अबुल कलाम आज़ाद ही हैं।

—इसी को मैं कांग्रेसी या गाँधियाई करिश्मा कहता हूँ! बिरजू के स्वर में व्यंग्य अधिक तीखा हो गया था—अब अगर मुस्लिम लीग के सदर क़ायदे आज़म अली जिन्नाह हैं, तो कांग्रेस के प्रेज़ीडेंट, इज़्ज़तमआब मौलाना अबुल कलाम आज़ाद साहब! उधर भी मुसलमान, इधर भी मुसलमान। भला-बुरा, जो भी हो, आगे सब मुसलमानों का ही किया-धरा कहलाएगा। न जिन्नाह यह मानने को तैयार कि पंजाब और बंगाल के इलाक़ाई लीडर्स इस ख़ातिर उनके साथ हैं कि लीग की माँगों से

अपने इलाक़े में उनकी पोज़ीशन और मज़बूत हो जाएगी, न मौलाना आज़ाद यह समझने को तैयार कि मौजूदा सूरतेहाल में उन्हें महज़ जिन्नाह की शह से बचने के लिए कांग्रेस प्रेज़ीडेंट बनाया गया है।

संजीदा कुछ पल को खामोश रहे थे। शायद वह फिर किसी पुरानी याद की, वजूद में कहीं गहरे बैठी, दस्तक पर कान लगाने की कोशिश करने लगे थे : वह वक़्त और ज़माना जब देश में हिन्दू और मुसलमान, दोनों की एक राजनीति थी और वह लोग जिन्होंने उस मक़सद के लिए अपना सब कुछ कुर्बान कर दिया था। दुख उन्हें यह था कि ऐसे लोगों का होना—क्योंकि मौजूद तो वह अब भी बड़ी संख्या में थे, धीरे-धीरे बेमतलब होता जा रहा था। वह मुस्लिम लीग की गतिविधियों या लाहौर घोषणापत्र को सचमुच महत्व नहीं देते थे। उन्हें लीग के मुसलमानों की प्रतिनिधि जमात होने के दावे पर भी कड़ी आपत्ति थी और वह उसे अन्य पृथकतावादी संगठनों में शुमार करते थे। देश की नुमाइन्दगी का दावा, वह मानते थे, कांग्रेस के अलावा और कोई जमात नहीं कर सकती थी। साथ ही पृथकतावादी दलों के बढ़ते असर से वह चिन्तित हुए बिना भी नहीं रह पाते। आसपास की दुनिया में एक ऐसे बदलाव का एहसास उन्हें रह-रहकर परेशानी में डाल जाता था जिसके नतीजे समाज में जो अच्छे थे वह कमज़ोर होते जा रहे थे और जिनमें कोई खूबी नहीं थी, उनकी ताक़त में तेज़ी से इज़ाफ़ा हो रहा था। इस बदलाव के लिए वह खुद को और अपने हमख़्याल लोगों को पूरी तरह गर्दानते थे।

—जब आप, उन्होंने बेमन से कहा था—मेरे सोचने-समझने के आगे ही सवालिया निशान लगा रहे हैं, तो मैं क्या कहूँ! कांग्रेस आपकी नज़र में हर जगह ग़लत है और लीग से आपको हमदर्दी है। आपको अपनी बात पर यक़ीन है। यह अन्दर की बातें, बी. लाल अमर साहब! उन्होंने हल्के से चुटकी ली थी—कि कांग्रेसी क्या सोच और प्लान कर रहे हैं, और मुस्लिम लीग के क्या इरादे हैं, कौन सही है और कौन ग़लत, न तो मैं आपकी तरह जानता और न, चाहूँ तो भी जान पाऊँ! हाँ, मुझे इतना यक़ीन है कि आनेवाला वक़्त आपके अन्देशों को ग़लत साबित करेगा, और मुस्लिम लीग और जिन्नाह साहब को अपनी पॉलिसी बदलने पर मजबूर होना पड़ेगा!

—मेरी मंशा किसी को सही या ग़लत साबित करने की नहीं, बिरजू ने आजिज़ी से कहा था—क्योंकि मेरे कह देने से चीज़ें नहीं हो जाएँगी। मौजूदा हालात में क़ायदे आज़म की भी जीत तो तब होती जब वह लाहौर इजलास में मुल्क की एकता क़ायम रखने की क़रारदाद मंज़ूर करवा पाते! जो रेज़लूशन पास हुआ है उससे तो उन ही लोगों का रास्ता आसान हुआ है जो मियाँ-भाइयों से पीछा छुड़ाना भी उतना ही ज़रूरी समझते हैं जितना अंग्रेज़ों से आज़ादी हासिल करना। इस पर लीगियों का खुश होना समझ में नहीं आता। लीग के दिल में कांग्रेस का हव्वा बैठना मुझे फिर भी हैरान नहीं करता, कोई चीज़ हैरान करती है तो कांग्रेसियों की नासमझी। उनकी बदगुमानी कि

मुल्क की एकता क़ायम रखते हुए भी वह मुसलमानों या मुस्लिम लीग की परवाह किए बग़ैर अपनी हुकूमत बना सकते हैं। जब ऐसा हो सकता है तो फिर मुल्क की सियासत में उन्हें रिआयत क्यों दी जाए! हो गई ना कांग्रेस एक हिन्दू पार्टी, जिसमें मौलाना आज़ाद तो छोड़िए, सुभाषचन्द्र बोस तक के लिए कोई जगह नहीं! दो-क़ौमी नज़रिया अपनी आँखों के सामने आप पलकर बड़ा होता, क्या पूरे वक़्त देखते नहीं रहे हैं। चौधरी रहमत अली हों, इक़बाल हों, लाहौर क़रारदाद हो या गोलवलकर का तसव्वुर और सावरकर का कहा और लिखा हुआ—आपके लफ़्ज़ों में, एक पुराना राग, जो मेरे ख़्याल से ख़तरनाक रोग बन चुका है। कितनी ख़ामोशी से जिन्नाह का इल्ज़ाम कि मिस्टर गांधी उस आदर्श को ही जिसके लिए कांग्रेस वजूद में आई थी, बरबाद करने पर तुले हैं, सच होकर सामने आता जा रहा है!

—मुझे नहीं मालूम, संजीदा ने बेज़ारी से कहा था—अभी आपने जिन-जिन लोगों के नाम गिनवाए उनका महात्माजी से क्या ताल्लुक़ है। वैसे आपके कहे से मैं माने लेता हूँ कि जिन्नाह साहब बिल्कुल धुले-पुछे और बेक़सूर हैं और सारी ग़लती कांग्रेस और महात्माजी की ही है! वह शिया और सुन्नी फ़साद हों, कानपुर की मस्जिद और लाहौर के गुरुद्वारे का झगड़ा हो, जो भी ग़लत हो रहा है, महात्माजी के चाहे से हो रहा है! यह मनवाकर आप मुझे चुप करना चाहते हैं, तो मैं चुप हुआ जाता हूँ!

कुछ देर बाद बिरजू की खुशदिली दोबारा लौटी थी और वह ताबन्दा की तरफ़ देखते हुए ठहाका लगाकर हँस दिए थे।

—कैसी बात करते हैं आप भी! उन्होंने मुलायम स्वर में संजीदा से कहा था—ख़ामोश मेरी बात से आपके दुश्मन हों। मेरी मंशा आपका दिल दुखाना थोड़ी है, मैं तो वह कह रहा हूँ जो मेरी समझ में आता है, या आगे जो बुरा होने का अन्देशा पैदा करता है। मैं भी यही दुआ करूँगा कि यह सारे अन्देशे ग़लत साबित हों और न सिर्फ़ जिन्नाह साहब और मुस्लिम लीग अपनी पॉलिसी बदलने पर मजबूर हों बल्कि कांग्रेसी भी हालात को समझते हुए वह सब करें जिसमें मुल्क की बेहतरी हो। दुआ करूँगा, यह जानते हुए भी कि दुनिया के मसले दुआओं से हल नहीं हो सकते। अभी अगर आपकी इजाज़त हो तो डॉक्टर साहब की ज़बानी लीग के लाहौर इजलास का अहवाल सुन लिया जाए, क्योंकि वहाँ न तो आप मौजूद थे, न मैं : हमें जो कुछ मालूम है, वह सब अख़बारी है। तो साहब, उन्होंने ताबन्दा से बात का सिलसिला शुरू किया था—क्या फ़रमाते हैं उलेमा-ए-दीन? कुछ दमख़म है लीगियों के दावों में कि इजलास में लाखों लोगों ने दम-बखुद होकर क़ायदे आज़म की घण्टों लम्बी अंग्रेज़ी तक़रीर सुनी? गहरे सन्नाटे में! सन्नाटा इसलिए तो नहीं था कि अंग्रेज़ी समझनेवालों का अकाल था? क़ायदे आज़म जो मिल्लत और उर्दू के मुहाफ़िज़

और अलमबरदार बन गए हैं, खुद तो उर्दू का एक जुम्ला बोल नहीं सकते, मगर लाखों अनपढ़ लोगों पर उन्होंने क्या जादू कर दिया कि सब दम-साधे बैठे रहे? या जिन्नाह साहब और लीग की करामत से ऐसा तो नहीं हो गया कि हर मुस्लिम लीगी अंग्रेज़ी समझने लगा? ऐसा है तो फिर इससे बड़ा कारनामा क्या हो सकता है! फिर तो अजब नहीं कि जल्द ही मुल्क के मुसलमान अरबी, फ़ारसी और उर्दू को अपनी ज़िन्दगी से ख़ारिज करके, अंग्रेज़ी को मादरी ज़बान तसलीम कर लें! अतातुर्क ने अरबी से पिण्ड छुड़ाकर रोमन स्क्रिप्ट अपनाया था, ज़बान तुर्की ही रखी थी, मगर यह होगा ऐसा कारनामा जो हिन्दुस्तानी मुसलमानों को अंग्रेज़ों और अमरीकनों के हम-पल्ला कर देगा! आप तो हँस रहे हैं, साहब कुछ बताइए।

—बिरजू चाचा, ताबन्दा ने भी उनकी बात का जवाब खुश-मज़ाक़ी से दिया था—अपनी बात कहने में क़ायदे आज़म भी आपसे जीत थोड़ी सकते हैं! जिसमें चाहते हैं आप जान डाल देते हैं, जिसकी तबीयत होती है, रूह क़ब्ज़ कर लेते हैं।

—मैंने कौन-सी यक़ीन न कर सकनेवाली बात कह दी? जो अख़बारों में पढ़ता रहा हूँ, या लोगों की ज़बानी जानने का मौक़ा मिला है, उसी के बारे में आपसे तसदीक़ कराना चाहता हूँ।

—सदाक़त भी शायद आप मुझसे बेहतर ही जानते हों, ताबन्दा ने गर्दन हिलाते हुए कहा था—बहरहाल यह सच है कि मैं उस इजलास का चश्मदीद गवाह हूँ। पंजाब और ख़ास तौर पर लाहौर में कोई उससे अनछुआ रह ही नहीं सकता था। ऐसा लगता था वहाँ कुछ दिनों के लिए बाक़ी तमाम काम-काज रुक गए थे। कई लाख नहीं तो भी मिंटों पार्क में बहुत बड़ा मजमा था, जिनके बीच शहंशाहों जैसी अचकन, चूड़ीदार पाजामा और कारचोबी सलीमशाही जूते पहने, फ़र की टोपी लगाए जिन्नाह साहब मौजूद थे। यह पोशाक उन्होंने पिछले सालों से अपनाई है, ख़ास मौक़ों के लिए, जाने क्या सोचकर। शायद वह भी मुसलमानों को शहंशाहों से अलग करके नहीं सोच पाते। तम्बुओं के आलीशान फैलाव में वह किसी बादशाह की तरह तख़्त पर बैठे थे, और यह सोच पाना मुश्किल था कि यह वही मुहम्मद अली जिन्नाह हैं जिनका, कुछ वक़्त पहले तक, थ्री-पीस सूट, टाई और बूट के बिना क़रीबतरीन लोगों को भी दीदार हो सकना नामुमकिन था। क्रेविन-ए सिगरेट के कश खींचते हुए उन्होंने धुआँदार अंग्रेज़ी में, कुछ नहीं तो दो घण्टे तक बिना रुके तक़रीर की थी और मजमा तिलिस्म में बँधकर, उनकी आवाज़ सुनता रहा था। सचमुच, लग रहा था जैसे उनका कहा समझ भी रहा हो! वह बोलते रहे थे और क़दमों में बहन, फातिमा जिन्नाह बैठी रही थीं—किसी दूसरे की उन तक रसाई नहीं थी। लीग के नेशनल गाडर्स का पहरा था और मजमे के, क़ायदे आज़म ज़िन्दाबाद और कांग्रेस और दुनिया की बाक़ी तमाम चीज़ें मुर्दाबाद के नारे थे। तीन दिन का इजलास था और उसके लिए बहुत बड़े पैमाने पर तैयारी की गई थी। ऐसा माहौल बन गया

था कि जो मुतलक़ भी अंग्रेज़ी नहीं समझते थे उनकी ज़बान पर भी क़ायदे आज़म ज़िन्दाबाद के सिवा, कुछ आता ही नहीं था। पैसे और मालो-दौलत की नुमाइश थी, शानो-शौकत में उसकी टक्कर मुग़ल दरबार से ही बैठती होगी! जिन्नाह साहब की पर्सनाल्टी, वकीलोंवाली समझदारी और तक़रीर करने की सलाहियत से कौन इंकार कर सकता है, सब ही मानते हैं कि उनमें एक ख़ास तरह की कशिश है। उन्होंने कांग्रेस और महात्मा गांधी का जिस तरह बखिया उधेड़ा समझ सकनेवालों को मज़ा आ गया। एक आम राय यही थी कि कांग्रेस की पोल खोलकर रख दी। आगे जो भी हो लेकिन लाहौर इजलास मुस्लिम लीग की बड़ी कामयाबी है।

शायद शादी का गम्भीर विषय टल जाने से राहत महसूस करके ताबन्दा ने लाहौर इजलास की सारी रूदाद एक साँस में ही सुना डाली थी।

यह ढका-छिपा नहीं था कि अपने चचा, संजीदा सोज़ ही की तरह, वह भी एक पक्के कांग्रेसी विचारधारा के व्यक्ति थे और इसी कारण उन्होंने पार्टीशन के समय अपने परिवार के साथ, लाहौर छोड़कर भोपाल आने का फ़ैसला किया था। परिवार का मतलब पत्नी और निकट भविष्य में मेरी माँ, ताहिरा शेख़ और आयशा बुआ। ताहिरा का परिवार पंजाब की यूनियनिस्ट पार्टी और सिकन्दर हयात, और सिकन्दर हयात से पहले फ़ज़ले हुसैन का ख़ास समर्थक था, और बदलते हालात में उसने ख़िज़र हयात टिवाना और मुस्लिम लीग का साथ देने में भलाई समझी थी। फ़ज़ले हुसैन और सिकन्दर हयात अगर नाज़ुक वक़्तों में अचानक दुनिया से न उठ गए होते तो कौन जाने आज हमारे देश का इतिहास क्या होता!

ताबन्दा ने ससुराल के समझौते को क़बूल करने से इंकार कर दिया था। ऐसा करते हुए उन्होंने अपने अज़ीज़ दोस्त और ताहिरा के बड़े भाई, डॉक्टर इमाम क़ादर की, जो न सिर्फ़ उनके क्लासफ़ैलो थे, बल्कि जो उनकी ताहिरा से शादी के ज़िम्मेदार भी थे, राय मानने से इंकार कर दिया था। लाहौर छोड़ते वक़्त उन्हें अपनी बा-रसूख़ ससुराल से झगड़ा मोल लेना पड़ा था और फिर ज़िन्दगी-भर उसकी क़ीमत चुकानी पड़ी थी। क़ीमत चुकानी पड़ी थी या सज़ा भुगती थी, काश इस बारे में कभी उन्होंने मुझसे कुछ कहा होता! औलाद पैदा करके पत्नी मायके, जो यहाँ दूसरा मुल्क था, चली जाए और जाते वक़्त उसकी फ़रमाइश पूरी करते हुए पति उसे तलाक़ भी दे दे, ताकि वह अपने मुल्क और घर में उस आदमी से ब्याह रचा सके जिससे पहले उसे प्यार था, और दूसरी ओर बेटे तक को इस असलियत की ख़बर न हो सके! ताबन्दा जब इस पल संजीदा और बिरजू के सामने लाहौर इजलास का हाल खुलकर बयान कर रहे हैं तो मेरे लिए यक़ीन कर पाना असम्भव है कि यह वही व्यक्ति है जो लम्बे समय तक मेरे साथ रहा—धीरे-धीरे, मुझसे ही नहीं दुनिया में सबसे कटकर, दूर और अकेला होते हुए।

ताबन्दा जब आँखों देखा हाल सुना रहे थे तो उसमें दूर-दूर तक लीग से किसी

प्रकार की हमदर्दी नहीं थी, और न ताबन्दा को इसकी परवाह कि उनकी बातों से कोई कम-अक़्ल उन्हें लीग का समर्थक समझ सकता है।

शायद संजीदा का मिज़ाज ही इस तरह का था : अपनी ज़िन्दगी में एक ख़ास उम्र तक वह सोचते रहे कि उन्हें सब समझते हैं, समझने में ग़लती कर ही नहीं सकते। फिर एकाएक महसूस हुआ कि उन्हें कोई नहीं समझता, न खुद अपने-आप को किसी को समझा सकते। आधी ज़िन्दगी उन्होंने मेहनत करके पुल बनाने में सर्फ़ की, और बाक़ी आधी उन्हीं पुलों को तोड़ फेंकने में। दुख यह कि अधिकांश बातें तब समझ में आती हैं जब न तो हम उनमें कुछ जोड़ सकते और न ही घटा।

—यह सब तो हम लोग, संजीदा ने ऊब और बेज़ारी पर पर्दा डालने की नाकाम कोशिश करते हुए कहा था—अख़बारों में नमक-मिर्च और तस्वीरों के साथ देखते ही रहे हैं। बातें तो घुमा-फिराकर जिन्नाह साहब ने लाहौर क़रारदाद में वही शामिल कराईं जिनका ब्लू-प्रिंट पहले चौधरी रहमत अली और दोस्तों ने बनाया था। अब तो खुलकर कहा जा रहा है कि मुस्लिम लीग पाकिस्तान लेकर रहेगी।

—ऊपर से महात्माजी ने भी हाथ उठा दिए हैं। बिरजू के स्वर में व्यंग्य ज्यों-का-त्यों था—उनके पास ऐसा कोई तरीक़ा नहीं कि वह मुल्क के आठ करोड़ मुसलमानों को पुरअमन तरीक़े से यह मानने पर मजबूर कर सकें कि मुल्क सबसे अव्वल है। मुसलमानों को भी हिन्दुओं ही की तरह पूरी तरह यह हक़ हासिल है कि वह खुद तय करें उन्हें क्या करना चाहिए! अभी तक मुल्क की हैसियत एक ज्वाइंट फैमिली-सी रही है और उसका कोई भी मेम्बर बँटवारे के तक़ाज़े का हक़ रखता है!

—आप 'हरिजन' में महात्माजी का लिखा कोट कर रहे हैं? संजीदा ने पूछा था।

—बजा फ़रमाया, बिरजू ने उनकी ओर मानीख़ेज़ ढंग से देखते हुए कहा था—'हरिजन' से ही कोट कर रहा हूँ।

—रहमत अली की स्कीम में, ताबन्दा ने मासूमियत के साथ एक सवालिया बात उठाई थी—'पाकिस्तान' में मुसलमान-बंगाल की तो कोई जगह ही नहीं है! पंजाब, अफ़ग़ान, कश्मीर और सिन्ध हैं, मगर बंगाल के हर्फ़ 'बी' का 'पाकिस्तान' में अता-पता ही नहीं! क्या पश्चिम के मुसलमान अपने पूर्वी भाइयों को भी, हिन्दुओं से अलग, अपनी क़ौम का हिस्सा नहीं मानते? इसके बावजूद कि मुस्लिम लीग की बुनियाद ही कभी ढाका में रखी गई थी? जब उनकी पहचान का हर्फ़ तक 'पाकिस्तान' में शामिल नहीं, तो यह बंगाली मुसलमान क्यों, दीवानों की तरह, उसके बनवाने की माँग में आगे-आगे हैं?

कुछ मासूम सवाल ऐसे होते हैं जिनकी गम्भीरता का एहसास फ़ौरन नहीं हो पाता। ताबन्दा जो कह रहे थे वह एक ऐसी कड़वी सच्चाई थी जिसे आगे, क़िस्तवार सामने आना था : तब तक, जब दिसम्बर 1971 में पूर्वी पाकिस्तान को अपने पश्चिमी हिस्से से टूटकर, बँगलादेश नाम का एक नया मुल्क न बन जाना था। पंजाबियों और

बंगालियों को भी, एक मज़हब के होते हुए, एक बदले ज़माने में, तुर्कों और अरबों ही की तरह एक-दूसरे से अलग होना था। वह ज़माना मेरी आँखों में तैर जाता है जब पाकिस्तानी फ़ौज़ के सिपाहियों की एक बड़ी तादाद ने, भारतीय सेना के सामने हथियार डाले थे। और उस दौरान ताबन्दा की हालत...

पहले फ़रीदा फफू और उसके बाद बन्दा अली ख़ान के दुनिया से उठने के बाद, अब्बा को दुनिया से दिलचस्पी नहीं रही थी, और वह खुद के भीतर सिमटने के बहाने तलाश करते रहे थे। हद यह कि पाकिस्तान से आनेवाले उनके सगे भाई-बहनों से समय-समय पर भेंट भी उन्हें उस कवच से बाहर लाने में सफल नहीं हुई थी जो उन्होंने खुद पहन रखा था। उनकी एकमात्र दिलचस्पी होम्योपैथी के इलाज में केन्द्रित हो गई थी, और वह मोटी-मोटी किताबों और दवाओं में घिरे रहते थे। हमारे घर का बड़ा ड्राइंग-रूम और दो अन्य कमरे उनकी इस व्यस्तता में घिर गए थे। तब पहाड़ का यह बँगला जो अब शहर के बीचोबीच है, लोगों को बहुत दूर लगता था, इसलिए उनके पास पहुँचने की मशक़्क़त वह मरीज़ ही गवारा करते थे जिन्हें अन्य सब तरफ़ से मायूसी हाथ लग चुकी हो। अपने मरीज़ों की 'हिस्ट्री' की मोटी-मोटी फ़ाइलें थामे, वह उनके लिए अपने पैसों से बाहर से दवाएँ मँगवाते थे और कभी-कभी गम्भीर रूप से बीमार लोगों को खुद अपनी कार में, दिन में दो-दो, या इससे ज़्यादा बार भी, देखने जाते थे। उनकी खुराक इतनी कम हो गई थी कि मेरे लिए उनका शारीरिक स्वास्थ्य एक अचम्भे का विषय था। यही हाल नींद का था और वह बमुश्किल दो-तीन घण्टे बिस्तर पर लेटते थे। मेरी पढ़ाई-लिखाई और बड़े होने के साथ की अन्य ज़रूरतों का ज़िम्मा क्योंकि शुरू से फ़रीदा फफू और आयशा बुआ का रहा था, तो उन लोगों के गुज़र जाने के बाद न सिर्फ़ यह कि अब्बा ने खुद इसमें दख़ल नहीं दिया था बल्कि जब कुछ अन्य लोगों ने ऐसा करना चाहा था, तो उन्हें सख़्ती से मना कर दिया था। मैं यह नहीं कहना चाहता कि उन्हें मेरी कोई परवाह नहीं थी या वह मेरी तरफ़ से बेख़बर रहे होंगे, मगर महसूस यही होता था। अपनी तरफ़ से मैं उन्हें सब कुछ बताने की कोशिश करता था—पहले स्कूल और फिर कॉलेज, और उसके आगे भी जो मेरी करने की ख़्वाहिश थी, और जो नहीं हो सका। उनकी ज़िन्दगी में मेरी पहली कहानी, मेरी तस्वीर और परिचय के साथ छपी थी, और उत्साह में मैंने उन्हें वह पत्रिका दिखाई थी : उनकी आँखों की वह चमक मुझे याद है जो पत्रिका के पन्ने पलटते आ गई थी। वह देवनागरी मुश्किल से पढ़ पाते थे, इसलिए खुद उनके पढ़ सकने का अवसर नहीं था। दबे शब्दों में उन्होंने मुझसे कभी पढ़कर सुनाने को कहा था, जो मुझे औपचारिकतावश लगा था, और मैंने गम्भीरता से नहीं लिया था। उन्होंने कहानी का शीर्षक पूछा था जो, 'रहने की जगह', मैंने उन्हें बता दिया था। एक आदमी, अकेला शराबख़ाने में। ज़्यादा शराब पी चुकने के बाद। शराबख़ाना बन्द किया जाना है, उससे घर जाने को कहा जाता है। वह कड़वाहट को मीठा करने की कोशिश करते, कहता है—'मेरे पास जाने को कोई

जगह नहीं है!' कहानी जो लम्बी थी, उसका सार मैंने उन्हें इन शब्दों में कह सुनाया था।

वह मेरे दोस्तों को घर आते-जाते देखते थे। ऊपरी मंज़िल पर हम लोग पूरी आज़ादी से जो चाहें करते थे। उन्होंने मुझसे कभी नहीं पूछा कि मैं शराब पीता हूँ या नहीं, खुद मैंने उन्हें कभी पीते हुए नहीं देखा। एक ही चीज़ थी जिसके प्रति अपनी ना-पसन्दीदगी उन्होंने खुलकर बता रखी थी : धार्मिक ग्रन्थ और धर्म-स्थलों की तस्वीरें! हमारे घर में कोई मज़हबी किताब या किसी तीर्थ-स्थान की तस्वीर लगाने की, उनकी ओर से, मनाही थी। मैंने उन्हें कभी मस्जिदों में जाते, रोज़ा रखते या नमाज़ पढ़ते भी नहीं देखा था। फिर क्या था कि पूर्वी पाकिस्तान से बँगलादेश बनने के सफ़र ने उन्हें गहरे आतंक से भर दिया था और वह लगातार रेडियो और ख़बरों के क़ैदी होते गए थे? मुक्तिवाहिनी, मौलाना भाषाणी, मुजीबुर्रहमान, जनरल याहिया ख़ान, भुट्टो, जनरल टिक्का ख़ान, जनरल अरोड़ा, जनरल न्याज़ी। 'चौदह दिवसीय युद्ध' शुरू होने से महीनों पहले ही साफ़ होने लगा था कि बँगलादेश एक ऐसी असलियत है जिससे पाकिस्तान भी इंकार नहीं कर सकता। मगर अब्बा गहरे काले सायों में खोते गए थे—हद तो यह कि उन्होंने अपने मरीज़ों में भी दिलचस्पी लेना बन्द कर दिया था।

पाकिस्तानी फ़ौज के आत्मसमर्पण के अगले रोज़—17 दिसम्बर, जुमे के दिन, सुबह दस बजे की बात थी, जब मस्जिद बन्दा अली ख़ान के ऊँचे मीनारे से लोगों ने ताबन्दा अली ख़ान को पूरी ताक़त से बेवक़्त अज़ान देते देखा और सुना था। आसपास के लोग मस्जिद के सेहन में जमा हो गए थे और मीनार का दरवाज़ा, जो ताबन्दा अपने पीछे बन्द कर गए थे, खोल सकने की तदबीर सोच ही रहे थे कि उन्हें मीनार से नीचे कोई काली परछाईं तैरती महसूस हुई थी, और उसके बाद वह ज़ोर की आवाज़! सँभलकर देखने पर उन्हें मस्जिद के ठण्डे फ़र्श पर ताबन्दा अली दम तोड़ते नज़र आए थे।

खुद मैं उन्हें हॉस्पिटल में ही देख पाया था, जहाँ शायद जान बचा सकने की उम्मीद में, उन्हें मस्जिद के सेहन से उठाकर ले जाया गया था।

कुछ बातें ऐसी थीं जिनके ताबन्दा सख़्ती से पाबन्द थे, और वह घरेलू कपड़े पहनकर घर के बाहर नहीं निकलते थे। फफू अपनी ज़िन्दगी में उन्हें इस पर यह कहकर छेड़ा भी करती थीं कि क़ायदे आज़म से तुमने भी तो कुछ सीखा है।

हॉस्पिटल में उनका मुर्दा जिस्म, बहरहाल, सोने के कपड़ों में था।

मैंने अब्बा के सारे भाई-बहनों को नहीं देखा, और एक समय तक तो सिर्फ़ उन्हीं को देखा था जो बँटवारे के समय पाकिस्तान नहीं गए थे। खुद मेरा जन्म सन् 1948, यानी देश की आज़ादी और बँटवारे के बाद, भोपाल में हुआ था। मेरे सबसे छोटे

चचा, मंशा अली ख़ान मुझसे ग्यारह-बारह वर्ष बड़े थे। उन्हीं को अपनी अट्ठारहवीं सन्तान के रूप में जन्म देते हुए मेरी दादी, माहरू ज़मानी का देहान्त हुआ था।

मंशा अली अपंग थे। उनके पैर पोलियोग्रस्त थे, और एक जगह से दूसरी जगह उन्हें उठाकर ले जाया जाता था। बाद में अब्बा ने उनके लिए एक ख़ास डिज़ाइन की तिपहिया साइकिल बनवा दी थी जिस पर बैठकर वह एक सीमा के भीतर घूम-फिर सकते थे। वह हाफ़िज़ थे और जमाल महल के उस हिस्से में रहते थे जहाँ दवाख़ाना-ए-ज़िन्दा तिलिस्मात की दवाएँ तैयार की जाती थीं। एक तरह से बन्दा अली ख़ान ने उन्हें दवाएँ बनवाने का ज़िम्मा सौंपा हुआ था। प्रेमलाल देहलवी और उनका बेटा, सुन्दरलाल तब तक गुज़र चुके थे, और प्रेमलाल का पोता, सोहनलाल देहलवी दिल्ली में अंग्रेज़ी दवाओं की कम्पनी, मातरम् फ़ार्मा शुरू कर चुका था। इसमें उसे बन्दा अली का पूरा आशीर्वाद भी प्राप्त था।

खुद बन्दा अली ख़ान की हैसियत उस समय तक सिमटकर एक यूनानी तबीब की ही रह गई थी। बीते ज़माने और उसकी राजनीति में उनका क्या महत्व रहा था, यह जाननेवाले कम रह गए थे। लोगों की भूल में ही उन्हें अपनी भलाई महसूस होती थी। अगर कोई ठीक आज़ादी के बाद और बँटवारे के समय के जमाल महल का दृश्य उन्हें याद दिलाने की कोशिश करता, तो कुछ अपने कम सुनने का फ़ायदा उठाते हुए, और कुछ वैसे ही, वह उसे इस तरह अनसुना कर देते जैसे फ़र्ज़ी और मनगढ़न्त बात हो। इसके सिवा कोई चारा नहीं था। असलियत यह थी कि आज़ादी के बाद बँटवारे के नतीजे में हुए ख़ून-ख़राबे से लेकर जब तक कि रियासत भोपाल का औपचारिक विलीनीकरण नहीं हो गया, जमाल महल फ़सादों में लुटे मुसलमानों की एक पनाहगाह बना रहा था। आसपास के इलाक़ों से जो लुटे-पिटे मुसलमानों के क़ाफ़िले भोपाल पहुँचे थे, उनमें से बड़ी तादाद के खाने-पीने और रहने-सहने की व्यवस्था जमाल महल में की जाती थी। उस दौरान वहाँ पूरे वक़्त पाकिस्तान का झण्डा लहराता रहा था, और मुस्लिम लीग के सशस्त्र वर्दीधारी, नेशनल गाडर्स का पहरा रहा था।

उस समय तक, जब की मैं बात कर रहा हूँ, बन्दा अली ख़ान के दवाख़ाने की भी वह शोहरत और बिक्री नहीं रही थी। न रिसालों-अख़बारों में विज्ञापन थे न दवा बेचनेवालों की तरफ़ से माँग। ख़ास-ख़ास लोगों की फ़रमाइश पर ही क़ीमती दवाएँ तैयार की जाने लगी थीं। कभी-कभी ख़ास दोस्तों की मेहमाननवाज़ी, उनके सम्मान में मुशायरे और जलसे, हकीमों के सम्मेलन या उर्दू की तरक़्क़ी को लेकर महफ़िलें और तक़रीरें, अब भी थीं। दवाख़ाने के असबाब भी वही सब थे : वही फैलाव जो किसी समय हुआ करता था। कुश्ते, माजून, ख़मीरे, गोलियाँ, पीने की दवाएँ, शर्बत—बनते अब भी सब रहते थे। जड़ी-बूटियों को सेहन में फैलाकर धूप दी जाती थी। लवे, तीतर, बटेर जंगल से पकड़कर लानेवाले बँधे हुए थे। इन परिन्दों

के उबाल-जोश को कुछ दवाओं के लिए इस्तेमाल किया जाता था। बकरे मेवे और दवाएँ खिला-पिलाकर पाले जाते थे, और फिर उनका गोश्त, अन्य दवाओं के साथ डिस्टिल करके, उसका जोश निकाला जाता था। इसके लिए बड़ी-बड़ी देग़ें चूल्हों पर चढ़ाई जाती थीं और भाप को नलियों में पानी से ठण्डा करके, दोबारा जोश की भाप को पानी किया जाता था। चाँदी और सोने के वर्क़ कुटते रहते थे। क़ीमती मोती खलर में घोंटे जाते थे। कुछ दवाओं और जड़ियों को लम्बे-चौड़े आँगन में ही खेती करके उगाया जाता था। दरअसल जमाल महल का वह हिस्सा, जहाँ दवाएँ तैयार की जाती थीं, काफ़ी भुतहा-सा और डरावना लगता था। और उसके बीच या तो खलर घोंटते, हावन-दस्ता कूटते, या फिर अपनी तिपहिया साइकिल पर घूमते, पेड़-पौधों का खाद-पानी देखते, धीमी आवाज़ में कुरान की तिलावत करते मंशा अली ख़ान, जिनकी चुग्गी दाढ़ी थी और सिर पर बहुत ढीली, सफ़ेद कपड़े की दोपल्ली टोपी लगी रहती थी।

सन् 1960 तक जमाल महल किसी फ़िल्म के ऐसे क़ीमती सेट की तरह हो चुका था जहाँ सारी शूटिंग हो चुकी हो और महज़ इसका ढाया जाना बाक़ी रह गया हो। यही हालत उसमें बसनेवालों की थी : लगता था शूटिंग के बाद सबसे कॉस्टयूम वापस ले ली गई हो, मेकअप उतार दिया गया हो। फिर बन्दा अली ख़ान के न रहने पर उसे सचमुच ढा ही दिया गया। दीवारें उठीं। बेचना शुरू हुआ। आपसी झगड़े इस क़दर बढ़े कि जो बचा था उसका ख़ासा बड़ा हिस्सा वकीलों, कोर्ट-कचहरियों, पुलिस को रिश्वत देने इत्यादि में ठिकाने लग गया। इसी से मिलता-जुलता कोठी कछारिया और खेती-बाड़ी की ज़मीनों का हुआ। कुछ ज़ब्त हो गईं, कुछ पर लोगों ने क़ब्ज़ा—नाजाइज़ कर लिया, और कुछ आज भी जमाल महल से सम्बद्ध लोगों के क़ब्ज़े में हैं। जमाल महल वाले कुछ तो बँटवारे के समय पाकिस्तान हिजरत कर गए, कुछ उससे भी पहले या बाद में विदेश में जा बसे। बाक़ी भोपाल और हिन्दुस्तान में हैं। कुछ सिरे से ख़त्म हो गए, कुछ मामूली हालत में ज़िन्दा हैं। भोपाल में कुछ ऐसे भी हैं जो पिछले पचास साल के दौरान अपनी मेहनत से खुद बने हैं और जिनके हालात को खुशहाली कहा जा सकता है। जो अच्छी हालत में हैं वह बाक़ी की सूरत-शक्ल पहचानने में भी दिलचस्पी नहीं रखते; जो बुरी हालत में हैं वह यह मानकर चलते हैं कि उनकी दुर्गत का कारण वह हैं जो आज अच्छी हालत में हैं। जब तक फफू और अब्बा ज़िन्दा थे, बाक़ी ख़ानदानवालों से कभी-कभार आमना-सामना या मिलना हो जाता था, लेकिन अब यह और भी कम हो गया है। कुछ लोग हैं जिनसे मरासिम बने रहे हैं, और मंशा अली ख़ान भी उनमें से एक हैं।

हकीम मंशा अली ख़ान का दवाख़ाना पुराने शहर के ख़ास बाज़ार में एक मस्जिद की छोटी-सी दुकान में है। वह यूनानी दवाएँ बेचने के साथ-ही-साथ मरीज़ों को देखते और इलाज भी करते हैं। देखने में वह ज़्यादा बदले नहीं हैं। उनकी औलादों में से

एक बेटा, पढ़-लिखकर ठीक-सी सरकारी नौकरी पर लग गया है और उसकी अपनी कार है। कभी-कभी वह मंशा अली को दवाख़ाने पहुँचाने या वहाँ से ले जाने खुद ही आता है। वह विवाहित है, पत्नी भी नौकरी में है, और उनके बच्चे अच्छे क़ीमती स्कूलों में शिक्षा पा रहे हैं। घर उनका पुराने शहर के बाहर एक ऐसे मुस्लिम-बहुल इलाक़े में है, जो जब वह वहाँ जाकर बसे थे तो जंगल और वीराना था। धीरे-धीरे वह न सिर्फ़ आबाद होता गया है बल्कि वहाँ रहने की समस्याएँ चाहे वह पानी का नल हो, बिजली का कनेक्शन, पक्की सड़कें या टेलीफ़ोन, सब हल होती गई हैं। शहर की राजनीति और चुनाव के गणित में यहाँ के वोटों का दख़ल है, इसलिए एक मुसलमान कांग्रेसी नेता यहाँ के सरपरस्त हैं, और यह इलाक़ा उन्हीं के नाम का नगर कहलाता है। सन् 1984 की कार्बाइड की गैस दुर्घटना का यहाँ के लोगों ने भरपूर नुक़सान भी उठाया और उसके बाद फ़ायदा भी। किसी ज़माने में काली परेड के नाम से जाना जानेवाला यह इलाक़ा जहाँ लोगों की मौजूदगी में मौत की सज़ा पानेवालों को जल्लाद का सामना करना पड़ता था, कार्बाइड की फ़ैक्ट्री से बिल्कुल लगा हुआ ही है। मंशा अली ख़ान के दवाख़ाने का कोई नाम नहीं, लेकिन घर का है : आलीशान मंज़िल! यह घर दो कच्चे कमरों से शुरू हुआ था मगर देखते-देखते इसकी ऊँचाई और फ़ैलाव, खूब बढ़ गए हैं। यही हालत ऐसे और दूसरे लोगों की भी है जो बिल्कुल शुरू में आकर यहाँ बस गए थे और मनमाने हिसाब से आसपास की ज़मीन पर क़ब्ज़ा कर लिया था। मंशा अली का दूसरा बेटा भी है, जो राजनीति और दादागिरी करता है। वह पार्षद के लिए एक से ज़्यादा बार चुनाव लड़ और हार चुका है, और एक राजनीतिक पार्टी के अल्पसंख्यक विचार-मंच इत्यादि का पदाधिकारी है। कई राजनीतिक और आपराधिक मामलों में वह जेल की हवा खा चुका है, और अच्छा-ख़ासा समय राजनीति के नाम पर बिताने के बाद भी, उसका स्तर इससे आगे नहीं बढ़ा है कि कभी-कभी नाम शहर आने-जानेवाले नेताओं का अभिनन्दन करनेवालों की सूची में, अख़बार में देखने को मिल जाता है। इसके बावजूद मंशा चचा की सादगी, कि वह इस बेटे में बन्दा अली ख़ान की झलक और खूबियाँ देखते हैं!

सरसरी तौर पर भी यह अन्दाज़ा लगा पाना सम्भव नहीं कि अपनी निस्बतन पढ़ी-लिखी और होनकार सन्तानों को पाकिस्तान जाने पर उकसाकर, और उनके साथ अपना ज़्यादातर मालो-दौलत वहाँ पहुँचाकर, खुद बन्दा अली ख़ान वहाँ क्यों नहीं गए? एक दलील दी जाती थी कि रियासत के नवाब का साथ देने के लिए उन्होंने ऐसा किया, लेकिन इसकी पुष्टि कहीं से नहीं हो पाती। नवाब से उनकी निकटता थी लेकिन ऐसे लोग भी, जो नवाब साहब के उनसे भी अधिक निकट थे, बँटवारे के बाद हिजरत कर गए थे। बन्दा अली ख़ान अपने बाक़ी किए-धरे से भी उस प्रकार के भावुक इंसान होने का सबूत नहीं देते कि वह व्यक्तियों को अपनी मान्यताओं से

अधिक महत्व दे सकें। पाकिस्तान का बनना उनके लिए कोई भावुक जज़्बा नहीं, एक ऐसा जीवन-लक्ष्य था जिसके लिए वह कोई भी जोखिम उठाने के लिए खुद को पूरी तरह तैयार कर चुके थे। वह वास्तविक बँटवारे से बहुत पहले, बहुत सुनियोजित ढंग से, आनेवाली हर सूरतेहाल के लिए खुद को ख़बरदार करते रहे थे। वह ख़्वाबों में नहीं जीना चाहते थे। यह सच अलग कि वक़्त ने पूरी तरह उनके सोच को ग़लत साबित कर दिया, मगर पाकिस्तान हासिल करने का मक़सद खुद उनके लिए उनके वक़्त की सबसे बड़ी सच्चाई और ज़रूरत था। हिन्दुओं से अलग से उन्हें कोई दुश्मनी या नफ़रत नहीं थी, लेकिन उन्हें यह पूरा-पूरा यक़ीन था कि मुसलमान हिन्दुस्तान में हिन्दुओं के साथ बराबरी नहीं पा सकेंगे। उनके लिए महात्मा गांधी, कांग्रेस, हिन्दू महासभा, आर.एस.एस., सब एक ही थैली के चट्टे-बट्टे थे, और अपनी बात कहने के लिए उनके पास ऐसे आँकड़े और दलीलें थीं जिनका जवाब आसानी से नहीं दिया जा सकता था। हिन्दू कांग्रेसियों से ज़्यादा नफ़रत उन्हें मौलाना अबुल कलाम और अन्य राष्ट्रवादी मुसलमानों से थी जो उनके ख़्याल में अपनी महत्वाकांक्षा के कारण बाक़ी क़ौम की भलाई को नज़रअन्दाज़ कर रहे थे। अपने छोटे भाई संजीदा अली सोज़ का तो उन्हें किसी की ज़बान से नाम सुनना भी गवारा नहीं था और बशारत मंज़िल में, आज़ादी से कुछ पहले, जो दुर्भाग्यपूर्ण घटनाएँ हुईं, उनसे शायद दिल में तो वह दुखी हुए हों, लेकिन इस दुख को किसी ने शब्दों में व्यक्त होते नहीं सुना था। इसके बजाए वह कठोर रुख़ अपनाते हुए यही कहते थे कि ऐसा तो होना ही था। यह उनके ख़्याल में संजीदा के ऐमाल की सज़ा थी, और बाद में बिल्लो और बिब्बो जब-जब भोपाल आई थीं—आम तौर पर शादी-ब्याहों में शिरकत के लिए, तो जमाल महल में ही ठहरी थीं। हमारे घर वह फफू से मिलने आती थीं, क्योंकि अब्बा ने उनकी सूरत न देखने का फ़ैसला किया था, जिस पर वह अन्त तक क़ायम रहे थे। बाद में मैं ज़रूर, दिल्ली जाने पर बशारत मंज़िल में ठहरा भी हूँ और बिल्लो फुफी और बिब्बो फुफी से उनके कड़वे और रूखे व्यवहार के बावजूद, रिश्ता और दोस्ती भी क़ायम रखने चाहे हैं। ऐसा कर पाना बड़े जोखिम का काम था, और पिछले कई वर्षों से मुझे उनके बारे में जानकारी नहीं है : पचहत्तर-अस्सी साल की वह दोनों बहनें होंगी अभी भी, लेकिन किस हाल में, मुझे पता नहीं।

संजीदा से बन्दा अली के व्यवहार के पीछे सिर्फ़ हिन्दुस्तान और पाकिस्तान का मामला और राजनीति ही नहीं, वह सब भी था जो फ़रीदा फफू को लेकर हो चुका था, और जिसका समर्थन उन्हें बहुत अफ़सोस था, उनके बड़े बेटे, ताबन्दा अली ख़ान ने भी किया था। लगभग तेरह-चौदह साल बाप-बेटे में हर प्रकार का आपसी सम्बन्ध टूटा रहा था, और जुड़ा उस समय था जब लाहौर में ताबन्दा और ताहिरा की शादी हुई थी। वह ताहिरा के पिता गुलाम क़ादर शेख़ के, जो पंजाब के बड़े ज़मींदार थे, आत्मीय मित्र रह चुके थे, और ताहिरा के बड़े भाई सलाम क़ादर

को भी, जो एक वरिष्ठ आई.सी.एस. ऑफ़िसर और मुस्लिम लीग के समर्थक थे, अलीगढ़ के हवाले से जानते थे। कहने को उस शादी में बन्दा अली ने लड़कीवालों की ओर से शिरकत की थी, लेकिन सच यह था कि वह अपने चौथे बेटे और छठी सन्तान, शहज़ादा अली ख़ान, जो फ़ौज में कर्नल थे, और स्वभाव में बन्दा के सबसे क़रीब, जिस कारण बन्दा अली ख़ान उन्हें चाहते भी बहुत थे, के विदेश में लड़ते हुए मारे जाने के सदमे पर काबू नहीं पा सके थे। शहज़ादा की मँगनी हो चुकी थी मगर शादी की नौबत नहीं आ सकी। सो, बन्दा अली ताबन्दा की शादी में शरीक हो सकने का कोई बहाना चाहते थे, जो उन्हें मिल भी गया था।

वास्तव में ताबन्दा की शादी एक ऐसा अवसर था जब बन्दा और संजीदा और उनके ख़ानदानों के इतने सदस्य एक-दूसरे के आमने-सामने थे कि मेरी कल्पना में 'द ग्रेट फ़ैमिली रियूनियन' जैसा कोई फ़ोटोग्राफ़ बनना चाहता है, लेकिन असलियत यह नहीं थी। बन्दा और ताबन्दा में ज़रूर वहाँ आपसी चुप्पी टूटी थी, लेकिन संजीदा से बन्दा ने, और बन्दा से फ़रीदा ने औपचारिक बातचीत तक से मना कर दिया था। अब्बा उस अवसर को याद करके यह कहते हुए पछताते थे कि खुद उन्हें आपसी मेल-मिलाप के लिए कोशिश करनी चाहिए थी, लेकिन दूल्हा बने होने के कारण वह ऐसा नहीं कर पाए। यह भी उनका सोचना ही था, और उन्हें लगता था बन्दा अली ख़ान फ़रीदा को लेकर अवश्य पिघल जाते मगर संजीदा के प्रति उनके रुख़ का अन्दाज़ा लगाना मुश्किल था। दूसरे खुद फ़रीदा का अपने पिता के लिए कड़ा रुख़ भी वह जानते थे। बन्दा अली में इतना तो था कि फ़रीदा के इन्तक़ाल पर उन्होंने उसकी मैयत में शिरकत की, खुद फ़रीदा शायद मरे हुए बाप का चेहरा भी नहीं देखती। फिर ताबन्दा की शादी के बाद तो सब इस तेज़ी से बदला कि कुछ पता ही नहीं चल पाया और सबकी व्यक्तिगत ज़िन्दगियाँ समय की सियासत की नज़र होकर रह गईं।

बन्दा अली ख़ान की औलादों में, मेरी जानकारी में, सिर्फ़ ताबन्दा और फ़रीदा थे जो फ़ैसला करके पाकिस्तान नहीं गए थे, वरना उनकी ज़्यादातर पढ़ी-लिखी औलादें हिजरत कर गई थीं, और जो कम पढ़ी-लिखी और निस्बतन नाकारा थीं, उनको बन्दा अली ने यहीं रुके रहने का मशवरा दिया था। इसके पीछे उनका यही सोच रहा होगा कि पढ़े-लिखे एक नए मुल्क में उससे अधिक पा सकते हैं जो उन्हें यहीं रहकर मिल सकता था, और दूसरे, कम-से-कम उसके मालिक रहेंगे जो यहाँ मौजूद था। वैसे यह बात उनके पाकिस्तान और मुसलमानों को एक करके देखने से तर्कसंगत नहीं थी। इसी प्रकार खुद उनका हिन्दुस्तान में रुकना भी। उनका पाकिस्तान जाना पक्का था और तारीख़ भी तय हो चुकी थी। जाने क्या हुआ कि उनका बँधा हुआ सामान रखा रहा और रवानगी आज से कल पर टलती रही। फिर बिलआख़िर वह नहीं ही गए।

—जो औलाद नहीं जाना चाहती थी, अब्बा किसी दास्तान के चरित्र की तरह

अपने में ही खोकर याद करते थे—उसे तो मजबूर करके पाकिस्तान भेज दिया और खुद जो जाने के लिए सबसे ज़्यादा बेताब थे, नहीं गए। क्यों नहीं गए, यह किसी को समझा भी नहीं सके।

खुद हिजरत करने के ख़्याल से उन्होंने अपनी काफ़ी जायदाद बेच डाली थी और पैसा ट्रांसफर कर दिया था। यह उन लोगों के काम तो आया जो पाकिस्तान चले गए, लेकिन जो यहीं रुक गए, जिनमें एक वह खुद भी थे, तंगी से जीने पर मजबूर होते गए।

मैं जब बन्दा अली की 18 सन्तानों की संक्षेप में एक सूची बनाते हुए उन्हें याद करता हूँ, तो वह कुछ इस प्रकार होती है—

— डॉ. ताबन्दा अली ख़ान (1907-1971)—भारत। उनके बारे में हम पिछले पन्नों में पढ़ते आए हैं। यह भी कि मैं उनकी इकलौती औलाद हूँ।

— फ़रीदा (1909-1957)—भारत। ज़िद करके अपना नाम फ़रीदा नॉर्टन लिखती थीं। शिक्षित और सन् 1950 तक लखनऊ के एक कॉलेज में अध्यापन।

— फ़हमीदा (1910-1920)—कम आयु में देहान्त।

— रख़्शन्दा अली ख़ान (1911-1974)—पाकिस्तान। अलीगढ़ और विदेश में शिक्षा। पाकिस्तान में ऊँचे पद ग्रहण किए।

— सरकरदा अली ख़ान (1913-1920)—कम आयु में बहन, फ़हमीदा के कुछ दिन बाद देहान्त। भाई-बहन एक-दूसरे से बहुत मुहब्बत करते थे और बहन की मौत का सदमा न सह पाने से, भाई ने भूखे-प्यासे रहकर जान दे दी।

— शहज़ादा अली ख़ान (1914-1944)—रियासत की फ़ौज में कर्नल। दूसरे विश्वयुद्ध में विदेश में लड़ते हुए मारे गए। मँगनी हो चुकी थी मगर शादी न हो सकी। बन्दा अली के स्वभाव के निकटस्थ, जिन्हें वह औलाद में सबसे अधिक चाहते थे। शहज़ादा अली की मौत से उन्हें ख़ास सदमा हुआ था और उसी के बाद उन्होंने ताबन्दा की शादी में शिरकत और उनसे दोबारा सम्बन्ध स्थापित करने का फ़ैसला किया था।

— पाइन्दा अली ख़ान (1915-1947)—अलीगढ़ में शिक्षा के दौरान ही कांग्रेसी विचारधारा का समर्थन। संजीदा सोज़ और ताबन्दा से बहुत प्यार करते थे, और ताबन्दा की शादी में वह भी शरीक हुए थे। बीस साल की उम्र से स्वतंत्रता संग्राम में सक्रिय भागीदारी। विवाहित, एक बेटे और एक बेटी के बाप। बँटवारे के ज़माने में पंजाब के किसी इलाक़े में थे और उसके बाद उनका कोई पता नहीं चल पाया। अन्दाज़ा यही था कि वह दंगों में मारे गए थे। बन्दा अली के कहने पर उनकी विधवा और

औलाद पाकिस्तान हिजरत कर गए थे।

— हमीदा (1917-1962)—पाकिस्तान। पति कर्नल रहमान के साथ सन् 1947 में हिजरत। कर्नल रहमान पाकिस्तानी फ़ौज से रिटायर्ड।

— सईदा (1918-1978)—भारत। पति अज़मतुल्लाह, भोपाल के बड़े ज़मींदार। दो बेटियों की विदेश में शादी। बेटों में दो पढ़कर मिडिल ईस्ट और वहाँ से विदेश जा बसे और तीसरा भोपाल में। परिवार में पढ़े-लिखे बच्चे—डॉक्टर्स और इंजीनियर्स। सब ख़ुश-ख़ुशहाल, अपनी-अपनी ज़िन्दगी जी रहे हैं। एक ही शहर की सबसे जानी-मानी ट्रैवल एजेंसी और पैलेस होटल है।

— फ़रखन्दा (1920-1981)—पाकिस्तान। पति, इक़रार अहमद ख़ान, पाकिस्तान के एक बड़े बैंक में उच्च पदाध्किारी और बाद में यूनीसेफ़ में। फ़रख़न्दा पाकिस्तान वूमेंस एसोसिएशन में बेगम राना लियाक़त अली की सहकारी।

— तंज़ा अली ख़ान (1921-1996)—भारत। कम्युनिस्ट पार्टी के सक्रिय सदस्य और पदाधिकारी और राजनीति में पिता का कड़ा विरोध। औपचारिक शिक्षा अधिक नहीं, लेकिन पढ़ने-लिखने और सोचनेवाले व्यक्ति। कई अख़बारों में काम किया और कुछ अख़बार खुद भी निकाले। अन्तिम दिनों में एक उर्दू अख़बार निकालने का सपना देख रहे थे और उसके लिए रिश्तेदारों और दोस्तों से सहयोग चाहते थे और न मिलने पर नाराज़ थे। स्वभाव का मौलिक खुलापन उम्र बीतने के साथ-साथ ख़त्म होता गया था और उसकी जगह झक्कीपन ने ले ली थी। उर्दू और पर्सनल लॉ जैसे अल्पसंख्यकी मुद्दों को लेकर आए दिन दोस्तों से झगड़ने लगे थे। शुरू में ज़्यादा दोस्त हिन्दू थे, जिनमें ज़्यादातर तो मर गए, और अन्य उनसे कतराने लगे थे। अन्त में अकेले पड़ गए थे और आम तौर पर निकम्मे क़िस्म के मुसलमानों में ही उठना-बैठना रह गया था। पत्नी एक स्कूल में टीचर और दो बेटे, जो कुछ पढ़-लिखने के बाद सरकारी नौकरियों में लग गए थे। सारा परिवार उनके विरुद्ध था। शराब कसरत से पीते थे और आख़िरी दिनों में अपनी आशिक़ी के क़िस्से महिलाओं के नाम के साथ, बहुत वल्गर डिटेल्स में हर आते-जाते को सुनाने लगे थे। किसी ज़माने में कांग्रेस-प्रजामण्डल के सदस्य रहे थे और शहर में कॉमरेड तंज़ा के नाम से जाने जाते थे। उम्र के अलावा उनकी मौत का कारण उनके बचपन के दोस्त और हर हालत में समर्थन करनेवाले प्रयाग बाबू का न रहना भी था। उन दोनों के सम्बन्ध शहर के लिए एक मिसाल थे और कम्युनिज़्म से परिचय और जानकारी तंज़ा को प्रयाग

द्वारा ही हुए थे जो विद्वान थे और विचारधारा से कम्युनिस्ट। तंजा चचा परिवार के उन गिनती के लोगों में से थे जिनसे मैं मिलता रहता था।

— इफ़्तिखार अली ख़ान (1922-1923)—कम-उम्री में देहान्त।

— इम्तियाज़ अली ख़ान (1924-1992)—शिक्षा में रुचि नहीं और कम आयु से ही शिकार के बेहद लतिया। बहुत कम बोलनेवाले, बिना बताए दिनों घर से ग़ायब रहते थे और लौटने पर एक-एक समय का खाना हिसाब से तलब करके इकट्‌ठा खाते थे और फिर दिनों की नींद एक साथ सोते थे। पैरों में हर वक़्त (सोते हुए भी) मिलिट्री का जूता पहने रहते थे, जिस पर कभी पॉलिश नहीं होती थी। बहुत कम नहाते और कपड़े बदलते थे। आज़ादी से पहले ही घर से ग़ायब हो गए थे और उसके दस साल बाद स्वीडन से उनका ख़त आया था कि वह वहाँ के नागरिक हो गए हैं। बाद में दो बार पत्नी सहित भोपाल आए थे, अन्तिम बार 1992 में। उसके बाद कोई ख़बर नहीं थी वह कहाँ थे, या थे भी या नहीं। कोई सन्तान नहीं थी।

— सफ़दर अली ख़ान और अहमद अली ख़ान—जुड़वा भाई (1926)—भारत। कम पढ़े-लिखे। फिल्म इण्डस्ट्री में प्रयोग के बाद, अपने-अपने परिवार के साथ भोपाल में निवास।

— महमूद अली ख़ान (1928-1936) कम आयु में देहान्त। कहा जाता था अपनी माँ, माहरू ज़मानी से बहुत प्यार करते थे और उनकी मौत के कुछ महीने बाद उनका भी इन्तक़ाल हो गया था।

— आबिद अली ख़ान (1930)—पाकिस्तान। अपढ़। कराची में तरह-तरह के धन्धे करके बहुत जल्द बड़े आदमी बन गए थे। एक्सपोर्ट के धन्धे की आड़ में आम अन्दाजा था कि स्मगलिंग से दौलत कमाई। भरा-पूरा परिवार जिसमें से ज़्यादा औलादें विदेशों में जा बसी थीं।

— मंशा अली ख़ान (1936)—भारत। बन्दा अली ख़ान और माहरू ज़मानी की सबसे छोटी औलाद, जिन्हें जन्म देते हुए माहरू ज़मानी खुद नहीं रही थीं।

समय-समय पर मैंने अब्बा से सवाल करके जानने की कोशिश की थी कि अपनी कुछ औलादों को क़ीमती तालीम दिलाने के बाद, बन्दा अली बाक़ी औलाद के बारे में इस क़दर लापरवाह कैसे हो गए कि ज़्यादातर बच्चे मैट्रिक तक नहीं कर पाए। आज इतना वक़्त बीत चुकने के बाद उसकी वजह मैं खुद ही समझ सकता हूँ। एक तो जो कुछ फ़रीदा फफू के साथ, लिखने-पढ़ने के नाम पर हुआ, उसने पूरी तरह लड़कियों की तालीम के बारे में उनका दिल खट्‌टा कर दिया था। इस बारे में खुद को मजबूर करके उन्होंने अपने सोच में जो खुलापन पैदा करने की कोशिश

की थी, वह खत्म हो गया था और लड़कियों की तालीम का मतलब दोबारा दीनी मालूमात, घर-गृहस्थी और औलादें पालकर बड़ी करने की तरबियत तक महदूद हो गया था। बाक़ी तीनों बेटियों हमीदा, सईदा, फरख़न्दा को इस तब्दीली का नतीजा भुगतना पड़ा था और उन्हें किसी स्कूल में दाखिल नहीं कराया गया था। शुरू में जो गवर्निस और घर पर पढ़ानेवालों का, बच्चों को बोर्डिंग स्कूल में दाख़िल कराने की मंशा से इन्तज़ाम था वह ख़त्म कर दिया गया था। दूसरे, जिस तरह का बिगाड़ उनके और माहरू ज़मानी के ताल्लुक़ात में पैदा होकर बढ़ता गया, उसकी वजह से माहरू ने भी बच्चों की तालीम में उस तरह उनके साथ सहयोग नहीं किया जिस तरह ज़रूरी था। सियासत में दिन-ब-दिन व्यस्त होते जाने के कारण लड़कों की तालीम पर भी वह पूरी तरह नज़र नहीं रख सके। उनके मिज़ाज में सख़्ती बढ़ती गई और तालीम का नतीजा वह उससे जोड़कर देखने लगे जो पहले संजीदा के साथ हो चुका था और उसके बाद ताबन्दा और फ़रीदा के साथ हो रहा था। छोटे बेटे आम तौर पर उनसे छिपकर मनमानी करते रहे और माँ, जब तक ज़िन्दा रहीं, उन लोगों की पर्दादारी करती रहीं। इसके बावजूद, जिनसे बन पड़ा, जैसे रख़्शन्दा, शहज़ादा और पाइन्दा, उन्होंने पढ़ा भी। सितम यह कि उन्हें शहज़ादा की मौत का सदमा सहना पड़ा, और पाइन्दा फिर उनकी उम्मीद के ख़िलाफ़ दहरिए और बाग़ी निकले, और फिर वह भी ज़िन्दा नहीं बचे। बचे तंज़ा, इम्तियाज़ और बाक़ी बेटे, तो शिकार, नाच-गाना और तरह-तरह की अय्याशियाँ : बेटे बस बाप की पीठ मुड़ने के इन्तज़ार में रहते थे। ताबन्दा के खुद अपने पिता से विचारधारात्मक मतभेद ज़रूर थे लेकिन उनके पीछे उस प्रकार की कटुता नहीं थी जैसी बन्दा के संजीदा से सम्बन्धों में थी। एक प्रकार से वह अपने पिता के इल्म और योग्यता की क़दर भी करते थे और मानते थे कि बन्दा अली अपने समय के अहम व्यक्तियों में से थे। खुद ताबन्दा की नज़र में वह ग़लत थे, यह एक दूसरी बात थी।

—सफ़दर और अहमद, कभी रौ में अब्बा के मुँह से निकला था—अपने जुड़वाँ चचाओं के कारनामे क्या समझते हो! एक को फिल्मों में हीरो बनने का शौक़ था और दूसरा फिल्में बनाना चाहता था। सन् 1944 में जब उनकी उम्र बमुश्किल सत्रह-अठारह साल रही होगी, दोनों बम्बई भाग गए। साथ ही चुराकर घर से पैसा भी ले गए। न एक हीरो बन सका न दूसरा प्रोड्यूसर। सालों धक्के खाने के बाद, बेशर्मी से उसी घर लौटना पड़ा जहाँ से चोरों की तरह भागे थे।

सफ़दर अली ख़ान और अहमद अली ख़ान अब्बा से कोई बीस वर्ष छोटे थे, और जुड़वाँ होने के कारण दोनों में इतनी समानता थी कि लोगों का उन्हें अलग-अलग पहचान पाना सम्भव नहीं था। यह समानता इतनी आश्चर्यजनक थी कि उन्हें साथ देखकर बम्बई के किसी प्रोड्यूसर ने अपनी फिल्म के लिए उन दोनों को साइन करना चाहा था। तब तक फिल्म-तकनीक ने इतनी तरक़्क़ी नहीं की थी, न ही एक

शक्ल के दो लोगों की फ़िल्में इस क़दर आम हुई थीं। जो डबल रोल में होता है वह प्रोड्यूसर दो हम-शक्लों के ज़रिए पेश करना चाहता था। पैसे वह मुँहमाँगे देने को तैयार था मगर उसकी एक शर्त थी : दुनिया को चमत्कृत करने को वह यह नहीं बताना चाहता था कि फ़िल्म में सचमुच एक शक्ल के दो जुड़वाँ भाइयों ने काम किया है। वह चाहता था फ़िल्म देखकर लोग सिर धुनें कि एक ही एक्टर के साथ फ़िल्म के वह तमाम दृश्य कैसे शूट किए जा सके। इसके लिए फ़िल्म बनने और चलने तक एक भाई को दुनिया और ख़ास तौर पर प्रेसवालों से छिपकर रहना था। यह आइडिया ही अहमद अली को, जो प्रोड्यूसर बनने की मंशा से बम्बई गए थे, इतना भाया था कि जिसका ओरिजनल आइडिया था, उसे मना करके उन्होंने फ़िल्म खुद बनाने का तय किया था। वर्षों बीत गए थे मगर फ़िल्म की कागज़ी तैयारियाँ ही चलती रही थीं। दो नई लड़कियों को फ़िल्म की हीरोइंस के लिए साइन किया गया था, जो अन्ततः बेगम सफ़दर अली ख़ान और बेगम अहमद अली ख़ान की हैसियत से अपने शौहरों के साथ जमाल महल लौटी थीं। लाख कोशिश और जितना गिरह में पैसा था ख़र्च करने के बाद भी उस फिल्म का मुहूर्त तक नहीं हो सका था, जिसका नाम दोनों भाइयों ने सिर जोड़कर 'चमत्कार—द मिरेकल ऑफ़ डेस्टिनी' रखने का सोचा था।

मैं सफ़दर और अहमद, जुड़वाँ चचा, और उनके ख़ानदानों को जानता हूँ। मुँह-देखे उनमें आपस में सब ठीक था, मगर पीठ फिरते ही एक-दूसरे की शिकायत शुरू हो जाती थी। दोनों फिल्म इण्डस्ट्री और ज़िन्दगी में कुछ कर न पाने को लेकर शर्मिन्दा और दुखी हैं। दोनों एक-दूसरे को अपनी असफलता के लिए दोष देते हैं। दोनों की अनेक सन्तानें हैं, जिनके शादी-ब्याह और बाल-बच्चे भी कभी के हो चुके हैं, और जो अब अपनी चुनी हुई ज़िन्दगियाँ जीने में व्यस्त हैं। सफ़दर चचा और उनके बेटे बढ़-चढ़कर तबलीग़ी जमातों के काम में हिस्सा लेते हैं और आए दिन देश-भर के चालीस दिन, चार महीने इत्यादि लम्बे दौरे करते हैं। एक ज़माने में उन्होंने लम्बा-चौड़ा पोल्ट्री-फ़ार्म खोला था और आजकल हार्डवेयर का एक बड़ा स्टोर उनकी मिल्कियत है। अहमद अली ख़ान के बेटे हॉकी अच्छी खेलते थे, और कुछ उसके सहारे और कुछ किसी-न-किसी तरह पढ़-लिखकर डिग्री लेने के बाद, ठीक-सी नौकरियों पर लग गए हैं। इन लोगों को बन्दा अली की जायदाद में से जो ज़मीन मिली थी, वह तो बिक चुकी है, मगर फिर भी अगर उन्हें मालदार नहीं तो ठीक-ठाक निम्न-मध्यवर्गीय जीवन की सुविधाएँ उपलब्ध हैं और एक प्रकार की खुशहाली है।

अहमद अली ख़ान की दो बेटियों की शादी पाकिस्तान में बड़ी बहन, फ़रख़न्दा और इक़रार अहमद के बेटों से हुई है, जिनका शुमार पाकिस्तान के उच्च वर्ग में होता है। अपने पाकिस्तानी रिश्तेदारों में सबसे पहले मैंने फ़रख़न्दा फफू को ही

देखा था जो बन्दा अली के इन्तक़ाल पर पति और सबसे छोटी बेटी उज़्मा के साथ भोपाल आई थीं। उसके बाद यह लोग भी शादियों में यहाँ आए और अन्य लोगों के आने-जाने का सिलसिला भी शुरू हो गया।

उज़्मा जो मुझसे तीन-चार साल बड़ी थीं, और जिन्हें मैं उज़्मा आपा कहता हूँ, पहली मुलाक़ात पर ही दोस्त बन गई थीं, और इस दोस्ती में किसी समय इतनी गर्मजोशी थी कि हफ़्ते में चार ख़त मैं उन्हें लिखता था और वह मुझे। उनकी शादी कराची में हुई है और उनके बच्चों की भी, भारत से हिजरत करके गए मुहाजिर पाकिस्तानी परिवारों में। यह लोग बहुत चाहते रहे हैं कि मैं किसी और वजह से नहीं तो रिश्तेदारों से मिलने के लिए ही कभी पाकिस्तान जाऊँ, जो हो नहीं पाया। अब तक ज़्यादातर ऐसे लोग जिनसे सीधी रिश्तेदारी थी, मर चुके हैं और उनकी आल-औलाद के नाम-पते या अहवाल कम-से-कम मुझे नहीं मालूम। सिर्फ़ उज़्मा आपा और उनका परिवार है जिसकी चिन्ता जब-जब वह मुल्क किसी नए उलझावे से गुज़रता है, मुझे घेर लेती है, वह चाहे भारत और पाकिस्तान के बीच तनाव और लड़ाई हो, या पाकिस्तान के अन्दर तेज़ी से बदलता वहाँ की हुकूमतों का सिलसिला।

बहरहाल, हिन्दुस्तान में बन्दा अली ख़ान की औलादों में से कोई भी ऐसा काम नहीं कर पाया जो उल्लेखनीय हो, न कोई ऐसी हालत में है कि उसकी तुलना उनके समय में बन्दा अली ख़ान से की जा सके। पाकिस्तान में ज़रूर सुना है कि कुछ ऐसे हैं जो वहाँ के अच्छे ख़ानदानों में गिने जाते हैं। अपने मुल्क की दुर्दशा से वह सभी नाखुश हैं लेकिन भारत के साथ एक होने का सुझाव भी उन्हें कम इंसल्टिंग नहीं लगता।

भोपाल में तंज़ा चचा के साथ बिताया कुछ समय और एक ख़ास शाम जो प्रयाग बाबू के घर बीती थी, याद आते हैं...

यह सन् 1993 की बात है जब बाबरी मस्जिद और सोवियत यूनियन, दोनों टूट चुके थे और साफ़ नज़र आने लगा था कि मुल्क ही नहीं, सारी दुनिया एक नए बदलाव की ओर बढ़ रही थी। बदलाव जिसकी सूरत ऐसे बहाव-सी थी जिसकी दिशा का सही अन्दाज़ा कर पाना आसान नहीं। कॉमरेड तंज़ा की प्रतिक्रिया से मेरे लिए यह समझ पाना सम्भव नहीं था कि उनको किस चीज़ का ज़्यादा मलाल था : अयोध्या में मस्जिद का ढाँचा गिराए जाने का या सोवियत रूस के विघटन का। एक जुमे की दोपहर सफ़ेद कुर्ता-पाजामा पहने वह पुराने शहर के बाज़ार में मुझसे टकरा गए थे और मुझे बताने से ज़्यादा लोगों को सुनाने के अन्दाज़ में ऊँची आवाज़ में कहा था—हमने भी तय कर लिया है खाँ, अब पाबन्दी से नमाज़ पढ़ा करेंगे। आज जुमे की नमाज़ से जामा मस्जिद में शुरू कर रहे हैं। तुम भी चलो।

वह जानते थे मैं बहानेबाज़ी से काम लूँगा। ठीक ही जानते थे।

—अपने बुज़ुर्गों से कुछ तो सबक़ सीखो! उन्होंने अपनी ही बात का मज़ाक़ उड़ाते स्वर में कहा था—जिस भीड़ से तुम लड़ नहीं सकते, उसमें शामिल होकर ही सलामत रह सकते हो। भूल गए, ताबन्दा अली ख़ान का क्या हश्र हुआ। तंज़ा उतना बुज़दिल और जज़्बाती नहीं, वह ज़िन्दगी की क़दर समझता है।

मुझे मालूम था नमाज़ पढ़ना उनके लिए इतना आसान नहीं था और वह किसी दूसरे के हाथों खाई चोट की तकलीफ मेरे सामने बयान करके कुछ हल्का होना चाहते थे। फिर उन्होंने मुझे शाम को प्रयाग बाबू के घर मिलने की दावत दी थी और कहा था कि वह मेरा इन्तज़ार करेंगे।

प्रयाग बाबू शहर के उन लोगों में से थे जिनके बारे में एक ख़ास उम्र तक मैं कुछ भी नहीं जानता था लेकिन फिर उनका नाम और उपस्थिति हर जगह सुने और महसूस किए थे। वह दरअसल भोपाल के कुछ अन्य नामों के साथ यहाँ की कहानियों का एक हिस्सा थे। अलग-अलग लोगों की उनके बारे में अपनी-अपनी राय थी, उनकी प्रशंसा या आलोचना में।

तंज़ा चचा ने ही फिर बाद में कभी मेरा उनसे परिचय कराया था। लिखने-लिखाने के सिलसिले में वह मेरा नाम जानते थे लेकिन गर्मजोशी से हाथ मिलाने और सरसरी तौर पर पीठ थपथपाने के अलावा मुझे लगा था उन्होंने मुझे अधिक महत्व नहीं दिया था। यह असलियत मैंने कुछ बार उन्हें अन्य लोगों से मिलते देखकर जानी थी कि उनका स्वभाव ही उन्हें उससे अधिक की इजाज़त नहीं देता था। धीरे-धीरे मेरे लिए वह एक ऐसे व्यक्ति बनते गए थे जो लाख कड़वी सच्चाइयों के दरमियान भी सपने देखने का साहस रखते हैं और दुनिया के बहाव का रुख़ समझने और चीज़ों का वस्तुपरक विश्लेषण करने के बाद भी अपनी पसन्द और चाहत को, सुविधानुसार ज़िन्दगी से बेदख़ल नहीं करते। राजनीति, साहित्य, इतिहास, फ्लॉसफ़ी—प्रयाग बाबू का अध्ययन किसी एक काल या किसी ख़ास 'वाद' तक सीमित नहीं रहा था, यह और बात कि खुद उनका दिल किसी 'वाद' पर धड़कता था तो वह मार्क्सवाद ही था। लेकिन मार्क्सवादियों के चिन्तन में आए ठहराव की न सिर्फ़ यह कि वह औरों से आलोचना सुन सकते थे, मार्क्सवादी मित्रों में जब बैठते थे तो खुद भी नुक्ताचीनी करने में पीछे नहीं रहते थे। हुआ कुछ यह था कि जो खुद को लिबरल कहते थे, उनकी नज़र में प्रयाग बाबू कट्टर मार्क्सवादी ठहरते थे और उनके मार्क्सवादी दोस्तों को हर दम यह धड़का रहता था कि कहीं वह मार्क्सवाद को अलविदा न कह दें।

जब तक मेरा उनसे मिलना हुआ वह किसी में योग्यता की झलक देखने पर अपनी बड़ी लाइब्रेरी की क़ीमती पुस्तकें भेंट करने लगे थे। मुझे उनसे जो पहली किताब पढ़ने को मिली जो बाद में उन्होंने मुझे दे ही दी, वह थी फ्रांज़ फेनॉन की 'द रेचिड आव द अर्थ।' इसके बाद, ख़ास तौर पर जब वह भीड़ में न घिरे हों, उनसे

बात करना मेरे लिए एक निजी सुख का अनुभव होता गया। ऐसा नहीं कि मैं वहाँ अन्य बैठनेवालों की तरह रेग्युलर होऊँ, लेकिन किसी-किसी शाम, वर्ष में दो-चार बार, उनके साथ बैठ सकने की अकेले में मैं राह देखता था। शेक्सपियर से काफ़्का, सार्त्र, बैकिट, ग्रेबील गारसिया मार्खेज़ और एडवर्ड सईद से फूकोयामा, देरिदा, या फिर इलियट, पाउण्ड, डी.एच. लॉरेंस, पीटर ब्रुक, टेड ह्यूज़, रेनर मारिया रिल्के, प्रूस्ट : इनमें से ज़्यादा और इनके अलावा सैकड़ों दूसरे भी नाम मैंने प्रयाग बाबू के मुँह से सुने थे, और इन लोगों के लिखे और सोचे के सन्दर्भ में सुने थे। मैंने घण्टों उनके साथ दोस्तोवस्की और काफ़्का के लेखन पर बात की और हर बार यही पाया कि मेरे सोच और दृष्टि को नया आयाम मिल रहा है।

हाशिए पर कोई व्यक्ति कैसे आ जाता है, यह सन् 1993 में किसी हद तक प्रयाग बाबू और बड़ी हद तक कॉमरेड तंज़ा को देखकर समझा जा सकता था। पुरानी विचारधारा ही नहीं उन दोनों के ज़्यादातर पुराने दोस्त भी तब तक दम तोड़ चुके थे। इसके बावजूद तंज़ा और प्रयाग के बीच एक पुरानी रिवायत अभी तक बरक़रार थी और जुमे की शाम को तंज़ा चचा प्रयाग बाबू के बँगले पर जाते थे और फिर पीर की सुबह उनकी वहाँ से वापसी होती थी। बीच के वक़्त में दिल खोलकर शराब पी जाती थी और दुनिया के मामलों पर रायज़नी होती थी। कुछ बचे-खुचे पुराने परिचित भी शामें बिताने आ निकलते थे और अगर कोई युवा साथी आए तो प्रयाग बाबू उसका ख़ास तौर पर स्वागत करते थे।

किसी ज़माने में प्रयाग बाबू की पुश्तैनी हवेली पुराने शहर के बीचोबीच हुआ करती थी, लेकिन वह सब कुछ मैंने अपनी आँखों से नहीं देखा। मेरे परिचय के समय तक नए शहर में उनका बँगला बन चुका था और वह अपनी उन महिला मित्र के बाक़ी परिवार के साथ वहाँ रहते थे, जिनका कुछ समय पहले देहान्त हो चुका था। यह मित्रता ऐसी थी जिसमें प्रयाग बाबू ने अपना नाम भी बदलकर मित्र के परिवार का ही खुद को एक हिस्सा बना दिया था। यह दो दिमाग़ों का साथ था, शादी और खुद के बच्चों के झमेले में उन दोनों ने नहीं पड़ना चाहा था। अब उस बड़े बँगले में जो शहर के सबसे क़ीमती हिस्से में है, वही परिवार रहता है जो उन्हें घर के बुज़ुर्ग की इज़्ज़त और अधिकार देता था। यह भी कहा जाता था कि प्रयाग बाबू का मार्क्सवादी विचारधारा से गम्भीर लगाव उनकी मित्र के कारण ही हुआ था और फिर जीवन-भर वह अपनी दौलत उनके परिवार और प्रगतिशील मित्रों पर लुटाते रहे थे। आलोचकों की नज़र में यह किसी विचारधारा के साथ प्रयाग बाबू की प्रतिबद्धता नहीं बल्कि उनकी मनमौजी और अय्याशी थी, क्योंकि खुद उन्होंने कभी न तो मेहनत की न अपने ख़र्च के लिए खुद कमाया। लोग इसका भी मज़ाक़ उड़ाते थे कि वह अपना जन्मदिन 1 जनवरी को मनाते थे, जो कि लोगों का ध्यान आकर्षित करने का उनका एक तरीक़ा था। असलियत जो भी रही हो मगर यहाँ उन्होंने नुक्ताचीनों का मुँह, 1

जनवरी को ही दुनिया से रुख़्सत होकर बन्द कर दिया था।

मैं जिस वक़्त प्रयाग बाबू के घर पहुँचा तो नशिस्त जम चुकी थी और दोनों पुराने अपने-अपने गिलास सामने धरे उन्हें इस तरह तक रहे थे जैसे वह तिलिस्मी गोले हों, जिनमें मनचाहे वक़्त की तस्वीर दास्तानों में दरवेश देख भी लिया करते थे और ज़रूरत समझते थे तो औरों को भी दिखा दिया करते थे। कमरे में हमेशा की तरह ज़मीनी फ़र्श था, अल्मारियों में बेतरतीबी से भरी मोटी किताबें और कमरे के एक हिस्से में अख़बार और रिसालों का ढेर। छत पर लगा पंखा बेदिली से गर्दिश कर रहा था।

मैं समझ गया था कि उन दोनों के बीच गर्मागर्म बहस होने के बाद यह सुस्ताने का एक अन्तराल था। मेरा ख़ाली गिलास तंज़ा चचा ने भर दिया था।

—इन्हीं से पूछो, तंज़ा चचा ने अपने ख़ास उत्तेजित स्वर में मेरी ओर इशारा करते हुए प्रयाग बाूब से कहा था—दुनिया-जहान के ज़ोर देने के बावजूद इन्होंने आज तक शादी क्यों नहीं की? ऐसा तो नहीं था कि लड़कियों की कोई कमी हो, रिश्तेदारों में भी और वैसे भी। जिनसे बन पड़ा उन्होंने ज़ोर देकर क़ायल भी करना चाहा, लेकिन यह इंकार करते रहे। आज पचास साल के होने को हैं। पहले हमारी समझ में नहीं आता था मगर अब लगता है इन्हीं का फ़ैसला दुरुस्त था। यह कोई चाहकर किया गया फ़ैसला नहीं हो सकता, मैं समझता हूँ मजबूरी में ही इन्हें यह फ़ैसला सबसे मुनासिब लगा होगा। वह हालात पैदा कर दिए गए हैं कि एक मुसलमान को आल-औलाद का तसव्वुर यह सोचकर डराने लगा है कि इनका यहाँ होगा क्या!

मैं बातचीत की नब्ज़ ठीक से समझ लेने के लिए खामोश रहा था।

—लो खाँ, प्रयाग बाबू ने गिलास उठाकर हमेशा की तरह अपने लफ़्ज़ों में चेयर्स कहा था—खुदा हाफ़िज़!

जब-जब मैंने उन्हें पीते देखा था, खुदा हाफ़िज़ उनका चेयर्स करना होता था।

—अब आप ही, तंज़ा चचा भड़क उठे थे—यह मुसलमानों का मज़ाक़ नहीं उड़ाते तो क्या करते हैं! क्या मतलब होता है शराब शुरू करते वक़्त खुदा हाफ़िज़ कहने का?

—नहीं कहा करेंगे, प्रयाग बाबू ने नक़ली संजीदगी से कहा था—अब शराब शुरू करते हुए जय श्रीराम बोलने लगेंगे। सोच लो, उस पर भी एतराज़ तुम्हें ही होगा। कहोगे यह भी अयोध्या में मन्दिर बनवाने के काम में लग गए हैं। प्रयाग बाबू अपनी खास हँसी हँसे थे—वैसे तुम्हारी इत्तिला के लिए पाकिस्तानियों ने तो खुदा से क़ता-ताल्लुक़ करके अब अल्लाह हाफ़िज़ कहना शुरू कर दिया है। खुदा फ़ारसी लफ़्ज़ है और बँटवारे से पहले के हिन्दुस्तान की पैदावार जिस पर उन्हें हिन्दू तहज़ीब का रंग चढ़ा हुआ महसूस होता है। तुम्हारे यहाँ तो आना-जाना लगा रहता हे। जानते ही होगे, उन्होंने शरारत से कनखियों से मेरी ओर देखा था।

—मैं पाकिस्तान नहीं, हिन्दुस्तान की बात कर रहा हूँ! तंज़ा चचा नैतिक ढंग से कमज़ोर हुए थे—पाकिस्तान में जो हो रहा है उससे मुझे क्या लेना।

—फिर पिछले तीस साल में तुम्हें पहली बार मेरे खुदा हाफ़िज़ कहने पर क्यों एतराज़ है? वह दिन भूल गए जब तुम गिलास लहराकर पहले सारी आसमानी ताक़तों और उनके नाम से जाने जानेवाले लोगों को फुहश-से-फुहश गालियाँ देते थे फिर शराब का घूँट लेते थे।

—मैं कोई अकेला ऐसा करता था! तंज़ा अंग्रेज़ी मुहावरे के अनुवाद में ग़लत टँग पर पकड़े गए थे—कितने लोग थे जो मिलकर ऐसा करते थे और आपकी शह पर करते थे! उनमें ज़्यादा तो मर-खप गए, बाक़ी मस्जिदों-मन्दिरों में हाथ जोड़े खड़े मिल जाएँगे।

—मेरी शह की बात तुम ग़लत कह रहे हो, प्रयाग बाबू ने समझाने के स्वर में कहा था—मेरे घर में तुम लोग ऐसा करते थे और मैंने किसी को ऐसा न करने पर मजबूर नहीं किया, यह सच के ज़्यादा क़रीब होगा। देखो ज़िन्दगी और मौत पर तो किसी को काबू है नहीं, जो मर गए सो ठीक ही मरे। लोकिन तुम्हारा सचमुच दिल चाहता है तो खुद ही नमाज़ शुरू क्यों नहीं कर देते?

—दिल चाहने की आपने खूब कही! तंज़ा लाजवाब होकर भी तिलमिला रहे थे—दिल तो मेरा जाने क्या-क्या करना चाहता है, वह सब मुमकिन है क्या यहाँ पर पाना? मैं तो मजबूरी की बात कर रहा हूँ, मजबूर होकर यह भी करने की तबीयत होती है!

—कुछ करो यार! प्रयाग बाबू ने गम्भीरता से कहा था—या हमेशा की तरह सिर्फ़ धमकी ही देते रहोगे।

—तो क्या मुसलमानों ने इस मुल्क में कुछ किया ही नहीं! तंज़ा फिर बहके थे—एक हज़ार साल में उन्होंने हिन्दुस्तान को कुछ दिया ही नहीं!

—अरे यार, मैं तुम्हारी बात कर रहा हूँ! प्रयाग बाबू की आवाज़ कुछ और ऊँची हुई थी—तुम साले काहे के मुसलमान! तुम एक इंसान हो और इत्तिफ़ाक़ से इस वक़्त नदी के ग़लत किनारे पर खड़े थे। इंसान को, अपना जायज़ा लेकर, खुद भी कुछ करना बनता है या इसी की दुआ और इन्तज़ार काफ़ी है कि नदी अपना रास्ता बदल दे। हिस्ट्री में नदियों के रास्ते बदलने और तहज़ीबों के बनने-बिगड़ने के हवाले भी मौजूद हैं। मुसलमान जो कर रहा है और जो करेगा, वह भी सब रिकार्डों में दर्ज होगा, उसी तरह जैसे जो वह अभी तक कर चुका है दर्ज है। तुम काहे के मुसलमान—पैदा होने भर के!

—यह इल्ज़ामतराशी है, तंज़ा फिर भड़के थे—मैंने खुद कोई दावा नहीं किया मुसलमान होने का। मुझसे तो कहा जा रहा है कि तू कट्टू है! तू मियाँ है! यही हुआ ना पैदाइशी मुसलमान होने का मतलब?

—यार, तुम पहले नहीं हो जिसे इस सलीब पर चढ़ाया जा रहा है, प्रयाग बाबू हमदर्दी के साथ-साथ बात का मज़ा भी ले रहे थे—जब से दुनिया बनी है कुछ लोग कुछ दूसरों के साथ ऐसा करते आए हैं। मगर मेरे भाई, तुम खुद तो तय कर लो कि मुसलमान हो, हिन्दू हो, ईसाई हो, कम्युनिस्ट हो, आख़िर को हो क्या?

—कम्युनिस्ट होने के नाते क्या मैंने कुर्बानियाँ नहीं दी हैं? मुसलमान जो करते हैं वह मैं क्या करता रहा हूँ ज़िन्दगी में? कभी नमाज़ पढ़ी, रोज़ा रखा, ऐसी कोई बदमाशी की जो यह मौलवी-मुल्लाटे करते हैं? तंज़ा रूठे अन्दाज़ में कह रहे थे।

—मुझे क्या मालूम, प्रयाग बाबू ने सहजता से कहा था—हो सकता है कि तुमने यह सब नहीं किया हो। तुम तरक़्क़ीपसन्द या प्रगतिशील हो गए, शहर भर में तो लोग तुम्हें कॉमरेड कहते हैं।

—यह तंज़ करने को! तंज़ा के दिल का गुबार अभी भी पूरी तरह नहीं निकला था।

—यह तुम कमाल कर रहे हो, प्रयाग बाबू ने एतराज़ किया था—कोई कॉमरेड कहे तो तुम्हें तंज़ लगता है और मुसलमान कहे तो तुम्हारा मज़ाक़ उड़ाता है। हालाँकि मुझे नहीं लगता शहर के लोग इतने समझदार हो गए हैं कि सच को समझ सकें! तुम वह छोड़ने का दावा करते हो जो इस्लाम की तालीम है, मैं माने लेता हूँ, मगर मुझे बताओ कि उसके बदले तुमने ज़िन्दगी में क़बूल करके अपनाया और किया क्या? मार्क्स को पैग़म्बर और मार्क्सवाद को मज़हब बनाने में ही मदद की। और यह इल्ज़ाम तुम पर ही नहीं बहुतसों पर आयद होता है, खुद मैं इससे बरी नहीं हूँ। मगर कम-से-कम जो है जैसा है वह तो समझकर अपनी ग़लती क़बूल करो, फिर आगे की बात करो।

—यानी आप खुद तसलीम कर रहे हैं कि आज तक जो भी किया, सब ग़लत किया। तंजा को आश्चर्य था—पूरी ज़िन्दगी की जद्दोजहद ग़लत थी।

—सही करने की कोशिश में बहुत सारी ग़लतियाँ हुईं, यह आज दुनिया का नक़्शा देखकर लगता है, प्रयाग बाबू की सहजता में फ़र्क़ नहीं आया था—जिनसे हमारा मुक़ाबला था, हमने बिल्कुल ही उन ही जैसे होने की कोशिश की। जिसका खेल सीखकर हम उसके साथ मुक़ाबला करना चाहते थे उसमें जीतना क्या कोई आसान बात हो सकती थी। हममें और हमारे दुश्मनों में फ़र्क़ क्या रह गया था, सिवाए इसके कि दुश्मन ज़्यादा ताक़तवर था और उसकी ताक़त में इज़ाफ़ा ही हो रहा है। इसका मतलब यही कि हममें ही कोई खोट है कि खाया-पिया कुछ अंग नहीं लगता, और रोज़-ब-रोज़ सूखकर काँटा हुए जा रहे हैं! कहकर उन्होंने ज़ोर का क़हक़हा लगाया था।

मेरी उम्मीद के ख़िलाफ़ तंजा चचा एक फुसफुसी हँसी हँस दिए थे—अब इस उम्र में क्या अंग लगेगा! उन्होंने लम्बा घूँट लेने के बाद दोस्ताना अन्दाज़ में कहा था—हम तो यार निपट ही गए थे! तुम लोग न होते तो पाकिस्तान में कभी के मर-खप

भी गए होते। दोस्तों की मुहब्बत है कि आज यहाँ बैठे फ्रीडम फ़ाइटर कहला रहे हैं।

यह सच था कि अपनी मनचली तबीयत के हाथों कभी कॉमरेड तंज़ा हिन्दुस्तान से पाकिस्तान, और फिर कुछ वक़्त वहाँ रहने के बाद ग़ैरक़ानूनी तौर पर हिन्दुस्तान लौट आए थे मगर इस बीच वह यहाँ पाकिस्तानी-शहरी क़रार दे दिए गए थे। बरसों उन्हें पुलिस से छुपन-छुपैया खेलनी पड़ी थी, यहाँ तक कि गोवा मुक्ति-आन्दोलन में हिस्सा लेकर और गिरफ़्तार होकर उन्होंने अपनी शहरियत के आगे लगा न सिर्फ़ सवालिया निशान धो दिया था, बल्कि बाक़ायदा स्वतंत्रता सेनानी का वज़ीफ़ा भी वसूल कर रहे थे। ऐसा प्रयाग बाबू और उसके अन्य प्रगतिशील मित्रों के कारण ही सम्भव हो पाया था।

—और उसके बाद भी, प्रयाग बाबू ने चुटकी ली थी—जो आपके कारनामे रहे हैं, वह क्या लोगों की नज़र में नहीं हैं! यार जाली इनायतनामे बनाकर स्टेट की ज़मीनों का जो काम तुमने किया है, उसका कोई मुक़ाबला है! पुराने भोपाल की पहाड़ियों पर आधी आलीशान इमारतें तो उन्हीं प्लाटों पर बनी हैं जो आपके हाथ के बनाए इनायतनामों के सहारे बिकी हैं।

—लेकिन प्रयाग, लम्बा घूँट लेकर तंजा तरंग में आ गए थे—इस तरह के सैकड़ों घपले इंसान ज़िन्दगी में करता है, बेशक हमने भी किए हैं। लेकिन यह क्या हो रहा है यार, कि लोग एक-दूसरे की जड़ें खोदने में लगे हैं? और उन इनायतनामों को लिखकर मैंने कौन-सा कमा लिया! मुझे तो उनकी मज़दूरी ही मिली, फ़ायदा बेचनेवालों और ख़रीदनेवालों को हुआ। मैंने तो ज़िद में आकर शुरू में कुछ इनायतनामे लिखे थे कि हो किसी में बूता तो बता दे, असली और नक़ली में फ़र्क़। उसके बाद तो साला सिलसिला ही शुरू हो गया। हमने भी सोचा क्या हर्ज है।

यह सूचना कि तंज़ा अली ख़ान फ़र्ज़ी काग़ज़ात बनाकर ज़मीनें बेचनेवालों के साथ काम करते रहे थे मेरे लिए नई थी। कुछ लोगों के मुँह से शहर में इस तरह की सौदेबाज़ियों की बात सुनने में आई थी लेकिन उसकी तफ़सील नहीं। वैसे मुझे अधिक आश्चर्य नहीं हुआ था कि तंज़ा इसमें शामिल रहे हैं।

—सुन रहे हो इनकी बातें! प्रयाग बाबू ने मुझसे कहा था—और धमकी देते हैं कि नमाज़ पढ़ना शुरू कर दूँगा। नमाज़ न हुई क़यामत की उल्टी गिनती हो गई।

—यार, आसार तो सब ऐसे ही हैं कि क़यामत आनेवाली है, मगर किसे पता! तंज़ा कुछ सोच-विचार की मुद्रा में आ गए थे—हम लोगों ने तो लाख ख़राबियों के बावजूद अच्छे ज़माने देख लिए लेकिन नौजवानों और बच्चों के लिए, यह कैसी दुनिया छोड़कर जाएँगे हम?

—इतमीनान रखो, प्रयाग बाबू ने उठने की कोशिश की थी और फिर मुझसे इशारा करके सिगरेट का पैकिट देने को कहा था—और मेरी बात का यक़ीन करो कि उससे बेहतर जो हमें मिली थी।

और फिर दोनों के बीच पुरानी खुशगवार-नाखुशगवार बातों का लेन-देन शुरू हो गया था। बिल्कुल जैसे दो कम-उम्र के भाई घर छोड़ने के बाद दोबारा मिलते हैं, तो नोट्स एक्सचेंज यानी अपने-अपने दुनिया के तजुर्बे का साझा करते हैं। मैं ख़ामोशी और दिलचस्पी से उन्हें ऐसा करते देखता रहा था। लग रहा था दोनों थके हुए हैं और अभी बात करते-करते अपनी जगह पसरकर गहरी नींद सो जाएँगे।

प्रयाग बाबू किसी दुनिया की सूझ-बूझ रखनेवाले की तरह, जो कि वास्तव में वह थे भी, गुज़रे ज़माने से लेकर जो कुछ वर्तमान में हो रहा था उसे कुछ तरतीब और कुछ बेतरतीबी के साथ निकाल रहे थे और तंज़ा चचा किसी फरमाबरदार बच्चे की तरह गर्दन हिलाकर हूँ-हूँ कहने के साथ-साथ कुछ तफ़सील अपनी तरफ़ से जोड़ते जा रहे थे। मैं दोपहर में तंज़ा के तेवर याद कर रहा था जब उन्होंने गुस्से में, खुद नमाज़ पढ़ने की, बक़ौल प्रयाग बाबू, धमकी के साथ मुझे भी ऐसा करने का मशवरा दिया था। वह लम्हा बीत चुका था। न जाने ऐसा कितनी-कितनी बार पहले भी हो चुका होगा और यक़ीनन आइन्दा भी होना था। इस पल वह आराम और इतमीनान से थे।

वक़्त बीत रहा था। मेरी शादी की बात दोबारा किसी ने नहीं छेड़ी थी जो अच्छा ही था। मेरे पास इस सवाल का कोई जवाब नहीं था जिसे देकर मैं उन दोनों को, या खुद अपने-आप को मुतमइन कर सकता। फिर उन लोगों को मुझसे यह सवाल करने का कोई नैतिक अधिकार नहीं था क्योंकि खुद प्रयाग बाबू ने शादी न करना चुना था और तंज़ा चचा और उनके परिवार के बीच सम्बन्धों की कटुता से उनके वह सारे परिचित वाक़िफ़ थे, जिनके बीच वह अपनी बीवी और बेटों को दिल खोलकर बुरा-भला कहते और गालियाँ देते थे। मुझे प्रयाग बाबू के बारे में तंज़ा की यह शिकायत भी याद थी कि लाख कम्युनिस्ट होने के बाद भी उन्होंने शहर के एक महत्वपूर्ण मुसलमान कम्युनिस्ट नेता को चुनाव में हरवाने के लिए भितरघात किए थे। असलियत जानने की न ज़रूरत थी और न मैंने ऐसा किया था। लम्बी उम्र पर फैली दोस्तियों में न जाने कितने प्यार के और कितने दूरी के पल आते हैं, जिनका अन्य लोगों के सामने जा-और-बेजा ज़िक्र भी हो जाता है। सम्बन्धों में कुर्बानियों के साथ-साथ ज़्यादतियों का भी होना कुछ ऐसा अस्वाभाविक नहीं लगता, जब तक कि दोस्त दोस्त हैं। उन पर रायज़नी करने का अधिकार दुनिया में किसी को नहीं होना चाहिए और न उस राय का उन सम्बन्धों के आगे कोई महत्व हो सकता।

देखते-देखते प्रयाग बाबू एक दार्शनिक में परिवर्तित हो गए थे। वह तंज़ा को मारकस ऑरेलियस के शब्दों में दुनिया के रहस्य समझा रहे थे, यह जानते हुए भी कि तंज़ा चचा की अंग्रेज़ी की समझ ख़ासी नाक़ाबिले-भरोसा थी। शायद इसीलिए वह

भावार्थ उन शब्दों में भी बयान करते जा रहे थे जिन्हें समझने में तंज़ा से ग़लती न हो : इंसानी ज़िन्दगी, मारकस ऑरेलियस ने खुद को ही सम्बोधित करते हुए लिखा

था—महज़ एक पल...उसकी असलियत एक निरन्तर दिशाहीन बहाव...उसकी संवेदना, कुंद...उसकी शारीरिक बनावट, नष्ट होने वाली...उसकी चेतना, एक भंवर...उसका भाग्य, अन्धकारमय...उसकी प्रतिष्ठा, नाक़ाबिले-भरोसा। दरअसल सारी दुनिया का असबाब एक बेक़ाबू झरना था और आत्मा स्वप्न और धुआँ। जीवन एक युद्ध और अनजान इलाक़े में पड़ाव, और प्रसिद्धि, गुमनामी। इसके बावजूद, क्या था जो हमें बचाए रखता था? सिर्फ़ और सिर्फ़ फ़िलॉस्फ़ी, तत्व-ज्ञान...।

उन दोनों को नशे में बतियाता छोड़ मैं खामोशी से बाहर निकल आया था।

मैं बशारत मंज़िल गया नहीं था, कोई चीज़ मुझे खींचकर वहाँ ले गई थी।

सालहासाल से एक घर था जिसे मैं सोते-जागते अपने दिमाग़ में महसूस करता रहा था : उसका एक-एक दर, एक-एक दालान, उसके दाख़िले का दरवाज़ा, वह बाहरी ज़ीना जो डेवढ़ी से सीधा ऊपर की मंज़िल को जोड़ता था, जहाँ संजीदा की बैठक थी, और वह अन्दरूनी ज़ीना जो ऊपर चढ़ता था। घर का वह आँगन जहाँ मुझे बताया गया था कुछ दरख़्त बिजली गिरने से भस्म होकर कुछ समय बाद दोबारा हरे हो गए थे और वह आसमान जहाँ लम्बे समय तक बादल का एक टुकड़ा साया किए जा रहा था। वह मेहमान-ख़ाना जिसमें गए वक़्त में विलियम नॉर्टन नाम का एक अंग्रेज़-आयरिश, आकर ठहरा था, जिसने ज़ीशान अली ख़ान के परिवार के ताने-बाने को इस क़दर उलझाने में मदद की थी। वह बैठक जिसमें अपने ज़माने की सारी नामी-गिरामी हस्तियाँ आकर बैठी थीं और जहाँ इक़बाल ने अपनी नज़्म 'जिसमें न हो इंक़िलाब, मौत है वह ज़िन्दगी'—'मस्जिदे क़ुर्तबा' पढ़ी थी और जहाँ संजीदा के साथ ताबन्दा, फ़रीदा, नौबत और बिरजू का इतना समय बीता था। वह घर जिसमें खुद महात्मा गांधी कभी गए थे और जहाँ अमीना, बिल्लो, बिब्बो, खद्दर, गुलबदन और बुनियाद की ज़िन्दगी की हरारत और नब्ज़ थी।

मुझे ख़्वाबों में एक कम-उम्र लड़की दुल्हन बनी नज़र आती है : बहुत क़ीमती कपड़ों के जोड़े में ज़ेवरों से लदी-फँदी, आश्चर्य से चौतरफ़ नज़रें दौड़ाती, और शादी के बन्ने गाए जाने की आवाज़ें सुनाई देती हैं और मैं हड़बड़ाकर जाग उठता हूँ।

सालहासाल से ऐसा होता रहा है कि किसी भी रात में बशारत मंज़िल पहुँच जाता हूँ और उसमें आवाज़ों और रोशनी के खेल को होते हुए देखता हूँ : रोशनी दाखिले के बड़े दरवाजे पर ठहरती है और उसके खुलने की आवाज़ सुनाई देती है, और मर्दाना क़दमों की आहट के साथ डेवढ़ी के ज़ीने की ओर बढ़कर आहिस्ता-आहिस्ता एक-एक सीढ़ी चढ़ने लगती है। रोशनी का दूसरा स्पॉट डेवढ़ी से अन्दर घर के आँगन को जोड़नेवाले दरवाज़े पर ठहर जाता है, जहाँ दो लड़कियों की उपस्थिति महसूस की जा सकती है जो ज़ीना चढ़नेवाले व्यक्ति को देखकर बेक़ाबू हो गई हैं।

बिल्लो और बिब्बो संजीदा के शागिर्द सरफ़राज़ देहलवी को देखकर उस पर मर मिटी हैं। उसे अपना बनाने के लिए एक बहन दूसरी बहन को रास्ते से हटाने के लिए जो मुमकिन हो सकेगा, करेगी। हत्ताकि दोनों एक-दूसरे को ज़हर तक देने की कोशिश करेंगी। वह दोनों तो सलामत रहेंगी, ज़हरीली खुराक अमीना बेगम के खाने में आ जाएगी और बदिक़्क़त उनकी जान तो बच जाएगी लेकिन उन्हें इस तरह अधमरा छोड़ जाएगी कि उनकी बाक़ी उम्र खाट पर बीतेगी। उनकी बीमारी का कारण कोई नहीं समझ पाएगा, और अमीना बेगम अन्दाज़ा होने के बाद भी किसी से नहीं कहेंगी। खद्दर दोनों बहनों के बीच चल रही प्रतिद्वन्द्विता समझकर बुज़ुर्ग की भूमिका निभाते हुए समझाएगी कि आपस में झगड़ने से बेहतर होगा वह मालूम करें खुद सरफराज़ किसे चाहता है, और दोनों बहनें यह ज़िम्मेदारी खद्दर को सौंप देंगी। खद्दर सरफराज़ से मिलकर पूछेगी कि क्या उसकी बहनों का ख़्याल कि वह उन्हें चाहता है सही है? सरफराज़ बात टाल जाएगा, खुद खद्दर से पूछेगा वह उसे कैसा लगता है? खद्दर समझाना चाहेगी कि वह अपनी बहनों से बेपनाह मुहब्बत करती है और नहीं चाहती कि वह आपस में एक-दूसरे का बुरा चाहें। वह सफराज़ से सोचकर जल्द ही जवाब देने की इल्तिजा करेगी। इस अनिश्चय की स्थिति का अन्त कुछ रोज़ बाद तब होगा जब सरफराज़ के परिवारवालों की ओर से खद्दर के लिए रिश्ते का सन्देशा आएगा और बाक़ी उलझावों से अनजान संजीदा खुश होकर इसका ज़िक्र बीमार चल रही अमीना बेगम और तीनों बेटियों के सामने करेंगे। अमीना असमंजस की स्थिति में होंगी और संजीदा खद्दर को सफराज की ख़ूबियाँ गिना रहे होंगे कि खद्दर को आश्चर्यचकित करते हुए बिल्लो और बिब्बो भी इसमें उनका साथ देने लगेंगी। वे हँसकर संजीदा को बताएँगी कि कैसे सरफराज़ के दिल का हाल वह दोनों जानती थीं, और खद्दर को बुद्धू बनाकर उन्होंने उसे सरफराज़ के पास भेजा था और खुद उससे प्यार का नाटक किया था। वे खद्दर को समझाएँगी वह मुक़द्दरवाली है और उसकी खुशी में ही उन दोनों की खुशियाँ भी हैं। संजीदा खद्दर को सोचने के लिए वक़्त देना चाहेंगे मगर बिल्लो और बिब्बो उससे उसी पल हाँ कहलवाकर दम लेंगी और जल्द ही खद्दर और सरफराज़ की मँगनी हो जाएगी। फिर संजीदा लम्बे समय के लिए घर से चले जाएँगे, पहले बंगाल में नवाखली और उसके बाद बिहार जहाँ कैबिनेट मिशन की नाकामी के बाद साम्प्रदायिक हिंसा के ज्वालामुखी फूट रहे होंगे। वहाँ महात्मा जी के साथ शान्ति और सद्भावना स्थापित करने के लिए उन तमाम जगहों में रहेंगे जहाँ हिन्दू और मुसलमान एक-दूसरे को बर्बाद कर रहे होंगे और उनके वहाँ होने से सचमुच फ़र्क़ पड़ेगा और लोग अपनी ग़लती स्वीकार करने के बाद उसे सुधारना चाहेंगे। उनकी दिल्ली वापसी महात्मा गांधी के साथ ही, उस समय होगी जब वायसरायों की अदला-बदली के बाद वैविल वापस जा रहे होंगे और माउण्टबेटन उनकी जगह ले रहे होंगे। देश के हालात तेज़ी

से बिगड़ रहे होंगे और बशारत मंज़िल में अमीना की तबीयत इतनी खराब होगी कि वह संजीदा से ज़ोर देकर जल्द-से-जल्द खद्दर की शादी करने को कहेंगे। यह वही समय होगा जब गुलबदन दिल्ली और ताबन्दा लाहौर छोड़ने का तय करेंगे। महात्मा गांधी खद्दर को शादी का आशीर्वाद देकर दोबारा बिहार अपने मिशन पर निकल जाएँगे और संजीदा भारी दिल से खद्दर की शादी की तैयारी में लग जाएँगे। उन्हें ज़्यादा कुछ नहीं करना होगा क्योंकि इस बीच अमीना अपनी बीमारी के बावजूद खद्दर का दहेज़ पूरी तरह तैयार कर चुकी होंगी...

...मैं देखता हूँ शादी से कुछ रोज़ पहले बिल्लो और बिब्बो को, फ़रमाइश करके, खद्दर को दुल्हन बनाते, उसे कपड़ों और ज़ेवर से सजाते और फिर ख़ामोशी से केरोसिन छिड़ककर उसे दियासलाई दिखाते। मैं अपनी आँखों के सामने खद्दर को जलता देख सकता हूँ, फिर हॉस्पिटल में और फिर उसके जनाज़े को बशारत मंज़िल से निकलते। खद्दर महात्मा गांधी की प्रार्थना-सभा में तरन्नुम से पढ़ रही है—लब पे आती है दुआ बन के तमन्ना मेरी/ज़िन्दगी शमा की सूरत हो खुदाया मेरी। बापू उसे आशीर्वाद दे रहे हैं। खद्दर की शादी पर जो ग़मी में बदल गई है ताबन्दा, फ़रीदा और दीगर खानदान के लोग बशारत मंज़िल में इकट्ठे हैं। बिल्लो और बिब्बो के हाथों पर पट्टियाँ बँधी हैं। खद्दर को बचाने की कोशिश में दोनों के हाथ जल गए हैं। उनके प्रति संजीदा की नाराज़गी विचित्र है। दूसरी ओर अमीना की बोलने की ताक़त ख़त्म हो गई है और मुँह से गूँगों जैसी आवाज़ें निकालती हैं।

संजीदा बेपनाह शराब पी रहे हैं, दिन-रात उन्हें अपनी सुध रही। अन्दरूनी ज़ीने की ऊपरी सीढ़ी पर खड़े वह बिल्लो और बिब्बो से बात कर रहे हैं। नशे में धुत यह बता रहे हैं कि वह जानते हैं कि खद्दर कैसे जली, यह दिखावे की पट्टियाँ बाँधने से क्या फ़ायदा। बिल्लो एक तरफ़ से और बिब्बो दूसरी तरफ़ से वार करती हैं। वह सन्तुलन खोकर सीढ़ियों से नीचे लुढ़क जाते हैं। कुछ समय बेहोश रहने के बाद गुज़र जाते हैं। अपने पीछे अमीना को गूँगों की आवाज़ें निकालते छोड़कर।

अमीना बेगम तीन लम्बे साल इस दुर्गत में जीती हैं, फिर वह भी नहीं रहतीं। बचती हैं बिल्लो और बिब्बो।

ऐसा खून-खराबा और इतना बड़ा बदलाव, इतनी छोटी मुद्दत में।

मुझे बताया गया था कि सन् 1950 में अमीना बेगम के इन्तक़ाल पर अब्बा और फफू के साथ मैं भी दिल्ली गया था लेकिन उसकी याद मुझे नहीं थी। मेरे लिए सन् 1972 में वहाँ जाना ही पहली बार था। यह ताबन्दा के न रहने के चार-पाँच महीने बाद की बात थी और कौन-सी ताक़त मुझे वहाँ ले गई उसका विश्लेषण कर पाना मेरे लिए सम्भव नहीं था। मेरे साथ-साथ वह आसेब भी गया था जो लम्बे समय से

मेरी रातों की नींदें हराम करता रहा था। मौसम में गर्मी आ चली थी और दिन और रात की लम्बाई तब एक समान रही होगी। सन् 1947 से 1972 तक दिल्ली बदलकर एक नया शहर हो गया था, यह मुझे एहसास भी था और खुद का आँखों देखा भी। इस बीच अनगिनत बार मैं दिल्ली आया था और आम तौर पर पुरानी दिल्ली में ही ठहरा था। नहीं गया था तो बशारत मंज़िल। बाक़ी पुरानी दिल्ली का हुलिया देखकर उम्मीद बँधती थी कि बशारत मंज़िल और उसका पास-पड़ोस भी ज़्यादा नहीं बदला होगा और देखते ही मैं उसे पहचान लूँगा।

ऐसा नहीं हुआ था और लोगों से बशारत मंज़िल का पता पूछता मैं जिस पुराने घर के सामने जाकर रुका था, वह मेरे लिए पूरी तरह से अजनबी, एक खण्डहरनुमा इमारत थी। उसमें कोई बड़ा दाख़िले का दरवाज़ा नहीं था। एक सँकरी डेवढ़ी थी जिसमें कुछ खटारा स्कूटर खड़े थे। डेवढ़ी से पहले लबे-सड़क बाएँ हाथ को एक अलग दरवाज़ा था, जिसमें सीढ़ियाँ ऊपर चढ़ती थीं। पक्की चुनाई करके ज़ीने को बाक़ी डेवढ़ी से अलग कर दिया गया था। जैसा कि बाद में पता चला घर की ऊपरी मंज़िल को अलग करके किराए पर उठा दिया गया था और अब डेवढ़ी का अन्दरूनी दरवाज़ा ही घर के निचले हिस्से में जाने के लिए था। दरवाज़े पर नामों की तख़्ती लगी थी—'डॉ. जमीला खानम वफ़ा', 'शकीला ख़ानम' और साथ ही डाक का पता और टेलीफ़ोन नम्बर दर्ज थे। कॉल-बेल थी जिसके सहारे कुछ देर बाद मुझे घर में दाख़िला मिला था और मैं पहचानने की कोशिश करती बिब्बो—शकीला फुफी, के सामने पहुँचा दिया गया था। मेरे नाम बताने से निगाह की अजनबियत कम नहीं हुई थी और वह मुझे छोड़कर बावर्चीख़ाने में काम करनेवाली औरत को डाँटकर हिदायतें देती रही थीं।

सुबह का साढ़े आठ-नौ बजा होगा।

मेरी नज़रें चकराती किसी चीज़ को तलाश कर रही थीं कि यक़ीन कर सकूँ यह वही बशारत मंज़िल है जिसके प्रेत के साथ मैं ज़माने से दिन और रात जीता रहा हूँ : एक अजनबी आँगन, अजनबी दालान, कमरे, दीवारें, फ़र्नीचर, कहीं कुछ भी नहीं! मेरी नज़रें दालान में लगी उस बड़ी तस्वीर पर ठहर गई थीं जिसमें एक, हँसती हुई प्रधानमंत्री इन्दिरा गांधी के साथ वह दोनों बहनें खड़ी हुई थीं, और फिर दूसरी, जिसमें बिल्लो, जिनसे अभी मेरी भेंट नहीं हुई थी, राष्ट्रपति स्वर्गीय ज़ाकिर हुसैन के साथ सोफ़े पर बैठी थीं।

—कैसे आना हुआ? बिब्बो फुफी जिस स्वर में पूछ रही थीं उसमें व्यंग्य, एतराज़, सन्देह—सब के तार खिंचते महसूस हुए थे। इसके लिए मैं तैयार होकर आया था।

—आप ही से मिलना था, मैंने सीधे और साफ़ कहा था—भोपाल से फ़ोन नम्बर लेकर चला था, स्टेशन से किया, आपका फ़ोन शायद ख़राब है।

—ठीक होता तो क्या आपको लेने स्टेशन आ जाते! उनके लहजे में तेज़ाब

ज़्यादा हो गया था और साथ ही कड़वी हँसी थी।

—नहीं, मैं पक्का करना चाह रहा था कि आप घर पर ही हैं।

नहाकर बाल तौलिए से सुखाती बिल्लो फुफी भी अपनी उत्सुकता दूर करने आ गई थीं। मेरे सलाम का या तो उन्होंने जवाब नहीं दिया था या फिर मैं सुन नहीं पाया था। उस समय उन दोनों की उम्र लगभग पचास वर्ष रही होगी, लेकिन वह उससे कम लगती थीं और दोनों ही अपने-अपने ढंग से आकर्षक थीं। यह नई जानकारी नहीं थी क्योंकि पहले मैं उन्हें भोपाल में देख चुका था।

—कौन है? बिल्लो ने मुझे देखने के बाद बिब्बो की ओर मुड़कर लापरवाही से ऐलान किया था कि वह मुझे नहीं जानतीं। मैंने खड़े होकर अपना विस्तृत परिचय दिया था। इस याद-दहानी के साथ कि फ़रीदा फफू से मिलने वह लोग घर आती थीं तो मुझसे भी मुलाक़ात हो जाती थी।

—कैसे आना हुआ? इस बार बिल्लो पूछ रही थीं।

—आप लोग तो अब्बा के इन्तक़ाल पर आए नहीं, सोचा शिकवा भी हो जाएगा और कुछ वक़्त भी आपके साथ बीत जाएगा।

—बड़ा करम! बड़ी मेहरबानी! लेकिन ठहरे कहाँ हो?

मैं इसके लिए भी तैयार होकर आया था।

—कहाँ ठहरूँगा? आपसे क़रीबी मेरा दिल्ली में कौन है?

—नहीं, नहीं! दोनों बहनों के मुँह से एक साथ निकला था, और आगे बिल्लो ने कहा था—इसमें हमें भी परेशानी होगी, तुम्हें भी। हम दोनों अपने-अपने चक्करों में निकल जाती हैं तो दिन में घर में थोड़ी कुछ पकता है। तुम तो, बस, मिल लिए वापस चले जाओ। या किसी होटल में ठहरो। यह पुरानी तर्ज़ का घर है, आप जैसी बिगड़ी आदतोंवाले बड़े लोग इसमें थोड़ी आराम पा सकते हैं।

एक पल को चुप्पी रही थी।

—या भाई, रहना चाहते हो तो रहो! बिब्बो कह रही थीं—तुम्हारे अब्बा भी रहे, तुम भी रहो! उन्हीं के चक्कर में तो यह घर आधा रह गया, यह मेहरबानी क्या कभी भूलेंगे हम! मगर खाने-वाने...

—वह मैं कर लूँगा।

अपने आसेब को खोजता मैं उन लोगों के साथ दो रात और तीन दिन रहा था।

उस दौरान चीज़ें खुली थीं। बिल्ली पी.एच.डी. कर चुकी थीं और भाषा से सम्बन्धित किसी अकादेमी में काम कर रही थीं। उनकी शायरी के चार संग्रह, मूलत: ग़ज़ल के तब तक प्रकाशित हो चुके थे और अन्य की योजना थी। वह मुशायरे पढ़ना शायरी की तौहीन समझती थीं और कहीं से बुलाया जाए तो साफ़ इंकार कर देती थीं। वैसे आम ख़्याल था कि संजीदा सोज़ की शायरी उन्होंने अपने नाम से छपवाई थी। यह आश्चर्य संग्रहों के पन्ने पलटते होता था कि कैसे एक ही व्यक्ति

दो इतने भिन्न—अच्छे और बुरे स्तर के, शेर कह सकता है। दूसरी बात यह कि इतने संग्रह छपने के बाद भी न तो शायरों में उनका नाम गिना जाता था न कभी किसी को उनका शेर पढ़ते सुना। दूसरी ओर बिब्बो किसी मदरसे में मनमाने ढंग से कभी पढ़ाने जाने लगती थीं और कभी बन्द कर देती थीं। उनके ख़्याल में आज तक कुरान की सही-सही व्याख्या नहीं हो सकी थी जिसे वह खुद करने का प्रयास कर रही थीं और उसके अन्तर्गत पैग़म्बर इस्लाम की असली जीवनी लिखना चाहती थीं। बिल्लो बेपर्दा रहती थीं जबकि बिब्बो घर से बाहर बुर्क़ा पहनकर निकलती थीं। दोनों को एक-दूसरे के जीने के ढंग पर एतराज़ थे। यह देखने और जानने के लिए भी ज़्यादा इन्तज़ार नहीं करना पड़ा कि उनकी ऊपरी मंज़िल के किराएदारों से लम्बी कशीदगी चली आ रही थी और मामला कोर्ट-कचहरी पहुँचने को था। दोनों बहनें बशारत मंज़िल बेचकर नया मकान लेना चाहती थीं जो किराएदारों की मौजूदगी में नहीं हो पा रहा था। मेरे पहुँचने के कुछ ही देर बाद निचली मंज़िलवालों और ऊपरी मंज़िलवालों के बीच देर तक चलनेवाला गाली-गुफ़तार का मैच शुरू हो गया था और मैं बिल्लो और बिब्बो की गाली बकने की महारत और गालियों के ज़खीरे को देख और सुनकर चकित रह गया था। उन्हें ऐसी-ऐसी गालियाँ आती थीं जिनकी मुझे कल्पना नहीं हो सकती थी और खुले मुँह से वह उन्हें ज़ायक़ा लेनेवाले ऐसे अन्दाज़ में बकती थीं कि मैंने किसी मर्द को ऐसा करते नहीं देखा-सुना था। मैंने सोचा था, किराएदारों की इजाज़त से एक निगाह ऊपरी मंज़िल को देखूँगा जो इस झगड़े के कारण सम्भव होता न लगा।

—रहम करके, आगे-पीछे गालियों को सजावट के लिए जोड़ते हुए दोनों में से किसी बहन ने मेरी जानकारी के लिए, लड़ाई के बीच साँस लेने के वक़्फ़े में कहा था—उस वक़्त जगह दी थी जब फ़साद में घर जल गया था और आधा ख़ानदान हलाक हो गया था। बदक़ौमे! तब ही से साँप की तरह फन काढ़े बैठे हैं, न किराया बढ़ाते हैं न मकान खाली करते! जिन बुड्ढा-बुड्ढी की सूरत देखकर मकान दिया था, वह तो मर-खप गए, अब यह औलादें हमारी छाती पर मूँग दल रही हैं।

लड़ाई के दौरान दोनों बहनें रह-रहकर किराएदारों को राज़ साहब का नाम लेकर धमकाती रही थीं जिनकी मदद से कुछ ही दिनों में उनका सामान घर के बाहर फेंक दिया जाना था, और उनको जेल के अन्दर। राज़ साहब के शागिर्द दिल्ली प्रशासन में जगह-जगह थे और उनका कहा करके वह खुद को खुशनसीब समझेंगे। मैंने अन्दाज़ा लगाया राज़ उन व्यक्ति का तख़ल्लुस होगा जिनका दोनों बहनें दम भर रही थीं और वह खुद जो भी करते हों, उसके साथ-साथ शायर भी होंगे।

मुझे ऊपर से नीचे तक देखने के बाद, नाश्ते के नाम पर चाय के साथ तोस लेते हुए बिब्बो और बिल्लो की आँखों-ही-आँखों में कहा-सुनी हुई थी, और मुझे, टेलीफ़ोन की समस्या हल करने में सहयोग चाहते हुए, कुछ काग़ज़ात देकर लोगों

के नाम और सम्बन्धित दफ़्तर का पता बता दिया गया था। घर से रुख़्सत करते हुए आदेश दिया गया था कि मैं शाम छः बजे से पहले न लौटूँ क्योंकि इस बीच वह दोनों बाहर रहेंगी।

मैं बाहर आ गया था और एक परिचित को फ़ोन करके टेलीफ़ोन का मसला हल करने की कोशिश की थी। कुल मिलाकर सौलह सौ रुपए भरने के बाद फ़ोन चलू कराए जाने का आश्वासन दिया गया था और अगली सुबह फ़ोन ने काम करना शुरू कर दिया था। मैं निर्धारित समय से घण्टा भर पहले लौट आया था और डेवढ़ी के सामने खड़े होकर छः बजने का इन्तज़ार कर रहा था, जब ऊपरी मंज़िल में रहनेवाले व्यक्ति मेरे पास आए थे और अदब से मेरा नाम, पता और रिश्ता पूछकर, ज़िद करके अपने साथ चाय पिलाने, ऊपर ले जाने पर इसरार किया था। सीढ़ियाँ चढ़ते मैं रोशनी के स्पॉट में आ गया था और ज़ीने को डेवढ़ी से अलग करती दीवार पारदर्शी हो गई थी। सेहन में दाख़िले के दरवाज़े पर रोशनी के दूसरे स्पॉट में, मैं बिल्लो और बिब्बो को सुगबुगाते देख और सुन सकता था...अभी मैं उस चाँदनी पर होऊँगा जहाँ संजीदा सर्दियों में धूप सेंका करते थे...मेहमानख़ाना...खाना गर्म करने का कमरा...गुसलख़ाना...संजीदा की बैठक...पास ही दाएँ, मकान का वह हिस्सा जो पहले बशारत मंज़िल में

ही शामिल था...संजीदा की जवानी के साल...बतूल बी का घर...सात बेवाओं का खानदान...अमतुल कबीर...जीवनलाल की ज़िन्दगी के अन्तिम वर्ष...चावड़ी...वहीदन...चम्पा और चमेली...गुलबदन...

आँख खुलने पर मैं ऐसी जगह बैठा था जहाँ एक कमरे से दूसरे में तमीज़ करना दुश्वार था और जिसमें एक निम्न मध्यवर्गीय परिवार की गृहस्थी का सामान बिखरा हुआ था। यह पूछना नामुनासिब और बेतुका था कि वहाँ पहले बैठक कहाँ हुआ करती थी या हम जिस कमरे में थे, वह किस हैसियत से इस्तेमाल होता था। दीवारों में बड़े मेहराबी ताक़ थे जिनमें सजावट के लिए कैलेण्डर—एक इन्दिरा गांधी का और दूसरा पहाड़, नदी, हरियाली, आसमान और झोपड़ीनुमा घर का टँगे थे। चाँदनी उजाड़ थी, सिवाए खींचकर बाँधी गई रस्सी पर सूखने को टाँगे गए कपड़ों के, जो बहुत पहले सूख चुके थे। मेज़बान शरीफ़ और सादा व्यक्ति था। उसने मालिक-मकानों या सुबह मेरी उपस्थिति में हुई मेराथॉन गाली-गलौज का ज़िक्र नहीं छेड़ा था।

छः बजे से पहले मैं वहाँ से उठ आया था। वापसी में मैं कुछ खाने की चीज़ें और रिसाले-किताबें लेता आया था, जिसे बिल्लो और बिब्बो ने सराहा था। उन्होंने मुद्दत से नहारी नहीं खाई थी, सो तय हुआ था कि अगली सुबह तड़के मैं फ़तेहपुरी से उनके लिए नहारी लाऊँगा। जब तक अगले दिन फ़ोन ठीक नहीं हो गया, उन्होंने मेरे कहे पर यक़ीन नहीं किया था और पैसे देने की पेशकश तो ठीक हो जाने के बाद भी नहीं की। लेकिन मैं उनके व्यवहार में आई तब्दीली से अन्दाज़ा लगा सकता था

कि मेरे प्रति उनकी लापरवाही और कड़वाहट में कमी आई थी।

—तुम पाकिस्तान क्यों नहीं चले जाते? पहली शाम ही कुछ इधर-उधर की बातचीत के बीच मुझसे यकायक सवाल किया गया था। इसके लिए मैं बिल्कुल तैयार नहीं था।

—किस लिए? मैं अपने लहजे की हैरानी की पूरी तरह पर्दापोशी नहीं कर पाया था।

कुल पल ख़ामोशी रही थी।

—यह कोई पूछने की बात है, बिल्लो ने अपने ढंग से सहज होने की कोशिश करते हुए कहा था—भाई तुम्हारी माँ है वहाँ। उनके पास सब कुछ है मगर औलाद नहीं।

मैंने ठण्डी साँस ली थी।

—आप जानती हैं उन्हें? मैंने थोड़ी हैरानी से कहा था।

—ताहिरा भाभी को? इस बार बिब्बो ने कहा था, और दोनों बहनों पर हँसी का दौरा पड़ गया था—हम उनकी शादी, पहली, तुम्हारे अब्बा और हमारे जनाब ताबन्दा भाई से, के चश्मदीद गवाहों में से हैं।

—फिर बँटवारे से पहले, बिब्बो ने जोड़ा था—जब उन्होंने लाहौर छोड़ा था तो सीधे भोपाल थोड़ी चले गए थे। उनका पहला पड़ाव दिल्ली में, इसी घर में था। हमसे ताहिरा की दोस्ती थी, बहुत प्यार करती थीं।

—तुम्हें तो ख़ानदानवालों ने अँधेरे में ही रखा! बिब्बो अपनी हँसी पर क़ाबू नहीं रख पा रही थीं—यही मशहूर कर दिया कि बेटे की पैदाइश में माँ बेचारी दुनिया से गुज़र गई! बड़े इंसानियत और ऊँचे-ऊँचे उसूलों के दावे किया करते थे, ताबन्दा अली साहब! उनको भी हमारे अब्बा जान की छूत लग गई थी! जब ऐसे ही आदर्शवादी थे तो अपने से आधी उम्र की लड़की से शादी करना और उसे उसके ख़ानदान से अलग करना कौन-सी इंसाफ़पसन्दी थी।

—जो बाद में हुआ, अब बिल्लो की बारी थी—उसके लिए बेचारी ताहिरा को क्यों इल्ज़ाम दें! वह एक सच्ची और नेक औरत हैं, उम्र में हमसे कम ही होंगी।

—पिछले दिनों जब इण्डिया आई थीं अपने दूसरे शौहर के साथ, बिब्बो ने बात आगे बढ़ाई थी—तो दिल्ली में हमारे साथ ही ठहरी थीं।

—आप लोगों के पुराने मरासिम हैं, मैंने अपने लहजे की चोट छिपाने की कोशिश करते हुए कहा था—अच्छा किया जो यहाँ ठहरीं। मेरे लिए वह अजनबी थीं, अजनबी ही रहेंगी। मुझे मालूम नहीं माँ का होना क्या होता है। अभी तक काम चला है तो आगे भी चल जाएगा।

—मतलब यह कि तुम उन्हें एक माँ की खुशियों से महरूम रखना चाहते हो! याद नहीं बिल्लो ने ताना दिया था या बिब्बो ने। मैंने जवाब नहीं दिया था।

—तुम भी दरअसल, बिल्लो पर हँसी का नया दौरा पड़ गया था—हो अपने

बाप ही की तरह सनकी! समझदार होते तो पाकिस्तान चले जाते, वहाँ करोड़ों की मिल्कियत तुम्हारी होती।

रात मैं सोने लेटा तो देर तक एलबमों में लगीं बिल्लो और बिब्बो की तस्वीरें—मौलाना अबुल कलाम आज़ाद से लेकर जवाहरलाल नेहरू और इन्दिरा गांधी तक, आज़ादी के बाद जिनका भी देश की सियासत और हुकूमत में महत्व रहा था, मेरी आँखों में घूमती रही थीं। बन्नो फुफी अर्थात् खद्दर की मौत के बारे में लापरवाही से दिए गए जवाब थे : एक दुर्घटना में ऐसा हुआ, होना लिखा था। सब अपना आना-जाना साथ लिखाकर लाते हैं। संजीदा सोज़ और अमीना बेगम के न रहने का कोई ज़िक्र नहीं। मुझे बताया गया था दोनों बहनों ने अपने हाथों की प्लास्टिक सर्जरी कराई थी, जो सफल नहीं थी और मैं उनके हाथों पर जलने के निशान साफ़ देख रहा था। पहली बार दोनों के टालने की कोशिश के बावजूद, मैंने पुराने एलबम निकलवाकर संजीदा, अमीना, गुलबदन, बिल्लो, बिब्बो, खद्दर और बुनियाद की एक उम्र पर फैली तस्वीरें देखी थीं, और ताबन्दा, फ़रीदा और विलियम की वह तस्वीरें भी जो मुझे नहीं मालूम था मौजूद हैं। बहुत तलाश करने पर भी कोई ऐसी तस्वीर नहीं मिली थी जिसमें गांधीजी मौजूद हों। ज़्यादातर फ़ोटो बिल्लो-बिब्बो और अलीगढ़, और जामिया मिल्लिया, और जिगर मुरादाबादी, और सहरदी गांधी, और शेख़ अब्दुल्लाह, और जाने कितने जाने-पहचाने और कितने मेरे लिए अजनबियों के थे। बातों में अन्दाज़ा हुआ था बिब्बो की असली दिलचस्पी राजनीति में थी और वह एक दिन इलेक्शन जीतकर वज़ीर बनना चाहती थीं।

वह अजनबी बिस्तर जिस पर मैं नींद के लिए करवटें बदल रहा था किसी

पल मेरी परिचित दुनिया में तब्दील हो गया था और मैं उस बशारत मंज़िल में पहुँच गया था जिसकी बुनियादों पर मौजूदा खण्डहर खड़ा था। मैंने खद्दर को स्वागत करते और परिवार के अन्य सदस्यों से मेरा परिचय कराते देखा था।...यह वह अविभाजित बशारत मंज़िल थी जिसका आधा हिस्सा बाद में किराए पर दिया जाना और फिर बेच दिया जाना था..हवेली में चराग़ों की रोशनी थी...पानी गिरने की आवाज़ें...तेज़ हवा के झक्कड़...आसमान में बिजली की चमक और कड़क... कौसर जहाँ की हथेली से रिसता

खून...सेहन में अमरूद के पेड़...आसमान में पड़ाववाले बादलों में भटकती संजीदा की नज़रें...अजनबी लोग क़िस्म-क़िस्म के तोहफ़ों के साथ...क्यारियों में खिले फूल...मुबारक हो, मुबारक हो, का शोर...चरख़ा चलाते संजीदा...झगड़ती बिल्लो-बिब्बो और बीच-बचाव करती खद्दर...कूल्हती अमीना बेगम...कमसिन खद्दर, दुल्हन बनी और भक-भक जलती ...मैं आग पर लेटा था, मेरे चौतरफ़

आग की लपटें थीं...मैं चीख़ना चाहता था, किसी ने मेरे मुँह पर हाथ रख दिया था... मैं भागकर बाहर निकलना चाहता था, किसी ने कमरे की साँकल चढ़ा दी थी...मैं जल चुका था, घर में कोहराम था...लोग मुझसे सवाल कर रहे थे...मैं अपने भीतर टूटकर डूबते एक तारे के साथ अँधेरे में घुलता जा रहा था...उसी अँधेरे से खद्दर की आकृति बाहर आई थी और उसके साथ-साथ

मैं...वह मुझे अलविदा कहकर रुख़्सत हो रही थी...

मैं हड़बड़ाकर जागा था।

कमरे में छनकर बिजली की रोशनी आ रही थी।

यह एक दूसरा कमरा था, एक दूसरी दुनिया में।

अगला दिन पहले के दोहराव जैसा था और उसकी अगली शाम, इतवार को मेरी वापसी।

सनीचर से दोनों बहनों में इतवार की सुबह को लेकर अजीब उत्साह था। आम तौर पर राज़ साहब इतवार को बशारत मंज़िल आते थे और उन्होंने आने की सूचना दी थी। उनके आने को लेकर दोनों बहनों की बेचैनी समझ पाना मेरे लिए सम्भव नहीं था, न मैं इस बारे में सवाल करके उन्हें अपना बाहरीपन याद दिलाना चाहता था। पहनने के कपड़ों से लेकर सोफ़े और दीवान की बिछात तक, वह हर चीज़ पर इस तरह ध्यान दे रही थीं जैसे छोटे बच्चे चाँद रात को अपना साज़ो-सामान सजाकर बेताबी से ईद की सुबह का इन्तज़ार करते हैं। अपने कपड़ों को लेकर दोनों ने मुझसे अलग-अलग मशवरा किया और राय जानी थी। यह साफ़ था कि वह सज-बनकर राज़ साहब का स्वागत करना और उसमें एक-दूसरे से बाज़ी मारना चाहती थीं। उनकी प्रतिद्वन्द्विता का उदाहरण मेरी आँखों के सामने साकार हो रहा था।

सुबह मैं जागा तो घर में हमाहमी थी। बिल्लो और बिब्बो तैयार होने में व्यस्त थीं। बावर्चीख़ाने से आती खुशबुएँ बता रही थीं कि मेहमान के लिए ख़ास खाने पकवाए जा रहे थे। दरवाज़े के पर्दे बदले जा चुके थे और गुलदानों में ताज़ा फूल सजे थे। घर में मुझे अपनी मौजूदगी अनावश्यक जान पड़ी थी और मैं बहाना करके बशारत मंज़िल से रुख़्सत होने लगा था तो मुझसे कहा गया था राज़ साहब दोपहर बारह बजे तक आएँगे, मैं उससे पहले लौट आऊँ तो बेहतर होगा। साथ ही मुझे बाज़ार से लाने के लिए सामान की एक लिस्ट थमा दी गई थी। न चाहते हुए मेरा बारह बजे से पहले लौटना ज़रूरी हो गया था।

मैं वापस आया तो बिल्लो फुफी और बिब्बो फुफी को पहचान पाना मुश्किल था। वह अपनी उम्र से बहुत कम, बिल्कुल कॉलेज की लड़कियों जैसी लग रही थीं। जिस पल मैं बशारत मंज़िल में दाख़िल हुआ, वह आराम-कुर्सियों में पसरी सिगरेट के कश ले रही थीं। मेरी आँखों के सामने एकाएक फ़रीदा फफू जीवित हो उठी थीं—कुछ ऐसी समानता थी जो उन्हें एक ही परिवार का साबित करने को काफ़ी थी।

कभी किसी तस्वीर को पूरी तरह समझने में कोई छोटी-सी डिटेल कितनी महत्वपूर्ण हो सकती है यह उँगलियों में दबी सिगरेटें और मुँह से निकलता धुआँ समझाने को काफ़ी था। क्या पता, यह सिगरेट का शौक़ उन दोनों को फ़रीदा फफू से ही लगा हो।

मैंने बिना उन्हें ऑफ़र किए खुद सिगरेट पीते रहने की अपनी बदतमीज़ी की माफ़ी चाही थी। उन दोनों का समूचा व्यक्तित्व हद यह कि बात का लहजा भी बदल गया था। उन्होंने जो कपड़े पहने हुए थे—चुस्त शलवार-क़मीज़ और तंग चूड़ीदार, उसमें उनकी शारीरिक बनावट पूरी तरह उभर आई थी और सीने, कमर, जाँघों और पिण्डलियों का सुडौलपन निहारा जा सकता था। मेकअप और हल्के ज़ेवर देह को अधिक आकर्षक बनाने में अपनी भूमिका निभा रहे थे।

—आदत नहीं है, बिल्लो ने गुनगुनाते स्वर में कहा था—ऐसे ही कभी-कभार पी लेते हैं।

—फ़रीदा कितने सिगरेट पीने लगी थीं, बिब्बो ने धीमे, मुलायम स्वर में याद किया था।

मैंने जब उन दोनों की तारीफ़ में कुछ कहना चाहा था तो मुझे अनसुना कर दिया गया था। वक़्त गुज़ारी के अन्दाज़ में वह मेरे दिल्ली के परिचितों के बारे में पूछती रही थीं जैसे मेरा होना एक सरसरी चीज़ हो जिसका महत्व सिर्फ़ उनके लिए कारामद हो सकना हो। वे क़ीमती खुशबुओं में महक रही थीं और उन्हें राज़ साहब का इन्तज़ार करता छोड़, मैं उस कमरे में लौट गया था जहाँ मेरी पिछली दो रातें बीती थीं। सामान इकट्ठे करते किसी पल बिस्तर पर पसरकर गहरी नींद सो गया था। सोते में लगा था कोई मुझे आवाज़ दे रहा है...

बिल्लो फुफी मुझे जगा रही थीं—राज़ साहब आ गए थे।

सफ़ेद बालोंवाले, खड़े नाक-नक़्श, सुर्ख़ो-सफ़ेद रंगत के एक व्यक्ति से मेरा परिचय—कि मैं भोपाल से आया मेज़बानों का भतीजा हूँ, कराया गया था। राज़ साहब स्याह शीशे की ऐनक, सफ़ेद कुर्ता-पाजामा और सलीम-शाही जूते पहने थे। उनका जिस्म इकहरा और आवाज़ भारी और गम्भीर थी। उन्होंने हाथ मिलाया था और मैंने औपचारिक सवालों के जवाब दिए थे। फिर मैं ख़ामोशी से बिल्लो और बिब्बो की मेहमान-नवाज़ी का तमाशा देखने लगा था। दोनों में बला की चुस्ती भर गई थी। आरामकुर्सी पर पसरे मेहमान पर वह तितलियों-सी मँडरा रही थीं। पिछली मुलाक़ात से अभी तक जो-जो हुआ उसे तफ़सील से बता रही थीं और हर तरह, ख़ासी बेशर्मी से उसे रिझाने-ललचाने के जतन कर रही थीं। वह किसी बात के लिए मना कर रहा था तो उसे तकल्लुफ़ और ग़ैरियत कहकर शिकवा कर रही थीं। लगा मैं किसी फ़िल्म का ऐसा दृश्य देख रहा हूँ जिसमें दो नायिकाओं के बीच नायक को सिड्यूस करने की होड़ लगी हो।

—ताबन्दा अली साहब आपके कौन थे? राज़ साहब ने मासूमियत से पूछा था।

—जी, वह मेरे अब्बा थे, मैंने संक्षेप में जवाब दिया था।

—ओह! राज़ साहब चौकन्ने हुए थे।

—आप उन्हें जानते थे? मैंने उत्सुकता से पूछा था।

—ताबन्दा साहब को? उन्होंने एक लम्बी ठण्डी साँस ली थी—यही समझ लें। मैंने उन्हें कितने ख़त लिखे, कभी जवाब नहीं दिया। भोपाल जाकर मिलने की काशिश की, नहीं मिले! उनके न रहने की ख़बर मिली, काफ़ी बाद में...

उन्होंने दोबारा ठण्डी साँस ली थी, मुझे पास बुलाया था, चश्मा उतारकर देखने की कोशिश की थी और मेरे सिर पर हाथ रखा था—वह मेरे बड़े भाई की तरह थे, चश्मा दोबारा लगाते हुए वह बुदबुदाए थे।

मैं कुछ पूछना चाहता था मगर चुप रहा।

बिल्लो-बिब्बो की उनसे छेड़छाड़ जारी थी, और वह भी उसमें हिस्सा ले रहे थे। एकाएक उन्हें कुछ याद आया था।

—मैं ज़्यादा नहीं ठहरूँगा, उन्होंने मुलाइमत से कहा था—छुट्टी के बावजूद आज डॉक्टर सान्याल ने क्लिनिक पर बुलाया है।

—लेकिन राज़! बिल्लो ने शिकायत में चाहत की सारी चाशनी उँडेलते हुए रूठने की अदा से कहा था—हमने तो दोपहर का खाना साथ खाने का सोचा था।

—यह तो कोई बात नहीं हुई! बिब्बो दुलार के स्वर में फ़रियाद कर रही थीं—हम तो तुम्हारे इन्तज़ार में...

—मजबूरी की बात है, मेहमान ने सहजता से कहा था—आँखों ने बड़ी तकलीफ़ में डाल रखा है। लिखना-पढ़ना, कुछ नहीं हो पा रहा।

—राज़! बिल्लो और बिब्बो ने मिलकर विनती की थी।

मेहमान हँसने लगा था।

—यह तुम लोगों ने अच्छा सरफ़राज़ का राज़ किया है! वह लाचारी के स्वर में कह रहा था—पूरा नाम लेना चाहिए।

—फिर तुम बिल्लो क्यों कहते हो, जमीला कहा करो! बिल्लो की आवाज़।

—और बिब्बो क्यों, शकीला कहो! बिब्बो कह रही थीं।

समझने के बाद भी यह स्वीकार कर पाना मुश्किल था कि राज़, बिल्लो और बिब्बो का लाड़ में बिगाड़ा उसी सरफ़राज़ देहलवी का नाम था जिसकी शादी खद्दर से होनी थी। चलते-चलते उन्होंने मुझे अपना कार्ड दिया था, ताकीद की थी कि जब दिल्ली आऊँ उन्हें फ़ोन ज़रूर करूँ।

चीज़ें साफ़ हुई थीं : सरफ़राज़ देहलवी ने खद्दर के बाद शादी नहीं की थी। सन् 1982 में जब उनका देहान्त हुआ वह एक यूनिवर्सिटी के वाइस-चांसलर थे और उस समय उनकी उम्र 62 साल थी। ऑपरेशन से उनकी आँखें ठीक नहीं हो पाई थीं और कुछ समय बाद वह बिल्कुल अन्धे हो गए थे। इससे उनके कैरियर और

दिनचर्या पर असर नहीं पड़ा था। इसका सबूत वह किताबें थीं जो उन्होंने आँखों की रोशनी जाने के बाद लिखी थीं और जो प्रकाशन के बाद सराही गई थीं।

सरफ़राज़ का बशारत मंज़िल से सम्बन्ध अन्त तक रहा था। जिस तरह हो सका वह बिल्लो और बिब्बो की मदद करते रहे थे। वैसे इस बारे में दो तरह की बातें कही जाती थीं : एक—कि बिल्लो-बिब्बो जतन करके भी उन्हें रिझाने में कामयाब नहीं हो पाई थीं। हो जातीं तो सरफ़राज़ को खद्दर से शादी के फ़ैसले का मज़ा चखातीं; दो—कि सरफ़राज़ शादी करते भी तो एक बहन से, जो बिल्लो-बिब्बो के आपसी रिश्ते की वजह से सम्भव नहीं था। सो वह दोनों बहनों को अपनी रखैलों की तरह इस्तेमाल करते रहे।

सच क्या था, यह सोचा ही जा सकता है।

मैं उसके बाद भी बशारत मंज़िल जाता रहा था और चीज़ों को बदलते देखता रहा था। यह बदलाव दरअसल एक सिलसिलेवार बिगाड़ था जिसकी गति आपातकाल के बाद 1977 से ज़्यादा तेज़ हो गई थी। बिल्लो—डॉ. जमीला ख़ानम 'वफ़ा' को बोगस डॉक्ट्रेट के इल्ज़ाम में डॉक्टर की पदवी और अपनी नौकरी, दोनों से हाथ धोना पड़ा था, जबकि बिब्बो—शकीला ख़ानम, उन लोगों के साथ क़ानून की जकड़ में आ गई थीं जो लोगों को मजबूर करके परिवार नियोजन अभियान चला रहे थे। सरफ़राज़ देहलवी इन मामलों में उनकी मदद नहीं कर पाए थे। कुछ पत्रिकाओं ने बिल्लो की शायरी का मज़ाक़ बनाया था और बिब्बो न तो कोई किताब लिख पाई थीं, न कोई इलेक्शन लड़ा या जीता था। वे दोनों जितनी देर आश्चर्यचकित रूप से जवान रही थीं, उतनी ही तेज़ी से बूढ़ी हुई थीं। दुनिया से कटकर उनका संसार बशारत मंज़िल की निचली मंज़िल तक सीमित होता गया था। फिर सरफ़राज़ देहलवी के गुज़रने के बाद उनका अकेलापन पूरा हो गया था।

वे दोनों आपस में ही दोस्त-दुश्मन थीं। नाराज़ होतीं तो गाली-गलौज से लेकर हाथापाई तक की नौबत आ जाती और मेहरबान होतीं तो मिलकर याद करतीं कि दुनिया ने उन पर क्या-क्या सितम ढाए : दामन फैलाकर उनको भी कोसती-पीटतीं जो दुनिया में नहीं थे। धीरे-धीरे वह मुहब्बत की घड़ियाँ कम होती गई थीं और नाराज़ी की ज़्यादा। एक बार झगड़ा इतना बढ़ा कि जो-जो था उसके बँटवारे की नौबत आ गई थी और बर्तन-भाण्डों से लेकर मेज़-कुर्सी तक पर 'जमीला', 'शकीला' लिख दिया गया था और घर में दीवारें उठवाने का फ़ैसला किया गया था। ऐसा करना व्यावहारिक स्तर पर असम्भव हुआ था तो मुहब्बत के एक पल में दोनों ने हामी भर ली थी कि ज़मीन पर लाइनें खींचकर, रस्सी से हदबन्दी करके भी बँटवारा किया जा सकता था। फिर बशारत मंज़िल के निचले हिस्से में रस्सियाँ खिंच गई थीं। बावर्चीख़ाना, गुसलख़ाना से लेकर आँगन, दालान, कमरे, हद यह कि पुरानी तर्ज़ का पाख़ाना तक दो में विभाजित कर दिया गया था। मुहब्बत के दिन-ब-दिन

कम होते पलों में पुराने ज़माने को याद करने, मातम करने या खुश होने को ज़रूर रस्सियों को खोल दिया जाता था लेकिन ज़मीन पर खिंची विभाजन-रेखा अपनी जगह रहती थी। मैं जब वहाँ जाता तो हर पल ऐलान करके बताना ज़रूरी होता कि किस घड़ी में किसका मेहमान हूँ।

अन्तिम बार सन् 1987 में मैं बशारत मंज़िल गया था और खुश हुआ था कि वह दोनों बहनों के बीच मुहब्बत का अन्तराल था। घर की रस्सियाँ खोल दी गई थीं और जमीला-शकीला एक-दूसरे का सामान इस्तेमाल कर रही थीं, मिलकर खाने पका रही थीं। घर की ऊपरी मंज़िल ख़ाली कराने के लिए कोई नई योजना तय की जा रही थी। मुझसे सहयोग माँगने पर मैंने उन्हें वह मुक़दमा याद दिलाया था जो अदालत में चल रहा था। उसके फ़ैसले का इन्तज़ार ज़रूरी था। उदास होकर वह उन ज़मानों को याद करने लगी थीं जब राष्ट्रपति और प्रधानमंत्री तक उनकी सीधी पहुँच थी और वह कुछ भी करवा सकती थीं। कैसे दुनिया ने अनदेखा करके उनकी कुर्बानियों का सिला दिया था।

फिर वे दोनों मेरी ओर मुड़ी थीं : वह समझती थीं, उन्होंने कहा था, मैं बशारत मंज़िल के चक्कर क्यों लगाता रहता हूँ। मेरी नज़र उनकी जायदाद पर थी और मैं उस पर क़ब्ज़ा करना चाहता था। चाहे यतीमख़ाने के नाम पर दें, उन्होंने मुझे चेतावनी दी थी, या कोई 'ऐरा-ग़ैरा' (उन्हीं के शब्दों में) मालिक बन जाए लेकिन वह किसी रिश्तेदार को पास नहीं फटकने देंगी। फूटी कौड़ी हाथ न लगने देंगी।

उन्होंने मुझसे बशारत मंज़िल से बाहर निकल जाने को कहा था।

उसके बाद मुझे नहीं मालूम वे कहाँ हैं। या जहाँ हैं, वहाँ किस हाल में हैं।

उपसंहार

मैं जो लिखने बैठा था, वह शायद इतना ही था : जमानों पर फैला, एक ख़ानदान और उसके सदस्यों का क़िस्सा। सारी कहानियों की जो एक कहानी होती है, उसे कह सकने की उम्मीद और आस में। यह मेरे लिए एक थका डालनेवाला काम साबित हुआ है, और खुद मुझे यह भी नहीं मालूम कि मैं इसमें कहाँ तक कामयाब हो सका हूँ।

क्या एक इतनी लम्बी, थका डालनेवाली यात्रा के बाद भी मैं किसी प्रकार के आराम या सुस्ताने की उम्मीद कर सकता हूँ? क्या जीते-जी मुक्ति की चाहत पूरी हो सकती है? क्या कोई कहानी किसी ख़ास ज़माने और उसमें जी चुके लोगों तक सीमित की जा सकती है? क्या अतीत के साए से उस प्रकार पिण्ड छुड़ाया जा सकता है जैसे कुछ लोग भूत-प्रेत उतरवाकर दोबारा सामान्य जीवन बिताने लगते हैं? वह क्या था जिसने ज़िन्दगी-भर मुझे बशारत मंज़िल से बाँधकर रखा? जो आख़िरकार मुझे खींचकर बताशोंवाली गली ले गया? और जो आज भी, भूलने की तमाम कोशिशों के बावजूद, शायद मेरे ज़िन्दा रहने की अकेली वजह बना हुआ है?

सबसे पहले मैंने बशारत मंज़िल के बारे में लिखने का फ़ैसला कब किया?

शायद 1987 में, उस पल, जब बिल्लो और बिब्बो ने मुझे वहाँ से बाहर निकल जाने को कहा। वह एक ऐसा लम्हा था जिसमें बशारत मंज़िल एक ट्रेजिक कहानी न रहकर एक असलियत और खुद मेरी ज़ात का एक अभिन्न हिस्सा हो गई। जब पहली बार मुझे महसूस हुआ कि बशारत मंज़िल को किसी दिए हुए ज़माने, अड़ोस-पड़ोस या उन नामों के साथ, जो कभी वहाँ रह चुके थे, या तब रह रहे थे, सीमित नहीं किया जा सकता।

यह सच है कि जब मैं पहली बार वहाँ गया था तो एक यही उम्मीद मुझे खींचकर ले गई थी कि मेरी कल्पना की बशारत मंज़िल मुझे वैसी ही मिलेगी : वही दाख़िले का बड़ा दरवाज़ा, ज़ीने, छतें, आँगन, कमरे, जो फ़रीदा या कभी-कभी ताबन्दा याद किया करते थे। मुझे यक़ीन था वहाँ दीवारों पर सजी महात्मा गांधी और संजीदा सोज़ की तस्वीरें होंगी, और उनके साथ-साथ उन लोगों की जिनका नाम सुनते मैंने

उम्र गुज़ारी थी। ख़ास तौर पर अमीना और खद्दर की। अब लगता है अपनी सारी ख़राबियों के बावजूद बिल्लो और बिब्बो उतनी मक्कार नहीं थीं जितनी हो सकती थीं! होतीं तो मुझे बशारत मंज़िल, मय गांधी, सोज़ और खद्दर की तस्वीरों के, बिल्कुल वैसी ही मिलती जैसा मैंने सोचा हुआ था।

यह भी मैं किसी प्रकार की मुक्ति की आस में नहीं कह रहा। मैंने तो खुद इस बड़े उपमहाद्वीप को ही नहीं, इस घर तक को जिसमें मैं रहता हूँ, और जिसे दिल्ली से इतनी दूर, यहाँ भोपाल में, ताबन्दा ने, एक जमाने में एक पुरसुकून पहाड़ी पर बनवाया था, धीरे-धीरे, अपनी तरह एक बशारत मंज़िल में बदलते देखा है। एक जगह जहाँ सारी आसाइशों के बावजूद ज़िन्दगी का एहसास नहीं। जितना कभी था, वह भी फ़रीदा और ताबन्दा के साथ-साथ रुख़्सत हो गया। मैं अकेला रहता हूँ। किसी साथ की इच्छा मर चुकी है। कभी थी, लेकिन ताल-मेल की कमी के कारण, क़िस्तवार, ख़त्म होती गई, और मेरा प्यार और लगाव उन लोगों में बँटकर रह गया जिनके दुनिया में न रहने से इस प्यार के इज़हार की इच्छा का ख़ात्मा हुआ था। ऐसा ही मैं अपने चौतरफ़ देखता हूँ, और डरता हूँ कहीं सब कुछ, एक देखने में भव्य मगर वास्तव में उजाड़, बशारत मंज़िल में तो नहीं तब्दील हो गया? अपने इस तरह सोचने को मैंने एक बीमारी माना है, और उसे समझने की कोशिश के बाद इलाज भी करना चाहा है। मुझे नहीं मालूम इसमें भी मैं कहाँ तक कामयाब हो सका हूँ।

यह सच है कि मेरे इस लेखन की मंशा मुक्ति और एक नई शुरुआत की तलाश ही थी। ऐसा हो पाना सम्भव नहीं, यह सारी मशक़्क़त के बाद महसूस हो रहा है। और यह भी कि इस प्रक्रिया में, मैं जितनी चीज़ें समझ पाया, उससे कहीं ज़्यादा सवाल खुद अपने लिए खड़े कर लिए हैं।

ऐसा ही एक सवाल, कि जब संजीदा सोज़ बशारत मंज़िल की सीढ़ियों से नीचे लुढ़के होंगे तो उनके दिमाग़ में क्या रहा होगा? उस जीने को हजारहा बार चढ़ते-उतरते क्या कभी पलभर को भी उन्होंने किसी ऐसी दुर्घटना की कल्पना की होगी? यह एक ऐसे ज़माने में हुआ जब बशारत मंज़िल के बाहर, दिल्ली और देश में मौत का खेल शुरू हो चुका था, जिसे कुछ समय बाद विभाजन के खून-ख़राबे में तब्दील हो जाना था। बशारत मंज़िल के भीतर, जहाँ सुरक्षा थी, संजीदा ने पहले अपनी उस बेटी को जलकर ख़त्म होते देखा जो एक प्रकार से उनका आदर्श थी—अपनी ही दो सगी बहनों के हाथों। फिर उन्हीं दो बेटियों को खुद पर हमला करते देखा। उससे पहले वह बुनियाद और गुलबदन को खुद से जुदा होते और अमीना को गूँगा होते भी देख चुके थे। (देखना उनका मुक़द्दर बन गया था!) इस तरह अपनों के हाथों ख़त्म होने के बजाए संजीदा अगर 'परायों' के हाथों मारे जाते तो क्या उन्हें किसी 'हीरो' की तरह याद किया जाता? और बुनियाद? आख़िर गुलबदन और बुनियाद का हुआ क्या? क्या संजीदा ने जो मूल्य और आदर्श ज़िन्दगी के लिए चुने थे, अपने-

परायों की परवाह किए बगैर, उन्हें इतनी आसानी से दरकिनार किया जा सकता है? क्या बशारत मंज़िल एक ऐसी इमारत हो सकती है जो इस सजती-सँवरती दुनिया में खण्डहर बनकर खो जाए? जिसमें बिल्लो और बिब्बो के प्रेत बसेरा करें? क्या संजीदा बिल्लो और बिब्बो के हाथों, एक ज़ीना लुढ़ककर, हम सब की ज़िन्दगियों से रुख़्सत हो सकते हैं?

मैं दुनिया को बदलते देखता हूँ, और किसी ज़माने में जो हालत संजीदा की होती थी, कुछ-कुछ वैसी ही मेरी भी होने लगती है। कुछ किया जाना चाहिए, मैं भी सोचता हूँ, लेकिन क्या, यह सोच पाना मुझ अकेले के बूते का नहीं। यह एहसास भी मुझे है कि सिर्फ बिल्लो और बिब्बो ने संजीदा को नहीं मारा : ऐसा कर पाना महज उन दो के बूते का नहीं था। उनकी हत्या में एक ज़माने की कमज़ोरियाँ शक्ति बन गई थीं, और उनकी ताक़त उनकी कमज़ोरियों के आगे हार गई थी। ऐसा होने में उस पल ज़िन्दा हर इंसान भागीदार था। वह भी जो कहने को संजीदा से मुहब्बत करते थे और वह भी जो खुलकर उनका विरोध। ऊपरी मुहब्बत खुले विरोध से कहीं ज़्यादा घातक होती है, यह संजीदा की ज़िन्दगी और मौत मुझे सिखाते हैं।

उसी प्रकार जैसे गांधी का जीवन और शहादत।

फ़रीदा फफू ने भी ख़्वाब में आना छोड़ दिया है : लगता है वह मेरे किसी सोचे का बुरा मान गई हैं! मुझे बहरहाल, एक फ़र्ज़ समझकर अपना यह लेखन पूरा करना है : इस प्रकार कि इसका अपना मतलब निकल सके। मेरा ऐसा करना सौ फ़ीसदी काल्पनिक है और इसके लिए मैंने एक फ़र्ज़ी चरित्र ईजाद करके, उसका नाम भी रख लिया है।

...एक सुबह एक अजनबी को मैं अपने सामने खड़ा पाता हूँ। वह विदेश में रहनेवाला, भारतीय मूल का एक लेखक है। उसकी पिछली किताब मैंने पढ़ी थी। उसे पढ़ते हुए दिल्ली के एक घर और उसमें रहनेवालों का विवरण मुझे चौंका गया था : ऐसा लगा था कोई बशारत मंज़िल को भीतर से जाननेवाला उस घर की ज़िन्दगी के बारे में लिख रहा हो। वही लेखक इस पल मेरे सामने है! उसका नाम है इमकान और वह बुनियाद अली ख़ान का बेटा है! वह मुझे गुलबदन और बुनियाद, जो अब दुनिया में नहीं हैं, के बारे में बताता है : कैसे गुलबदन के कहने पर बुनियाद ने बाक़ी ख़ानदानवालों से खुद को अलेहदा रखा; कैसे महात्मा गांधी के आदर्शों का पालन करते हुए, उसने पाकिस्तान की राजनीति में अपनी एक जगह बनाई, और एक लड़की से शादी करके अपने घर का नाम रखा—बशारत मंज़िल! किस मुहब्बत से वह संजीदा, अमीना, और ख़ास तौर पर खद्दर और बिरजू को याद करता था। बिरजू चाचा उसके पहले नायक थे जिन्होंने उसे रॉबर्ट ब्राउनिंग की पंक्ति—'आई वाज़ ऐवर अ् फ़ाइटर, सो वन फ़ाइट मोर!' का मलतब समझाया था। कैसे राजनीति

में उलझकर पथभ्रष्ट हुआ और पत्नी और इकलौते बेटे को विदेश भेजने के बाद मिलिट्री द्वारा सरकार का तख़्ता पलटने की कार्रवाई में मारा गया...

काल्पनिक और मनगढ़न्त! एकदम फ़र्ज़ी!!

लेकिन मुझे उम्मीद ही नहीं, पूरा यक़ीन है कि ज़रूर ऐसा ही हुआ होगा! ऐसा, या कुछ इसी से मिलता-जुलता! इमकान अगर अभी तक मुझसे नहीं मिला है, तो वह बहुत जल्द ही मिलेगा।

इमकान, दरअसल, उम्मीद ही का तो एक नाम है।

●●●